ビジネス・キャリア検定試験® 標準テキスト

ロジスティクス管理

苦瀬 博仁・長谷川 雅行・矢野 裕児 監修
中央職業能力開発協会 編

3級

第4版

発売元 社会保険研究所

ビジネス・キャリア検定試験
標準テキストについて

　企業の目的は、社会的ルールの遵守を前提に、社会的責任について配慮しつつ、公正な競争を通じて利潤を追求し永続的な発展を図ることにあります。その目的を達成する原動力となるのが人材であり、人材こそが付加価値や企業競争力の源泉となるという意味で最大の経営資源と言えます。企業においては、その貴重な経営資源である個々の従業員の職務遂行能力を高めるとともに、その職務遂行能力を適正に評価して活用することが最も重要な課題の一つです。

　中央職業能力開発協会では、「仕事ができる人材（幅広い専門知識や職務遂行能力を活用して、期待される成果や目標を達成できる人材）」に求められる専門知識の習得と実務能力を評価するための「ビジネス・キャリア検定試験」を実施しております。このビジネス・キャリア検定試験は、厚生労働省の定める職業能力評価基準に準拠しており、ビジネス・パーソンに必要とされる事務系職種を幅広く網羅した唯一の包括的な公的資格試験です。

　３級試験では、係長、リーダー等を目指す方を対象とし、担当職務に関する専門知識を基に、上司の指示・助言を踏まえ、自ら問題意識を持って定例的業務を確実に遂行できる人材の育成と能力評価を目指しています。

　中央職業能力開発協会では、ビジネス・キャリア検定試験の実施とともに、学習環境を整備することを目的として、標準テキストを発刊しております。

　本書は、３級試験の受験対策だけでなく、その職務の担当者として特定の企業だけでなくあらゆる企業で通用する実務能力の習得にも活用することができます。また、異動等によって初めてその職務に就いた方々、あるいは将来その職務に就くことを希望する方々が、職務内容の体系的な把握やその裏付けとなる理論や考え方等の理解を通じて、自信を持って職務が遂行できるようになることを目標にしています。

iii

標準テキストは、読者が学習しやすく、また効果的に学習を進めていただくために次のような構成としています。

　現在、学習している章がテキスト全体の中でどのような位置付けにあり、どのようなねらいがあるのかをまず理解し、その上で節ごとに学習する重要ポイントを押さえながら学習することにより、全体像を俯瞰しつつより効果的に学習を進めることができます。さらに、章ごとの確認問題を用いて理解度を確認することにより、理解の促進を図ることができます。

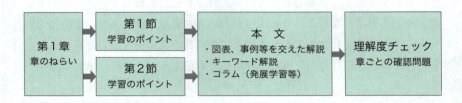

　本書が企業の人材力の向上、ビジネス・パーソンのキャリア形成の一助となれば幸いです。

　最後に、本書の刊行に当たり、多大なご協力をいただきました監修者、執筆者、社会保険研究所編集部の皆様に対し、厚く御礼申し上げます。

中央職業能力開発協会
（職業能力開発促進法に基づき国の認可を受けて設立された職業能力開発の中核的専門機関）

ロジスティクスと物流

　近年、物流に代わりロジスティクスと呼ぶケースが増えている。物流という用語は1960年代に、流通のうちモノに関する各種機能を総称した物的流通（Physical Distribution）という言葉の短縮語として誕生した。それがモノの流れという意味で用いられるようになったのは周知のとおりである。一部では、物資流動（Freight Transport）の略語としても用いている。

　ロジスティクスという用語は、在庫をコントロールする目的で、物的流通に加え、調達・生産・販売も含めた概念として、同じく1960年代に米国で誕生した。現在、米国ではPhysical Distributionという用語はすでに使われておらず、日本でいう物流事業者もロジスティクス・サービス・プロバイダー（LSP）と呼んでいる。

　このような現状を鑑み、ビジネス・キャリア制度では試験基準の改訂に伴い、従来「物流」と呼んでいた試験単位を「ロジスティクス」に改名した。また、より広範な知識が求められる現状に対応すべく、試験単位の統合も行った。

　一方、日本においては物流という用語は現時点でも各所で使用されている。むしろロジスティクスというより物流という用語のほうがなじみのある場合も多い。そのようなことから、各単元については、従来の物流に加え、調達・生産・販売も含める場合にロジスティクス、それ以外の場合は物流という用語を継続して使用することとした。

※1992年の計量法改正に伴い、質量と重量の混合を排除するため重量単位系を廃止し、絶対単位系で統一することとなった。これによって、本テキストではkgやtについて、従来の「重量」という表現をやめて、「質量」という表現に統一した。

v

目次

ビジネス・キャリア検定試験　標準テキスト
ロジスティクス管理 3級〔第4版〕

第1部　ロジスティクス管理の概念と目的 …………………… 1

第1章　ロジスティクス管理の概念と役割 …………………… 3

第1節　ロジスティクスと物流 ……………………………………… 4
- **1** ロジスティクスの重要性と定義 ― 4
- **2** ロジスティクスとサプライチェーン ― 6
- **3** 物流と物流機能 ― 11
- **4** ロジスティクス管理のテキストの構成 ― 19

第2節　ロジスティクス管理の基礎 ………………………………… 21
- **1** 企業経営とロジスティクス ― 21
- **2** ロジスティクス管理の目的と視点 ― 28
- **3** ロジスティクス管理の種類 ― 31

第3節　ロジスティクスと関連組織とのかかわり ………………… 35
- **1** ロジスティクスにおける業務連携の重要性 ― 35
- **2** ロジスティクスにおける企業内連携 ― 37
- **3** ロジスティクスにおける企業間連携 ― 42
- **4** 消費者との連携 ― 45
- **5** 公共部門や協会・団体・学会との連携 ― 46
- **6** 地域や社会との連携 ― 48

理解度チェック ……………………………………………………… 50

第2章　物流に関する人材労働・環境資源・安全安心問題 … 51

第1節　物流と人材労働問題 ………………………………………… 52
- **1** 物流環境における労働力の現状 ― 52
- **2** 物流現場で直面している課題 ― 59
- **3** 行政による人材労働問題の取り組み ― 76

目次

4 物流事業者による人材労働問題の取り組み — 80

5 荷主企業による物流の安定的供給への取り組み — 90

第2節 物流と環境資源問題 ……………………………………… **100**

1 物流と地球温暖化問題 — 100 　 **2** 物流と資源リサイクル問題 — 103

3 物流とSDGs — 106

第3節 物流と安全安心問題 ………………………………………… **116**

1 物流における労働災害対策 — 116

2 物流と弱者対策（買い物弱者）— 122

3 物流と災害対策（BCP）— 124

理解度チェック ………………………………………………………… **131**

第3章 物流政策と関連法制度 …………………………… 133

第1節 わが国の物流政策の動向 ………………………………… **134**

1 総合物流施策大綱 — 134

2 総合物流施策大綱（2021年度〜2025年度）の目標（施策の方向性）— 136

3 物流関連法規制の方向性 — 137 　 **4** デジタル化とDX化 — 138

第2節 物流とコンプライアンス ……………………………………… **139**

1 物流におけるコンプライアンスの意義と内容 — 139

2 法令の種類と最新内容の入手方法 — 147

3 公的規制の用語とその意味 — 149

第3節 物流活動にかかわる各種法律の基礎知識 ……………… **151**

1 労務・調達関連法規 — 151 　 **2** 道路交通関連法規 — 170

3 運輸・倉庫関連法規 — 173 　 **4** 環境等関連法規 — 191

理解度チェック ………………………………………………………… **197**

第2部 物流サービスと物流システムの内容 …………… 199

第4章 物流サービス管理 ………………………………… 201

第1節 物流サービスの基礎知識 ………………………………… **202**

1 顧客満足と物流サービス — 202 　 **2** 物流サービスの内容 — 205

3 物流サービスの管理の検討項目 — 206

vii

| 第2節 | 物流サービスの管理の手順 ････････････････････ 208 |

1 物流サービスの調査 ― 208　　**2** 現状分析 ― 210

3 物流サービスレベルの設定 ― 210　　**4** 評価とフォローアップ ― 212

| 第3節 | 物流品質の管理 ････････････････････････････ 213 |

1 物流品質の重要性と内容 ― 213　　**2** QC 7つ道具 ― 218

理解度チェック ････････････････････････････････････ 228

| 第5章 | **物流システム管理** ･･････････････････････ 231 |

| 第1節 | 物流システムの基礎知識 ･･････････････････････ 232 |

1 物流システムを構成する物流機能 ― 232

2 物流ネットワークの概要 ― 233

3 物流拠点の4つの種類

（物流センター、広域物流拠点、卸売市場、生産・消費関連施設）― 237

4 物流センターの種類と役割 ― 238　　**5** 代表的な広域物流拠点 ― 240

| 第2節 | 物流センターと倉庫の業務プロセス ････････････ 244 |

1 物流センターの業務プロセス ― 244

2 倉庫の構造とロケーション管理 ― 252

| 第3節 | 物流システムの代表例 ････････････････････････ 258 |

1 メーカーの物流システム ― 258　　**2** 卸売業の物流システム ― 260

3 小売業の物流システム ― 262

4 特別積合せ貨物運送事業の物流システム ― 265

| 第4節 | 物流データ分析 ･･････････････････････････････ 267 |

1 物流データ分析と物流システムの改善 ― 267

2 輸送および出庫データの分析 ― 269

3 作業実績データの分析 ― 272

| 第5節 | 物流センターの設定 ･･････････････････････････ 275 |

1 物流センターの動向 ― 275　　**2** 物流センターの設定の考え方 ― 277

3 物流センターの立地地点の設定 ― 280

| 第6節 | 委託先管理 ････････････････････････････････････ 283 |

1 委託先管理の範囲と目的 ― 283　　**2** 委託先の選定と契約 ― 284

3 委託先の評価と指導 ― 288　　**4** 物流子会社 ― 289

目次

第7節　物流システムの効率化 ……………………………………… 292
- **1** 荷主企業による物流システムの効率化対策 — 292
- **2** 共同輸送と共同配送 — 296　　**3** 共同配送の5つの検討項目 — 305
- **4** 共同配送の進め方 — 310　　**5** 物流センターの見直し — 311

第8節　国際物流 ……………………………………………………… 314
- **1** 貿易取引の特徴 — 314　　**2** 代金決済 — 315
- **3** 船荷証券（B/L）— 316　　**4** 貿易のしくみと物流 — 318
- **5** 荷主と物流事業者との関係 — 322

理解度チェック ………………………………………………………… 325

第3部　ロジスティクス管理の内容 ……………………………… 329

第6章　在庫管理 ……………………………………………………… 331

第1節　在庫管理の基礎知識 …………………………………………… 332
- **1** 顧客サービスと在庫の相互関係 — 332
- **2** 在庫量の適正化 — 334
- **3** 入庫管理・保管管理・出庫管理の方法 — 337
- **4** 在庫管理システム — 340

第2節　適正在庫量の決定 ……………………………………………… 342
- **1** 適正在庫量の決定要素 — 342　　**2** 安全在庫と補充量の考え方 — 346

第3節　在庫分析 ………………………………………………………… 351
- **1** 在庫保有量の評価指標 — 351
- **2** 在庫分析の代表的手法とその活用方法 — 353

第4節　棚　卸 …………………………………………………………… 357
- **1** 棚卸の意義 — 357　　**2** 棚卸の方法 — 359

理解度チェック ………………………………………………………… 352

第7章　輸配送管理 …………………………………………………… 365

第1節　輸配送管理の基礎知識 ………………………………………… 366
- **1** 輸送機関（モード）の種類と内容 — 366
- **2** 輸送機関（モード）の特徴 — 371

ix

目次

| 第2節 | 輸配送管理の内容 | 373 |

■1 配送・配車管理の内容 ― 373

■2 運行管理・安全運転管理の内容 ― 374

■3 貨物追跡管理の内容 ― 376

| 第3節 | 包　装 | 377 |

■1 包装の定義と目的 ― 377　　■2 包装の分類 ― 379

■3 個装と内装と外装の区分と特徴 ― 380

■4 包装設計の留意点 ― 382

| 第4節 | ユニットロードシステム | 384 |

■1 ユニットロードシステムの概念 ― 384

■2 パレット ― 386　　■3 コンテナ ― 389

理解度チェック 401

| 第8章 | 物流コスト管理 | 403 |

| 第1節 | 物流コスト管理の基礎知識 | 404 |

■1 物流コストの基本的な考え方 ― 404

■2 物流コストの特徴と分類 ― 406

■3 財務会計における物流コスト把握の問題点 ― 408

■4 官庁による管理会計に基づく物流コスト計算マニュアル ― 409

■5 公的団体における物流コスト調査 ― 410

| 第2節 | 委託料金の概要と運賃料金の体系 | 413 |

■1 物流委託料金の概要 ― 413　　■2 トラックの運賃料金体系 ― 414

■3 鉄道コンテナ運賃料金 ― 419　　■4 倉庫料金 ― 421

■5 委託料金決定の留意事項 ― 425

| 第3節 | 物流コストの計算方法 | 427 |

■1 財務会計における費目と物流コストの関係 ― 427

■2 物流コスト計算 ― 430　　■3 輸送原価の内容と計算方法 ― 434

| 第4節 | 物流におけるさまざまなトレードオフ | 437 |

■1 サービスレベルと物流コスト ― 437

■2 在庫にかかるコスト ― 440　　■3 環境対策と物流コスト ― 444

■4 その他のトレードオフ ― 446

理解度チェック 447

目次

第4部　業務管理システムと情報システム …………………… 449

第9章　ロジスティクス情報システムの基礎 ……………… 451

第1節　ロジスティクス情報システムの目的と特徴 ……………… 452
1 ロジスティクス情報システムの定義 — 452
2 ロジスティクス情報システムの目的 — 453
3 ロジスティクス情報システムの特徴 — 456

第2節　基幹システムとロジスティクス情報システムの関連 ……… 459
1 基幹システムとERP — 459　　**2** ロジスティクス情報システムの内容 — 461

第3節　ロジスティクス情報システム設計の基本 …………………… 463
1 ロジスティクス情報システムの設計ステップ — 463
2 ロジスティクス情報システム設計のポイントと留意点 — 465

第4節　自動認識技術の種類と特徴 ………………………………… 467
1 バーコード — 467　　　　　　**2** 2次元シンボル — 473
3 RFID — 474

理解度チェック ……………………………………………………… 477

第10章　実行系ロジスティクス情報システム ……………… 479

第1節　受注処理システムの基礎知識 …………………………… 480
1 オーダーエントリーの種類と処理 — 480
2 出荷情報処理 — 483　　　　　**3** オーダー管理 — 484

第2節　発注処理システムの基礎知識 …………………………… 485
1 発注におけるICT活用 — 485　　**2** 発注の種類 — 487
3 発注処理の流れと発注先の種類 — 487

第3節　倉庫管理システムの基礎知識 …………………………… 490
1 在庫受け払い処理 — 490　　　**2** ピッキング・仕分け処理 — 494
3 作業管理 — 499

第4節　輸配送管理システムの基礎知識 ………………………… 501
1 輸配送管理システムの構成 — 501　**2** 配送・配車計画 — 502
3 運行管理 — 504　　　　　　　**4** 貨物追跡管理 — 506

理解度チェック ……………………………………………………… 510

xi

目次

※関係法令、会計基準、JIS等の各種規格等に基づく出題については、原則として、前期試
験は試験実施年度の5月1日時点、後期試験は試験実施年度の11月1日時点で施行され
ている内容に基づいて出題されますので、学習に際し、テキスト発刊後に行われた関係法
令、会計基準、JIS等の各種規格等改正の有無につきましては、適宜ご確認いただくよう、
お願い致します。

第 1 部

ロジスティクス管理の
概念と目的

第 1 章

ロジスティクス管理の
概念と役割

この章のねらい

　第1章では、ロジスティクス管理のための基礎的知識として、ロジスティクスと物流の概念、および物流管理の役割について学習する。

　第1節では、ロジスティクスの基礎を学ぶ。このために、ロジスティクスの考え方、サプライチェーンとロジスティクスの関係、物流機能を理解する。

　第2節では、ロジスティクス管理の基礎を学ぶ。ロジスティクスを管理するには、商流の知識とともに、物流についての正しい知識と管理（計画・実施・統制など）の理解が重要になる。

　第3節では、ロジスティクスと関連組織とのかかわりを学ぶ。ここでは、関連組織との連携として企業内連携、企業間連携、地域・社会との連携などを理解する。

第1章 ● ロジスティクス管理の概念と役割

第 1 節 ロジスティクスと物流

学習のポイント

◆企業は経営環境の変化に適応し、従来の物流の管理範囲を拡大してきている。たとえば、ロジスティクスとして、物流に加えて商流（商取引における受発注）も管理範囲に置くこと、調達・生産・販売を含めて管理することが多くなっている。さらには、調達先から販売先までの供給網（サプライチェーン）を前提に考えることや、資源回収や廃棄物流などを管理することも増えている。

◆ロジスティクスは、受発注と物流を対象にしている。物流は、モノ（商品や物資）の輸送（空間的移動）や保管（時間的移動）などを統合した概念である。物流機能は、輸送・保管・荷役・包装・流通加工・情報の６つから構成されている。

1 ロジスティクスの重要性と定義

（1）ロジスティクスの重要性

　近年、物流に代わりロジスティクスという言葉が用いられるようになってきた。ロジスティクスは軍事用語の兵站（へいたん）という用語とその意味をビジネスの世界に適用したものである。

　ビジネスの世界では、市場の必要とするモノ（商品や物資）を受注してから過不足なく供給するためには、モノを保管や輸送だけではなく、市場ニーズに合わせて、包装や品ぞろえをする必要がある。さらには、売れているモノを提供し、売れないモノを市場から引き上げることも必

要になる。

　このようなビジネスにおいて、ロジスティクスの重要性は、商品の多品種化の進展とともに認知されるようになってきた。なぜならば、市場にモノ（商品や物資）が行き渡り、売れるモノと売れないモノの差が大きくなるにつれ、販売先のニーズ変化（販売物流）への対応、在庫管理（社内物流）の重要性、生産計画や仕入計画（調達物流）などが重要になっているからである。

（2）ロジスティクスの定義

　ロジスティクス（Logistics）とは、「商品や物資を顧客の要求に合わせて届けるとき、物的流通（物流：受注から出荷を経て入荷まで）を中心に、ときには受発注を含めて、効率的かつ効果的に、計画、実施、管理すること」である。

　また、世界で最も大きなロジスティクス団体である米国SCMプロフェッショナル協議会（CSCMP：Council of Supply Chain Management Professionals）（旧CLM：Council of Logistics Management）では、サプライチェーンと関連づけて、ロジスティクス管理を以下のように定義している。

　「ロジスティクス管理とは、サプライチェーン・マネジメント（SCM）の一部であり、顧客の要求に適合させるために、商品、サービスとそれに関連する情報の、発生地点から消費地点に至るまでの動脈および静脈のフローと保管を、効率的、効果的に計画、実施、統制することである」

　ロジスティクスを実践するのは、荷主（メーカー、卸・小売業者、消費者など）と物流事業者（輸送業者、保管業者など）であり、主に民間部門ということになる。このとき、港湾や流通業務団地や道路などの交通施設を利用し、関連する法制度のもとで物流活動を行っている。このため、公共部門が適切な施設や法制度を整備することにより、民間部門のロジスティクスがより円滑になる。

（3）ロジスティクスの多様化

　現在は、ロジスティクスというと「ビジネス・ロジスティクス」を指すことが多いが、以前はインダストリアル・ロジスティクス（Industrial Logistics＝産業のためのロジスティクス）という言い方もあった。

　また近年では、ロジスティクスにおいて多様な概念も生まれている。たとえば、サステナブル・ロジスティクス（Sustainable Logistics＝持続可能なロジスティクス）、グリーン・ロジスティクス（Green Logistics＝環境にやさしいロジスティクス）、リバース・ロジスティクス（Reverse Logistics＝資源回収や廃棄のロジスティクス）などの言葉もある。また、ヒューマニタリアン・ロジスティクス（Humanitarian Logistics＝人道上のロジスティクス）や、ソーシャル・ロジスティクス（Social Logistics＝社会のためのロジスティクス）などもある。

2　ロジスティクスとサプライチェーン

（1）サプライチェーンとSCMの内容

　サプライチェーン（Supply Chain）とは、一般的には、原材料調達から消費までを結ぶ供給網である。たとえば、ハンバーガーを考えてみると、農場で収穫された小麦が小麦粉になり、工場でパン（バンズ）となって店舗に運ばれる。同じように牧場で育成された牛からハンバーグとなり、最終的に店舗でハンバーガーとなる。このとき、パンは店舗からパンメーカーに発注され、受注したパンメーカーは工場からパンを出荷し、店舗に入荷する。このように、「発注・受注・出荷・入荷のサイクル」が繰り返されている。→図表1-1-1

　このように考えると、サプライチェーンとは、「原材料の調達と商品の生産から、顧客への販売に至るまでのプロセスにおいて、『企業間と企業内』で繰り返し生じる商品や物資の『発注・受注・出荷・入荷』のロジスティクスのサイクルを『複数の鎖（チェーン）』に見立てたもの」と考えることができる。

図表1-1-1 ●ハンバーガーのサプライチェーン

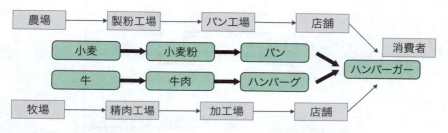

図表1-1-2 ●サプライチェーンと物流の内容

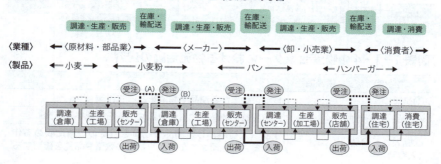

　ロジスティクスのサイクルのうち、「受発注活動（発注→受注）」は、商取引流通（商流）の一部でもある。そして、物的流通（物流）は、「倉庫などの施設内での在庫や生産などの活動（受注→出荷）」と、「施設間での輸送活動（出荷→入荷）」がある。
　なお、サプライチェーン・マネジメント（Supply Chain Management：SCM）とは、「商品や物資の最適な供給を実現できるように、サプライチェーン全体を管理すること」である。→図表1-1-2

(2)「調達・社内・販売」と「発注から入荷」のロジスティクス

　メーカーや卸・小売業などの荷主の立場で考えてみると、ロジスティ

図表1-1-3 ●調達・社内・販売のロジスティクスと物流活動

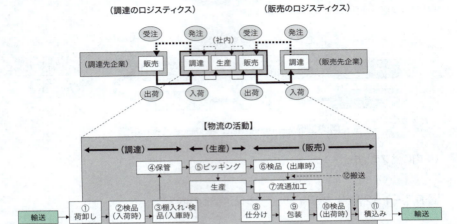

図表1-1-4 ●物流センターにおける物流活動の内容

物流活動	物流機能	内容
①荷卸し	荷役機能	貨物自動車から商品や物資をおろす作業
②検品（入荷時）	荷役機能	入荷された商品や物資の数量や品質を確認する作業
③棚入れ・検品（入庫時）	荷役機能	検品（入荷時）した商品や物資を所定の位置に収める作業、および入庫された商品や物資の数量や品質を確認する作業
④保管	保管機能	入庫された商品や物資を保管する
⑤ピッキング	荷役機能	保管位置から必要な商品や物資を注文に合わせて取り出す作業
⑥検品（出庫時）	荷役機能	ピッキングされた商品や物資の数量や品質を確認する作業
⑦流通加工	流通加工機能	商品や物資をセット化したり値札を付ける作業
⑧仕分け	流通加工機能	商品や物資を温度帯や顧客別に分ける作業
⑨包装	包装機能	商品や物資の品質を維持するために材料で包んだり容器に入れる作業
⑩検品（出荷時）	荷役機能	出荷する商品や物資の数量や品質を確認する作業
⑪積込み	荷役機能	貨物自動車へ商品や物資を積み込む作業
⑫搬送	荷役機能	商品や物資を比較的短い距離移動させる作業 　横持ち搬送：水平方向に移動する作業 　縦持ち搬送：垂直方向に移動する作業

図表1-1-5 ●「発注・受注・出荷・入荷」のサイクルとロジスティクス

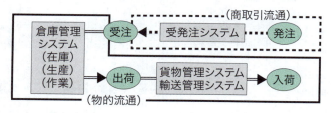

クスは、調達・社内・販売の3つに分けることができる。→図表1-1-3・4

さらに、発注・受注・出荷・入荷のサイクルからロジスティクスを見ると、「発注→受注」の商取引流通と、「受注→出荷→入荷（納品）」の物的流通で構成されることになる（→図表1-1-5）。そして、「発注から入荷」のロジスティクスのサイクルが、企業間のサプライチェーンを結びつけている。

（3）ロジスティクスのネットワーク（商流・物流・輸送ネットワーク）

ロジスティクスのネットワークには、「商流ネットワーク」と「物流ネットワーク」と「輸送ネットワーク」の3つがある。→図表1-1-6

商流ネットワークとは、企業間での受発注による商取引流通（商流）のネットワークである。発注者と受注者を結ぶネットワークなので、企業の本社や営業所などの間を結ぶことが多い。商流ネットワークを物流ネットワークということもある。

物流ネットワークとは、企業間における受発注の後で、モノ（商品や物資）に着目したものである。物流拠点で荷ぞろえをしてから出荷して、輸配送を経て納品するまでのネットワークである。

物流ネットワークは、3つの見方（企業間、地域間、施設間）がある。企業間とは、どの企業からどの企業にモノが移動するかに着目したものである。地域間とは、東京から大阪など、どの地域からどの地域に移動するかに着目したものである。施設間とは、どの施設からどの施設に移

図表1-1-6 ●商流・物流ネットワークと輸送ネットワーク（例）

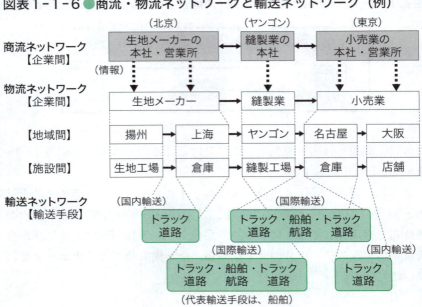

動するかに着目したものである。

　なお、物流ネットワークが、ノード（施設：工場、倉庫、店舗など）とリンク（経路：道路、航路など）で構成されると考えるときのネットワークは、施設間ネットワークになる。

　輸送ネットワークとは、施設間を結ぶ輸送手段に着目したネットワークである。このとき、施設間のネットワークにおいて、複数の輸送手段で輸送されることもある。たとえば、工場から倉庫に輸送されるときは、工場・港湾間でのトラック輸送、港湾間での船舶輸送、港湾・倉庫間のトラック輸送がある。このような場合は、代表的な輸送手段に着目して、船舶輸送と称することが多い。

第1節 ● ロジスティクスと物流

3 物流と物流機能

（1）物流の定義と種類

　物流という用語は、業界や使用する人によって、多様な意味がある。

　代表的な例として、第1は、「**物的流通**」の略語としての物流であり、輸送・保管・荷役・包装・流通加工・情報の6つの機能を対象にしている。第2は、「**物資流動**」の略語としての物流であり、輸送や荷役など、モノ（商品や物資）の移動現象を対象にしている。第3は、貨物自動車交通や鉄道貨車の運行や船舶航行など、モノを運ぶ「**輸送手段**（貨物自動車、鉄道貨車、船舶など）」を指すことがある。

　本テキストでは、第1の「物的流通」の意味で、物流としている。

　物流の語源となったPhysical Distribution（物的流通）は、米国における大陸横断鉄道の開通に伴う広域な市場への販売が行われるようになった1920年代に誕生した言葉である。流通の一分野として、広域への流通を実現するためには、輸送と保管のそれぞれを独立した機能と考えるのではなく、それらを統合した物流としてとらえる必要があった。

　物流を統合的にとらえる必要性は、輸送コストと保管コストの**トレードオフ**問題が端的に表している。たとえば、保管の拠点となる倉庫を増やすことにより配送コストは低減するが、保管コスト、特に在庫関連のコストは増加する。逆に倉庫の数が少ないと、配送コストが増加する。よって、物流コストの和が小さくなる。このようにトレードオフを踏まえて、物流を考える必要がある。→第5章第4節

（2）物流の重要性

　物流の重要性は、次のようにまとめることができる。

　第1は、企業の販売活動に不可欠ということである。一般に企業は、モノ（有形財：商品や物資）やサービス（無形財：技術、ソフトウェアなど）を顧客に提供し、売上げを計上し、利益を得ることで成り立っている。特にモノ（商品や物資）を販売する企業（メーカー、卸・小売業

11

など）は、モノが顧客の元に届かなければ提供したことにならない。よって、これらの企業にとって、物流はなくてはならない活動なのである。

第2に、企業における物流にかかるコストは、企業活動に大きな影響を与えている。（公社）日本ロジスティクスシステム協会の2023年度の調査によれば、GDPに対するマクロ物流コストの比率は約9％と大きな値を占めている。また、個々の企業の物流コストは、売上高に対して平均で5〜6％とされており、これは売上げ全体に比較すれば小さいと考えることもできるが、企業の営業利益率と比較すれば大きい。以上のことから、国家の経済活動という観点でも、個々の企業活動においても、物流は経済活動の根幹ともいうべき活動である。

第3に、物流がこのように重要な活動であることからこそ、業種（業界）や企業によって、物流には多くのバリエーションがある。このため、企業が扱うモノ（商品や物資）が異なれば、理想とされる物流のあり方も変わってくる。

第4に、物流は常に経済環境に適応し続けることが求められていることである。近年の傾向としては、企業の海外取引が増えていること、<u>EC</u> **Key Word** （Electronic Commerce＝電子商取引）の進展により小口貨物が増える傾向にあること、トラックのドライバーに不足が見られることなどが挙げられる。

物流を管理するためには、扱うモノの特性や市場構造を把握し、経済

Key Word

EC（Electronic Commerce）──電子的な手段を介して行う商取引の総称である。電子商取引やEコマースと呼ばれることもある。インターネット通販などがこれに当たる。

物流インフラ──物流のためのインフラストラクチャー（社会基盤施設、あるいは社会資本）の略。狭義には、鉄道、道路、港湾、空港などの輸送基盤施設を指す。広義には、電力、水道、人材や労働力などの技術基盤、法制度・慣行を含む場合もある。→本章第3節

環境の変化を機敏にとらえ、それに適合させるように計画・実施・統制することが必要になる。

第5に、公共部門による企業の物流活動の支援である。公共部門の支援が、社会経済の発展に結びつくことは多いため、各国とも効率的な物流を行うための道路や港湾などの**物流インフラ** `Key Word` 整備に注力している。また、円滑な物流を確保するために、各種規制や税制を含めた法制度の整備を行っている。この一方で、企業も物流を円滑に管理するためには、物流インフラや法制度の知識が必要になる。→本章第3節 **5**（1）

（3）物流の機能

物流は、次の6つの機能から構成されている。→図表1-1-7

① 輸送機能

輸送とは、自動車、鉄道、船舶、航空機などの輸送手段によってモノ（商品や物資）を場所的に移動（空間的移動）させることである。日本では事例が少ないが、海外ではこれらに加え気体・液体や粉粒体を輸送するパイプラインも輸送手段の重要な一部を担っている。輸送機能については、輸送、集荷、配送などの用語も使用されている。

② 保管機能

保管とは、モノ（商品や物資）を物理的に保存し（時間的移動）、管理することである。保管には、保管設備である倉庫および棚などの機器の運用と保存しているモノの管理だけでなく、在庫管理として、入出庫と保管時におけるモノの数量・品質・位置の管理が行われている。なお、貯蔵とは長期間の保管や、有事のための備蓄などに当たる。

③ 荷役機能

荷役とは、輸送や保管を行うときにモノ（商品や物資）を取り扱う活動である。荷役には、輸送されてきたモノの荷卸しから格納までの「各種作業」、保管されている物品の出荷指示に基づいた「ピッキング、仕分け、積込み作業」などが含まれる。

④ 包装機能

第1章 ● ロジスティクス管理の概念と役割

図表 1-1-7 ● 物流機能の内容

分　　類		項　　目	内　　容
リンクの物流機能	①輸送機能	輸送	輸送手段によるモノの移動（長距離が多い）
		集荷	モノを取りに行くこと（短距離が多い）
		配送	モノを届けること（短距離が多い）
	③荷役機能（リンクとノードの接続機能）	積込み	物流施設から交通機関へ
		荷卸し	交通機関から物流施設へ
		施設内作業	検品・仕分け・棚入れ、ピッキングなど
ノードの物流機能	②保管機能	貯蔵	長時間、貯蔵型保管
		保管	短時間、流通型保管
	④包装機能	工業包装	輸送・保管用、品質保護主体
		商業包装	販売用、マーケティング主体
	⑤流通加工機能	生産加工	組み立て・スライス・切断など
		販売促進加工	値札付け・詰め合わせなど
	⑥情報機能	数量管理情報	入出庫、在庫
		品質管理情報	温湿度管理、振動管理など
		位置管理情報	自動仕分け、貨物追跡など

　包装とは、物品の輸送と保管などにあたって、モノ（商品や物資）の品質および状態を維持ないし保護するために、適切な材料や容器などをモノに施す技術、および施した状態である。

　包装には、工業包装と商業包装の2種類がある。工業包装とは、輸送や保管のための包装であり、品質保護が目的である。商業包装とは、販売用のための包装であり、マーケティングが目的である。

　もう1つの包装の分類に、個装、内装、外装がある。個装とは、消費者が商品を購入する際の包装をいう。内装とは、個装を決められた数にまとめたものの包装をいう。外装とは、輸送、保管にあたって状態保護を目的とした包装をいう。

　個装、内装は多くの場合、工場の生産ラインの中で施される。物流の対象となるのは、主に外装である。物品を箱・袋・樽・缶などの容器に

第1節●ロジスティクスと物流

入れ、もしくは無容器のまま結束し、記号・荷印などを施す。

⑤ 流通加工機能

流通加工とは、倉庫、車両、店舗などにおいて、モノ（商品や物資）に付加価値を与える各種作業である。流通加工には、生産加工と販売促進加工がある。

生産加工には、アパレル業でのアイロンがけ、ハンガー掛けなど、生鮮品でのカッティングやパック詰め、機械製品でのセッティングなど、従来は工場あるいは店頭で行ってきたさまざまな作業が倉庫内で行われるようになってきている。販売促進加工には、値札付けやシール付け、商品の詰め合わせなどがある。

このように、物流の高度化に伴い、流通加工の作業は増加している。

⑥ 情報機能

情報機能とは、「輸送や荷役だけでなく、保管などの他の物流機能も含めて、物流を効率的に行うための情報の収集・伝達・表示などのこと」である。この物流情報は、「数量管理情報」「品質管理情報」「位置管理情報」に大別できる。

数量管理情報とは、入庫・在庫・出庫管理情報などである。これらはいずれも、モノの数量を適切に把握しようとするものである。

品質管理情報とは、品質の劣化や安全を保つための情報であり、輸送中の振動にかかわる情報や、温湿度管理や製造日などの情報などである。

位置管理情報には、トラックや貨物の位置、倉庫などでの商品の位置がある。位置情報により、貨物追跡システムや自動仕分けシステムが可能となる。

これらの数量・品質・位置の情報を有効に用いることで、輸送情報システムや倉庫管理システムなど、多様な物流情報システムを構築・活用することができる。

（4）原材料から資材までの物流（動脈物流）

企業における物流は、動脈物流と静脈物流に分けて考えることができ

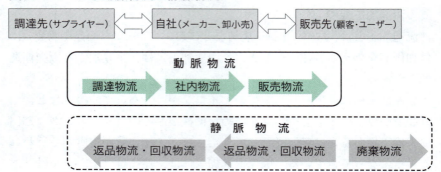

　る。このうち**動脈物流**とは、原材料から製品となって、顧客（納品先あるいは最終消費者）に届くまでの物流である。→図表１-１-８

　この動脈物流は、調達物流、社内物流、販売物流の３つがある。

　第１の**調達物流**とは、メーカーにおいて原材料や部品を調達するときの物流や、流通業において仕入れのときの物流である。日本の商慣行では店着価格制（物流コストを含めて取引価格とすること）が大半であるため、調達物流は調達先（仕入れ先）の業務と考えて、自社の管理の対象外としている企業が多い。しかしながら、調達（仕入れ）に伴い発生する業務は煩雑であり、また、少量かつ多頻度の調達は、高コストとなることが多い。このため、調達先から自社を経て販売先までを視野に入れながら、調達物流の効率化に取り組む事例が増えている。

　スーパーマーケットやコンビニエンスストアなどチェーン展開を行っている小売業では、みずからが調達物流を構築している例が多く見られる。また、組み立て型の製造を行うメーカーでは、自社で調達先から集荷を行うミルクランと呼ばれる例や、調達先が組み立てメーカーの工場内の製造ラインに至るまで必要なだけの部品をそろえて納品する例が見られる。

　第２の**社内物流**とは、工場から社内の倉庫、倉庫から支店までというような、社内の拠点間の輸送や保管などのことである。社内物流は、同

じ社内の部門間（調達部門、生産部門、販売部門など）における物流だからこそ調整も容易であり、効率性を重視して構築されることが多い。

第3の販売物流とは、販売先（顧客）にモノ（商品や物資）を納品するための物流である。販売物流で重要なことは、販売先（顧客）とあらかじめ取り決めた物流サービスを実現できるように、物流システムを構築することである。このように、物流サービスは販売先に提供する商品に付随するものなので、物流サービスにかかるコストとそれにより得られる利益を勘案しながら、販売先（顧客）との間で、販売物流における物流サービスの水準を決めていく必要がある。

（5）返品・回収・廃棄の物流（静脈物流）

静脈物流（リバース・ロジスティクスともいう）とは、販売先から戻ってくる物流や、使用後の物流である。静脈物流には、返品物流、回収物流、廃棄物流の3つがある。

第1の返品物流とは、売れ残りや不良品などでモノ（商品や物資）が、販売元に返されるときの物流である。このうち物流に起因する返品には、配送した物品が発注された物品と異なることや、あるいは届ける過程で発生する破損や汚損がある。生産に起因する返品には、製品の不具合がある。

また、アパレル業界では、売れ残ったものは返品として受け付けるという商慣行に伴い、返品物流が発生することがある。さらには、契約上は売れ残り品の返品を受け付けないことになっているにもかかわらず、企業間の力関係により返品されることもある。

返品物流は、ケースなど単位当たりのコストが、販売物流の約3倍かかるといわれている。返品そのものを減らすことが、返品物流のコスト削減になる。

第2の回収物流とは、納品時に使用したパレットや通い箱など輸送用具を回収するような物流と、製品の不具合に伴う回収（リコール）の物流である。

第1章●ロジスティクス管理の概念と役割

　特に、不具合が発生したときに、不具合の発生箇所や該当する製品・商品の使用先を速やかに特定するためのしくみとして、トレーサビリティがある。トレーサビリティのシステムは、不具合などで回収物流が発生した場合に、回収にかかるコストや回収を予防するためにかかるコストを総合的に判断し、構築し運用することが重要である。

　近年では循環型社会に向けた **3R** `Key Word` が注目されており、製品のリユースやリサイクルを、円滑かつローコストで行う回収物流のしくみづくりが注目されている。

　第3の **廃棄物流** とは、廃棄物の輸送や処分を行う際の物流である。循環型社会の形成に向け注目されている分野であり、効率化の余地は多く残っているが、みずからが手がけている企業は少ない。この理由の1つには、安全性の確保や資源のリサイクルという視点から、廃棄物流に対してさまざまな法制度や規則が存在するからである。

　たとえば、家庭などから排出される一般廃棄物は市町村に処理責任があるのに対し、業務系一般廃棄物と産業廃棄物は排出業者に処理責任がある。また、許可を持っている事業者に収集運搬や処理を委託する場合でも、廃棄物の処理および清掃に関する法律（廃掃法）に則した手続をとる必要がある。

Key Word

輸送、配送、集荷──本テキストでは、広義の輸送はモノ（商品や物資）の空間的な移動を指しており、輸送、配送、集荷などを含めた概念としている。輸送を細かく分けたとき、狭義の輸送とは、長距離で1対1（1カ所から1カ所＝one to one）の移動を指すことが多い。配送は、比較的短距離で1対多（1カ所から多カ所＝one to many）の移動を指すことが多い。また、集荷は比較的短距離で多対1（多カ所から1カ所＝many to one）の移動を指すことが多い。ただし、これはあくまでも原則であり、業界や企業それぞれで、所有権、距離、発地と着地の数などによって使い分けているのが実態である。なお、貨物自動車運送事業法などの法律では「運送」という言葉が使われている。

3R──Reduce（発生抑制）、Reuse（再利用）、Recycle（再資源化）を指す。

第1節 ● ロジスティクスと物流

4 ロジスティクス管理のテキストの構成

　ロジスティクス管理の3級と2級のテキストの構成は、図表1-1-9のようになっている。

　ロジスティクス管理3級のテキストは、ロジスティクス管理の基本的な考え方を中心にまとめられている。ロジスティクス管理2級のテキストは、3級の基本的な考え方の延長として、ロジスティクス管理の具体的な構築方法や管理方法に重点が置かれている。

　3級と2級のテキストは相互に関連しているので、必要に応じて参考にすることが望ましい。

　また、参考までにロジスティクス・オペレーションのテキスト（3級・2級）の構成も示す。→図表1-1-10

図表1-1-9 ● ロジスティクス管理のテキスト（3級と2級）の構成

	【管理3級】	【管理2級】
第1部	ロジスティクス管理の概念と目的	
	1. ロジスティクス管理の概念と役割	1. 企業経営とロジスティクス管理
	2. 物流に関する人材労働・環境資源・安全安心問題	2. ロジスティクスに関する環境・資源・労働力問題
	3. 物流政策と関連法制度	3. わが国と海外の物流政策
第2部	物流サービスと物流システムの内容	物流サービスと物流システムの構築
		4. ロジスティクスの評価と改善
	4. 物流サービス管理	5. 物流サービスの種類と管理
	5. 物流システム管理	6. 物流システムの開発と管理
第3部	ロジスティクス管理の内容	ロジスティクス管理の計画
	6. 在庫管理	7. 在庫管理の計画
	7. 輸配送管理	8. 輸配送管理の計画
	8. 物流コスト管理	9. 物流コスト管理の計画
第4部	業務管理システムと情報システム	ロジスティクス情報システムと国際物流
	9. ロジスティクス情報システムの基礎	10. ロジスティクス情報システムと情報通信技術
	10. 実行系ロジスティクス情報システム	11. 業務別ロジスティクス情報システムの構築開発
		12. 国際物流における業務内容と情報システム

第1章 ● ロジスティクス管理の概念と役割

図表1-1-10 ● ロジスティクス・オペレーションのテキスト
（3級と2級）の構成

	【オペレーション3級】	【オペレーション2級】
第1部	ロジスティクス・オペレーションの内容	
	1. ロジスティクス・オペレーションの概念と役割	
	2. 包装の種類と役割	2. 輸送包装の適正化・標準化
	3. パレットとコンテナ	3. パレチゼーションとコンテナリゼーション
第2部	物流拠点の業務内容	物流拠点の計画と物流センター
	4. 荷役とMH	4. 物流センターの計画
	5. 保管と倉庫	
	6. 荷役機器と保管機器	5. 物流センターの管理と運営
	7. 物流拠点と物流センター	
第3部	輸配送の業務内容	輸送機関の選択と輸配送システム
	8. 輸送	6. 輸送機関の特性と選択方法
	9. 輸配送システム	7. 輸配送システムの計画
第4部	国際輸送と約款・保険・法制度	国際化と社会への適応
	10. 国際輸送の業務内容と特徴	8. 国際輸送
	11. 約款・保険と関連法制度	
		9. ロジスティクスの社会への適応

第2節 ● ロジスティクス管理の基礎

| 第 2 節 | **ロジスティクス管理の基礎**

学習のポイント

◆ロジスティクスの管理とは、モノ（商品や物資）を円滑に顧客や市場に供給するために、「ロジスティクスを、計画し、実施し、結果を評価して、改善すること（PDCA）」である。
◆物流管理は、企業内の階層から見ると、戦略管理・運営管理・作業管理の3つに分けることができる。また、対象期間から見ると、中長期・年次・月週日次の3つがある。

1 企業経営とロジスティクス

（1）企業経営におけるロジスティクス

　企業は、顧客ニーズの変化や輸送・保管費用の変化など、経営環境の変化に応じて物流のしくみを変えながら、日々の物流業務を運営している。経営環境は、業界や企業によって異なるが、物流においては業界による違いが大きい。たとえば、食品メーカーと自動車メーカーでは、調達するモノ（商品や物資）も大きく異なる。しかし、自動車メーカーであれば会社が異なっていても、類似する調達先と類似する生産プロセスで、類似する製品を生産し、同じような取引先に販売する。

　企業における物流活動は、大きく分けて、中長期的な活動、年次または四半期単位の活動、日常（月次・週次・日次）の活動の3つに分類される。

　1つ目の中長期的な物流活動では、物流全体の方向性を考え、それを実現していくロジスティクス全体の管理である。この活動は、経営企画

第1章●ロジスティクス管理の概念と役割

の一部でありスタッフ業務と位置づけられる。2つ目の年次または四半期単位の活動は、各年度または四半期ごとの物流業務の目標と実績の管理である。3つ目の日常（月次・週次・日次）の物流業務では、物流の円滑な実施とその管理であり、状況の改善に取り組むことになる。この活動は、ライン業務と位置づけられる。

　以前の物流管理は、物流現場における作業を中心としたライン業務が中心であったが、管理の範囲が拡大してロジスティクスとして管理が重要になると、ライン業務だけでなくスタッフ業務の重要性が増してきている。

　このようにロジスティクスを管理することで、物流サービスや物流システムのあり方を考えるとともに、在庫管理・輸配送管理・物流コスト管理などを行うことになる。

（2）ロジスティクスの3つの転機

　物流の6つの機能のうち、輸送機能を担う輸配送業務と、保管機能を担う保管業務は、物流コストに占める割合が高い。このため以前から、輸配送・保管業務について、それぞれ単独での効率化を行ってきた。しかし、物流単独での効率化には限界があるために、ロジスティクスやサプライチェーンを含めて、より管理の範囲を広げてきている。この範囲の拡大には、3つの転機があったと考えてよい。

　第1の転機は、大量生産・広域販売である。この大量生産・広域販売により、それまで輸送・保管を別々に管理していたものを、統合して管理する必要に迫られた。なぜならば、在庫を減らすためには頻繁な輸配送が必要なように、このようなトレードオフを考慮しながら、物流を効率化する必要があるからである。

　このため、輸送・倉庫部門を合併して物流部門を設置し、物流全体での効率化に着手した。日本においては、早い業種では高度成長期（一般には年平均の成長率が10％を超えていた1955年〜1973年を指す）の末期から物流としての管理を開始している。

第2の転機は、市場の不透明化である。市場に商品が行き渡り、売れるモノと売れないモノの差が大きくなっている。そのような購買行動に対応するため、企業も商品のバラエティを増やしていったが、その結果ますます売れるモノと売れないモノの差を明確にすることになった。このため、商品の品切れの削減と在庫の削減のためにロジスティクスの効率化に着手するようになっている。それに伴い、経営企画やロジスティクスなどの名称は異なったとしても、調達・生産・販売を通じて、ロジスティクスの効率化が進められるようになった。日本におけるこの動きは、1990年前後を境とし、徐々に拡大を続けている。

　第3の転機は、情報化の進展である。ICT Key Word の高度化・低廉化に伴い、企業はICTの範囲を企業内だけでなく、企業間にまで広げることが一般的になっている。この結果、サプライチェーンを通じて企業間での調達・生産・販売を対象とすることにより、購買行動の変化を早期かつ的確にとらえることができるようになった。さらに、インターネットの普及に伴い、ネット通販やフードデリバリーが普及した結果、従来の配送先であった問屋や店舗に加えて、オフィスや住宅地も重要な配送先になっている。この結果、ラストワンマイル（最終届け先への配送）が、より重要になっている。

（3）流通構造の3つの変化とロジスティクス

　近年の経営環境や市場環境の変化としては、流通構造の変化が代表的であり、これに合わせて物流効率化の考え方も変化してきた。

　物流からロジスティクスへと進化する過程において、日本では、それ

Key Word

ICT——情報通信技術（ICT：Information and Communication Technology）。情報通信技術は情報処理（コンピュータ）と情報通信（コミュニケーション）の技術で構成されるが、ICTにはこの2つに加えて、処理され、伝達されるコンテンツ（中身・内容）という要素も加わる。

第1章 ● ロジスティクス管理の概念と役割

は流通構造において3つの変化が起きており、この変化がロジスティクスに影響を与えている。→図表1-2-1

　第1は、業種別から業態別への変化である。旧来の日本の流通構造は業種別に分けられており、食品メーカーが作った食品を食品卸売業から食品小売業に流通し、最終的に消費者に販売していた。近年では、スーパーマーケットやコンビニエンスストアのように、同一店舗で多種多様な商品を販売している。

　たとえばコンビニエンスストアでは、加工食品、飲料、日配、菓子、日用雑貨、文具、書籍、さらに最近では各種プリペイドカードなど電子マネーまで扱っている。このような流通は旧来型の物流では対応できない。これに伴い物流は、業種別の流れを流通過程で業態別の流通に変換しなければならなくなった。

　第2は、流通経路の多様化と複数化である。旧来の日本の流通構造の特徴として、卸売業や小売業が複数介在する多段階の流通が挙げられていた。現在もこのような流通経路は存在するが、一方で、流通経路の多様化として、産地直送やメーカーと小売業の直接取引など、さまざまな流通経路が存在している。また、流通経路の複数化として、以前とは異なり、多様化した流通経路が同時に存在している。この結果、モノ（商品や物資）を、小分けにしてより多頻度少量でも細かなサービスを行えるように、物流の改善が必要となっている。

　このとき、しばしば流通経路の短縮化として、卸売業を経由しないメーカーと小売業の直接取引なども話題になっている。そして、流通多段階性を測る指標であるW/W比率 **Key Word** は、1990年ごろをピークに減

> **Key Word**
>
> W/W比率──流通の多段階性を示す指標。商業統計等を用いて計算される。W/W比率＝〔卸売業売上げ－本支店間取引額〕／卸売業以外のユーザー向け販売額（小売業向け・産業向け・国外向け・消費者向け）
> W/R比率（＝卸売業売上げ／小売業売上げ）も使われる。

24

図表1-2-1 ●流通構造の変化と物流

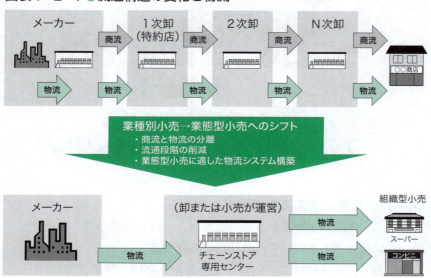

少している。しかし、長期にわたり物流機能とともに、金融機能、メーカーの営業代行、リテールサポート機能などを担ってきた卸売業の役割は大きい。このため、卸売業の役割の是非を、物流の観点からのみで判断することはできない。

第3は、流通における商物分離である。旧来は、店舗で商品を購入するときのように、商品の発注と受け取りが同時に同じ場所で行われていた。しかし、近年では、商品の発注をインターネットで行い商品の受け渡しは物流業者に任せるように、商取引と物流が分離されるようになっている。

このため、商物分離(商取引業務と物流業務の分離)が進み、受発注業務でのICTの進歩に、物流業務(輸送、保管、荷役など)の進歩が追いつけなくなる傾向が顕著になっている。

図表1-2-2 ●ロジスティクス管理範囲の拡大

（4）ロジスティクスの管理範囲の拡大

　物流は、前記の「物流の3つの転機」と「流通構造の3つの変化」に従い、ロジスティクスの管理の範囲を広げてきた。

　すなわち、第1に輸送と保管を主にした「物流（物的流通）」から、第2に自社内を中心に購買・生産・販売をつなぐ「ロジスティクス」、そして、第3に調達先・自社・販売先を含めた「サプライチェーン」の時代である。→図表1-2-2

　以上のように、企業の物流活動は、対象範囲を広げることで、より効率的な物流を行うことが可能となっている。だからこそ、荷主企業（メーカー、卸・小売業など）の物流部門は、より広範囲かつ多角的にロジスティクスの管理を進める必要がある。また、物流企業も荷主の動向に合わせて、より効率的で広範囲なロジスティクスの業務にあたっていく必要がある。

　このとき、物流効率化の考え方は、業種による物流コスト比率や扱うモノ（商品や物資）の違いにより大きく異なる。たとえば、対売上高に対する物流コスト比率が高い業種ほど、物流効率化に早く着手する傾向がある。この代表的な業種には、鉄鋼、石油、化学製品、加工食品、飲料などがある。次にモノについては、商品寿命の短い業種ほど、迅速な配送や在庫削減を重視し、調達・生産・販売の過程を含めた効率化に着

手する傾向がある。それらの代表的な製品として、携帯電話、パソコン、アパレルなどがある。

（5）近年の新たなロジスティクスの課題

　近年、特に令和時代になって、ロジスティクスにおいて新たな課題が表面化している。

　第1は、労働力不足である。物流業界では慢性的な人手不足が生じていたが、働き方改革の一環として、労働基準法に基づく時間外労働時間の制限が、2024（令和6）年4月から物流業界にも厳格に適用されるようになった。これに伴う問題を、一般には「物流の2024年問題」と呼んでいる。今後も、人手不足はますます深刻化することが懸念されており、その対策が急がれている。

　第2は、環境資源問題である。地球温暖化はますます進み、地球沸騰化といわれるようになっている。このため、温室効果ガスの削減はきわめて重要であり、再生可能エネルギーの使用や温室効果ガスの排出削減が大きな課題とされている。

　第3は、サプライチェーン（供給網）の断絶である。世界各地での紛争や経済破綻や、多発している日本国内での災害（地震、水害など）によって、サプライチェーンが途切れるリスクがある。このため、被災時の応急対策とサプライチェーンの維持・確保のための予防対策が重要になっている。さらには、被災地に対する緊急支援活動のロジスティクスも重要になっている。

　第4は、自動化・機械化技術の進歩である。貨物車の自動運転の技術開発が進み、ロボットやドローンなどの新たな輸送手段も誕生しつつある。物流施設においても、機械化が進んでいる。これらの新しい技術を現実の物流活動に適用させていくことが、重要な課題になっている。

第1章 ● ロジスティクス管理の概念と役割

2 ロジスティクス管理の目的と視点

(1) ロジスティクス管理の目的

ロジスティクス管理の目的は、モノ（商品や物資）を顧客や市場へ円滑に供給することである。これを具体的に示すならば、「適切なモノを、適切な場所に、適切な時間に、適切な条件で、適切なコストで運ぶこと（Supplying the right product at the right place at the right time in the right condition for the right cost）」のために、管理することになる。それら5つの要件、Rightの頭文字をとり、これをロジスティクスの5Rあるいは5適ということがある。また、この考え方を少し変化させて、5Rを「時間、場所、価格、量、品質（Right Time, Right Place, Right Price, Right Quantity and Right Quality）」とする場合もある。さらには、製品（Right Commodity）や印象（Right Impression）を含めて7Rとすることもある。

いずれの考え方も、ロジスティクス管理を通じて顧客の要求を満たすことについては、共通している。

この一方で、労働力不足や環境制約もあって、5Rや7Rをすべて同時に満足させることが困難な状況も起きている。つまり、「時間は急がないが、この場所に届けてほしい」、あるいは「価格は高くてもよいから、ただちに届けてほしい」というように、物流サービスの差別化が一部で進みつつある。

(2) ロジスティクス管理とPDCAサイクル

ロジスティクス管理と表現するとき、「管理」という用語は多様な意味で使用されることがある。特に、英語でのマネジメント（運営）とコントロール（統制、制御、規制など）を混同して使っていることも多い。

このテキストで扱う管理とは、企業経営という視点からマネジメントと考え、「ロジスティクスを、計画し、実施し、結果を評価して、改善すること」とする。すなわち、「Plan-Do-Check-Act」というPDCAサイ

図表１-２-３●ロジスティクス管理の３つの階層

戦略管理（中長期管理）	ロジスティクスの達成目標の設定、長期的な施策と実施時期による長期計画の策定
運営管理（年次管理）	５つの管理（物流サービス、物流システム、在庫、輸配送、物流コスト管理）の策定実施
作業管理（日次管理）	日常の物流業務（月・週・日単位）の実行計画と遂行状況の管理

クルは、管理を具体的に表している言葉でもある。

（３）ロジスティクス管理の３つの階層

　ロジスティクス管理は、その管理内容から分類すると、３つの階層（戦略管理、運営管理、作業管理）に分けることができる。→図表１-２-３

　第１の戦略管理とは、ロジスティクスの達成目標を設定して、この実現に向けて長期的な施策とその実施時期を定めた長期計画を策定するものである。

　第２の運営管理とは、中長期的な視野のもとで、スタッフがロジスティクスを管理するものである。この運営管理では、５つの管理（物流サービス管理、物流システム管理、在庫管理、輸配送管理、物流コスト管理）が代表的である。→第４章、第５章、第６章、第７章、第８章

　第３の作業管理とは、ラインにおける日常の物流業務について月・週・日単位で具体的な実行計画を立てて、作業の遂行状況を管理するものである。運営管理における５つの管理ごとに、作業管理がある。

（４）ロジスティクス管理の３つの対象期間

　ロジスティクス管理として、物流においてPDCAを実践するとき、PDCAサイクルの対象期間は、おおむね３つ（中長期管理、年次または四半期管理、日常の月・週・日次管理）に分けることができる。→図表１-２-４

　第１の中長期管理とは、企業におけるロジスティクスの大きな方向性

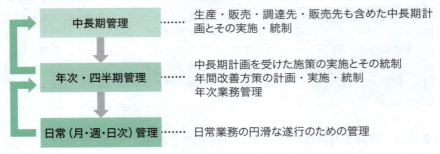

とその目標を定めることである。なぜならば、ロジスティクスの改善や改革は、短期的な取り組みだけでは大きな効果は得られないため、抜本的な改革を行うために3〜5年後を見据えた取り組みを行う必要があるからである。

たとえば、中長期に取り組む必要がある代表的なものが、物流システムの改革である。物流拠点の位置や機能を変更するには時間がかかり、また投資も必要になる。そのため物流システムの改革が投資に見合う効果を得られるかを検証し、実施に向けた具体的施策とそのマイルストンを決める必要がある。よって、大きな改革にあたっては、中長期計画が必ず必要となる。

なお、中長期計画を遂行していくときには、施策を実施しながら実施状況をチェックして、計画どおりに進まない場合は追加の対策の実施も必要になるため、中長期計画であってもPDCAサイクルが重要である。たとえば、中長期計画での物流管理において、どこに拠点を設け、どのような輸送手段で運ぶかを「計画（Plan）」し、そのための物流システムを構築して物流活動を「実施（Do）」する。そして、活動内容を「評価（Check）」し、さらに「改善（Act）」することになる。

第2の年次管理とは、中長期計画を受け、単年度における月単位での計画を立て、それを実施するものである。中長期計画の達成に向け、月単位で具体的に行う施策を決め（計画し）、その実施と評価・改善を行う。

第2節●ロジスティクス管理の基礎

　年次管理は、ほかに年次予算と実績の管理も行う。物流は月単位による季節波動が大きいため、月別の対策が必要になる。企業の年単位での業績管理に対応させ、月々の物量を予測し、波動に対応した各種手配の計画と予算を策定する。それに沿って活動し、実施状況の評価・改善を行うのが年次・四半期管理となる。

　第3の日常（月・週・日次）管理とは、物流現場において、PDCAを現場改善で適用し、日常業務での生産性、品質を管理し、作業量の変化に対応させたきめ細かな要員や車両の手配、細かな改善を行うことである。

　物流では、物流現場のオペレーション管理のよしあしで、作業コスト、輸送コスト、物流品質などが大きく異なることから、特に日次（デイリー）の作業（オペレーション）管理もきわめて重要である。この日常業務での物流管理においても、在庫管理や輸配送管理や物流コスト管理について、計画・実施・評価・改善することになる。一般には、製造業では月単位、流通業では週単位で管理している例が多い。

3　ロジスティクス管理の種類

　ロジスティクス管理は、顧客に提供する「物流サービス」を設定して、この物流サービスを実現するための「物流システム」を構築することになる。そして、この物流システムを構築するとき、代表的な管理対象として、「在庫管理」「輸配送管理」「物流コスト管理」などがある。

（1）物流サービス管理

　物流サービスとは、物流がその活動において付ける価値であり、物流サービス管理とは、販売先や顧客のニーズに合わせた物流サービスが実現できているかを管理するものである。たとえば、迅速性（短いリードタイム、短い納期など）や、正確性（少ない誤配率、少ないピッキングミスなど）であり、5Rを実現することで価値を高めていることになる。

　この一方で、物流システムを構築するときには、物流サービスを確保

31

できるか否かが重要になるために、物流サービスの設定は、物流システムの構築にも大きな影響を与えることになる。たとえば、物流サービスで厳密な時刻指定のサービスを提供するのであれば、配送人員や配送車両も多く必要なことがある。また、小ロットの注文も受け付けるとすれば、流通加工や包装作業も多くなる可能性がある。このように、物流サービスと物流システムは密接な関係にある。→第4章

（2）物流システム管理

物流システムとは、物流を動かすためのしくみであり、物流システム管理とは、6つの物流機能（輸送・保管・荷役・包装・流通加工・情報）などを円滑に行うための管理である。たとえば、輸送機能では、輸配送システム、貨物車運行管理システムなどのシステムがある。保管機能では、在庫管理システムや、倉庫管理システムなどがある。荷役機能では、ピッキングシステム、庫内搬送システムなどがある。

これらの物流システムは、販売先と取り決めた物流サービス（リードタイムなど）を守る役割がある。この一方で、物流システムの効率的な運営のために、効率性や生産性の実態を把握し、数値で目標値を定め、その改善に取り組む必要がある。→第5章

（3）在庫管理

在庫管理とは、流通センターなどにおいて、入荷・保管・出荷を通じて、モノ（商品や物資）の在庫状況を管理することである。たとえば、モノの保管は、メーカーにおいては、原材料であっても製品であっても保管することによって在庫となる。卸・小売業においては、仕入れ商品と販売商品の在庫ということになる。さらに物流業においても、荷主（メーカーや卸・小売業など）からの依頼により、保管を委託されたり、保管とともに在庫管理を委託されることも多い。

近年、市場の複雑化に伴い、品切れや過剰在庫など在庫の問題が企業経営を圧迫するようになっている。このため、流通加工や包装などを含

第2節 ●ロジスティクス管理の基礎

めて入荷から出荷までの、総合的な在庫管理が重要となっている。→第6章

（4）輸配送管理

輸配送管理とは、モノ（商品や物資）の輸送について、貨物車やトラックドライバーの手配に始まり、運行経路と運行スケジュールの設定、輸送中の貨物の品質などを管理するものである。この輸配送管理は、荷主（メーカーや卸・小売業など）にとって、原材料の調達や商品の仕入れと、顧客への販売のために不可欠なものである。また物流業においても、荷主（メーカーや卸・小売業など）からの依頼により、輸送や集荷配送を委託されたり、輸配送管理を委託されることも多い。

近年、多頻度少量輸送の普及によって積載率の低下や、労働力不足による省人化なども重要な課題となっている。そこで、輸配送の共同化や労働時間の厳守など効率的な輸配送を実現するために、輸配送管理が重要となっている。→第7章

（5）物流コスト管理

物流コスト管理とは、輸送や保管などの物流活動を行うときに、利益最大化とコスト最小化を目指して管理するものである。物流管理の評価尺度として、在庫管理には在庫サービス率、輸配送管理には配送リードタイムなどがあるが、企業経営の立場から見れば、利益の増加とコストの削減という視点が重要になる。このため、物流コスト管理は、物流管理の重要な対象である。

物流コストの適切な管理のためには、他部門との協調は重要である。

物流コストの適切な管理という点では、従来、物流をコストセンターと誤解して、コスト削減のみに注目しがちであった。しかし、コスト削減が行きすぎて顧客への物流サービスが低下して、結果として顧客を失った例もある。また、コスト削減対策として過度な省力化を行えば、繁忙期や緊急時には労働力不足となって、物流活動そのものが停滞してし

33

まうおそれもある。このため、物流サービスとのトレードオフを考えながら、適切にコストを管理することも重要になっている。

　物流コスト管理における他部門との協調という点では、調達部門や生産部門や販売部門との協力があってこそ、適切な管理が可能となる。たとえば、計画的な調達や生産ができなければ在庫費用の上昇につながり、顧客への少量多頻度の配送を続ければ配送費用の上昇につながることも多いことから、他部門との調整をしながら、物流コストの管理を進めることが重要である。→第8章

（6）その他の管理（労務管理、環境管理）

　物流管理は、前記の5つの管理に加えて、他の管理も重要である。

　労務管理とは、物流現場における作業者やトラックドライバーについての、募集や採用、賃金設定や労働時間などを管理することである。物流現場では、部分的に自動化や機械化が進んでいるとはいえ、人手に頼る部分が多い。また、トラックドライバー不足は、より深刻になっている。特に、「物流の2024年問題」では、法律の遵守はもちろんのこと、安全を考慮した物流システム構築や作業管理はきわめて重要な課題である。
→第3章第3節 **1**

　環境管理とは、輸配送時に排出するCO_2の削減や、保管荷役などで使用する包装材の再利用など、環境への悪影響を極力少なくするための管理である。近年、CSR（Corporate Social Responsibility＝企業の社会的責任）という言葉が聞かれるようになってきた。CSRには、企業の倫理性、ガバナビリティなどとともに、環境保護活動も含まれる。CSRという観点からも、物流に対して環境対策が求められている。→第2章第2節

第3節 ●ロジスティクスと関連組織とのかかわり

| 第 **3** 節 | # ロジスティクスと
関連組織とのかかわり |

学習のポイント

◆市場へモノ（商品や物資）を円滑に供給するためには、ロジスティクスの改善に関連する社内外の組織との調整が必要になる。

◆関連する組織の役割、管轄範囲などを正しく認識することが、ロジスティクスの改善につながる。

1 ロジスティクスにおける業務連携の重要性

（1）ロジスティクスの企業内連携の重要性

　ロジスティクス管理は、先述したように、モノ（商品や物資）を市場へ円滑に供給することである。このためには、単に物流部門だけではなく、購買、製造、物流、マーケティングおよび営業活動、さらには保守等のサービスのすべての活動が連携することが必要となる。

　たとえば、マイケル・E・ポーターの価値連鎖（バリューチェーン）モデルで示されているように、円滑なロジスティクスを実現するためには、それぞれの組織が担っている役割と管理の実態を明らかにし、関連する組織間の調整をしながらロジスティクス円滑化に向けて連携させていくことが重要になってくる。→図表1-3-1

（2）ロジスティクスの企業間連携の重要性

　ロジスティクスを通じて、モノ（商品や物資）を円滑に供給するため

図表 1-3-1 ● 価値連鎖モデルとロジスティクス管理範囲

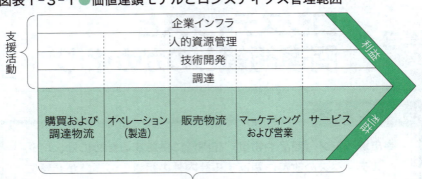

出所：M. E. ポーター『競争優位の戦略』1985年に加筆

には、企業内の各組織の連携のみでは不十分であり、企業間の連携が必要になる。たとえば、モノを生産するには、その原材料・部品がそろっていることが必要になる。また、販売先のさらに先に存在する真の顧客や最終消費者の動向を的確にとらえることも必要になる。

このため、ロジスティクスを円滑に管理するためには、社内だけでなく、社外（調達先、販売先など）を含め、原材料メーカーから消費者までの流通全体という観点での効率化・効果の向上を目指した計画を立て、その実施・コントロールを行うことが必要となってきているのである。それが可能となった背景には、ICTの進展により企業間で大量のデータ交換が容易に行えるようになったことがある。

サプライチェーン・マネジメント（SCM）とは、「モノ（商品や物資）の最適な供給を実現できるように、サプライチェーン全体を管理する」ことである。調達・生産・販売を含めたロジスティクスの代表的な取り組みには、トヨタ自動車のかんばん方式、食品業界で取り組まれているECR（Efficient Consumer Response＝効率的消費者対応）などがある。そして、その連携の範囲は、調達・生産・販売にのみならず、前掲図表1-3-1の価値連鎖モデルに示されている活動（マーケティング、サー

第3節 ● ロジスティクスと関連組織とのかかわり

ビスなど）にまで広がってきている。近年の電子部品業界では、ロジスティクスの効率向上を考慮した調達先の選定、製品開発指針なども取り組まれるようになってきた。

（3）消費者・公共部門・地域社会との連携の重要性

　ロジスティクスにおいて、企業内や企業間とともに、消費者や公共部門や地域社会との連携も重要である。

　消費者は、モノ（商品や物資）の最終的な顧客であり使用者であるため、荷主（メーカーや卸・小売業）や物流事業者にとっても、その行動や思考の変化については、常に意識しておく必要がある。近年では、ネット通販に代表されるように、消費者と直接接触する機会も増えているからこそ、コミュニケーションがより重要になっている。

　公共部門は、道路や港湾などの施設整備と、法制度や規制などにより、荷主や物流業者などの民間企業の活動の大きな影響を与えることになる。このため、民間部門は公共部門の動向に注意する必要がある。

　地域社会との連携としては、企業の施設立地などを通じて地域住民との協調を実現するとともに、騒音や廃棄物などの地域への悪影響を避ける努力が重要である。

2　ロジスティクスにおける企業内連携

　ロジスティクスは、企業内の関連する部門が連携しなければ円滑に行うことはできない。企業内の各部門が連携するためには、どの部門とどのような調整が必要になるのかについての正しい認識が求められる。

　社内のどの部門がどのような役割を担っているのかは、業種や企業によって異なる。ここではメーカーを取り上げ、どの部門がどのようにロジスティクスと関連するのかを紹介する。→図表1-3-2

37

第1章●ロジスティクス管理の概念と役割

図表1-3-2●物流業務と社内関連部門との連携

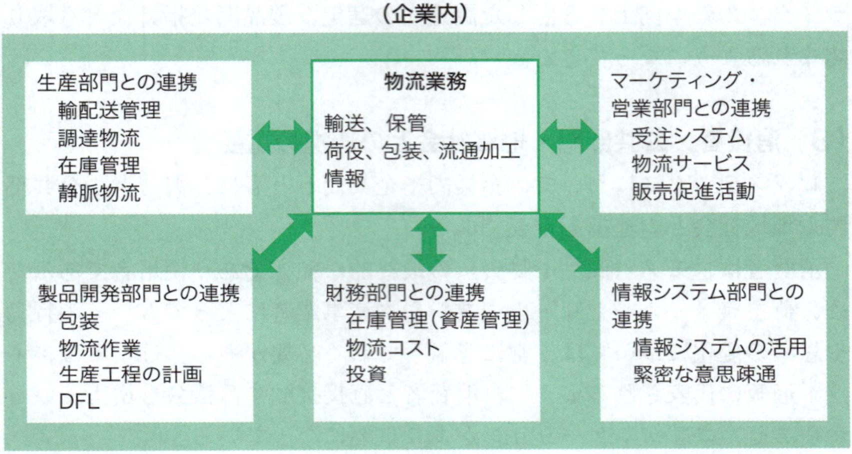

（企業内）

生産部門との連携 　輸配送管理 　調達物流 　在庫管理 　静脈物流	物流業務 　輸送、保管 　荷役、包装、流通加工 　情報	マーケティング・ 営業部門との連携 　受注システム 　物流サービス 　販売促進活動
製品開発部門との連携 　包装 　物流作業 　生産工程の計画 　DFL	財務部門との連携 　在庫管理（資産管理） 　物流コスト 　投資	情報システム部門との 連携 　情報システムの活用 　緊密な意思疎通

（1）生産部門との連携

　生産部門は、輸配送管理、調達物流、在庫管理、静脈物流の4つの点で、ロジスティクスと深くかかわりを持つ。

　第1の輸配送管理については、工場での生産費用だけでなく、生産地点から消費市場までの費用や品質を考慮する必要がある。なぜならば、人件費や生産費用だけに着目して海外の工場を設けても、生産された製品を市場に届けるまでの間の、輸送費用や輸送時間や輸送品質などに問題があれば、効率的かつ安価に市場に届けることは難しいからである。

　第2の調達物流の効率化のためには、原材料や部品の調達先との連携が必要である。なぜならば、調達先との間で、生産計画の共有を行うとともに、迅速確実な発注のデジタル化、調達物流と社内物流の連携などを通じて、生産部門内の調達部門との調整を進めなければならないからである。このとき、VMI（Vendor Managed Inventory＝ベンダー在庫管理方式）は効果が高いとされている。

　第3の在庫管理については、生産計画との連携を考慮し、生産部門では需要に合わせて、設備や要員を考慮して実際の生産量を決定する必要

がある。なぜならば、欠品と過剰在庫を削減するためには、生産部門での生産計画と販売部門の販売計画を調整しながら、需要に合わせた生産計画を立案することが必要だからである。

第4の静脈物流という観点では、製品トラブル発生時の回収物流や、使用済みの製品の再資源化としてのリサイクルのための物流がある。特に、製品トラブルは返品につながるため、返品を減らすためには製造品質の向上が望まれる。

（2）マーケティング・営業部門との連携

マーケティング・営業部門は、顧客との接点の場にあることから、顧客との折衝が必要になる案件は、営業部門との協議の対象となる。特に、物流にかかわる案件としては、受注システムの連携、物流サービスの設定、リベートなどの販売促進活動の3つがある。

第1の受注システムは、販売物流の始点として、締め時間の遵守、イレギュラー納品の受注制限などにより、物流業務の効率化・品質向上が期待される。たとえば、EDI（Electronic Data Interchange＝電子データ交換）などの電子受注の導入は、物流の改善に結びつくことが多い。そのため、物流の効率化を進めるうえでも、物流部門は、営業と連携して顧客との間の受発注システムの改善に努める必要がある。

第2の物流サービスの設定では、リードタイムをはじめとして、顧客の要望と物流システムの許容範囲を考慮しながら、設定する必要がある。なぜならば、リードタイムを守れるような地点に流通センターの立地を定める必要があれば、物流サービスが流通センターの位置の制約条件となるし、結果として物流サービスの内容が輸配送システムを含めた物流システムを規定してしまうからである。したがって、顧客に対する物流サービスの設定にあたっては、物流部門との調整のうえで、コストに見合ったサービス水準とすることが望まれる。→第2章

第3の販売促進活動では、営業部門が行う特売キャンペーンなどが、販売需要の一時的な変動となるため、事前に情報を得ることにより在庫

第1章●ロジスティクス管理の概念と役割

や車両の手配を円滑に行う必要がある。また、顧客との間で価格を設定するときのリベート（販売奨励金、手数料等の値引き）は、条件によって期末や月末の波動の要因ともなるが、逆に物流効率化や平準化を促す方向で設定することも可能である。

（3）製品開発部門との連携

製品開発部門は、DFL（Design for Logistics）という観点で、輸送や保管や荷役に合わせた設計が望まれている。特に近年、組み立て型のメーカーでは、製品開発段階から物流部門との連携が注目されている。具体的には、包装の合理化、作業の並行処理、製品特性に合わせた生産工程などの3つがある。

第1の包装では、輸送や保管において、費用削減となるような包装が求められる。輸送効率や保管効率を高めるように、製品サイズ・梱包サイズ・包装強度を考えることでもある。ただし、梱包サイズを統一すれば、製品のサイズに比較して大きな梱包になってしまうこともあり、サイズの標準化と資源の最小利用のバランスが難しい。

第2は、物流作業の並行処理（パラレル処理）である。たとえば、受注から納品までのリードタイムの短縮のために、中間部材を並行して製造するように、製品の設計や生産方法を考えることである。

第3は、製品特性に合わせた生産工程の計画である。たとえば、うなぎ店のように原材料在庫を持ち注文があってから作り出す受注生産は、リードタイムが長くなり注文後も待つ必要がある。一方で、コンビニエンスストア店頭でのサンドイッチのように見込み生産で商品在庫があれば、リードタイムは短く注文後にただちに手にすることができる。そして両者の中間が半製品在庫であり、寿司店のように寿司飯と下処理した魚を用意しておけば、注文に応じて短時間で寿司を握ることになる。物流においても、中間部材をできる限り標準化し、注文を受けてから作るように半製品で在庫を持つことは、キッティング、染色など、製造最終工程での流通加工を行うことにもなっている。

40

（4）財務部門との連携

　財務部門は、在庫、物流コスト、物流に関する投資の３つの点で、物流とかかわることになる。

　第１に、物流が扱う商品や原材料の「在庫」は、財務部門から見れば「資産」ということになる。このため、在庫の削減、不動在庫の処分、売れない製品の評価減などは、財務部門と協議のうえで進める必要がある。

　第２の物流コストにおいて、日常業務に伴い発生する物流コストは、その予算と実績について、物流部門からの報告を財務部門が検証することになる。

　第３の物流に関する投資は、物流センターの新設や物流機器の導入など、財務部門の承認を要する場合が多い。

Column　　コーヒーブレイク

《ロジスティクス部門の管轄範囲は日米で異なる？》

　日米のロジスティクス部門の管轄範囲に関する各種文献を比較すると、違いが見られる。特に大きな違いは受注業務、購買業務、保守業務、生産・販売拠点選定である。

　日本では受注業務を営業部門の管轄とすることが多い。調達物流に密接に関係する購買部門は、多くの場合、生産部門の下部組織として配置されている。また、保守業務は技術部門として別個の組織としているケースが多く見られる。工場立地の選定は生産部門が独自に決めるため、あとになってロジスティクス部門があわてて輸送の手配に追われたという話もよく聞く。だが、米国の資料ではいずれもロジスティクス部門の管轄範囲としている。

　当然ながら日本でも米国でも、企業によってロジスティクス部門の管轄範囲に違いが見られる。日本の食品メーカーでは、物流部門が受注業務を管轄しており、物流子会社に受注業務を委託している企業が複数存在している。また、情報システムと物流を同一部門としている企業もある。実にバラエティに富んでいる。

第1章●ロジスティクス管理の概念と役割

（5）情報システム部門との連携

情報システム部門は、物流情報システムの企画・開発・保守において、物流部門とかかわっている。

第1に、物流効率化に情報システムは不可欠だからこそ、その活用が重要である。この背景には、インターネットをはじめとするICTの進歩が大きく寄与し、物流からロジスティクス、さらにはサプライチェーンマネジメントと発展してきた。この発展があるからこそ、受発注システム、在庫管理システム、運行管理システムなどが発展してきて実用化されている。

第2に、情報システム部門と物流部門の間の、緊密な意思疎通が必要である。なぜならば、情報システム部門には、物流業務効率化に向けた作業支援、物流管理向上のための各種実態の把握などの役割が求められているからである。また、物流に関与する情報システムは、他のシステムと比較して、稼働後のメンテナンスを必要とすることが多いからである。

3　ロジスティクスにおける企業間連携

ロジスティクスは、企業内の各部門との連携も重要であるが、サプライチェーンという視点に立つと、企業間の連携も重要になる。そして、企業の取引先は、業種や扱うモノ（商品や物資）によって大きく異なる。

ここでは、主に荷主（メーカーや卸・小売業）の立場から見たときの、取引先（調達先、販売先、委託先など）や同業他社との連携について考えることにする。→図表1-3-3

（1）調達先との連携

調達先とは、メーカーでは原材料や部品の入手先であり、卸・小売業では商品の仕入れ先である。

調達先ないし仕入れ先との間での情報を密にすることができれば、メーカーでは、部品メーカーや完成品メーカーの双方が在庫の回転率を高

図表1-3-3 ●ロジスティクスにおける企業内と企業間の連携

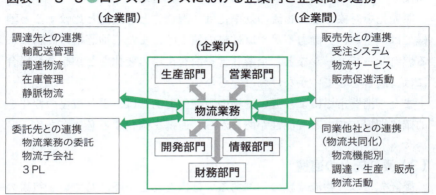

めることができ、卸・小売業では円滑な仕入れと販売が可能になる。

　トヨタのかんばん方式が調達分野の改革であることに象徴されるように、調達先との連携は有効な効率化の方法である。しかも、企業間で物流改革を進める場合、販売先よりも調達先（仕入れ先）のほうが、協力の依頼も容易であることから、調達先を対象としたロジスティクスに取り組む企業は多い。

　しかし逆に、調達先に行きすぎた多頻度納品の要求や、欠品を認めないために過剰な在庫を要求すれば、調達先にコスト負担増を強いることにもなる。これにより、過剰な依頼をすれば、調達先の資金繰りの悪化、コスト増による赤字発生、倒産によりその原材料や部品が調達できなくなるというリスクもある。

（2）販売先との連携

　販売先とは、モノ（商品や物資）を販売し納入する顧客である。顧客は、リードタイムの取り決め、配送の時刻指定、販売配送時の最小ロットなど、物流サービスという点で大きなかかわりを持つことになる。だからこそ、物流効率化の推進のために、リードタイムを長くしてもらうことや、時刻指定の幅を融通してもらうことを含めて、販売先との間の

物流サービスの見直しが不可欠になる。→第2章

　販売先を対象とした物流の効率化は、調達先との連携と比較すると困難ではあるが、労働力不足や原材料の値上げ、また石油価格の高騰による燃料サーチャージなど、企業経営や消費市場の変化などが起きた場合には、改善をしていかなければならない。

　また、消費市場により近い立場の販売先であれば、より市場の変化を的確に把握している可能性があるから、連携を強化する必要がある。

（3）委託先との連携

　委託先とは、物流業務の一部あるいはほとんどを委託している組織のことである。以前から、荷主（メーカーや卸・小売業など）は、輸送会社や倉庫会社に物流業務（輸配送、保管業務など）を委託してきた。

　また、メーカーでは物流子会社を持つことで、別会社組織にして効率化を進めてきた例も多くあった。

　さらに近年では、物流業務全般を一括して請け負う3PL（サードパーティー・ロジスティクス）などに、物流業務とその管理を委託することも増えている。このような場合には、委託先の管理も含めて、物流管理を行うことになる。→第5章第6節

（4）同業他社との連携

　業界内の競合他社は、他の業界の会社と異なって、納品先が同じになることや、扱う製品が似ていることから、共同で取り組むことにより物流の改善や効率化が実現できる可能性がある。このような共同化による物流効率化の取り組みは、以前から各所で行われている。製品そのものの機能や性能では「競争」するが、物流については効率化に向けて「協調」しようとするものである。→図表1-3-4

　食品、日用雑貨業界などでは、古くから業界VAN（Value Added Network）による電子受注推進を行っている。北海道や東北など販売量が少ない地域では、業界内の競合企業間での共同配送が複数業界で行われている。

図表１-３-４●物流共同化の種類

物流機能による分類

共同輸送	共同輸送、共同配送（納品代行を含む）、共同集荷など
共同保管	共同調達、共同保管など
荷役機能	共同入出庫、共同仕分けなど
流通加工機能	仕分けや検品方法の作業手順の規格化、設備の共同利用など
包装機能	包装箱（段ボール箱などの外装）の規格化、個装の規格化など
情報機能	伝票の統一、外装の表示形式の統一、コードや形式の統一など

調達・生産・販売による分類

共同調達	仕入れ先との共同での交渉と調達、購入時期の調整など
共同生産	OEM（相手先ブランドでの生産）、委託生産など
共同販売	販売先の委託（農協など）、店舗内での共同販売など

物流活動による分類

データ処理	伝票やインターネット通信での、情報の収集・伝達・処理方法
外装の規格	商品包装における外装や包装箱の、規格や表示内容
輸送用具	使用するパレットやコンテナなどの規格
施設と車両	物流施設や輸配送車両などの共同利用

　業界団体による物流効率化への取り組みも見られる。電線業界では、（一社）日本電線工業会が中心となって、これまで①マットレスを使った共通の荷卸し方法の採用による特別積合せ便の活用、②工事現場への共同配送、③鉄道コンテナを競合他社と共同で使用することによるモーダルシフトの推進、などに取り組んでいる。

4　消費者との連携

　インターネットの発達と普及により、消費者が買い物に出かけずに、配送を依頼することが多くなっている。以前の書籍や生協の生鮮食品などの宅配から、商品や範囲は拡大しており、ネットスーパーも増加しつつある。この傾向は、消費者の買い物行動が、配送行動に代わることでもある。

そのため、本格的な少子高齢社会を迎え、買い物弱者や交通弱者に対する配送サービスが増加すると思われる。

この結果、第1に、労働力不足などとのバランスを考えながら、物流サービスの適切な提供と、これに対する適切な費用負担のバランスが重要になる。

第2に、現在も課題となっている再配達問題がより深刻になるとすれば、配送システムの改善も重要である。

第3に、荷受け側として、高層ビルや高層マンションをはじめ、どこにどのように届けるか、また配送車両の駐車問題をどのように解決すべきかが、課題になると思われる。

5 公共部門や協会・団体・学会との連携

（1）公共部門との連携

ビジネス・ロジスティクスにおいては、民間企業が物流システムの管理を行うことになるが、実際の物流活動においては、政府・自治体など公共部門が整備するインフラを利用することになる。→図表1-3-5、本節**1**(3)

インフラを広義に考えると、施設に加えて、技術基盤や制度もある。

第1の施設インフラには、施設や倉庫や流通センターなどの「ノード（Node＝交通結節点）施設」と、道路などの「リンク（Link＝交通路）施設」、自動車や船舶などの「モード（Mode＝輸送機関）」の3つがある。ロジスティクスのための道路が整っていたとしても、需要がなければモノ（商品や物資）が集まることはないが、需要が生じたときに施設が未整備であれば、運びたくても運べないので、施設はきわめて重要である。

第2の技術インフラとは、「人材」「管理」「情報」「資源」の4つである。これらが1つでも欠けると、いくら高度なシステムを導入しても活用できない。人材とは、「ロジスティクスを担当する人材の知識レベルや技術レベル」である。管理とは、「受発注・生産・在庫・作業管理技術、

図表1-3-5 ●物流システムと物流インフラの相互関係

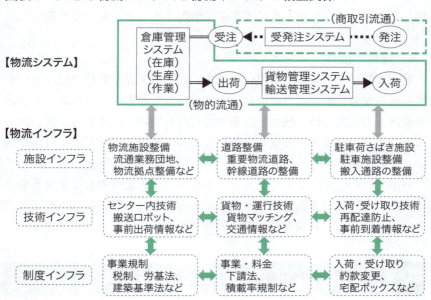

輸送管理・貨物管理技術の普及の程度、パレットやコンテナの使用実態、冷蔵・冷凍技術など」である。情報とは、「ハードとしての情報通信施設や機器と、ソフトとして伝票ラベルの統一、管理データの収集分析、データ標準化・規格化・共有化、コード共通化、情報利用のルールなど」である。資源とは、「電力、電話、上下水・工業用水、燃料など」である。

第3の制度インフラには、「法律」「慣習・慣行」の2つがある。ロジスティクスの競争が共通したルールのもとで行われるのであれば不公平ではないが、国によっては、企業ごとにハンディキャップを付けられたり、運用方法が変更されたりすることもある。このうち、法律とは、「人や企業の自由・権利・責任・義務を定めるもの」であり、法律以外にも政令や条例や通達などもある。慣習・慣行とは、「法律によらないものの、地域社会の長年の習慣として行われてきたこと」で、宗教上の慣習、労働慣行、損害補償システム、契約履行などがある。

第1章●ロジスティクス管理の概念と役割

このような状況にあるからこそ、公共部門の施設や法制度の整備を注視しながら、ロジスティクスの改善に活用することが重要である。

（2）協会・団体・学会との交流

物流は業種や企業による違いが大きいが、他業界や他社で行っている取り組みが自社の物流改善のヒントになることがある。このため、業種を横断した情報交換や研究会が各所で行われている。それらに参加することにより、セミナーの受講、他社との共同研究、他社事例の収集などが可能になる。

日本では、（公社）日本ロジスティクスシステム協会や日本物流学会をはじめ、多くの物流関連団体や学会がある。それらの活動に参加することにより、自社の物流改革や改善のヒントを多く得ることができる。

6　地域や社会との連携

（1）地域貢献

地域貢献とは、流通センターなどの物流拠点を設ける場合、近隣地域の環境を維持しつつ、雇用促進や税収増加や経済発展などで、地域に貢献することである。

たとえば、入出庫車両が多い場合や、騒音の大きい荷役機器を使用している場合などは、近隣住民の居住環境を悪化させることもあるため、事前の説明や定期的な報告などを行うことが望まれる。このようなきめ細かな対応が、企業の好感度を高めることもある。

また、パートタイム労働者を多用する物流センターでは、近隣で募集を行うことになる。それゆえ地域と良好な関係を保つことにより、柔軟・迅速な要員手配も可能になる。さらには、企業活動を通じて、地域での税収増加への寄与も大きい。

そのほか、地域における交通安全教育や防犯協力、防災活動などの取り組みを行っている事例もある。

48

第3節 ●ロジスティクスと関連組織とのかかわり

（2）社会貢献（地球温暖化、省資源、省エネなど）

　社会貢献とは、物流活動を行っている近隣地域に限らず、広く社会全般にわたって社会に貢献することである。

　たとえば、輸配送時に非効率な多頻度配送を避けることができて積載率を向上できれば、温室効果ガスの排出削減に寄与できる可能性がある。また、再生可能エネルギーの利用などは、省資源や省エネルギーにつながる場合もある。これらを通じて、地球温暖化やカーボン・ニュートラルの対策に貢献できる。

参考文献

（一社）日本物流団体連合会『数字でみる物流〔各年版〕』日本物流団体連合会

（株）日通総合研究所編『ロジスティクス用語辞典』日本経済新聞出版社、2007年

（公社）日本ロジスティクスシステム協会『基本ロジスティクス用語辞典〔第3版〕』白桃書房、2009年

厚生労働省『パートタイム労働者雇用管理改善マニュアル・好事例集（運輸業、卸売業）』2015年3月

国土交通省・（公社）全日本トラック協会『ドライバー不足の対策していますか？～トラック運送業の人材採用に向けて～』2014年9月

国土交通省・厚生労働省『トラックドライバーの人材確保・育成に向けて』2015年5月

国土交通省『物流施設における労働力調査報告書』2009年3月

真島良雄『〈実践＋総合〉物流実務の基礎知識』流通研究社、2004年

宮下正房・中田信哉『物流の知識〔第3版〕』日本経済新聞社、2004年

D. J. バワーソクスほか、松浦春樹・島津誠訳『サプライチェーン・ロジスティクス』朝倉書店、2004年

苦瀬博仁編著『ロジスティクス概論〔増補改訂版〕』白桃書房、2021年

苦瀬博仁編著『サプライチェーン・マネジメント概論』白桃書房、2017年

49

第1章　理解度チェック

次の設問に、○×で解答しなさい（解答・解説は後段参照）。

1. 販売物流は顧客と取り決めた物流サービスを守ることが前提となり、そのうえで効率化を図ることが望まれている。

2. 在庫を適正化するためには、社内の関連組織との調整が不可欠である。

3. 物流管理とは、日々発生する物流を効率的かつ効果的に運営することである。

4. 物流の新たな課題として、労働力不足、環境問題、紛争や災害によるサプライチェーンの断絶などがある。

解答・解説

1. ○
販売物流は顧客からの注文に伴い発生する物流である。物流サービスは契約条件であるため、それを守ることが必要となる。

2. ○
在庫が過剰・欠品となる原因は社内の各所にある。それらを調整し、在庫量を適正化することが物流に求められている。

3. ×
物流管理は日常管理だけではなく、企業全体の物流の方向性を考え、それを実施する数年単位での管理も必要になる。

4. ○
これらの課題とともに、技術的には情報化の進展への対応などもある。

第2章

物流に関する人材労働・環境資源・安全安心問題

この章のねらい

　第2章では、物流に関する近年の社会問題の一環として、人材労働・環境資源・安全安心問題を学ぶ。

　第1節では、物流と人材労働問題について、物流現場における労働力の現状、物流現場で直面している課題、行政による人材労働問題の取り組み、物流事業者による人材労働問題の取り組み、荷主企業（メーカー、卸・小売業等）による人材労働問題への取り組みを学ぶ。

　第2節では、物流と環境資源問題について、物流と地球温暖化問題、物流と資源リサイクル問題、物流とSDGsについて学ぶ。

　第3節では、物流と安全安心問題について、物流における労働災害対策、物流と弱者対策（買い物弱者、通院弱者）、物流と災害対策について学ぶ。

第2章●物流に関する人材労働・環境資源・安全安心問題

第1節 物流と人材労働問題

学習のポイント

◆少子高齢化などを背景に労働力不足が深刻化しているが、物流業では特にその影響が大きい。企業の物流現場においては、労働力確保のための対策が必要とされている。取り組みとしては、採用の拡大、定着化の促進、労働環境の改善等の全般的な条件の改善がある。また、ロジスティクス管理の視点からは、高度物流人材の養成も重要である。

◆従業員満足度（ES）の向上は、従業員の定着促進に有効であるのはもちろん、企業業績の向上の観点からも重視されている。特に荷主企業と物流事業者の両方において、法令遵守やCSR（企業の社会的責任）の面からも、改善が進められている。

1 物流現場における労働力の現状

（1）労働力の現状と人手不足の実態

　少子高齢化の進展によって、わが国の労働力不足が拡大している。生産年齢である15〜64歳の人口は、1995年時点で約8,700万人であったものが、2023年3月には約7,400万人に減少している（総人口に占める割合は59.4％）。この傾向は今後さらに加速することが予測されており、国立社会保障・人口問題研究所の推計では、2030年における生産年齢人口は約7,000万人まで縮小する。労働力不足の主要な要因は人口構造の変化であるため、短期的な景気変動で求人が増減することはあっても、需給のアンバランスは当面継続すると予想される。→図表2-1-1

第1節 ● 物流と人材労働問題

図表2-1-1 ● 高齢化の推移と将来推計

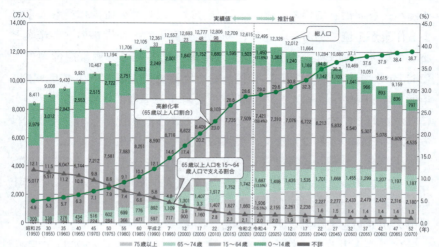

資料：棒グラフと実線の高齢化率については、2020年までは総務省「国勢調査」（2015年および2020年は不詳補完値による）、2022年は総務省「人口推計」（令和4年10月1日現在（確定値））、2025年以降は国立社会保障・人口問題研究所「日本の将来推計人口（令和5年推計）」の出生中位・死亡中位仮定による推計結果

(注1) 2015年および2020年の年齢階級別人口は不詳補完値によるため、年齢不詳は存在しない。2022年の年齢階級別人口は、総務省統計局「令和2年国勢調査」（不詳補完値）の人口に基づいて算出されていることから、年齢不詳は存在しない。2025年以降の年齢階級別人口は、総務省統計局「令和2年国勢調査　参考表：不詳補完結果」による年齢不詳をあん分した人口に基づいて算出されていることから、年齢不詳は存在しない。なお、1950年～2010年の高齢化率の算出には分母から年齢不詳を除いている。ただし、1950年および1955年において割合を算出する際には、（注2）における沖縄県の一部の人口を不詳には含めないものとする。

(注2) 沖縄県の昭和25年70歳以上の外国人136人（男55人、女81人）および昭和30年70歳以上23,328人（男8,090人、女15,238人）は65～74歳、75歳以上の人口から除き、不詳に含めている。

(注3) 将来人口推計とは、基準時点までに得られた人口学的データに基づき、それまでの傾向、趨勢を将来に向けて投影するものである。基準時点以降の構造的な変化等により、推計以降に得られる実績や新たな将来推計との間には乖離が生じうるものであり、将来推計人口はこのような実績等を踏まえて定期的に見直すこととしている。

(注4) 四捨五入の関係で、足し合わせても100.0％にならない場合がある。

出所：内閣府「令和5年版　高齢社会白書」

わが国の輸配送の大部分を担うトラック輸送では、多数のトラックドライバーを雇用していること、また仕分け・保管等の庫内作業も人手による作業が主流であることから、物流は労働集約的な性格の強い産業となっている。加えて、物流業は他の産業と比較して労働生産性が低く（2020年度で1時間当たり2,540円。総合物流施策大綱（2021年度～2025年度）第2回フォローアップ会議）、労働時間が平均よりもかなり長いのにもかかわらず給与水準は高くない。このような状況から、物流業では労働力の確保が容易ではなく、慢性的な人手不足が生じている。

物流業をより細かく職種別に見ると、トラックドライバーの不足が特に深刻である。2023年4月における有効求人倍率は2.1を超えるまで上昇しており、全産業の有効求人倍率が1.1であることと比較すると著しく労働力が逼迫していることがわかる。→図表2-1-2

特に、働き方改革に伴い、以下に述べるように「物流の2024年問題」が生じている。

図表2-1-2 ●有効求人倍率の推移について

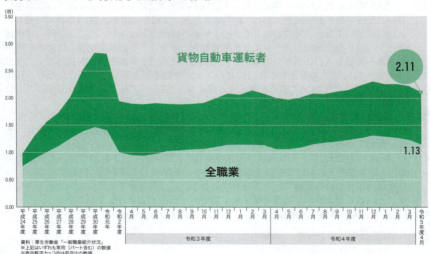

出所：（公社）全日本トラック協会「知っていますか？　物流の2024年問題」パンフレット

（2）物流業における労働力構造

　2020年の国勢調査や総務省・厚生労働省などのデータによれば、物流業における労働力構造は、以下のとおりである。

①　年齢

　総務省の調査によると2021年現在、トラック運送業に従事する就業者数は全体で約199万人、このうちトラックドライバー等の輸送・機械運転従事者数は約84万人と、横ばいで推移している。

　さらに、貨物自動車運転者（トラックドライバー）の平均年齢は、営業用大型貨物自動車運転者が2010年の45.2歳から2022年は49.7歳に、営業用貨物自動車運転者（大型車を除く）が2010年の42.0歳から2022年は47.2歳と、高齢化している。

図表２−１−３●物流業の概要（2021年度）

区　　分	営業収入	事業者数	従業員数	中小企業の割合	備　　考
トラック運送事業	18兆3,473億円	63,251	201万人	99.9%	国土交通省自動車局貨物課調べ　営業収入は令和２年度の報告書提出事業者37,805者分　従業員数は総務省「労働力調査」
Ｊ　Ｒ　貨　物	1,513億円	1	5千人	―	
内　航　海　運　業	7,613億円	3,309	67,392人	99.7%	営業収入は報告書提出事業者609者分
外　航　海　運　業	3兆4,895億円	189	7千人	84.8%	営業収入・従業員数・中小企業の割合は報告書提出事業者145者分
港　湾　運　送　業	9,911億円	854	5万1千人	89%	検数・鑑定・検量事業者を除く　営業収入は令和２年度報告書提出事業者617者分
航空貨物運送事業	7,042億円	22	4万1千人	77.3%	
鉄道利用運送事業	3,146億円	1,175	9千人	86.2%	営業収入・従業員数・中小企業の割合は報告書提出事業者626者分
外航利用運送事業	7,172億円	1,173	7千人	80.9%	営業収入・従業員数・中小企業の割合は報告書提出事業者398者分
航空利用運送事業	9,727億円	202	1万5千人	66.9%	営業収入・従業員数・中小企業の割合は報告書提出事業者224者分
倉　　庫　　業	2.6兆円	6,582	13.2千人	98.9%	営業収入・従業員数は推計値
トラックターミナル業	295億円	16	0.5千人	93.8%	営業収入は兼業事業を含む

出所：（一社）日本物流団体連合会「数字でみる物流2023年度版」

第2章●物流に関する人材労働・環境資源・安全安心問題

　また、トラックドライバーは年齢とともに職種変更や退職が増える傾向があるので、今後も高齢化が進んで減少することが予想される。

　一方、倉庫業の就業者数は、トラック運送業に比して約6分の1と少ないが、増加傾向にある。これは、倉庫業の所管面積が増加して業務が拡大するとともに、業務内容が保管型から流通型に変化して、倉庫内作業が増加したことによる。→図表2-1-3

② 性別

　総務省の調査では、2021年において、トラック運送業における女性の比率は就業者全体で20.1％と、全産業の45.3％に比べて半分以下の低い状況にある。このうち、トラックドライバーである輸送・機械運転従事者では3.6％と、著しく少ない。

　男女雇用機会均等法などの後押しもあり、国土交通省や業界団体は、トラックドライバーにおける女性の割合を増やす施策を進めてきた。そ

Column　コーヒーブレイク

《「トラガール」促進プロジェクト》

　慢性的なドライバー不足に悩むトラック運送業界が期待しているのが、潜在的な可能性を秘めた女性の活躍である。トラックドライバーの女性比率は約3％と低い（警官の女性比率は約10％）。

　女性側からは「業務内容における不安」があり、トラック運送業からは「女性の採用・雇用や労務管理」に対する悩み・不安もある。

　国土交通省では、2014年をトラックドライバーの「人材確保・育成元年」と位置づけて諸施策に取り組んでいるが、その一環として女性ドライバーを増やそうというのが、「トラガール」促進プロジェクトである。

　具体的には、トラック運送業として女性に長く働いてもらうために、トイレや更衣室をはじめとした施設の改修やオートマチックやテールゲートリフター装備車両を導入するほか、教育・研修制度の充実・強化を進めて、ライフスタイルに合わせた働き方が選べる制度を整備して、福利厚生の充実などに取り組んでおり、国土交通省もトラック運送業者の取り組みを補助金等で支援している。

の結果、女性トラックドライバーの比率は、2015年から2020年にかけては2.8%から3.8%と大きく増加した。今後も、職場環境の改善、荷役の機械化、女性向け車両の導入などの施策の推進が望まれる。

一方、同じ総務省調査では、2021年において、倉庫業では全体でも女性の比率が42.6%と高く、ピッキング・流通加工などの軽作業も多いので、パートタイム労働者を中心に、倉庫作業従事者で37.3%、荷造従事者で68.1%と、女性比率が高くなっている。

③ 労働時間

物流業に従事する労働者の年間総労働時間の現状は、図表2-1-4のとおりである。

特に、トラック運送業（図表2-1-4では道路貨物運送業）は年間2,104時間と、全産業の1,718時間に比べて386時間（約22%増）の長時間労働となっており、所定内労働時間・所定外労働時間（時間外労働）とも長くなっている。

図表2-1-4は、事業所規模30名以上に限られたデータであり、事業者数で81.4%を占める従業員数30名未満の一般トラック（特別積合せ・

図表2-1-4 ●物流業に従事する労働者の年間総労働時間の現状（2022年）

（単位：1人当たり　時間）

分　　　類	年間総労働時間	所定内労働時間	所定外労働時間
全　産　業　計	1,718	1,572	146
運 輸 業、郵 便 業	1,946	1,681	265
鉄　　道　　業	1,940	1,721	220
道路旅客運送業	1,985	1,700	284
道路貨物運送業	2,104	1,758	346
製　　　　造　　　　業	1,912	1,720	192
建　　　　設　　　　業	1,986	1,762	224
金 融 ・ 保 険 業	1,746	1,573	173

（注1）「毎月勤労統計調査全国調査結果原表（令和4年平均確報）」（厚生労働省）より作成。
（注2）事業所規模30人以上

出所：図表2-1-3に同じ

霊柩を除く。全体で57,856社。2021年度。出所は前掲図表2-1-3と同じ）を加えれば、長時間労働の労働者は、さらに多いと推測される。

（3）物流現場における実態

　物流業、特にその大半を占めるトラック運送業においては、以下のような実態が明らかになっている。

　第1に低賃金（全企業平均の8割程度）（→図表2-1-5）、第2に長時間労働（他産業よりも長時間）（→図表2-1-4）、第3に過酷な作業実態（手積み手卸しという荷役作業）（→図表2-1-6）である。

　さらには、第4に非効率な荷待ち時間（発荷主・着荷主、元請事業者などや、物流施設の都合によってトラックドライバーが待機させられること）がある。この「荷待ち時間」については、実態を把握するととも

図表2-1-5●トラックドライバーの賃金

【年間所得額の推移】

トラックドライバーの年間所得額は、全産業平均と比較して、大型トラックドライバーで約4％低く、中小型トラックドライバーで約12％低い

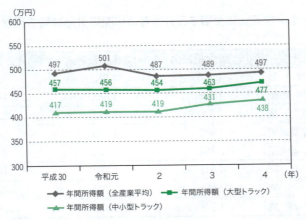

資料：厚生労働省「賃金構造基本統計調査」より

出所：（公社）全日本トラック協会「日本のトラック輸送産業−現状と課題−2023」

図表2-1-6 ● 手荷役の実態

問2. トラック等の積卸しの際、手荷役を行う現場はありますか？

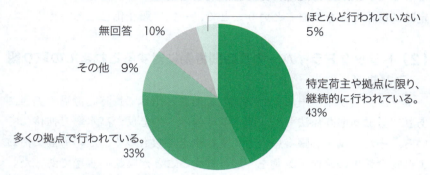

出所：(一社)日本物流団体連合会「トラック幹線輸送における手荷役実態アンケート調査報告書」

に、荷待ち時間を生じさせている荷主への勧告等の発動にかかる確認の一助等とするため、荷待ち時間記録等を新たにトラック運送事業者に義務づける省令改正が行われ、2018年から施行されている。しかしながら、改善の速度は遅い。

2 物流現場で直面している課題

(1)「物流の2024年問題」

　国土交通省によれば、「2024年4月に、トラックドライバーの長時間労働の改善に向け、トラックドライバーの時間外労働の上限が年間960時間となります。他方で、物流の適正化・生産性向上について対策を講じなければ、2024年度には輸送能力が約14％不足し、さらに、このまま推移すれば2030年度には約34％不足すると推計されています」と指摘されている。これが、いわゆる「物流の2024年問題」である。
　時間外労働の上限を年間960時間とする規制が同時に適用される建設業では、「建設の2024年問題」となっている。

トラックドライバーの長時間労働の改善については、これまでも課題となっていたが、時間外労働の上限規制適用により、輸送サービスが安定的に供給できなくなるということで、一気に顕在化したといえよう。

（2）トラックドライバーの長時間労働に対するこれまでの取り組みと対策

トラックドライバーは、他業種の労働者と比べて長時間労働の実態にあり、労働基準関係法令や「改善基準告示」の違反が高水準で推移している。また、脳・心臓疾患の労災支給決定件数も多く、その労働条件および安全衛生の確保・改善を一層推進することが喫緊の課題であった。

① トラック輸送における取引環境・労働時間改善協議会（2016年〜）

トラック運送事業の課題の背景として、荷主との関係から、トラック運送事業者の自助努力だけでは労働時間の短縮が進まないこと、多重的な請負構造から適切な運行管理がなされていない等の問題が存在した。

そこで、長年、トラック運送事業者、荷主、行政等の関係者が一体となり、トラック運送事業における長時間労働の改善に取り組んできた。

2016年、厚生労働省・国土交通省および（公社）全日本トラック協会が事務局となって、「トラック輸送における取引環境・労働時間改善中央協議会」が設置され、各都道府県の「地方協議会」で2016・2017年度に、荷主およびトラック運送事業者が協力しながらトラックドライバーの労働時間短縮を目指すパイロット事業を実施し、2019年に「荷主と運送事業者の協力による取引環境と長時間労働の改善に向けたガイドライン」が公表された。

② 貨物自動車運送事業法による荷主対策の深耕（2017〜2020年）

貨物自動車運送事業法は、トラック運送事業者（貨物自動車運送事業者）を対象とする法律であるが、前記**（1）**で述べた状況を踏まえて、2017年の法改正において、以下の「荷主対策」が盛り込まれた。

〇荷主の配慮義務の新設

〇荷主への勧告制度の拡充

○違反原因行為をしている疑いがある荷主に対して国土交通大臣が働きかけ（2024年3月末までの時限措置）

○「標準的な運賃」の告示（2020年。2024年3月末までの時限措置）

長時間労働、とりわけ時間外労働を削減するとトラックドライバーの収入が減少するおそれがある。収入の減少は労働力の他産業への流出を招き、労働力不足が深刻化しかねない。そこで、トラックドライバーの収入の底上げを図るため、国土交通省では「標準的な運賃」を告示した。同運賃は、かつての「認可運賃」（法定運賃）ではないので、各運送事業者の「届出」が要件である。しかし、届出が進まないので、2023年議員立法により貨物自動車運送事業法を改正して、「2024年3月末まで」とした時限を「当分の間」（期間未定）に延長している。

③ 内閣府「物流革新に向けた政策パッケージ」（2023年6月）

経済産業省・国土交通省・農林水産省による「持続可能な物流の実現に向けた検討会」の改善案に基づき、2023年6月に内閣府（我が国の物流の革新に関する関係閣僚会議）から「物流の2024年問題」対策として「物流革新に向けた政策パッケージ」が打ち出された。

その後、同パッケージに基づいて、2024年2月に関係閣僚会議で決定された「2030年度に向けた政府の中長期計画」において、政策パッケージに記載した各種施策の2030年度までのロードマップが示されている。

→図表2-1-7

（3）トラックの運転免許にかかわる課題

自動車の運転免許には、以下のような区分と種類がある。

区分は、「第一種運転免許」「第二種運転免許」「仮運転免許」がある。

種類は、通称として「普通免許」「準中型免許」「中型免許」「大型免許」「甲型特殊免許」「大型特殊免許」「原付免許」「大型二輪免許」「普通二輪免許」「牽引免許」の10種類以外に、運転免許不要の「特定原付」（一定の電動キックボード等）がある。

このうち、トラックの運転免許（トレーラーの牽引免許を除く）は、

図表２−１−７ ● 2030年度に向けた政府の中長期計画（ポイント）

主要施策のポイント

（1）適正運賃収受や物流生産性向上のための法改正等
○以下について、通常国会での法制化
　・一定規模以上の荷主・物流事業者に対する荷待ち・荷役時間短縮に向けた計画作成の義務付け
　・トラック事業における多重下請構造是正に向けた実運送体制管理簿作成、契約時の書面による交付等の義務付け　等
○トラックドライバーの賃上げ等に向けた貨物自動車運送事業法に基づく「標準的運賃」の引上げ及び「標準運送約款」の見直し
○悪質な荷主・元請事業者への監視・指導の徹底（トラックGメンによる集中監視）

（2）デジタル技術を活用した物流効率化
○荷待ち・荷役時間短縮に向けた自動化・機械化設備・システム投資を支援
○物流標準化やデータ連携の促進等フィジカルインターネット・ロードマップを踏まえた取組を推進し、積載率向上に向けた共同輸配送や帰り荷確保を促進
○自動運転やドローン物流等のデジタル技術を活用したサービスについて実装を加速

（3）多様な輸送モードの活用推進
○大型コンテナの導入支援等を通じたモーダルシフトの推進強化
○自動物流道路の構築（10年で実現を目指す。）
○自動運航船の本格的な商用運航（2026年までに国際ルールを策定することにより、2030年頃の実現を目指す。）

（4）高速道路の利便性向上
○大型トラックの法定速度を2024年4月に90km/hに引上げ
○ダブル連結トラックについて、運行路線の拡充やダブル連結トラックに対応した駐車マス整備を含め導入促進
○大口・多頻度割引の拡充措置を継続、法令を遵守しない事業者に対しては、割引制度を厳格に運用

（5）荷主・消費者の行動変容
○ポイント還元実証事業等を通じた再配達削減の仕組みの社会実装
○「送料無料」表示の見直しについて、2023年度中にその見直し状況を確認するため、フォローアップ調査を実施

出所：内閣府資料（2024年2月）より抜粋

以下のような経緯をたどって現在の種類となっている（区分はすべて第一種免許）。

① 中型免許

　中型免許導入（2007年）以前は、車両総質量8トン（t）を基準として、「普通自動車」と「大型自動車」の2種類に区分された運転免許制度であった。

　大型自動車は、車両総質量11t未満の大型車の運転免許の受験資格は「年齢20歳以上」「運転経験2年以上」とされ、車両総質量11t以上の大型自動車を運転する場合には、「年齢21歳以上」「運転経験3年以上」と政令で規定されていた。なお、自衛隊員は19歳以上で大型免許を取得することができるが、20歳までは自衛隊の大型車両運転に限定される（一般の大型車は運転できない）。

　当時は貨物自動車（トラック）による重大交通事故が多かったことか

第1節 ● 物流と人材労働問題

ら、トラックドライバーの技能・知識不足に起因する交通事故を抑止するため、2007年に中型免許制度が創設された。

「大型免許」は「車両総質量11t以上」、「中型免許」は「車両総質量5t以上11t未満」に、「普通免許」は「車両総質量5t未満」とされ、受験資格も、大型車は「年齢21歳以上」「運転経験3年以上」、中型車は「年齢20歳以上」「運転経験2年以上」とされた。

② 準中型免許

環境対策や安全対策、さらには荷役装置などにより車両質量が増加して、貨物積載量が減じるなどの問題が生じる一方で、「年齢20歳以上」「運転経験2年以上」という「中型免許」は、少子高齢化に伴うトラック運送業界での若年運転者の確保問題（高校卒業直後では「中型免許」を取得できない等）にも影響が出た。

そこで、普通免許と同じ18歳でも、「車両総質量7.5tまで」運転することが可能となる「準中型運転免許」が、2017年に創設され、高校新卒者をはじめとする若年者等の「準中型」トラックへの乗務が可能となった。

③ 現在の運転免許の区分

現在のトラック（軽を除く）の運転免許は、普通免許・準中型免許・中型免許・大型免許の4区分である。→図表2-1-8

免許ごとに取得条件がある（普通免許の条件は本項(6)②の〔普通自動車運転免許を取得するための条件（日本人と同じ条件）〕参照）。

〔準中型免許を取得する条件〕

・修了検定を受ける際に18歳になっていること

図表2-1-8 ●運転免許の種類

免許取得時期	免許の種類	車両総重量	最大積載量
2017年 3月12日以降	普　通	3.5トン未満	2トン未満
	準中型	3.5トン以上7.5トン未満	2トン以上4.5トン未満
	中　型	7.5トン以上11トン未満	4.5トン以上6.5トン未満
	大　型	11トン以上	6.5トン以上

63

- 視力は片眼で0.5以上あり、両眼では0.8以上
- 色の識別ができることはもちろん、10m先の警音器の音を聞き分けられることなど

〔中型免許を取得する条件〕
- 満20歳以上
- MT（マニュアル）車の普通免許を取得して、通算2年以上の運転歴
- 視力や色の識別、警音器の音の聞き分けなどの条件は、準中型免許や普通免許と同じ

〔大型免許を取得する条件〕
- 満21歳以上
- MT車の普通免許を取得後、通算3年以上の運転歴があること
- 視力や色の識別、警音器の音の聞き分けなどの条件は、他の免許区分と同じ

　トラックドライバーなど、企業における労働力不足への対策としては、まず省力化・業務改善等によって必要な従業員数を減らすことが挙げられる。人材・労働面での対策としては、①より多くの人材を獲得するという「採用の拡大」、②採用した人材になるべく長く勤めてもらうという「定着化の促進等」、の対策が必要である。さらに両者に共通する対策として、③労働環境の改善等の全般的な条件の改善も必要となる。以下ではそれぞれ実施すべき主要な対策を整理する。→図表2-1-9

　なお、警視庁では、中型・大型免許に「AT車限定免許」を導入する方向であり、2026年からの実施が予定されている。

（4）物流分野の人材に関する課題

　トラックドライバーの雇用はトラック運送事業者が行い、雇用後の教育については国土交通省が、「貨物自動車運送事業者が運転者に対して行う指導及び監督の指針」で13項目を定めており、（公社）全日本トラック協会では同指針用のテキストを作成し、会員事業者に配布している。

　荷主企業は、自家用トラックを除けば、トラックドライバーの雇用・

第1節 ● 物流と人材労働問題

図表2-1-9 ● トラックドライバーの人材確保・育成に向けての主な対応策

① 「魅力ある職場づくり」
　　トラックドライバーの処遇を改善し、安心して働けるための環境整備
　　・取引環境・長時間労働・賃金などの労働条件の改善
　　・雇用管理の知識習得・実践の推進
　　・雇用管理に資する助成制度の活用促進
　　・現場の安全管理の徹底
② 「人材確保・育成」
　　トラック運送業界への入職を促すため、トラック運送業の魅力の向上や人材
　　育成などに向けたきめ細かな直接的な取り組みを実施
　　・トラック運送業への入職促進
　　・女性の活躍促進
　　・関係団体などとの連携による人材育成・定着支援の推進
　　・事業主などによる人材育成の推進

出所：国土交通省・厚生労働省「トラックドライバーの人材確保・育成に向けて」

教育の機会が少ないので、ここでは省略し、荷主も雇用する機会の多い物流センター従業員の雇用について述べる。

　総務省の労働力調査によれば、2023年4〜6月期平均で、非正規従業員が2,090万人（26.5%）となっている。また、国税庁の民間給与実態統計調査では、2021年の非正規従業員の年間給与は198万円で、正規従業員の約4割にとどまっている。物流センターの従業員も非正規従業員が多い。

① パートタイム労働者の雇用

　パートタイム労働者を雇用する際に遵守しなければならないのが、**パートタイム・有期雇用労働法**（2020年4月施行。2021年4月からは中小企業にも適用）である。

　パートタイム労働者とは、パートタイム・有期雇用労働法では「1週間の所定労働時間が同一の事業所に雇用される通常の労働者の1週間の所定労働時間に比べて短い労働者」と定められており、雇用する際のパートタイム労働者・アルバイト・嘱託・契約社員・臨時社員・準社員という区分は関係なく、正社員より労働時間が短ければ、すべて「パート

65

タイム労働者」となり、同法が適用される。

　企業側がパートタイム労働者を雇うメリットとしては、「業務量などに合わせて人員確保できる」「人件費を抑制できる」「正社員の仕事をパートタイム労働者に振ることで、正社員の生産性が上がる」などがある。

　一方、デメリットとしては従業員の入れ替わりが多く「長期的な人材育成が難しい」などがある。

　パートタイム・有期雇用労働法では、パートタイム労働者を雇用するときには、書面（雇用契約書・労働条件通知書など）で労働条件を明示することを企業に義務づけている。明示しなければならない労働条件は、以下の11項目である。

　・契約期間　・有期契約の場合は更新の基準　・就業場所　・業務内容　・労働時間　・賃金　・退職に関する事項　・昇給の有無　・退職手当の有無　・賞与の有無　・相談窓口

「昇給の有無」から「相談窓口」までの4項目は、パートタイム・有期雇用労働法の独自の項目である。

　また、「1週間当たりの所定労働時間が20時間以上」等の所定の条件をすべて満たせば、パートタイム労働者には社会保険（健康保険・厚生年金保険・雇用保険）への加入義務が生じる。

　パートタイム・有期雇用労働法は、正規従業員と非正規従業員の不合理な待遇の差をなくすことが目的の1つであり、いわゆる「同一労働同一賃金」も規定されている。具体策としては、「待遇に不合理な差をつけてはいけない＝均等待遇」「待遇差（＝均衡待遇）についての説明義務」「行政ADR（裁判外紛争解決手続）の対象」が定められている。均等待遇には、雇用後の教育・訓練等も含まれている。

② 　高齢者の雇用

　少子高齢化が急速に進展し人口が減少する中で、経済社会の活力を維持するため、働く意欲がある高年齢者がその能力を十分に発揮できるよう、高年齢者が活躍できる環境の整備を目的として、「高年齢者雇用安定法」が一部改正され、2021年4月から施行されている。

主な改正の内容として、事業者には、「70歳までの定年の引き上げ」「定年制の廃止」「70歳までの継続雇用制度（再雇用制度・勤務延長制度）の導入」など、いずれかの措置を講ずるよう努力義務が課せられた。

総務省によれば、2022年の65歳以上の就業者数は912万人で過去最多を更新している。少子高齢化で生産年齢人口が減り、高齢者の働き手が人手不足を補っているといえよう。

高齢者の就労が一層進む中で、労働災害による休業4日以上の死傷者数のうち、60歳以上の労働者（高齢労働者）の占める割合は25.7%と、全死傷者数の約4分の1を占めているほか、絶対数でも3万8,574人となっており、年々増加傾向にある（2021年度）。物流センターなどでも中高年齢者の被災が増加している。

厚生労働省による高齢労働者の労災事例では、「事業所構内で、同僚が運転するフォークリフトと衝突し、後遺障害を負った（男性60代）」「倉庫の段ボールにつまずき転倒し大腿骨を骨折。3カ月休業（女性60代）」などがある。

高齢者が安心して安全に働ける職場環境の実現が求められ、厚生労働省では「高年齢労働者の安全と健康確保のためのガイドライン」（2020年）を打ち出している。同ガイドラインに基づいて作成された「高年齢者に配慮した交通労働災害防止の手引き」は、トラックドライバーに限らず高齢ドライバーの交通労働災害防止に有益である。

③ 障害者の雇用

障害者の雇用対策は、「**障害者雇用促進法**」により、企業に対して、雇用する労働者の一定比率の障害者を雇用することが義務づけられている（障害者雇用率制度）。→図表2-1-10

障害者雇用率は、2023年度の2.3%が2024年度は2.5%に、2026年度には2.7%に引き上げられる。また、各業種の業務実態により、一定の「除外率」が定められている（倉庫業5%、貨物運送取扱業（集配利用運送業を除く）15%、道路貨物運送業20%、港湾運送業25%など。多くの製造業・流通業・サービス業は、除外なし）が、2025年度以降は除外率が

図表 2 - 1 - 10 ● 障害者雇用率制度

> 事業主のみなさまへ
>
> # 障害者の法定雇用率引上げと支援策の強化について
>
> 障害に関係なく、希望や能力に応じて、誰もが職業を通じた社会参加のできる「共生社会」実現の理念の下、全ての事業主に、法定雇用率以上の割合で障害者を雇用する義務があります。この法定雇用率の引上げと、障害者雇用の支援策の強化についてお知らせいたします。
>
> **Point ①**　障害者の法定雇用率が段階的に引き上げられます。（令和6年4月以降）
>
> | | 令和5年度 | | 令和6年4月 | | 令和8年7月 |
> |---|---|---|---|---|---|
> | 民間企業の法定雇用率 | 2.3% | ⇒ | 2.5% | ⇒ | 2.7% |
> | 対象事業主の範囲 | 43.5人以上 | | 40.0人以上 | | 37.5人以上 |
>
> ▶障害者を雇用しなければならない対象事業主には、以下の義務があります。
> - ◆ 毎年6月1日時点での障害者雇用状況のハローワークへの報告
> - ◆ 障害者の雇用の促進と継続を図るための「障害者雇用推進者」の選任（努力義務）
>
> **Point ②**　除外率が引き下げられます。（令和7年4月以降）
>
> 除外率が、各除外率設定業種ごとにそれぞれ10ポイント引き下げられ、令和7年4月1日から以下のように変わります。(現在除外率が10%以下の業種については除外率制度の対象外となります。)

出所：厚生労働省資料より

一律10%引き下げられることが決定している。

　障害者雇用率を満たさない企業（常用労働者100人超に限る。100人未満の中小企業は除外）からは納付金（不足1人当たり月額5万円）を徴収しており、納付金をもとに雇用義務数より多く障害者を雇用する企業に対して調整金（超過1人当たり月額2万7,000円）が支払われ、障害者を雇用するために必要な施設設備費等に助成される（障害者雇用納付金制度）。

　また、障害者本人に対しては、職業訓練や職業紹介、職場適応援助等の職業リハビリテーションを実施し、それぞれの障害特性に応じたきめ細かな支援が配慮されている。

　2018年4月からは、障害者雇用の対象として、従来の身体障害者・知

的障害者に加えて精神障害者も含まれることになった。肉体作業の多い物流センターなどの現場では、身体障害者の雇用が難しい側面（除外率が適用されてきた理由の1つ）もあったが、知的障害者とともに精神障害者も対象となったことで、物流現場における障害者雇用の増加が期待される。

　最近は、物流センター等でロボットなどが導入されて自動化・省力化が進んでいる。このうち、棚搬送型（GTP＝Good To Person）ロボットがある。これは、ピッキング作業者が棚まで対象物を取りに行くのではなく、ロボットがピッキング作業者の前まで、対象物を格納した棚を運んでくる。あるいは、対象物を入れたコンテナをピッキング作業者がいるピッキングポートまで届けてくれる。ピッキング作業者は、棚やコンテナから必要数をピッキング後に、確認ボタンを押せばコンテナが自動的に棚に戻るという作業なので、座っていてもできる。

　欧州の物流センターのように、作業者は座ったままで物流機器を操縦できるようになれば、車いすの障害者でも物流センター業務が可能になると思われる。

　2023年9月の東洋経済新報社「『障害者雇用率が高い会社』ランキングTOP100」では、障害者雇用率6.29％（26名、いずれも2021年度）の物流企業が第5位にランクされている。

　障害者雇用に積極的な製造業では、生産ライン等を障害者向けに改造して対応している例もあり、物流分野でも同様の対応や配慮が、後述のSDGsの観点からも望まれる。

（5）高度物流人材の育成・確保に関する課題

　「総合物流施策大綱（2021年度〜2025年度）」では、「今後取り組むべき施策」の1つとして「高度物流人材の育成・確保」を掲げている。

　同大綱では、高度物流人材を、物流DXの実現のため「物流現場の課題を正確に把握するとともに、グローバル化の状況も踏まえながら物流産業の今後の進むべき方向性を俯瞰的にとらえ、先進技術等も活用した

物流業務の革新のための企画・提案ができる人材」と位置づけており、このような高度物流人材も不足している。→図表2-1-11

高度物流人材の育成・確保のKPI（Key Performance Indicator＝重要業績評価指標）には、以下の2指標が掲げられている。

① 大学・大学院に開講された物流・サプライチェーンマネジメント分野を取り扱う産学連携の寄附講座数：50講座（2021～2025年度）

Column コーヒーブレイク

《特例子会社》

特例子会社とは、障害者の雇用促進と安定を目的として設立される子会社のことで、厚生労働大臣の認定を得ると、親会社およびグループ全体の障害者雇用分として実雇用率を算定することができる（2023年6月1日現在、全国で598社。厚生労働省の特例子会社一覧参照）。現場作業の多い物流企業では特例子会社を設立し、設立した特例子会社で多くの障害者を雇用した実績を、グループ全体の障害者雇用率として算定している事例がある。

特例子会社では、物流の実務以外に、事務スタッフ・間接部門の支援業務などを親会社またはグループ会社の業務から切り出して担当するほか、ベーカリー・カフェ事業などまったく異分野の事業を展開している事例もある。

特例子会社制度を活用するなど、障害者雇用の義務数を上回って雇用している企業には、前記の調整金以外に、自治体等から「障害者雇用優良企業」などの表彰もあり、CSRやSDGsの好例となっている。

なお、特例子会社を設置しなくても、厚生労働大臣から「グループ認定」を受ければ、親会社が運営するグループ会社すべて（特例子会社・子会社）の従業員が、親会社で雇用されているものとみなされて実雇用率が通算される「企業グループ算定特例（関係子会社特例）」もある（2023年6月1日現在、全国で362グループ）。

また、トラック運送業のように中小企業の場合には、事業協同組合（運送事業協同組合）などを活用し、組合下で障害者を雇用する事業を協同で行い、厚生労働大臣から認定を受けると、事業協同組合と組合員に当たる中小企業の間で実雇用率の通算が可能になる「事業協同組合等算定特例（特定事業主特例）」という制度もある。

第1節 ● 物流と人材労働問題

図表2-1-11 ● 高度物流人材のイメージ

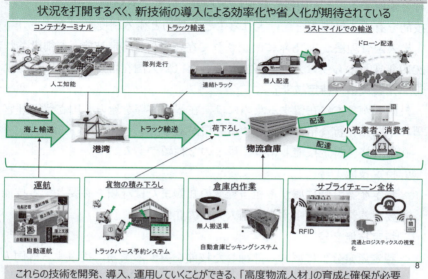

出所：国土交通政策研究所「物流分野における高度人材の育成・確保における研究」

② 物流に関する高度な資格の取得者数：4,451人（2017～2020年度）
→6,000人（2021～2025年度）

②として、（公社）日本ロジスティクスシステム協会が認定する「ロジスティクス経営士」「物流技術管理士」、厚生労働省所管の特別民間法人である中央職業能力開発協会が認定する「ロジスティクス1級」「ロジスティクス管理2級」「ロジスティクス・オペレーション2級」が対象とされている。

荷主・物流企業とも、物流の効率化や省人化を進めるためには、新たな物流技術を開発・導入・運用できる高度物流人材の育成と確保が必要である。

71

（６）外国人運転者

外国人による労働力確保策の１つである「特定技能」制度は、国内人材を確保することが困難な状況にある産業分野において、一定の専門性・技能を有する外国人を受け入れることを目的とする制度である。

出入国管理法が2018年に改正されて在留資格「特定技能」が創設され、2019年４月から受け入れが可能となった（出入国在留管理庁HP抜粋）。

① 在留資格「特定技能」

外国人が日本に在留するためには、在留目的等を地方入国在留管理官署に申請し在留資格を認定される必要がある。

在留資格「特定技能」には、以下の２種類がある。

○特定技能１号

特定産業分野に属する相当程度の知識または経験を必要とする技能を要する業務に従事する外国人向けの在留資格

○特定技能２号

特定産業分野に属する熟練した技能を要する業務に従事する外国人向けの在留資格

特定産業分野（12分野）

①介護　②ビルクリーニング　③素形材・産業機械・電気電子情報関連製造業　④建設　⑤造船・舶用工業　⑥自動車整備　⑦航空　⑧宿泊　⑨農業　⑩漁業　⑪飲食料品製造業　⑫外食業

・特定技能１号は12分野で受け入れ可。下線の２分野（建設、造船・舶用工業）のみ特定技能２号の受け入れ可。

・2022年に「素形材産業」「産業機械製造業」および「電気・電子情報関連産業」の３分野が統合され、「素形材・産業機械・電気電子情報関連製造業」に一本化された。

在留資格「特定技能」制度が創設された2019年度からの５年間で、介護や建設など12の特定産業分野で34万5,150人の外国人を、政府は受け入れ上限としてきたが、2023年６月末時点の実績は上限の半分である約17万人である。

第1節 ● 物流と人材労働問題

　後記のように2024年度以降の上限は、従来の12分野に、自動車運送業、鉄道、林業、木材産業の4つの分野を追加することが閣議決定され、2028年までの5年間で16分野の合計が最大82万人と見込まれている。

② 外国人の運転免許

　外国人が日本の運転免許を取得するには、以下の2つの方法がある（国際免許では、事業用自動車の運転はできない）。

○方法①　外国で取得した運転免許を日本の免許に切り替える

　試験を受験した後、日本の運転免許センターで日本の運転免許証へ切り替え手続を行う。

　以下の4条件を満たしている必要がある。

・取得した運転免許証が有効期間内であること
・運転免許を取得した国に通算3カ月以上滞在していたこと
・日本に住民票があり、在住していること
・ビザが有効であること

〔必要な書類〕

・有効な外国の運転免許証
・上記免許証の日本語による翻訳文（当該国の駐日大使館等が作成したもの）
・本籍が記載されている住民票
・免許を取得した国に免許取得後3カ月以上滞在したかを確認できるもの（パスポート等）
・申請用写真（縦3cm、横2.4cm）

○方法②　日本で運転免許を取得する

　日本人と同様に、学科試験・実技試験に合格して運転免許を取得する。

〔普通自動車運転免許を取得するための条件（日本人と同じ条件）〕

・年齢：18歳以上
・視力：片眼で0.3、両眼で0.7以上（眼鏡やコンタクトレンズ等の視力矯正可）
・色彩識別：信号機の赤・青・黄色が識別できる

・聴力：日常会話を聴取できること、10mの距離で9デシベルの警音
　器の音が聞こえること（補聴器使用可能）
・運動能力：自動車の運転に支障を及ぼす身体障害がないこと、障害
　がある場合は義足・義手などの補助手段により支障をきたさなけれ
　ば可能

〔外国語による学科試験の受験〕

　外国語で試験を受けることができる場所が各都道府県に設けられてい
るが、対応している言語は、英語・中国語・ポルトガル語の3つが多く、
都道府県によっては対応していない言語もある。

③　外国人ドライバー

　人手不足が顕著なトラック、バス、タクシーのドライバーについて、在
留資格「特定技能」の対象に、「自動車運送業」を追加することは、これ
まで（公社）全日本トラック協会、（公社）日本バス協会、（一社）全国ハ
イヤー・タクシー連合会の3団体が国に要望してきた。この結果、前記
①のように、2024年に特定技能の対象分野に自動車運送業などを加える
ことが閣議決定された。

　国土交通省では、3業界における今後5年間の外国人受け入れ見込み
数（政府の受け入れ上限と関係する）、荷物の積卸しや接客など業種に合
わせたドライバーとしての技能試験の整備を検討している。

　「第二種免許」の取得が必須であるバス・タクシーよりも、「第一種免
許」のトラックはハードルが低いが、大中型車両も多く安全運転の徹底
が必要になる。また、引越・宅配などでは接客も必要となる。受け入れ
企業だけでなく全日本トラック協会などが、外国人ドライバー研修制度
を設けることが望まれる。

④　出入国管理法の改正

　出入国管理及び難民認定法（**出入国管理法**）では、日本国内における
外国人労働者受け入れについても規定している。

　国内の深刻な労働力不足に対応するため、2024年3月29日に同法が定
める在留資格の1つである「特定技能1」について、従来の12分野に自

図表2-1-12 ●「特定技能」の現状

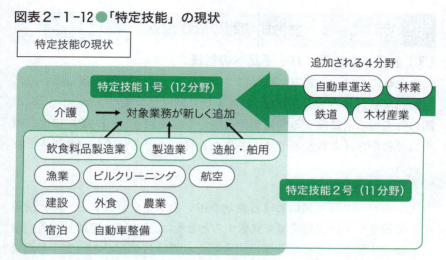

出所：Divershipホームページ

動車運送業、鉄道、林業、木材産業の4つの分野を新たに追加することが閣議決定され、2024年4月以降、必要な省令（法務省令）の改正が行われ（→図表2-1-12）、前記③の外国人ドライバーの受け入れが可能になった。

　旅客・貨物の自動車運送業・鉄道業は、コミュニケーションや安全管理の能力が求められることから、特定技能としての在留資格を得るには、ほかの分野より高い日本語のスキルなどが条件とされており、外国人ドライバーを受け入れる側も新たに外国人労働者の教育・就労体制の構築などが求められる。

　2024年度以降の5年間で受け入れる外国人は、新たに追加する4分野を含めた16の分野で最大82万人を、政府では見込んでいる。
（「特定技能」の詳細は、法務省「特定技能 ガイドブック」を参照のこと）

3 行政による人材労働問題の取り組み

（1）トラックドライバー不足への対策

　物流業における労働力の確保については、行政も対策を講じている。

　2023年6月に打ち出された「物流革新に向けた政策パッケージ」（我が国の物流の革新に関する関係閣僚会議　→前掲図表2-1-7）には、国土交通省から「女性や若者等の多様な人材の活用・育成」が盛り込まれている。

　具体的には、

① 　トラック運送業における深刻な担い手不足を解消するべく、快適で働きやすい職場環境を整備するとともに、荷積み・荷卸しの負担が物流事業者にとって非常に大きくなっていることから、こうした負担軽減に資するテールゲートリフター等の設備の導入やフォークリフトの免許取得を促し、物流業界の働き方改革や担い手確保を図る

② 　女性や若者等の多様な人材の確保や、制度の運用変更に向けて2023年度中に調整を行うほか、外国人材の活用に向けて調整を進める

③ 　トラック事業者の労働生産性を向上するため、大型車両やトレーラー、ダブル連結トラック等の輸送効率の高い車両を運転するために必要な免許の取得を促進する

　（以下、略）

とされている。

　また、トラックドライバーを確保するには、金銭的なインセンティブも重要であり、国土交通省・経済産業省・公正取引委員会・農林水産省・厚生労働省・消費者庁の5省庁1委員会が共同で「担い手の賃金水準向上等に向けた適正運賃収受・価格転嫁円滑化等」を打ち出している。

　具体的には

① 　トラック運送事業などの燃料等の価格上昇分を反映した適正な運賃・料金収受に関する周知および法令に基づく働きかけ等を実施する

② トラック事業者をはじめとする物流事業者は荷主企業に対する交渉力が弱く、コストに見合った適正な運賃・料金が収受できていないことから、取引環境の適正化を強力に推進する

③ 運賃・料金が消費者向けの送料に適正に転嫁・反映されるべきという観点から、「送料無料」表示の見直しに取り組む

④ 労務費を含めた、適切な価格転嫁の実現を図るため、下請Gメンによるヒアリング結果を踏まえた自主行動計画の改定・徹底や、価格交渉促進月間の結果に基づく情報公開と指導・助言などに、関係省庁でより一層連携して取り組む

⑤ 特に、トラック運送業については、依然として荷主企業起因の長時間の荷待ちや、運賃・料金の不当な据え置き等が十分に解消されていないことを踏まえ、トラック法に基づく荷主企業等への「働きかけ」「要請」および「標準的な運賃」の制度について、延長等所要の対応を検討する必要がある

⑥ 適正運賃の収受を確保するため、契約の電子化・書面化を図る規制的措置の導入等に向けて取り組む。労働条件の改善と取引環境の適正化を図るため、国土交通省・公正取引委員会・経済産業省・農林水産省・厚生労働省等の関係省庁でより一層緊密に連携し、トラック法に基づく荷主企業等への「働きかけ」「要請」等を徹底する

とされている。

以上を受けて、第3章第3節❸で詳述するように、貨物自動車運送事業法（標準貨物自動車運送約款、標準的な運賃を含む）および流通業務総合効率化法が2024年に改正されたところである。

女性トラックドライバーの雇用については、本節❶(2)のColumn「『トラガール』促進プロジェクト」を参照。

トラックドライバーの確保については、一義的には事業者であるトラック運送事業者が行うべきものであり、（公社）全日本トラック協会では「トラック運送事業者が行う取り組み」の中で、「トラックドライバー不足・若年労働者不足への対応」として、以下の項目を挙げている。

○トラックドライバーの待遇改善

○給与体系の見直し（全産業平均並の賃金の実現）

○週休2日制の導入、有給休暇の取得促進

○キャリアパスの明示

○女性、高齢者に働きやすい職場づくり

（2）物流施設内の労働力不足への対策

国土交通省では、2009年3月に「物流施設における労働力調査」結果を公表している（その後、2019年にも同種調査が行われたが、調査結果は公表されていない）。同調査によれば、倉庫業の労働力の現状は以下のとおりである。

① 平均年齢

倉庫業労働者の2007年の平均年齢は41.6歳で、2001年と比較すると2.1歳上昇している。2004年以降、倉庫業は産業全体の平均年齢を上回っている。

② 性別構成

倉庫業は産業全体と比較して男性の割合が多いが、徐々に女性の割合も増えてきている。国土交通省の調査では、2007年は男性が73％、女性が27％で、「3.7人に1人が女性」となっている。

また、本節**1**（2）②でも述べたように、総務省調査でも、2021年には女性の比率が42.6％と高く、パートタイム労働者を中心に、倉庫作業従事者で37.3％、荷造従事者で68.1％となっている（2021年）。

③ 労働時間

所定内実労働時間は、2001年から2007年までの7年間、産業全体が165〜167時間、倉庫業が166〜170時間、超過実労働時間は産業全体が13〜14時間、倉庫業が17〜21時間の幅で変動している。各年において所定内・超過時間ともに倉庫業が産業全体を上回っている。

同調査実施後に超過労働時間については、働き方改革関連法により、時間外労働の上限は複数月で80時間、年720時間（大企業は2019年4月

第1節 ● 物流と人材労働問題

図表2-1-13 ● 物流施設内の労働力不足への対策

	労働力確保のための方策	取り組み例	対 象
1	業界への関心喚起	社会科見学の実施	子ども、若者
2	若手人材の確保	インターンシップの実施	若者（学生）
		企業説明会の実施	若者（学生）
3	労働環境の改善	作業環境の改善 （照明を明るく、コンビニ併設、 快適な温度管理など）	従業員全般
4	福利厚生の充実	託児所・保育所の設置	従業員全般（特に女性）
		社内販売の実施	従業員全般
5	作業の効率化	動線・レイアウトの工夫と改善	従業員全般
		自動化・省力化機器の導入	従業員全般
6	作業量の変動への対応	作業量に応じた配置（適宜）	派遣社員、パートタイマー
		人材派遣会社の活用	派遣社員、パートタイマー
7	モチベーション向上	研修・教育の実施	従業員全般（特に正社員）
		表彰制度、昇進	従業員全般
8	多様な層の活用	女性・高齢者・フリーター・在日外国人の雇用	派遣社員、パートタイマー
		熟練社員のシニア社員としての再雇用	定年退職者

出所：国土交通省「物流施設における労働力調査報告書」2009年3月に加筆修正

から、中小企業は2020年4月から）となり、倉庫業など物流センター業務にも影響が出ている。

　また、同報告書では倉庫業における労働力不足の対策として、以下の通り提案している。→図表2-1-13

　物流センター業務のコツとして、「考えさせない（リストピッキングよりデジタルピッキング）」「探させない（ロケーション管理）」などと並んで、「歩かせない」がある。棚の間や通路を「歩いている」ときはピッキングができないので、歩く時間はムダである。

　本節**2** **(4)** ③「障害者の雇用」で述べたように、棚搬送型ロボットな

79

第2章 ● 物流に関する人材労働・環境資源・安全安心問題

どで「歩く時間」を減らして「ピッキング時間」を増やせば労働生産性
が向上して、物流施設内の人員削減も可能になる。→図表2−1−13 **5**
参照

4 **物流事業者による人材労働問題の取り組み**

（1）採用の円滑化

① 物流業・業界への関心喚起

　物流業は小売・サービス業等と比べて一般的に消費者との接点が少な
く、企業の知名度が低い場合が多い。その背景には、職業としての物流
への一般的な関心の低さがある。まずは学生などの潜在的な求職者に、
物流業の業務へ関心を持ってもらうことが必要である。→図表2−1−14

　たとえば、学生に職務・職場イメージを理解してもらうには、実際に
職場体験をしてもらうことが近道である。そのため、インターンシップ
の学生受け入れを行う企業が増えている。また、物流関係の学科を持つ
大学を対象とした合同企業説明会が各所で開催されており、このような

図表2−1−14 ● 企業による人材労働問題の取り組み

（1）採用の円滑化
　① 物流業・業界への関心喚起
　② 多様な労働者への訴求、求職者とのミスマッチの解消
（2）定着化の促進等
　① 離職状況・離職理由の把握と改善
　② 従業員満足度の把握と向上（従業員満足度（ES）、従業員の定着化）
（3）労働環境の改善等
　① 関係法令の遵守と労働条件の改善（労働基準法、改善基準告示など）
　② 魅力ある職場づくり
　③ 教育・研修とキャリア形成の支援
（4）給与待遇の改善
　① トラック運送事業の賃金の実態
　② トラックドライバーの待遇改善（長時間労働、荷役作業）

第1節 ● 物流と人材労働問題

場で学生にPRすることも有効である。

採用対象が地域の高校や専門学校などに絞られる中小企業の場合は、地域の教育機関と日ごろから交流を図るなど、地道な取り組みを行っている例が見られる。さらに、地域の子どもたちに早くから関心を持ってもらうため、社会科見学を受け入れ、実際に物流の現場に触れてもらうという取り組みを行っている企業もある。

② 多様な労働者への訴求、求職者とのミスマッチの解消

採用を円滑化するためには、これまで物流業界であまり活躍していなかった、女性や高齢者などにも門戸を広げていくことが必要である。

女性に関しては、賃金・待遇等の差別的取り扱いを行わないなどは当然のこととして、重量物の荷扱いなど作業方法の改善、トイレや休憩室の整備などの対策も必要とされる。女性の場合、働きに出ることが難しい子育て世代の女性を戦力化することが課題となっており、そのためには、託児所や保育所を企業内に設置するといった支援策も有効である。

高齢者に関しては、新規の採用だけでなく、定年後の再雇用・雇用延長も焦点となる。高齢者に継続的に働いてもらうためには、重量物の荷扱いを含む作業方法の改善などが必要である。ある物流事業者では、高齢者が働き続けられるように、力の弱い作業者でも容易に操作ができるハンドリフトを導入したり、視力が低下しても作業しやすいよう、伝票の文字を大きくし、照明の照度を上げるなどの対策を行っている。これらの作業環境の改善に加えて、必要収入額が比較的低い高齢労働者のニーズに応じて、短時間勤務等の雇用形態の多様化を進めるといった取り組みも必要である。

以上とは異なる視点からの人材確保対策として、非正規従業員の正社員登用の促進が挙げられる。正社員登用は、非正規従業員にとって不安定な雇用形態を解消し収入が増えるメリットがあるうえ、企業にとっては、自社の業務を熟知した人材を確保できるメリットがある。また、企業と労働者が相互に職務内容・職務能力等を理解したうえで採用することができるため、採用にかかわるミスマッチをなくすうえでも有効な取

り組みである。

なお、採用後に早期に離職するケースの1つが、募集条件が実際と異なるといった理由での離職である。従業員の定着促進の大前提として、募集をする際の求人条件を求人票に正確に記載することが必要である。

（2）定着化の促進等

離職率を下げて従業員の定着化を図ることは、人材不足の解消につながるのみならず、従業員の業務知識や能力向上により、サービスや生産性を向上するうえでも重要である。

① 離職状況・離職理由の把握と改善

従業員の職場定着を図るにあたっては、まず、自社における従業員の離職状況を把握することが重要である。

離職状況は、「離職率」「入社3年後離職率」などで判断することができる。「離職率」は、ある年（度）の年初の従業員数に対する、その年（度）中の離職者数の比率である。「入社3年後離職率」は、計測期間を3年（度）とした指数であり、新規学卒者においてよく用いられる。なお、厚生労働省が中小企業における業種別の常用労働者の離職率などのデータを公表しているため、業種平均と比較して自社の状況を確認しておくとよい。

また、従業員の定着化に向けた対策を講じるためには、離職理由を把握しておくことが望ましい。離職理由の把握方法としては、本人から聞き取りを行うほかに、本人と親しかった同僚などから聞き取りを行うといった方法もある。→図表2-1-15

② 従業員満足度の把握と向上

1）従業員満足度（ES）

市場の成長が鈍化し、消費者ニーズの多様化、市場での競争激化が進展するに伴い、顧客ニーズに合致した商品・サービスの提供が重視されるようになり、「顧客満足（Customer Satisfaction：CS）」を重視する傾向が強まってきた。一方、そのような傾向が強まるに従って、従業員の

第1節 ●物流と人材労働問題

図表2−1−15 ●転職入職者が前職を辞めた理由別割合（個人的理由）

（単位：％）

理　　　由	男性	女性
労働時間、休日等の労働条件が悪かった	9.1	10.8
職場の人間関係が好ましくなかった	8.3	10.4
給料等収入が少なかった	7.6	6.8
会社の将来が不安だった	7.1	4.4
仕事の内容に興味を持てなかった	4.5	5.9
能力・個性・資格を生かせなかった	4.0	4.3
結婚	0.3	1.3
出産・育児	0.3	1.7
介護・看護	0.4	0.9
その他の個人的理由	19.6	25.0

（注）定年・契約期間の終了・会社都合など「その他の理由」を除く。

出所：厚生労働省「令和4年雇用動向調査」

疲弊などの弊害も指摘されるようになってきた。そのような経緯を経て近年では、従業員のモチベーションを高め、1人ひとりが高い意欲を持って仕事に取り組むことこそが顧客満足や業績向上につながると考えられるようになり、「従業員満足（Employee Satisfaction：ES）」を重視する経営が広がりを見せている。そのような経営の例としては、「従業員第一、顧客第二主義」を掲げる米国のサウスウエスト航空が知られており、同社の従業員の会社への愛着心など「従業員エンゲージメント」の高さが、好業績につながっていると指摘されている。物流分野でも従業員満足度の測定・活用を行う企業が見られる。

2）従業員の定着化と従業員満足度の把握・活用

　従業員満足度の測定は、従業員の定着のみを目的とするものではないが、①で述べた離職理由の把握に加えて、現に働いている従業員の抱える不満を把握し改善を図るうえで、従業員満足度を指標として活用することが望ましい。

　従業員満足度の把握は、主として自己申告ベースのアンケート方式が

83

採用される。外部の調査機関を利用する方法もあるし、既存のアンケート様式などを加工して自社で調査することもできる。調査項目としては、仕事自体の評価、処遇や評価の妥当性、人間関係や物理的環境を含む職場環境の評価や自由記述などの項目が設けられる例が多い。従業員満足度と同一ではないが、関連するものとして、厚生労働省が「職場の快適度チェック」のためのチェックシートを提供しており、調査項目の設計および実施方法の検討にあたって参考とすることができる。

　なお、定期的なアンケート調査の実施だけでは従業員の抱える潜在的な不満を引き出すことができないため、日ごろからコミュニケーションを取ったり、面接を行うなどの対策も併用し、従業員の意見把握に努めることも重要である。

（3）労働環境の改善等
①　関係法令の遵守と労働条件の改善

　従業員の採用拡大や定着促進を図るためには、職場における労働条件について、労働基準法をはじめとする各種労働関係法令を遵守することが大前提となる。特にトラックドライバーに関しては、改善基準告示等の労働基準が必ずしも遵守されていない実態が知られており、トラック運送事業者は自社の労働条件に違法性がないか注意し、問題がある場合にはその改善に取り組むことが必要である。

　従業員の**ワーク・ライフ・バランス**を確保するうえでは、法令遵守という最低限の基準をクリアするだけでなく、労働者の立場に立った改善に取り組むことが求められる。たとえば、正社員はもちろん、パートタイム労働者でも一定の条件を満たせば年次有給休暇を取得できるが、多忙な職場環境では取得がはばかられる場合も多い。そのような場合は、上司が1人ひとりに声をかけて休暇を取得しやすい雰囲気づくりを心がけたり、閑散期の長期休暇を導入することなどにより、取得しやすい環境を整えることが望まれる。

　なお、労働関係法令については第3章第3節に整理している。

②　魅力ある職場づくり

　従業員の採用拡大や定着促進を図るためには、「働きがい」「働きやすさ」を感じることができる「魅力ある職場づくり」を進めていくことが必要である。この場合の「魅力」には、労働条件などの制度面、設備などのハード面も含まれるが、職場の人間関係・働きがいなどソフト面も重要である。

　ハード面では、前述のとおり託児所・保育所の設置は子育て世代の女性従業員の働きやすさにつながる。また、社員食堂の設置によって、従業員間のコミュニケーションを活性化しているという企業もある。ハード面の整備は、従業員満足度調査から把握される不満点も参考となる。

　ソフト面では、昇給や昇格等の直接的なインセンティブだけではなく、業務改善提案コンテストや表彰制度などによって、従業員のモチベーション、仕事のやりがいを高めることも望ましい取り組みである。

　従業員満足度の説明でも触れたことの繰り返しとなるが、企業の業績を高めるために従業員の意欲の向上が必要であるのは当然である。厚生労働省「働きやすい・働きがいのある職場づくりに関する調査」にも、「働きがいがある」と感じる従業員ほど仕事への意欲が高い、離転職が少ないといった傾向が指摘されている。よって、労働力の確保にとどまらず業績向上の観点からも魅力ある職場づくりを重視して取り組むべきである。

③　教育・研修とキャリア形成の支援

　従業員が個々の能力を高めて活躍することは、待遇の改善につながるとともに、仕事を通じた自己実現によってモチベーションが向上する効果もある。よって、教育・研修は、従業員の定着化等を促進するうえでも重要である。

　教育・研修を効果的に実施するには、必要とされる能力・資格要件と、個々の従業員の実際の能力等とのギャップを踏まえて計画的に実施することが望ましい。従業員の能力評価を行うため、主任、係長、課長などの階層別に必要とされる職能を定義した「職能要件書」を作成している

企業が多いが、その場合は、能力要件書に対応した階層別の教育を実施していくことになる。職能要件書が未作成の場合、厚生労働省が公表しているロジスティクス分野の「職業能力評価基準」を参考に作成することもできる。

なお、教育・研修を実施する以外に、教育受講の補助や資格取得手当の支給などの制度を整備することも、従業員の自発的な能力開発を支援するうえで有効である。

以上は主として正社員に対する対策であるが、パートタイム労働者など非正規従業員に対しても、OJT、OFF-JT による教育・研修を行う企業が増えている。

ある宅配事業者では、職種別にマニュアルを整備しており、新たに採用されたパートタイム労働者に対しては、このマニュアルに基づいて OJT を行っている。別の物流事業者は、新規アルバイト・パートタイム労働者への作業教育を行うため、独自の映像コンテンツを作成して活用している。

また、特に現業系の職種においては、事故・労働災害をなくす観点からの定期的な教育活動も必要である。

労働環境の改善に向けては、以上で述べなかった「自動化・省力化機器の導入」などの対策についても、長期的観点で検討する必要があるだろう。

（4）給与待遇の改善

① トラック運送事業の賃金の実態

（公社）全日本トラック協会による「2022年度版トラック運送事業の賃金・労働時間の実態」（概要版抜粋）によれば、トラック運送事業の賃金実態は以下のとおりである（一般トラックは「特別積合せ貨物運送＝特積みトラック」を除いたもの）。

１）職種別平均賃金

2022年5、6、7月にきまって支給された全職種1人1カ月平均賃金

は、一般トラックで32万9,300円（対前年比2.0％増）。これに年間賞与の1カ月平均額を加えた月額は、一般トラックで37万円（同3.6％増）。

　トラックドライバーから事務員、荷扱手、整備・技能員までのトラック運送事業全体では、全職種平均賃金が32万6,900円（同0.1％減）、年間賞与の1カ月平均額を加えた月額が37万2,300円（同0.1％減）。

　トラック運送事業従業員の中核となるトラックドライバーのうち、男性トラックドライバー（けん引、大型、中型、準中型、普通）の賃金を見ると、特積みトラックと一般トラックを合わせた男性トラックドライバー全体では1人1カ月平均賃金が34万2,500円（同1.1％減）、年間賞与の1カ月平均額を加えた月額で38万2,700円（同1.7％減）。

　男性トラックドライバーの賃金を職種別に見ると、1人1カ月平均賃金で高いほうから、一般トラックではけん引、大型、準中型、中型、普通の順。

2）業種・職種別賃金構成

　職種別に見ると、歩合給（運行手当等）や時間外手当（早出、残業、深夜、休日出勤手当等）などの変動給の占める比率は、一般トラックのドライバーが比較的高い。

　男性トラックドライバーの中で変動給の占める割合が特に高いのは、一般の大型トラックのドライバーで49.7％となっている。

3）年齢階級別賃金

　賃金（賞与を含む）を年齢階級別に指数で見ると、20〜29歳を100とした場合、男女総合の特積み、一般を合わせた全職種平均で50〜59歳が129.2で最大となり、次いで40〜49歳の127.0となっている。

②　トラックドライバーの待遇改善

〔実労働時間の把握が難しいトラックドライバー〕

　「月末1週間の就業時間が60時間以上の雇用者の割合」は「運輸業、郵便業」（18.1％）が「教育、学習支援業」（11.1％）を引き離して1位である。また、1週間の就業時間は、全産業平均が45時間なのに対してトラックドライバーは54時間、月間就業時間では、全産業平均186時間に

対してトラックドライバーは225時間と、週10時間、月40時間ほど長くなっている。

トラックドライバーなどの自動車運転者には、「自動車運転者の労働時間等の改善のための基準」（改善基準）が告示され、改善基準ではトラックドライバーの労働時間として「拘束時間」という概念を導入し、トラックの場合1日の拘束時間を13時間、最大15時間と定めている（2024年4月1日以降）。

この拘束時間には、運転時間以外にも、

・荷役時間（貨物の積込み・取卸しの時間。手積み・手卸しの場合は、時間が長くなる）
・手待ち時間（現地に到着してから貨物の積込みが始まるまで、貨物の取卸しが始まるまでの待機時間）
・休憩時間

があり、製造業・流通業などと比較して実労働時間の把握が難しい。

〔荷主の理由による長時間の待機や手積み・手卸し〕

拘束時間には、賃金の支払い対象外である休憩時間が含まれているために、一般の労働者との単純な比較はできないが、一般労働者が1日2時間の残業を行った場合の労働時間である1日10時間に比べ、トラックドライバーの拘束時間は1日3時間、最大で5時間も長い。

また、改善基準は罰則のない「告示」のために法的強制力がなく、改善基準が守られていないケースがある（厚生労働省の立ち入り検査では約6割が守られていない）。

貨物の積込みや取卸しは、運転に付帯する業務としてドライバーが行うことが多い。特に手積み・手卸しは大きな負担となっている（積卸し作業をパレット荷役にすれば機械化できるが、パレット積みでは積載効率が下がることや、パレットの流出などがあって普及は進んでいない）。

さらに、荷役だけでなく「仕分け」「棚入れ」「ラベル貼り」「商品陳列」「返品や包装材料の引き取り」など運賃の対象とならない付属的な作業により、ドライバーの負担が増える実態にある。

手待ち（待機）時間も同様に運賃の対象とはならないケースが多い。定時に到着しても積込みや取卸しが始まるまで、荷主の都合により長時間待たされることもある。

国土交通省の調査では、長距離運行の場合、1運行当たりの平均拘束時間は手待ち時間を含んで16時間43分と、2024年施行以前の改善基準の上限である16時間を超えた運行を行っている長距離運行のトラックドライバーの割合は43.1％に達している。

中小企業比率の高いトラック運送事業では、事業者数の増加による競争激化、荷主からのコストダウン要請、燃料費等の高騰に対して、トラックドライバーの人件費などを削って対応しているのが実態である。

結果的にトラックドライバーの待遇は下がり、賃金は所定内では平均的な労働者よりも2～3割低く、長時間の残業をこなしても平均的な一般労働者に追いつくことが難しい状況である（①参照）。

以前は、ドライバー職には慣習的な職種間移動があった。20～30代は車中泊を伴う長距離トラックドライバー（第一種大型運転免許）で稼ぎ、40～50代で日勤の近距離配送（地場）トラックから路線バス（第二種大型運転免許を取り直す）のドライバーに転職し、60代でタクシーのドライバーになることで、生涯をドライバー職として収入を得ることができた。それが、稼ぎ時である長距離トラックドライバーが低賃金化してしまい、ドライバー職の「ビジネスモデル」が崩壊している（路線バスやタクシーのドライバーの賃金も低下している）。

そのため、現在のトラックドライバーは「きつい」うえに「稼げない」仕事となっており、若者に敬遠されており、それがトラックドライバー不足の原因の1つになっている。

トラックドライバーの待遇改善を図るには、トラック運送事業者が荷主から、労働再生産が可能な運賃を収受して、それがドライバーの賃金として反映されることが必要である。

仮に「物流の2024年問題」で、時間外労働時間だけが年間上限規制の960時間に減じられたのでは、トラックドライバーの賃金（手取り）は、

第2章 ● 物流に関する人材労働・環境資源・安全安心問題

時間外労働時間が減った分だけ目減りしてしまい、ますます他産業との賃金格差が拡大して、トラックドライバーのなり手が一層少なくなってしまうことになる。

5　荷主企業による物流の安定的供給への取り組み

（1）供給網の断絶による生産販売停止問題

　現在の産業構造は、サプライチェーン（供給網）で成り立っている**エコシステム**（生態系）であるといっても、過言ではない。原料や部品の調達から完成品の製造、販売まで商品を消費者に届けるまでの一連の流れには、多数の企業や工程が鎖のように連なっており、それが、災害・疾病・紛争やシステムダウン等により、断絶・障害が生じるリスク（サプライチェーン・リスク）がある。

　NHKが2023年1月に行った100社アンケートでは、4割以上の企業が「サプライチェーンの見直しを進めている」と回答している。

　物流はサプライチェーンを構成する重要な機能であり、ノードやリンクでの寸断は、即「生産停止」「欠品」を招くことになる。特に、国内物流の90％（トンベース）を担うトラック輸送は重要な社会インフラでもあるが、1台のトラックには最低1人のドライバーが必要であり、サプライチェーンの維持には、ドライバー・車両・燃料の供給が欠かせない。

　前記 4 で述べたとおり、トラックドライバーの労働力不足が深刻化していることは、荷主にとっても、「生産停止」や「欠品」を招きかねないリスクとなっており、先進的な荷主・業界はトラックドライバー不足が深刻化する一因でもある「物流の2024年問題」や物流サービスの持続的・安定的な供給の確保に、トラック運送事業者とともに取り組みを進めている。

（2）CSR・契約違反問題

①　社会的責任（Social Responsibility）

環境破壊や貧困などの社会的問題が深刻化するに伴うとともに、物流・情報などネットワークの発達によって、個々の組織の活動が社会に与える影響はますます大きく、かつ広がっている。

そこで、社会を構成する世界中のあらゆる組織に対して、社会的に責任ある行動がより強く求められるようになった。

当初は、企業活動が着目されて、企業の社会的責任（CSR：Corporate Social Responsibility）が問われていたが、今日では、企業以外の組織（行政・病院・学校やNPOなど）も含めて、Social Responsibility（**社会的責任**）という用語が一般的である。

2010年には社会的責任の国際規格であるISO26000が発効し、その後、わが国のJISでもJIS Z 26000：2012「社会的責任に関する手引」が定められた。

ここでは、ISO26000に沿って、物流分野における社会的責任について述べる。

なお、ISO26000は、他のISO9000シリーズや14000シリーズのような認証規格ではない。したがって認証機関もなく、認証も取得できない。

しかし、国際間のコミュニケーションやルール決めの際に、ISO26000の考え方が取り入れられている。たとえば、わが国でも上記のようにJISで定められたほか、（一社）日本経済団体連合会では、従来から定めている企業行動指針をISO26000に沿って改定した。ISO26000は、「社会的責任」についてのグローバルスタンダードといえよう。→図表2-1-16

1）社会的責任を果たすメリット

社会的責任を果たす最大のメリットは、社会からの信頼を得ることにあるが、それ以外にも次のような効果が期待できる。

- 法令違反など、社会の期待に反する行為によって、事業継続が困難になることの回避
- 組織の評判、知名度、ブランドの向上
- 従業員の採用・定着、士気向上、健全な労使関係への効果
- 消費者とのトラブルの防止・削減やその他**ステークホルダー** Key Word

図表2-1-16 ● ISO26000の社会的責任

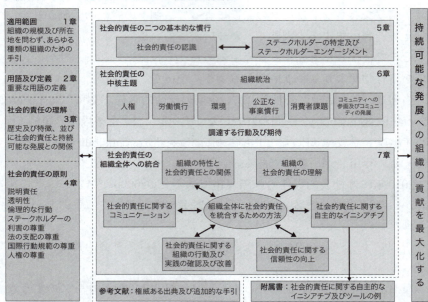

図1 ISO26000の図式による概要（ISO26000から引用）
※上図に記載されている章番号は、ISO26000における章番号であり、本書の章番号とは関係ない。

出所：ISO26000国内委員会監修「ISO26000：2010 社会的責任に関する手引」

　　との関係向上
・資金調達の円滑化、販路拡大、安定的な原材料調達
2）社会的責任を果たすための「7つの原則」
　ISO26000では、社会的責任を果たすための「7つの原則」を提示している。

Key Word

ステークホルダー──その組織と利害関係を持つ個人・組織。企業の場合、顧客や取引先（協力会社など）、株主、従業員や労働組合など以外にも、企業の事務所・工場がある地域の住民や行政などまで含まれる。

① 説明責任：組織の活動によって外部に与える影響を説明する。
② 透明性：組織の意思決定や活動の透明性を保つ。
③ 倫理的な行動：公平性や誠実であることなど倫理観に基づいて行動する。
④ ステークホルダーの利害の尊重：さまざまなステークホルダーへ配慮して対応する。
⑤ 法の支配の尊重：各国の法令を尊重し遵守する。
⑥ 国際行動規範の尊重：法律だけでなく、国際的に通用している規範を尊重する。
⑦ 人権の尊重：重要かつ普遍的である人権を尊重する。

② 社会的責任の中核主題

　組織が取り組むべき社会的責任の中核主題（Core Subjects）は、図表2-1-16のように、「組織統治」「人権」「労働慣行」「環境」「公正な事業慣行」「消費者課題」「コミュニティへの参画およびコミュニティの発展」の7つである。

　それぞれについて、物流業での具体的な行動や関連法令などを例示する。関連法令は、物流業として「必須」である貨物自動車運送事業法、貨物利用運送事業法、倉庫業法などの業法は、当然のこととして省略する。

1）組織統治

　物流業が社会的責任を果たすためには、その目的や役割（荷主企業や物流業における物流サービスの提供など）を達成するために、有効な意思決定のしくみが重要である。2）以下の6つの中核主題に取り組むときにも、組織としての統治が十分でなければならない。そのためには、監査体制の構築と適正な運営が必要とされている。

　関連法令には、会社法などがある。

2）人権

　すべての人に与えられた基本的権利は、大きく分けて「市民的および政治的権利」「経済的・社会的および文化的権利」がある。すべての人が性別・年齢・人種・出身地・障害の有無や身体的特徴などによって差別

Column 知ってて便利

《CSR、ESG、SDGsの違い》
■CSR（企業の社会的責任：Corporate Social Responsibility）
　CSRとは、企業の社会的責任を意味する。企業は社会を構成する一員として社会に与える影響に責任を持ち、持続可能な社会の実現に向けてその責務を果たすことが求められている。

　従業員や消費者、自然環境への配慮だけなく、法令遵守、ステークホルダーに対する説明責任のほか、企業の環境保護活動、社会貢献活動までも含まれる（詳細は、本章第2節1を参照）。

■ESG（「Environment＝環境」「Social＝社会」「Governance＝企業統治」）
　それぞれの頭文字をとった言葉で、主に投資家が投資先を選定する際に重視すべき要素として提唱される用語であり、ESGを考慮した投資はESG投資と呼ばれ、具体的には、以下がESGの要素として挙げられる。投資先の側からは資金調達手段として重視される。

〔Environment〕
　・自然生態系への配慮や、生物多様性の保護への取り組み
　・気候変動への対応策や緩和策の実施
　・温室効果ガス（GHG）の削減への取り組み
　・水を含む資源の枯渇への対応　など

〔Social〕
　・人権への配慮
　・ジェンダー平等
　・児童労働に加担していないか
　・積極的な労働環境の改善　など

〔Governance〕
　・企業コンプライアンスの遵守
　・積極的な情報開示（人的資本など）
　・社外取締役の設置
　・役員会の独立性の担保　など

■SDGs（持続可能な開発目標：Sustainable Development Goals）
　SDGsは2015年に国連サミットで採択された、持続可能な社会の実現に向けた世界共通の目標であり、2030年を目標年次としている。SDGsは環境（E）や社

Column

会（S）に配慮した持続可能な社会を築くための「行動指針」として、17の目標で構成されている（詳細は、本章第2節**3**を参照）。

　SDGsの目標の中には、ESGと重なるものもあるので、資金調達のためにSDGsやESGを推進する企業もあり、見せかけだけの企業行動として「SDGsウォッシュ」「ESGウォッシュ」「グリーンウォッシュ」などの批判もある。

を受けない社会をつくるためには、企業活動に関係する社内外の人々の人権を尊重し、直接的・間接的に人権を侵害することのないよう、配慮することが重要である。

　最近は、各種ハラスメントの防止やD&I（ダイバーシティ＝多様性と、インクルージョン＝包摂性）として、LGBTQ（性的マイノリティ）などにも配慮する必要がある。

　物流業界では、さまざまな労働環境や雇用区分から、違法な長時間労働やハラスメントなどが発生している。また、女性の活用等も遅れており、これらは人権問題ともいえる。

　物流業界においても、各企業が人権を侵害していないか確認して、職場教育を進めたり、人権問題が発生した場合の速やかな改善が重要である。

　具体的には、「差別のない雇用の実施」「不当な労働条件下での労働の禁止」「女性・障害者・高齢者の雇用促進と活用」などが挙げられる。

　関係法令としては、労働基準法、男女雇用機会均等法、障害者雇用促進法、高年齢者雇用安定法、最低賃金法、職業安定法などのほか、後継Column「社会的責任と交通安全」に掲げた道路交通法などの道路関係法令もある。

3）労働慣行

　物流業に限らず、企業は労働者を雇用し賃金を支払うことで、労働者の生活水準が維持・向上する。したがって、労働条件や労働環境などの労働慣行が、社会的責任として重視される。

労働慣行は、直接の従業員との関係だけでなく、派遣労働者や協力会社従業員も対象となる。

厚生労働省の立ち入り検査結果によれば、「道路貨物運送業の8割が労働基準法違反、5割強が改善基準告示違反」であるが、1つには労働関連法令が周知・徹底されていないことがある。これら労働関係法令で定められた最低限の義務だけでなく、従業員（労働組合など）と協議して労働条件や労働環境を改善していくことが重要である。

具体的には、「職場の安全環境の改善」「非正規従業員の正規登用制度」「人材育成・職業訓練」などが挙げられる。

関連法令としては、2）で掲げた法令以外に、労働安全衛生法、労働組合法、労働者派遣法、パートタイム・有期雇用労働法、育児・介護休業法、独占禁止法、下請代金支払遅延等防止法（下請法）などがある。

4）環境

現代社会は、天然資源の枯渇、大気・水・土壌などの汚染、気候変動などさまざまな環境問題に直面している。企業を含むすべての組織は、

Column コーヒーブレイク

《社会的責任と交通安全》

わが国の物流の90％以上（質量ベース）はトラックで運ばれている。トラック運送業は、公共の資産である道路を歩行者や自転車と共用して、事業を営み収益を上げている（同様に、荷主も、道路を使ってトラックに貨物を運ばせて収益を上げている）。

歩行者・自転車などの道路上における生存権ともいえる「交通安全」の確保のための「道路交通法」の遵守は、荷主・物流業界にとって、何より大きな社会的責任といえる。

貨物自動車運送事業法の目的の1つに「輸送の安全確保」が掲げられ、重大交通事故につながることの多い「酒気帯び運転」「過積載運転」「最大速度違反運転」「過労運転」が厳しく取り締まられる理由でもある（「過積載運転」以降の3項目は、荷主勧告が発出される類型ともなっている）。

規模にかかわらず、環境に何らかの影響を及ぼしており、環境保全も社会的責任として重視されている（詳細は本章第2節「物流と環境資源問題」を参照のこと）

本項（1）で述べたように、トラックに依存している物流は、化石燃料を多用して排気ガス等により環境負荷を発生させている。

環境保全のためには、まず環境関係の法令・条例などを知ることが重要である。そして、省燃費・省エネルギーなど、日常の物流業務に取り入れやすいところからスタートさせる。

具体的には、「資源利用量の削減・効率化（省エネルギー・省資源）」「資源の再利用・再資源化」「モーダルシフトの推進」「環境や生物多様性の保全活動」などが挙げられる。

主な関連法令としては、環境基本法、廃棄物処理法、大気汚染防止法、地球温暖化対策推進法、資源有効利用促進法などがある。

5）公正な事業慣行

公正な事業慣行とは、単に法令遵守だけでなく、企業として社会に対して倫理的な行動をとることである。

公正な事業慣行は、公正な競争のもとで実現可能となるので、荷主としても、独占禁止法、下請代金支払遅延等防止法を理解し、親事業者等の義務を果たすことから始まる。

さらに、法令がない場合であっても、社会的に考えて「不正」や「不当」と思われるような行動をしないよう、企業の行動基準（企業行動指針・ステークホルダー対応指針など）をあらかじめ策定・公表することも必要である。

主な関連法令としては、独占禁止法、下請代金支払遅延等防止法に加えて、不正競争防止法、金融商品取引法、会社法、商標法、著作権法、知的財産基本法、公益通報者保護法などがある。

6）消費者課題

消費者に危害・損害を与えないことは、企業の社会的責任の重要な点である。これまでに数多く発生した企業の対消費者問題のように、消費

第2章 ● 物流に関する人材労働・環境資源・安全安心問題

者に不信を与えると、商品やサービスが売れなくなり、企業経営に大きな影響を及ぼしかねない。

　物流業者もみずからが提供するサービスに責任を持ち、サービスが消費者に危害や損害を及ぼさないようにすることが重要である（トラックによる輸送サービスの負の側面については、前掲のColumn「社会的責任と交通安全」を参照）。

　2009年には消費者庁が設立されたが、依然として消費者に関連する問題は数多く存在し、消費者問題に対する社会の意識は高まっているといえよう。

　具体的行動としては、「お客様窓口の設置・強化」「消費者とのコミュニケーション強化」「わかりやすいマニュアルの作成」「積極的な情報開示」などが挙げられる。

　主な関連法令としては、景表法、消費者契約法、不正競争防止法、個人情報保護法などがある。

7）コミュニティへの参画およびコミュニティの発展

　中核主題の最後は、「コミュニティへの参画およびコミュニティの発展」である。企業は社会的な存在であり、社会から離れては存在できない。地域の町内会や商店街から始まって、市区町村・都道府県から広くは国家まで、何らかのコミュニティに、しかも重層的に属している。

　特に、荷主が利用しているトラック運送業・倉庫業は、車庫やトラックターミナル・倉庫・物流センターの立地という点で、みずからが属しているコミュニティとかかわり合いがある。これは、荷主企業としての工場や店舗でも同様である。したがって、コミュニティの発展・活性化のために自主的・積極的に対応して、ともに発展をしていくことが重要である。

　地域コミュニティとの関係が疎遠となり、車両の出入りや騒音など、企業と地域住民とのトラブルが生じる例もある。

　具体的には、「地域におけるボランティア活動」「地域住民との交流活動」「地域防災活動への協力」などが挙げられる。

第1節 ● 物流と人材労働問題

　主な関連法令は、社会教育法やNPO法があるが、各自治体の条例等にも留意する。

③　本業を通じたCSR

　ロジスティクスにおける社会的責任として、安全・安心、物流品質、環境対応、コンプライアンス、BCP（Business Continuity Plan＝事業継続計画）など、戦略的な取り組みが必要となる。

　これらの項目は、荷主や物流業の経営にとって欠かせないものであり、逆にいえば、物流（機能やサービス）を提供すること自体が、社会的責任そのものであり、本業を通じた社会的責任の遂行が望まれる。

99

第2章●物流に関する人材労働・環境資源・安全安心問題

第 **2** 節 物流と環境資源問題

学習のポイント

◆ロジスティクスは、みずからの活動に起因する環境負荷の削減と、循環型社会形成に向けた３Ｒのしくみの構築で、環境と資源に深くかかわっていることを理解する。
◆輸送と地球温暖化とのかかわりを理解する。
◆2030年を目標にして国連が定めたSDGs（Sustainable Development Goals＝持続可能な開発目標）と物流のかかわりを理解する。

1 物流と地球温暖化問題

（1）物流と資源環境問題のかかわり

　物流は資源や環境の問題とかかわりの深い活動である。たとえば、包装機能では、資源に関しては包装材の原材料として森林資源や原油を消費し、環境に関しては使用後の包装材は廃棄物になる。また、輸送機能では、資源に関しては化石燃料を消費し、環境に関しては二酸化炭素（CO_2）や窒素酸化物（NOx）を排出して地球温暖化や大気汚染の原因となる。

　ここで、物流機能と環境問題のかかわりを例示すると図表２－２－１のようになる。物流活動に伴って引き起こされる環境問題を正しく認識し、環境負荷の少ない物流システムの構築を推進する必要がある。

第2節 ● 物流と環境資源問題

図表2-2-1 ● 物流機能と環境問題（例示）

物流機能	機器（例示）	指標（例示）	環境問題
包装	紙、プラスチック	森林資源、原油	資源
		素材別質量	廃棄物
輸送	自動車、鉄道、船舶、航空機	CO_2	地球温暖化
		NOx	大気汚染
	外航船	種の数	生物多様性
保管	自動倉庫、冷凍・冷蔵庫	CO_2	地球温暖化
荷役	フォークリフト	CO_2	地球温暖化
		NOx	大気汚染
流通加工	工作機器	CO_2	地球温暖化
情報	コンピュータ、通信機器	CO_2	地球温暖化
全般	物流センター	種の数	生物多様性
		光、音	感覚公害

（2）物流と地球温暖化問題

　物流活動とは物流の機能を使うことである。前述したように、物流の機能は数種類の環境問題とかかわりがあり、この中には地球温暖化の問題が含まれている。国連の気候変動に関する政府間パネル（IPCC）は2021年、人間活動の温暖化への影響は「疑う余地がない」と断定した（出所：Web版「日本経済新聞」2021年8月9日 17：07）。

　わが国の国内で排出される二酸化炭素のうち、物流機能と直接関連づけられるのは輸送である。

　2021年度のわが国の二酸化炭素（CO_2）排出量9億8,822万 t－CO_2のうち、1億8,476万 t－CO_2（18.7％）を旅客と貨物を合わせた運輸部門が占めている。運輸部門の排出量は、京都議定書の基準年であった1990年度と比べて11.4％減少した。

　2021年度の貨物輸送部門の二酸化炭素（CO_2）排出量は8,188万 t－CO_2で、わが国全体の8.3％、運輸部門の44.3％に相当する。貨物輸送部門の排出量は、京都議定書の基準年であった1990年度と比べて20.1％減少し

101

図表2-2-2 ● 貨物輸送部門における二酸化炭素（CO_2）排出量の推移

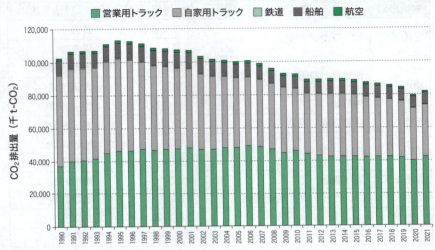

出所：国立環境研究所 温室効果ガスインベントリオフィス「日本の温室効果ガス排出量データ（1990～2021年度）確報値」より作成

た。貨物輸送部門の輸送機関別内訳では、約9割を貨物自動車が占め、営業用と自家用でその半分ずつを分け合っている。→図表2-2-2

(3) 地球温暖化問題に対する国連の取り組み

地球温暖化問題は世界各国の喫緊の課題である。

2015年、地球温暖化問題に対する新たな法的枠組みとなるパリ協定が国連で採択された。パリ協定では、世界共通の長期目標として温度上昇を2℃とするのみならず1.5℃とすることが言及された。その後、2021年4月に米国政府が主催して開かれた気候変動に関する首脳会議（サミット）において、主要国は2030年に向けた温暖化ガスの排出削減目標を相次いで打ち出し、日本は2013年度比で46％減らすと表明した。日本の従来の目標は2013年度比26％削減であったから、大幅な目標の引き上げであった。

第2節 ● 物流と環境資源問題

　なお、貨物輸送部門を含む運輸部門の2030年度の温暖化ガスの削減目標は、2013年度比35％削減が掲げられている。

（４）地球温暖化問題に対する物流部門の取り組み

　地球温暖化問題への対応で新たな中長期目標が示される中、荷主企業と物流事業者には、互いに連携してこれらの問題に対処し、地球環境の持続性を確保する物流を実現することが求められている。

　代表的な物流機能である輸送においては、現状、使用されるエネルギーの多くを化石燃料に依存している。輸送分野の「エネルギーの使用の合理化等に関する法律（省エネルギー法）」は、貨物輸送事業者だけではなく、事業者に輸送を委託する製造業や通信販売業などのいわゆる「荷主」も対象とする、省エネ／低炭素化を目的とする法律である。

　また、これまでの総合物流施策大綱では、環境問題への対応が一貫して重要な課題として取り上げられてきた。総合物流施策大綱（2021年度～2025年度）では、「地球環境の持続可能性を確保するための物流ネットワークの構築」が掲げられている。具体的な施策としては、モーダルシフトのさらなる推進、荷主連携による物流の効率化、各輸送モード等の低炭素化・脱炭素化の促進などが挙げられている。

2　物流と資源リサイクル問題

（１）廃棄物と資源循環型社会の形成

　われわれの社会生活に恩恵をもたらした経済成長ではあるが、大量生産・大量消費される物質資源量は膨大なものがあり、さまざまな廃棄物処理問題が発生し、資源の枯渇が懸念されている。新たな資源確保のために、鉱山掘削や精錬などに消費されるエネルギー消費量も膨大であり、温室効果ガス排出増にも直結している。

　地球温暖化を防止し、次世代も利用可能なように資源を温存するためにも、消費を抑制し、循環的に繰り返し再利用する社会システムが形成

103

できれば、結果としてエネルギー消費量も減少し、環境への負荷も低減される。このような資源循環型社会を実現するためには、「回収」（静脈）領域の物流が果たす役割が大きい。

（2）3R

3Rは、循環型社会への転換に向けた3つの柱、Reduce（発生抑制）、Reuse（再使用）、Recycle（再資源化）を指す。3Rには、「優先の原則」と呼ばれる資源の循環的な利用および処分の基本原則があり、資源の有効再活用のために、下記の順番でできるだけ循環的な利用を心がけることが重要である。

① 発生抑制（リデュース：Reduce＝ゴミを出さない）
② 再使用（リユース：Reuse）
③ 再資源化（リサイクル：Recycle＝材料）
④ 熱回収（リサイクル：Recycle＝熱源）
⑤ 適正処分（中間処分・最終処分）

物流は、資源を循環させる過程で、②再使用、③再資源化、⑤適正処分、の3つに深くかかわっている。また、①発生抑制についても、物流みずからは、たとえば不要な物流の発生を抑制することで、不要な輸送にかかわる省エネルギー／低炭素化と省資源化に寄与できる。

※なお、最近では、Repair（修理）、Return（回収）を加えて5Rともいわれている。

（3）循環利用率の推移

資源循環型社会形成の進展状況を見るため、ここでは指標として循環利用率を選び、その推移を確認する。

循環利用率は、循環サイクルの入口側と出口側で、次のように定義されている。

入口側の循環利用率＝循環利用量／（循環利用量＋天然資源等投入量）　→図表2-2-3

出口側の循環利用率＝循環利用量／廃棄物等発生量
→図表2-2-4

図表2-2-3 ● 入口側の循環利用率の推移

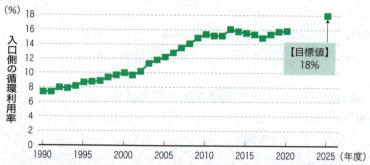

※：推計方法の見直しを行ったため、2016年度以降の数値は2015年度以前の推計方法と異なる。
資料：環境省

出所：環境省「令和5年版 環境・循環型社会・生物多様性白書」p.147

図表2-2-4 ● 出口側の循環利用率の推移

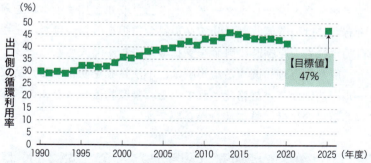

※：推計方法の見直しを行ったため、2016年度以降の数値は2015年度以前の推計方法と異なる。
資料：環境省

出所：図表2-2-3に同じ

環境省は、2025年度の入口側の循環利用率の目標を18％に置いている。2020年度の割合は15.9％。これは2000年度の約10％から8割向上して約6ポイント上昇しているものの、近年は伸び悩んでいる。また、2025年度の出口側の循環利用率の目標を47％に置いている。2020年度の割合は41.6％。これは2000年度の約36％から2割向上して約6ポイント上昇しているものの、入口側と同様に、近年は伸び悩んでいる。

　目標達成のためには、より一層の循環利用量の増大、ならびに天然資源投入量の削減、廃棄物等発生量の削減が必要である。

（4）廃棄物・リサイクル問題対策の関連法規

　2000年の「循環型社会形成推進基本法」の制定と合わせて、「廃棄物処理法」「資源有効利用促進法」「グリーン購入法」や個別のリサイクル法などが一括して制度改定された。これにより、資源の循環的な利用が行われる「社会システム形成への法的枠組み」が整備されたといえよう。2000年は、「循環型社会形成元年」と呼ばれている。

　さらに2005年、リサイクルの本命といわれた「自動車リサイクル法」が完全施行された。年間約400万〜500万台発生する使用済み自動車を適正に処理し、資源として再活用するために、製造事業者などにはフロン類・エアバッグ・シュレッダーダストの引き取りとリサイクルを義務づけ、所有者には引き渡しとリサイクル料金負担を義務づけた。また使用中の自動車にも、車検時に料金を支払うルールが導入された。

　一方、廃棄物処理に関する法規制は、不法投棄を防止するために、運営ルールや罰則が年々厳格化されている。静脈物流システムの構築や運用に携わる場合には、特に注意が必要である。

3　物流とSDGs

　SDGsとは「Sustainable Development Goals（持続可能な開発目標）」の略称であり、2015年の国連サミットで採択されたもので、国連加盟193

カ国が全会一致により2016年〜2030年の15年間で達成するために掲げた目標である。

そして、最も重要な理念は、「誰一人として取り残さない（leave no one behind)」ということである。

（1）SDGsとは何か

SDGs（Sustainable Development Goals）は、持続可能な開発目標を指す国際的な枠組みであり、2015年に国連加盟国すべてが採択した。SDGsは、2030年までに貧困、飢餓、健康、教育、ジェンダー平等、清潔な水、エネルギー、経済成長、不平等、気候変動、平和と正義など、世界中で直面している主要な課題に対処するための枠組みである。

「気候変動への対策」（ゴール13）や「クリーンなエネルギー」（ゴール7）を含む全部で17のゴールとその下の169のターゲットから構成され、地球上の「誰一人取り残さない（leave no one behind)」ことを誓っている。これらのゴールは、国際社会が協力して取り組むことで、地球に持続可能な未来を構築するための指針になっている。

（2）SDGsの17の目標（ゴール）

SDGsは、17の大きな目標（ゴール）と、それらを達成するための具体的な169のターゲットで構成されている。→図表2-2-5

目標のうち1〜6の6目標では、貧困や飢餓、健康や教育、さらには安全な水など開発途上国に対する開発支援が想定される。

次に、7〜12の6目標では、エネルギー、働きがいや経済成長、まちづくり、産業と技術基盤など、先進国にも関係が深い。

最後に、13〜17の5目標は、気候変動が海・陸にまで広がり、開発途上国や先進国だけの話ではなく、もっとグローバルな包括的なテーマであることがわかる。

物流・ロジスティクスと各目標との関係は、のちほど述べることにする。

SDGsが世界や国内で広がりを見せているのは、開発途上国だけではな

第2章 ● 物流に関する人材労働・環境資源・安全安心問題

図表2-2-5 ● SDGsの17のゴール

目標	各目標のテーマ	目標	各目標のテーマ
目標1	貧困をなくそう	目標10	人や国の不平等をなくそう
目標2	飢餓をゼロに	目標11	住み続けられるまちづくりを
目標3	すべての人に健康と福祉を	目標12	つくる責任 つかう責任
目標4	質の高い教育をみんなに	目標13	気候変動に具体的な対策を
目標5	ジェンダー平等を実現しよう	目標14	海の豊かさを守ろう
目標6	安全な水とトイレを世界中に	目標15	陸の豊かさも守ろう
目標7	エネルギーをみんなに、そしてクリーンに	目標16	平和と公正をすべての人に
目標8	働きがいも 経済成長も	目標17	パートナーシップで目標を達成しよう
目標9	産業と技術革新の基盤をつくろう		

(注) 各目標のテーマは、外務省の和訳による。

く先進国も、各目標（ゴール）に向けて、2030年まで取り組まなくては
ならないためである。

（3）SDGsの169のターゲット

　17の目標を達成するために、それぞれにターゲットが並んでいて、合
計で169のターゲットとなっている。

　たとえば、目標3「すべての人に健康と福祉を」の6番目のターゲッ
トでは、「3.6　世界の道路交通事故による死傷者数を半減させる」とい
うように具体的に設定されている。

　たとえば、国土交通省の「事業用自動車総合安全プラン2025」（計画期
間2021年度～2025年度）は必ずしもSDGsと連動していないが、事故削
減目標では、全体目標として「24時間死者数225人以下」と具体的に設
定されている。

　また、目標8「働きがいも 経済成長も」の「働きがい」については、
物流・ロジスティクスでも「人手不足」「働き方改革」への取り組みが課
題になっているが、5番目のターゲットでは、「8.5　2030年までに、若
者や障害者を含むすべての男性および女性の、完全かつ生産的な雇用お

第2節 ● 物流と環境資源問題

よびディーセント・ワーク、ならびに同一労働同一賃金を達成する」と書かれている。

　ここで、ターゲットとしているのは障害者雇用や女性の活用だけではない。「ディーセント・ワーク」は1999年にILO（国際労働機関）で定められた「Decent Work ＝適正な働き方」のことである。物流業界の長時間労働など、決してディーセント・ワークとはいえない。「同一労働同一賃金」は、SDGs採択後に、2018年の働き方改革関連法（パートタイム・有期雇用労働法）で定められ、2021年から中小企業でも施行された。

　このように、17の目標と169のターゲットは、物流業界にとっても決して他人事ではない。

（4）SDGsの進め方

　ここでは、SDGsに取り組む際の手順書である「SDGコンパス」（正式には「SDGCompass－SDGsの企業行動指針－」。コンパスは羅針盤の意）

図表2-2-6 ● SDGコンパス　5つのステップ

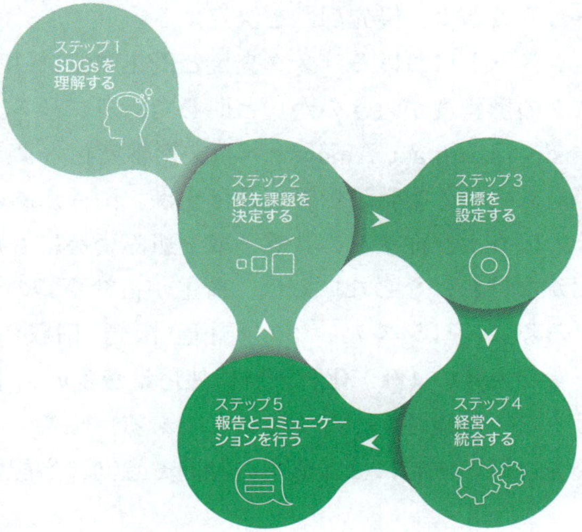

出所：GCNJ「SDGコンパス」

を、物流業界に即して簡単に説明する。→図表2-2-6

■ステップ1　SDGsを理解する

まず、前述の「SDGsとは何か」ということを全社員が知るステップである。

企業がSDGs達成に貢献することにより、新たな事業成長の機会を見いだし、事業リスクを下げることができるということを理解する重要なステップである。

■ステップ2　優先課題を決定する

自社の事業のバリューチェーン（→図表2-2-7）を作成し、SDGsの目標に対してポジティブあるいはネガティブな影響を与えている可能性が高い領域を特定して、事業機会や事業リスクを把握する。

それには、前述のように自社の業務を棚卸・SWOT分析して、強み・弱み・機会・脅威を把握し、SDGs目標との結びつき・関係性を知る。

17の目標すべてが各企業に重要ではないので、限られた資源（ヒト・モノ・カネ・情報）と業種・業態に応じて、最大の効果（貢献）が期待できる領域を把握・選択するために行う。選んだ領域で指標を選択し、データ収集を行うことで、優先課題を決定する。

リスクマネジメントにおけるリスク査定と優先順位付け（何がリスクで、どのリスクの影響度が大きいか）と同じである。リスクマネジメントのBIA（Business Impact Analysis＝事業影響度）のように、17目標のうちどれが最も自社の業務に影響を及ぼすか、関係があるかという観点で選ぶ（そのほうが、従業員の共感・取り組み姿勢にも好ましい）。

注意しておかなければならないのは、荷主が自社事業のサプライチェーンを構築する際に、ロジスティクス（調達・販売・回収）において「ネガティブな影響が大きい（例：化石燃料の使用量が多い）」荷主の商品は社会から選ばれない可能性が出てくることである。

そこで、優先課題の決定には、荷主の動向や意向にも配慮する必要がある。

■ステップ3　目標を設定する

自社の取り組み目標におけるKPI（重要業績評価指標）を設定する。取り組み目標は、SDGsにネガティブな影響を抑制する（たとえば、化石燃料の使用は温暖化ガス排出を増やす＝マイナスなので、毎年１台ずつ車両を入れ替える等）だけではなく、ポジティブに貢献する（たとえば、冷凍・冷蔵倉庫の冷媒をフロンから脱フロンに切り替えていく＝プラス面に寄与する等）ケースもある。

このような目標設定は、荷主や納品先等を含んだバリューチェーン全体を向上させる機会をも提供して、事業拡大に結びつく可能性がある。

ここまでが、PDCAでいえばP（Plan）の段階である。

■ステップ４　経営へ統合する

設定した取り組み目標や推進方法を自社の事業計画に盛り込んで、ターゲットをあらゆる部門に取り込む。そのためには、経営トップや幹部の積極的なリーダーシップがカギになる。

なぜSDGsに取り組むことが重要なのか、それが会社として発展につながることを従業員に明確に伝える必要がある。

さらに、あらゆる財務目標、戦略目標、部門や個人の業績目標にも体系的に組み込み、その意欲をビジョンやミッションに明記した文章に反映させることも重要である。

まさに、実行D（Do）の段階である。

■ステップ５　報告とコミュニケーションを行う

SDGsに関する進捗状況を定期的に、できればSDGsに関する社内報告会やレポートのようなもので、ステークホルダー（利害関係者）に報告し、コミュニケーションを行うことが重要である。

そして、進捗度合いを確認し、翌年度（期）の取り組みに反映させる。

C（Check）とA（Act）の段階で、以降はこのPDCAサイクルを回していくことになる。基本的には他の改善活動と同様に、会社の中でPDCAのサイクルを回すことが、SDGsに取り組むことになる。

特に、SDGコンパスで掲げられている「バリューチェーンにおけるSDGsのマッピング」では、調達物流から始まって販売物流・廃棄物流

とロジスティクスそのものから、取り組み目標を選び出す（マッピングする）ように描かれている。→図表2-2-7

それは、ライフサイクルを通じた持続可能性は、原材料調達→物流→加工→生産→販売→消費・使用→回収の全段階に物流がかかわり合っているからであり、「物流なくしてはSDGsもあり得ない」ともいえる。

図表2-2-7を荷主のバリューチェーンとして見ると、荷主もいままでどおりの物流を続けていると、「負の影響」である「目標11　持続可能なまちづくり」「目標12　持続可能な消費と生産」を阻害するとして、「最小化」（売れ行きが減少）されてしまうことも危惧される。

取り組み課題が決まったら、SDGコンパスに従ってPDCAサイクルを回しながら、2030年に向けて進んでいくことになる。

「2030年のことまでわからない」というのであれば、企業の中期経営計画（3～5年）に合わせて、「2030年の目標」から逆算した「3年先」「5年先」の目標設定をする。SDGsでは目標年次から逆算して取り組む方法

図表2-2-7●バリューチェーンにおけるSDGsのマッピング

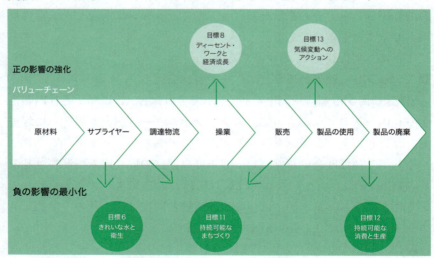

出所：図表2-2-6に同じ。マイケル・ポーター教授の「バリューチェーン」にSDGs目標を、ポジティブ・ネガティブの両影響でマッピングしている

を、「バックキャスティング方式」として推奨している。

（5）企業の業務の延長線上でのSDGsの取り組み

本章第1節**5**（2）①「社会的責任」でも述べたように、物流（機能やサービス）を提供すること自体が、社会的責任そのものであり、本業を通じた社会的責任の遂行が望まれる。同様に、SDGsも本業を通じた取り組みが長く継続し、成果を生み出しやすい。

SDGsをやること自体を目的・目標にすると、「見せやすい＝装いやすい」「上っ面で取り組むと、かえって信用失墜になる」おそれがある。

物流・ロジスティクスにおいて、SDGsの「誰も取り残さない」という視点で考えるには、もう一度自社の事業をSDGsの17目標に即して見つめ直す必要がある。

具体的には、自社の事業がSDGsの17目標のどれに合致しているか検討して、SDGsの目標に合致した自社の強みを伸ばす取り組みが望ましい。

たとえば、水産物とその加工品の生産・流通を担う荷主企業は、本業そのものが「目標14　海の豊かさを守ろう」に結びついている。同様に、農水産物や食品輸送のトラック運送業者は、「海の豊かさ」「持続的な農業」や「飢餓をゼロに（食生活）」に貢献しているといえる。

「海の豊かさ」については、海洋プラスチックごみも大きな課題であるが、プラスチック類の使用については、物流・ロジスティクスではストレッチフィルム・発泡スチロール箱も同様である。リサイクルのしくみがあるとしても、減量・減容には業界挙げて取り組む必要がある。包装容器や緩衝材以外にも、たとえば木製パレットについては、FSC認証の木材で作られたものを選ぶなど、「グリーン購入」的な調達も必要である。

「グリーン購入」では、低公害車など環境対応車両の導入はいうまでもない。

このように、自社の事業を棚卸してSDGs目標と関連づけ、それを計画化して取り組むのが第一歩である。

しかし、これは「後付けSDGs」として、現行の仕事を無理矢理17の

目標に当てはめたり、こじつけることになりかねず、それ以上の展開が難しく、取り組みのネタが限られるので、新たな目標探しが必要となる。

そこで、「先付けSDGs」として、17の目標に対して、自社で何ができるか、目標やターゲットに沿った業務や方法を探して、実行することが始まる。

折り返し点を過ぎたいま、2030年に向かって目標を掲げて、社会へのマイナスを減らしながらプラスを増やすように、本業を通じたSDGsに取り組むことが、荷主・物流企業を問わず、また企業の規模を問わず必要である。

（6）日本企業におけるSDGsの取り組みの特徴

SDGsの17のゴールに対する物流・ロジスティクス部門の取り組み状態を調査した事例を示す。→図表2-2-8

図表2-2-8●物流部門の17のゴールに対する取り組み状況

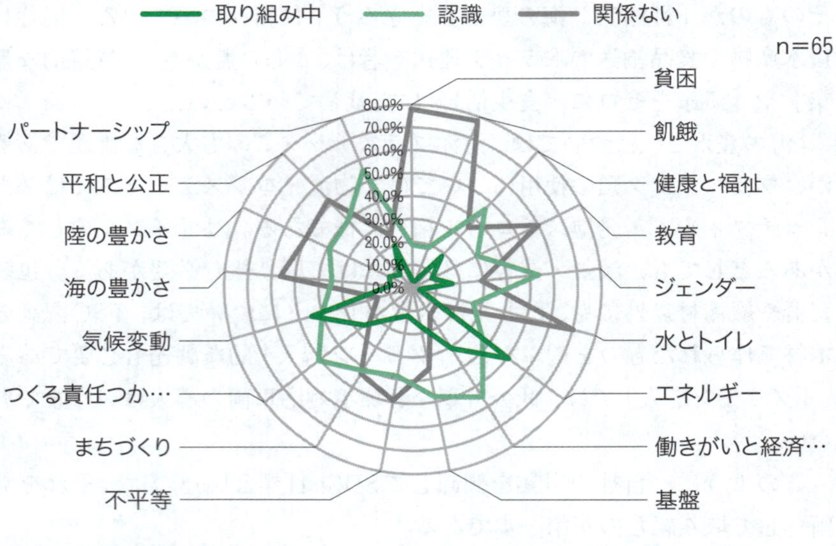

取り組み中　　認識　　関係ない

n=65

パートナーシップ / 平和と公正 / 陸の豊かさ / 海の豊かさ / 気候変動 / つくる責任つか… / まちづくり / 不平等 / 貧困 / 飢餓 / 健康と福祉 / 教育 / ジェンダー / 水とトイレ / エネルギー / 働きがいと経済… / 基盤

80.0% 70.0% 60.0% 50.0% 40.0% 30.0% 20.0% 10.0% 0.0%

出所：JILS「SDGs×ロジスティクスアンケート調査　2021年9月」より作成

第2節 ● 物流と環境資源問題

「取り組み中」とした回答が多かったゴールは、「エネルギー」51％、「気候変動」47％などである。一方、「関係ない」とした回答が多かったゴールは、「貧困」「飢餓」78％、「水とトイレ」70％、「教育」60％、「海の豊かさ」56％などである。

この調査からは、物流部門におけるSDGsの取り組みの中心は"グリーン物流"であることがうかがえる。しかしながら、SDGsが「2030年までに貧困、飢餓、健康、教育、ジェンダー平等、清潔な水、エネルギー、経済成長、不平等、気候変動、平和と正義など、世界中で直面している主要な課題に対処するための枠組みである」ことを考えれば、物流の現場で働くエッセンシャルワーカーのために、不平等や貧困にかかわるゴールがより多くの企業で掲げられることが望ましい。

Column 知ってて便利

《環境報告書から統合報告書へ》

　企業からステークホルダーへの情報開示としては、財務情報（損益計算書・貸借対照表・キャッシュフロー計算書）に始まり、その後、海外での企業不祥事もあって、内部統制報告書や環境報告書などの非財務情報の開示も法的に義務づけられた。

　この第2節でも述べたように、企業の社会的責任やSDGsが求められ、かつISOなどで規格化されるに従い、環境報告書から「環境・社会報告書」へ、そして「CSR報告書」に変化してきた。

　最近の傾向としては、財務情報と非財務情報を統合した「統合報告書」が増加しており、規制者、投資家、企業、基準設定主体、会計専門家およびNGOにより構成される国際的な連合組織である「国際統合報告評議会（IIRC：International Integrated Reporting Council）は、企業報告についての「国際統合報告フレームワーク」を定めて、統合報告書の国際的な普及を図っている。

　なお、わが国では、2023年3月決算期から大手企業には人的資本の情報開示が義務化されている。

第2章●物流に関する人材労働・環境資源・安全安心問題

第 3 節 物流と安全安心問題

学習のポイント

◆物流は、荷主企業（製造業、卸・小売業など）と物流事業者（輸送業者、倉庫業者など）が主な関与者ではあるが、社会や地域の多様な問題にも大きな影響を受けている。ここでは近年話題となっている、安全安心問題を取り上げる。

◆安全安心問題は、労働災害対策、高齢社会における弱者対策、地震や洪水などの自然災害時における物流対策などがある。

1 物流における労働災害対策

　物流における安全安心問題は、物流サービスの買い手である消費者と、物流サービスの売り手である荷主や物流事業者の両方にとって、最も重要な課題といえよう。

　ここでは、後者の物流サービスの提供側である荷主・物流事業者が安全安心であるための労働災害対策について説明する。

　物流業の中で企業数・従業員数が最も多いトラック運送業は、労働行政では「陸上貨物運送事業」と分類されている。労働災害防止のためには、業界ごとに労働災害防止協会があり、トラック運送業にも「陸上貨物運送事業労働災害防止協会（陸災防）」がある。

（1）陸上貨物運送事業における労働災害の傾向

　トラック運送業における労働災害の傾向は、陸災防のデータによれば、以下のとおりである。→図表2-3-1

116

第3節 ● 物流と安全安心問題

図表2-3-1 ● 陸上貨物運送事業における労働災害の傾向

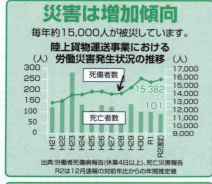
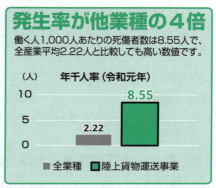
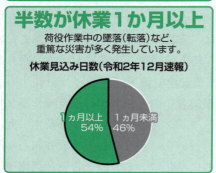

出所：陸上貨物運送事業労働災害防止協会パンフレット「荷役作業の安全確保が急務です！」

①～④からわかることは、荷役作業場所における安全作業を徹底しなければ、物流における労働災害は削減できないということである。

① 労働災害は増加傾向である

　毎年、約1万5,000人が被災（休業4日以上の負傷者数）しており、製造業・建設業とともにワースト3である。また、毎年100人以上が労働災害で死亡している。

② 発生率が全産業の約4倍

　1,000人当たりの死傷者数は8.55人（2020年）で、全産業の2.22人の4倍と、発生比率が高い。

117

第２章●物流に関する人材労働・環境資源・安全安心問題

③　半数が休業１カ月以上

　荷役中の墜落（転落）などが約１万件と多く、重篤な労働災害が多発している。

④　７割が荷役作業で発生

　毎年約１万件の労働災害（墜落・挟まれ等）が、自社事業所以外の荷役作業場所（荷主・配送先・元請事業者）で発生しており、トラック運転中の労働災害（交通事故等）より格段に多い。

（２）陸上貨物運送事業における荷役作業の安全対策ガイドライン （2013年）

　物流では、重量物・危険物の取り扱いが多く、保管荷役、フォークリフト業務やトラック運転業務などでは、常に事故と隣り合わせである。

　そこで、厚生労働省では2013年に「陸上貨物運送事業における荷役作業の安全対策ガイドライン」（荷役作業安全対策ガイドライン）により、陸上貨物運送事業者（トラック運送事業者）の労働者が行う荷役作業における労働災害を防止するために、トラック運送事業者および荷主・配送先・元請事業者等（以下「荷主等」という）が、それぞれ取り組むべき事項について、以下のとおり具体的に示している（陸上貨物運送事業災害防止協会パンフレット「荷役作業の安全確保が急務です！」より）。

①　荷役場所を安全な状態に

○荷の積卸しや運搬機械、用具等を使用するための十分な広さを確保すること

○十分な明るさで作業すること

○着時刻の分散など混雑緩和の工夫を行うこと

○荷や資機材の整理整頓を図ること

○風や雨が当たらない場所で作業すること

②　墜落、転倒、腰痛等の対策

○墜落や転落を防ぐ対策を図ること（手すりやステップ、墜落制止用器具取り付け設備（親綱等）の設置等）

○つまずきやすい、滑りやすい場所の対策を図ること（床の段差・凹凸の解消、床面の防滑、防滑靴の使用等）

○人力で荷を扱う作業では、できるだけ機械・道具を使用すること

③　トラック運送事業者との連絡・調整

○荷役作業を行わせるトラック運送事業者には、事前に作業内容を通知すること

○荷役作業の書面契約を行うこと

○配送先における荷卸しの役割分担を安全作業連絡書等で明確にすること

○安全な作業を行えるよう余裕を持った着時刻を設定すること

さらに、前記ガイドラインでは、荷主等向けの荷役作業チェックリストが付いている。→図表2-3-2

このチェックリストは、内容を読み変えれば、トラック運送事業者の労働者の荷役作業だけでなく、荷主企業が、自社を含めた物流センターにおける作業者の荷役作業（入出荷・保管・ピッキング等）にも活用できる。

「荷役場所→作業場所」を点検・整備・改善して、「トラックドライバー→作業者」への的確な作業指導を行うことが、物流センターなどでも安全の基本である。

厚生労働省では、ガイドライン発出の後、2015年に「陸上貨物運送事業の荷役作業における労働災害防止対策の推進について」という通達（通称「荷役災害防止通達」）を発出し、荷主等に以下の対策を求めている。

①　労働災害防止のため陸運事業者と協議する場の設置

②　荷役作業の有無、内容、役割分担の陸運事業者への通知

③　自社以外の者に荷役作業を行わせる場合の安全対策（作業手順および安全設備）

④　自社の労働者と自社以外の労働者が混在して作業する場合の安全対策

第2章●物流に関する人材労働・環境資源・安全安心問題

図表２－３－２●荷主等向けの荷役作業チェックリスト

作業	チェック項目		対応状況	解説
荷役作業の契約に当たって	荷の積卸し作業（荷役作業）は			・荷主等と運送業者との間で、あらかじめ役割分担を明確にしておくこと（運送引受書の発送）。 ・荷主から、運送業者に、運送業者からドライバー等に対し、安全作業連絡書（裏面参照）を活用し、荷役作業に関する情報が伝達されていること。
	①荷主、運送業者のどちらが行うのか明確にしているか			
	②運送業者のドライバーに作業内容や作業方法が伝達されているか			
	③複数人での作業の場合、作業指揮者の下で作業をしているか			
荷役作業に用いる機械、用具について	荷の積卸し作業に			・使用する機械、用具等は、検査、点検等により異常がないものとすること。
	①フォークリフト、クレーンは有資格者が作業してしているか			
	②ロールボックスパレット（かご車）、台車に不具合はないか			
荷役作業を行う場所について（その１：基本的事項（転倒防止の対策を含む。））	荷の積卸し作業を行う場所は			・荷役運搬機械と人が接触することのないよう、通路を分けること。 ・照度や通気・換気に配慮すること。
	①通行人が作業場所に立ち入ることはないか			
	②作業に必要十分な広さか			
	③整理整頓、床の凹凸の解消、床の防滑対策を実施しているか			
	④作業環境は適切か（適切な照度の保持、防風雨）			
	⑤死角部分が無いか			
荷役作業を行う場所について（その２：特に墜落防止のための設備対策）	トラックの荷台からの墜落防止のために			・トラック荷台からの墜落災害が多く発生していることから、できるだけこれらの項目にあげたような対策を講じることが望まれる。
	①荷台との段差のないプラットフォームがあるか			
	②荷台の外側に設ける仮設の作業床を用意しているか			
	③墜落制止用器具（安全帯）の取付設備はあるか			
	④荷台への昇降設備（昇降装置、踏台など）を用意してあるか			
作業者の服装について	荷の積卸し作業を行う者は			・保護帽は墜落・転倒防止用のもの ・作業場所に合せて、耐滑性（すべり防止）、屈曲性（しなやかで運動性が高い）のある安全靴
	①保護帽を着用しているか			
	②安全靴を着用しているか			
	③手袋を着用しているか			
荷台への昇降方法について	荷台への昇降時に			・三点確保：手足の4点のどれかを動かすときに残り3点で確保すること。
	①昇降設備（手すり付き）を用いているか			
	②三点確保を実行しているか			
荷台での作業方法について	荷台での作業時に			・陸運事業者のドライバーの不適切な作業については、現場の荷役作業担当者等による指導を徹底すること。
	①不安定な荷の上を移動していないか			
	②ラッピング、ラベル貼りなどの作業を荷や荷台上で行っていないか			
	③適切な墜落制止用器具（安全帯）を使用しているか			
	④荷台端付近で、背を荷台外側に向けて作業していないか			
	⑤荷台のあおりに乗って作業を行っていないか			
	⑥荷台上の作業者が、フォークリフトや荷に挟まれないか			

出所：陸上貨物運送事業労働災害防止協会資料

⑤ 自社以外の者にフォークリフトを使用させる場合の事項等

さらに、最近では、ロールボックスパレットやテールゲートリフター

120

による労働災害が多発していることから、それぞれガイドラインを発出するほか、テールゲートリフター作業については特別安全教育や保護帽（ヘルメット）の着用を義務づけている。

「荷役作業安全対策ガイドライン」や「荷役災害防止通達」は荷主等向けであるが、トラック運送事業者も荷主等（元請事業者を含む）と協議して安全対策を推進しなくてはならない。また、物流事業者（トラック運送事業者・倉庫事業者・３PL事業者・物流子会社等）が元請事業者である場合は、荷主の立場で、「荷役作業安全対策ガイドライン」や「荷役災害防止通達」を遵守する義務がある。

（3）荷主勧告制度

トラックの運転などの交通労働、すなわち貨物自動車運送事業法における「輸送の安全確保」義務（運行管理制度ほか、輸送安全規則などで定められている）は、一義的にはトラック運送事業者が負うべきものである。

しかし、道路交通法の「使用者責任」における「使用者」には荷主も含まれ、過去にも摘発事例がある。また、貨物自動車運送事業法でも「荷主勧告制度」がある。

荷主勧告は、トラック運送事業者の過積載運行・最高速度違反・過労運転の違反行為が、荷主の指示によるなど主として荷主の行為に、国土交通大臣が貨物自動車運送事業法に基づいて当該荷主に対し違反行為の再発防止のため、「勧告」などの措置をとることである。勧告が発動されたときは、荷主名や事案の概要が公表される。荷主には元請事業者も含まれる。→図表２-３-３

勧告に至らない事案であっても、①勧告には至らないものの、違反行為への関与が認められる荷主に対する「文書警告」、②公安委員会（警察）など関係機関からの法令違反情報等をもとに関係する荷主を特定し、早期に再発防止の働きかけを行う「協力要請」がある。

これは、過積載運行・最高速度違反・過労運転の交通違反行為が、死

図表2-3-3 ● 荷主勧告に該当すると想定される荷主の主体的関与の該当例

出所：国土交通省「荷主勧告制度」パンフレット

傷事故など重大な交通事故につながりやすいからであり、「輸送の安全確保」で求められている交通安全を目的としている。

2　物流と弱者対策（買い物弱者）

　物流サービスは、われわれの生活を支え、欠かせないインフラとなっている。少子高齢化が進む中、特に過疎地域では、物流効率が低下する一方、生活に必要な日用品の宅配などの生活支援サービスのニーズが高まっている。政府では、過疎地等における買い物弱者支援等にも役立つ新たな物流システムのあり方についての検討を進めている。

　買い物弱者について、経済産業省では「流通機能や交通の弱体化とと

もに、食料品等の日常の買い物が困難な状況に置かれている人々」と定義している。高齢化、地方部等での人口減少、商店数の減少、店舗立地の郊外化、路線バスなどの公共交通機関サービスの停止などにより、買い物弱者問題は深刻化している。

買い物弱者は、全国でおおよそ約910万人と推計されており、年々増える傾向にある。なお、買い物弱者は、地方部の問題ととらえられがちであるが、農村部と都市郊外の2類型の地域で問題が深刻化している。

買い物弱者を支援するサービスは、顧客が自動車等で店舗まで買いに行く形態だけではなく、店舗から家庭までのラストワンマイルを多様な形態にし、すべての人が買い物を簡単に、楽しむことができるようにするものである。買い物弱者支援サービスは、大きくは「宅配サービス：商品のみを顧客に届ける」「移動販売：商品を店舗ごと顧客に届ける」「店への移動手段の提供：顧客を店舗まで連れてくる」「近隣型小規模店舗：顧客の近くに店をつくる」の4形態に分類される。

具体的な内容は、宅配、移動販売、ミニスーパー、買い物代行、タクシーチケット、買い物バス運行など広範囲にわたっている。

買い物弱者への対応策は、国、各地方自治体で検討されているほか、商工会議所、商工会、商店街、NPO、民間企業等のさまざまな主体が実施している。また、補助事業として展開している場合と企業等が独自にサービスを展開している場合があるが、特に最近は、企業が新たな市場としてとらえ、インターネット通販、ネットスーパー、移動販売として取り組む場合も増えてきている。

全国の地方自治体で、買い物弱者支援サービスが検討・実施されているが、現実は多くの問題点、課題を抱えている。

行政等による取り組みでは、効率が悪く、またサービスもよくないなどの問題が発生しやすいという一方で、民間企業だけでは採算ベースに乗らず、行政からの補助金に頼って運営している、民間企業のノウハウが生かせずサービスレベルが低い、買い物弱者支援のサービス内容が縦割り的になっている、行政と民間（小売、宅配事業者）がうまく連携で

第2章 ● 物流に関する人材労働・環境資源・安全安心問題

きていないなどがある。行政からの補助金等がなければ、継続できない
などの問題が多く発生している。

　買い物弱者対応を進めていくためには、効率よく、よいサービスを提
供していくことが重要となっている。そのためには、民間ノウハウを活
用する行政と民間の連携が必要である。同時に、サービス内容も従来の
縦割りではなく、たとえば宅配と見守りサービスを同時に行うといった
ように各種サービスを連携させる、企業間でも大手小売業と個人商店、
宅配便事業者との連携といったそれぞれのノウハウをうまく生かしてい
く展開が重要である。

　なお、買い物弱者以外にも通院弱者対策があり、薬の宅配などもある。

3　物流と災害対策（BCP）

（1）事業継続計画（BCP）の内容

　事業継続計画（BCP：Business Continuity Plan）とは、企業が、災害
や事故などで危機的状況に遭遇したときであっても業務を継続できるよ
うに、あらかじめ平時において立てておく計画である。

　大事故や大災害に見舞われると、従業員や施設・設備が被災し、従来
の企業活動（生産・販売活動や物流活動など）を続けられない場合も起
きて、倒産や事業縮小の可能性も生じてしまう。これらの事態を回避す
るために、平常時においてBCPを作成しておき、緊急時に減災・事業の
継続・早期復旧を図ることが重要となる。→図表2-3-4

　BCPを作成しておくことで、顧客の信頼や高い評価を受け、企業価値
の向上につながる。

（2）企業における災害対応

　従来、物流において、まず重視されるのが効率性であったが、リスク
対応と相反することも多い。効率化という視点からの在庫の圧縮、物流
センターの集約化といった動向が、東日本大震災（2011年3月11日）に

124

第 3 節 ● 物流と安全安心問題

図表2-3-4 ● BCP（事業継続計画）の考え方

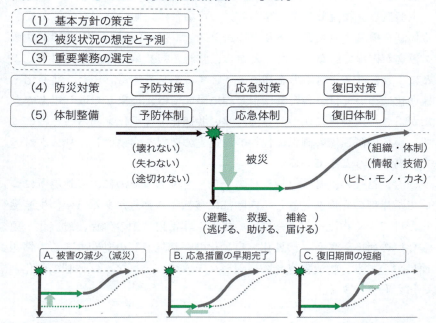

出所：苦瀬博仁『ソーシャル・ロジスティクス』白桃書房、250〜251頁、2022年

おいては、復旧を遅らせる原因ともなり、物流のリスクに対する脆弱性を浮き彫りにした。

　従来の効率性追求による統合・集約化を見直し、調達先の分散、複数ルート化、生産拠点の分散化、物流センターの分散化を図る動きも見られる。一方で、一部では内製化を図ってリスクを軽減しようとする動向もある。現地調達率の引き上げ、生産機能の内製化である。

　在庫水準についても、在庫を圧縮しすぎたことにより、リスク対応ができなかったという指摘も多く、調達先への在庫積み増しの要請、自社での在庫積み増しの動向もある。

　また、リスクが発生した際の迅速な対応という面から、従来の自社内の可視化だけでなく、サプライチェーン途絶に対応した調達先も含めた

可視化を図る企業も増えている。

　生産拠点、物流センター等が被災した場合に、他の拠点で代替ができる体制を構築する企業もあり、輸送システムについても、震災でトラック輸送が確保できなかったことから、常時、複数輸送手段を利用することにより、リスク対応力を高めようとする動きもある。また、共通化・標準化については、各企業は企業内については、従来から取り組んできたが、さらに調達にかかわる部品等の共通化・標準化を図ることによって、複数の調達先の確保、代替の調達先の確保を容易にし、リスク対応力を高めようとしている。

　一方、自社の強靱性（レジリエンス）を高めるために、立地場所について沿岸部の立地を見直し、内陸部に移転する動きがあるほか、生産拠点だけでなく物流センターにおいても、非常用電源の確保、耐震化・免震化への対応、さらに機械化・自動化の一部見直しの動向もある。情報面においても、物流拠点での情報システムのバックアップ体制の強化といった動きがある。

（3）企業における災害時の物流への対応

　物流関連の主な災害対応は以下のとおりである。

①　物流センターの分散化

　在庫の圧縮、積載効率の改善などの効率化を考えるうえで、物流センターの統合・集約化の動向は、これまでの大きな流れであった。東日本大震災以降、リスク対応という考えから物流センター分散の動向が出てきている。

②　他の物流センターでの代替

　東日本大震災では、物流センターが被災した場合、隣接県あるいは関東の物流センターから被災地に物資を供給する体制とした企業が多くなっている。その際、他のセンターでスムーズに機能を代替できる体制を構築することが重要である。

③　在庫の積み増し

第3節●物流と安全安心問題

　従来、多くの企業は、在庫の削減に努めてきた。しかしながら、平常時の生産・輸送体制が保持されているときには、在庫の削減はキャッシュフローの改善、コスト削減などの効果が見込まれるが、災害などの有事の際には、調達ができなくなり、メーカーでは原材料在庫、仕掛在庫がなく生産が停止する、あるいは生産が止まった場合に、製品在庫がなく出荷できないという事態が発生する。小売業等においても、調達ができなくなり、欠品状態が発生することとなる。特に、必要な物資についての在庫積み増しを図る企業が増えている。

④　機械化・自動化の見直し

　東日本大震災では、機械化・自動化された物流センターにおいて、機器の故障、立体自動倉庫に保管されていた商品が落下するなどによって、物流センター機能が停止した事例が見られた。重要な商品については、平積みに変更する、あるいは自動化を見直す企業も見られる。

⑤　非常用電源の確保

　物流センターでは、災害時の非常用電源確保が重要な課題となっている。特に、温度管理の必要な医薬品倉庫に自家発電装置を導入する事例が多く見られる。

⑥　物流センターの耐震化・免震化

　物流センター等での耐震化・免震化を進めている事例も多い。

⑦　輸送システムの見直し

　震災などの発生後には、輸送手段の確保が非常に難しくなることを危惧している企業が多い。しかしながら、これに対する抜本的な解決策がないのも現状である。リスク分散として、平常時から複数物流企業と取引を行っている場合も多い。

　また、平常時にトラック輸送のみを利用していると、震災発生後に他の輸送手段に切り替えるのは難しい。そのため平常時からトラック輸送だけでなく、鉄道、船舶といった複数の輸送手段を使い分けている（冗長性＝**リダンダンシー**の確保）企業もある。

⑧　輸送用燃料の確保

東日本大震災では、輸送用の燃料不足が大きな問題となった。物流企業は施設内に燃料保管用設備（インタンク）を持っている場合があるが、その備蓄量は2〜3日分しかない場合が多い。東日本大震災以降、インタンクを増やすなどの対応をしている物流企業が多い。

⑨ 情報システムのバックアップ体制の強化

物流システムの復旧にあたっては、情報システムの復旧が欠かせない。多くの企業では、情報のバックアップはしているが、さらに他の物流センターで、情報システムのバックアップ機能を確保する動きもある。

また、リスク対応を考えるとき、自社体制を構築することはもちろん重要であるが、サプライチェーンの途絶が問題となり、調達先とどのように連携するのか、垂直連携の取り組みも重要である。

（4）被災地への緊急支援物資供給の課題

東日本大震災において、被災地避難所向けの緊急支援物資供給が混乱し、物資が不足する、あるいは望む生活物資がなかなか届かないという問題が発生した。国、地方自治体、民間企業がさまざまな努力をして、物資供給を実施したものの、災害時の物流システムの脆弱性が顕在化すると同時に、その重要性が改めて認識された。

東日本大震災においては、被災地へ緊急支援物資が届かないということだけでなく、被災地外においても、店舗での欠品が多く発生するなどの問題が発生した。さらに、サプライチェーンの途絶も大きな問題となった。原材料・部品などが不足し、その結果、長期間にわたって生産が停止するという事態が起きた。

東日本大震災では、一部の地域で生活物資が不足した理由としては、①津波による食料品や生活物資の在庫流失、②物資の保管や仕分けでの混乱、③流通業者のデータの破損、④工場や倉庫での製造機械や搬送機器の破損、⑤車両・燃料・ドライバー不足、などが挙げられる。

熊本地震（2016年4月16日）では、①避難所への仕分け、②指定外避難所の把握、③配送時の交通渋滞、④個人や企業による大量な支援物資、

などにより混乱が起きた。

　このように災害時に緊急支援物資を被災地に送るとしても、そこにはさまざまな障害が起きることは、過去の事例が示している。

　能登半島地震（2024年1月1日）では、半島という形状と狭隘な地形により、道路が寸断されて、救急救命や緊急支援物資の供給が不十分な面もあった。

（5）緊急支援における補給と備蓄の重要性

　緊急支援物資の供給にあたっては、「被災地において必要な物資について、備蓄対策と補給対策のバランスをとること」が重要である。大規模災害になると、緊急支援物資を補給できる量が限られてしまうため、大規模災害に備えるためには、補給だけでなく備蓄対策も不可欠となる。

　補給する場合には、いくつかの条件がそろわなければならず、リスクも多い。たとえば、原材料の不足による工場での生産中止、卸売業の倉庫の被災などにより、調達・生産・流通・消費をつなぐサプライチェーンが断絶することが予想される。また製品が確保できたとしても、道路の未啓開、トラックやドライバーや燃料の不足、作業の人や場所の不足、荷役作業のノウハウ不足、作業者の不足、上水や電力などのライフラインの破断、なども起きる。

　つまり、補給システムは、さまざまな要件の中で、最も脆弱な部分で決まってしまう。このように、「補給」は多くの条件を満たす必要がある。

　そのため、多少コストアップになるとしても、ある程度の量は「備蓄」しておくことが望ましい。備蓄の対象は、メーカーであれば原材料や半製品や製品、卸・小売業者であれば商品や製品、家庭であれば食料品や飲料など、病院であれば医薬品や医療材料や自家発電用燃料などである。

　補給においては、政府や自治体の要請に基づき、民間企業が緊急支援物資の提供や輸送の支援を行う体制を構築することが必要である。これには、①荷主事業者（メーカー、卸・小売業者）の協力、②物流事業者（輸送業者、保管業者）の協力、③官民協力による供給量の調整と最適配

第２章 ● 物流に関する人材労働・環境資源・安全安心問題

図表２-３-５ ● 災害に強い物流システムの構築（国土交通省）

①物流事業者の能力を最大限活用
　早期から国・地方公共団体が実施するオペレーションに、物流事業者や団
　体が参加
②災害時協力協定の内容の見直し、協定締結の推進
　協定内容の不足の確認と見直し、追加の協定締結を行う
③情報通信手段の確保
　避難所、行政機関施設、物資集積拠点等で、衛星通信機器や自家発電機器
　を配備
④物資発注様式の統一
　発注様式の統一により、物資に関する情報を円滑に交換
⑤訓練の実施等事前の備えの徹底
　訓練により、平時から、体制の点検と、役割分担や問題点の把握とチェック
⑥物資集積拠点の選定
　拠点運営では、備えるべき機能や配置のあり方の検討とリストアップ
⑦指定公共機関等の追加
　災害対策基本法上の指定公共機関・指定地方公共機関に、物流事業者や団
　体を追加

分、の３つがある。

　荷主事業者の協力とは、在庫情報の提供と在庫物資の提供である。物流事業者の協力とは、輸送保管のための人材・資機材の提供と、施設やエネルギーの提供である。官民協力による供給量の調整と最適配分とは、緊急支援物資の供給可能量が需要量を下回り十分に供給できない場合に、被災地の供給先に優先順位を付けて、不十分な物資でも迅速・適切に配分することである。

　平常時や小規模の災害であれば、必要な量の物資を供給しても在庫が払底することはないが、大規模災害になると被災者数が多くなるため物資の需要量も多くなり、在庫や生産が追いつかずに供給できないことが予想される。→図表２-３-５

第2章　理解度チェック

次の設問に、○×で解答しなさい（解答・解説は後段参照）。

1　BCPとは、企業が、災害や事故などで危機的状況に遭遇したとき、応急にどのように対応するかの計画である。

2　労働基準法上の休憩時間は、賃金支払いの対象とはならないので、ドライバーの拘束時間には含まれない。

3　正規従業員と非正規従業員の間における同一労働同一賃金は、パートタイム・有期雇用労働法で定められている。

解答・解説

1　×
BCPとは、企業が、災害や事故などで危機的状況に遭遇したときであっても業務を継続できるように、あらかじめ平時において立てておく計画である。防災対策は予防対策、応急対策、復旧対策で構成され、応急対策だけではない。

2　×
トラックドライバーの拘束時間には、運転時間、荷役時間、手待ち時間のほか、休憩時間も含まれる。

3　○

参考文献

経済産業省「地域生活インフラを支える流通のあり方研究会報告書～地域社会とともに生きる流通～」2010年

国土交通省「地域を支える持続可能な物流システムのあり方に関する検討会報告書」2015年

苦瀬博仁編著『増補改訂版　ロジスティクス概論』白桃書房、2021年

苦瀬博仁『ソーシャル・ロジスティクス－社会を、創り・育み・支える物流』白桃書房、2022年

岡本亨二『CSR入門－「企業の社会的依責任」とは何か』日経文庫、2004年

高　巌『コンプライアンスの知識〔第3版〕』日経文庫、2017年

村上　芽・渡辺珠子『SDGs入門』日経文庫、2019年

(公社)日本ロジスティクスシステム協会監修「基本ロジスティクス用語辞典〔第3版〕」白桃書房、2009年

(一社)日本物流団体連合会「数字でみる物流2023年度版」2024年

ISO/SR国内委員会監修・日本規格協会編「ISO26000：2010　社会的責任に関する手引」日本規格協会、2011年

国土交通省「CSRの見地からのグリーン物流推進企業マニュアル」2006年

(公社)全日本トラック協会「まるわかりトラック運送事業者の今すぐできるSDGs」2022年

(公社)日本ロジスティクスシステム協会「『SDGs×ロジスティクス』入門ガイド」2022年

第 **3** 章

物流政策と関連法制度

この章のねらい

　第3章では、ロジスティクスを管理するうえで不可欠な知識として、国の物流政策の概要および物流業務に関連する法律などについて学習する。

　第1節では、わが国における物流政策の動向について学ぶ。国あるいは地方公共団体が提供する道路、港湾というハードな施設、あるいは物流に関連する法規制や各種申請システムというソフトな法制度は、わが国の経済を支えるインフラと位置づけられる。

　第2節では、企業経営に欠かせない物流とコンプライアンス（法令遵守）について学ぶとともに、法令に関する情報の入手方法や法令用語について学ぶ。

　第3節では、物流に関する法制度のうち、基本的かつ重要な法規について、その概要を学ぶ。物流の業務では、輸送や保管をはじめ、関連する法規は多い。特に、国や自治体は、物流政策や円滑な物流の実現のための法制度の整備を、継続的に行ってきている。このため民間企業の物流担当者は、法制度を含めた物流政策の方向性を見極めることで、的確な対応が可能となる。

第3章 ● 物流政策と関連法制度

第 1 節　わが国の物流政策の動向

学習のポイント

◆物流政策は、複数の省庁でそれぞれ検討されている。それら
全体の方向性を示すものに、総合物流施策大綱がある。
◆近年の急速な諸環境の変化に伴い、物流政策にも新たな動き
が出ることが想定される。

1　総合物流施策大綱

（1）総合物流施策大綱とその経緯

　総合物流施策大綱は、日本全体の物流に関する基本方針と主要政策を
集約したものである。総合物流施策大綱の目的は、従来は個々の官庁で
それぞれ検討されてきた政策を連携させることである。関係省庁や地方
自治体との政策の整合性と連携を強化し、国の総合的な物流政策として
取り組むようにしたものである。これにより、国際社会の情勢変化に対
応した物流の進むべき方向性を明確にし、物流施策をわかりやすく提示
することができるようになっている。

　最初の総合物流施策大綱は、2000年までを対象とし、1997年に初めて
省庁横断的に策定された。続く2001年、政府は第2次として、『新総合
物流施策大綱（2001－2005）』を策定し、国際競争力のある水準の物流市
場の構築、および環境負荷を低減する物流体系の構築の2つの目標を掲
げ、物流政策を推進してきた。

　しかし、21世紀初頭における国際情勢の変化はさらに激しく、東アジ

134

ア諸国との経済交流の深化、運輸における安全運行の強化、京都議定書発効によるCO_2削減6％（1990年比）の必達、テロの脅威への対策など、社会的責務や要求水準がさらに高度化してきた。そこで2005年11月、新たな（第3次）『総合物流施策大綱（2005－2009）』を策定した。

その結果、諸施策の効果が発揮されつつあったが、さらなる対応が必要な課題も出てきた。これらを踏まえたさらなる総合的物流施策の推進に向け、2009年7月に『総合物流施策大綱（2009－2013）』を策定した。

その後、2013年6月に閣議決定された『総合物流施策大綱（2013－2017）』では、わが国産業のアジア域内での調達・生産・販売網の拡大、地球温暖化など環境問題の現状、東日本大震災の経験などを踏まえ、強い経済の再生と成長を支える物流システムの構築を目指したものとなっている。物流を取り巻く現状・課題として、グローバル・サプライチェーンの深化と物流の構造変化、地球温暖化など環境問題の状況、安全・安心な物流をめぐる状況を挙げ、今後目指すべき方向性として、「強い経済の再生と成長を支える物流システムの構築～国内外でムリ・ムダ・ムラのない全体最適な物流の実現～」を掲げている。

第6次である『総合物流施策大綱（2017年度～2020年度）』は2017年に策定された。物流の生産性の大幅な向上を図ることにより、ニーズ等の変化に的確に対応し、効率的・持続的・安定的に機能を発揮する「強い物流」の実現を柱としている。そのためには、①「サプライチェーン全体の効率化・価値創造に資するとともにそれ自体が高い付加価値を生み出す物流への変革」（＝つながる）、②「物流の透明化・効率化とそれを通じた働き方改革の実現」（＝見える）、③「ストック効果発現等のインフラの機能強化による効率的な物流の実現」（＝支える）、④「災害等のリスク・地球環境問題に対応するサステイナブルな物流の構築」（＝備える）の取り組みを、⑤「新技術（IoT、BD、AI等）の活用による"物流革命"」（＝革命的に変化する）、⑥「人材の確保・育成、物流への理解を深めるための国民への啓発活動等」（＝育てる）、の要素を活用しながら推進する必要があるとしている。

第3章 ● 物流政策と関連法制度

| 2 | 総合物流施策大綱（2021年度～2025年度）の目標（施策の方向性） |

『総合物流施策大綱（2021年度～2025年度）』は、2021年6月15日に閣議決定された。総合物流施策大綱策定の意義、物流を取り巻く現状・課題と今後の物流施策の方向性、今後取り組むべき施策、今後の推進体制で構成されている。既存の慣習や様式にとらわれずに施策を進める環境が醸成されつつあることから、今後の物流が目指すべき方向性を①～③の3つの観点とし、関連する施策を強力に推進していくとしている。

① 物流DXや物流標準化の推進によるサプライチェーン全体の徹底した最適化（「簡素で滑らかな物流」の実現）

1）物流デジタル化の強力な推進

2）労働力不足や非接触・非対面型の物流に資する自動化・機械化の取り組みの推進

3）物流標準化の取り組みの加速

4）物流・商流データ基盤の構築等

5）高度物流人材の育成・確保

② 労働力不足対策と物流構造改革の推進（「担い手にやさしい物流」の実現）

1）トラックドライバーの時間外労働の上限規制を遵守するために必要な労働環境の整備

2）内航海運の安定的輸送の確保に向けた取り組みの推進

3）労働生産性の改善に向けた革新的な取り組みの推進

4）農林水産物・食品等の流通合理化

5）過疎地域におけるラストワンマイル配送の持続可能性の確保

6）新たな労働力の確保に向けた対策

7）物流に関する広報の強化

③ 強靱で持続可能な物流ネットワークの構築（「強くてしなやかな物流」の実現）

第1節 ● わが国の物流政策の動向

1）感染症や大規模災害等有事においても機能する、強靱で持続可能
な物流ネットワークの構築
2）わが国産業の国際競争力強化や持続可能な成長に資する物流ネッ
トワークの構築

推進にあたっては、直接物流に携わる事業者、労働者だけでなく、
製造事業者、荷主、一般消費者など物流にかかわるすべての関係者に
共有されることが重要であり、今後の物流が目指す方向性の実現に向
け、あらゆる関係者が一致協力して各種の取り組みを推進していく必
要があるとしている。

3 物流関連法規制の方向性

物流は経済活動や国民生活に深くかかわり、輸送手段の違い（自動車・
鉄道・船舶・航空機など）や業種の違い（トラック運送業・鉄道業・海
運業・港湾運送業・航空業・倉庫業・トラックターミナル業など）から、
広範な事業内容となっている。法規制にも多数の省庁や地方行政が関与
し、複雑多岐にわたっている。法規制に対する基本的方向は、「経済面で
の規制緩和」と「安全・環境面での規制強化」の2つである。→図表3
-1-1

図表3-1-1 ● 物流関連法規制の基本的方向

規制緩和	1．公正で自由な競争の実現
	2．グローバル化への対応
規制強化	1．安全の確保
	2．環境の保全
	3．消費者の保護
	4．労働力の確保

137

第3章 ● 物流政策と関連法制度

4 デジタル化とDX化

　総合物流施策大綱（2021年度〜2025年度）においては、物流DX（デジタルトランスフォーメーション：Digital Transformation）が重要な柱となっている。

　物流のデジタル化や機械化を推進することは、複雑・非定常であった物流の作業プロセスを単純化・定常化し、多様な労働力の確保にも有効である。また、デジタル化を推進することは、サプライチェーン全体で、物流・商流データの収集・蓄積・共有・活用が容易となり、連携の構築が可能となる。こうしたモノの流れの「見える化」が推進されることで、滞りのない円滑な物流を実現できる。機械化やデジタル化を通じて、「簡素で滑らかな物流」の実現を目指すとしている。

　DXは、単なるデジタル化ではなく、「企業がビジネス環境の激しい変化に対応し、データとデジタル技術を活用して、顧客や社会のニーズをもとに、製品やサービス、ビジネスモデルを変革するとともに、業務そのものや、組織、プロセス、企業文化・風土を変革し、競争上の優位性を確立すること」と定義されている。

　物流においても、機械化・デジタル化により「見える化」することを通じて、荷主等の提示する条件に従うだけの非効率な物流を改善するとともに、物流システムを規格化することにより収益力・競争力の向上が図られるなど、物流産業のビジネスモデルそのものを革新させていくとしており、こうした取り組みによりこれまでの物流のあり方を変革する取り組みを「物流DX」としている。

第2節 ● 物流とコンプライアンス

第 2 節 物流とコンプライアンス

学習のポイント

◆物流におけるコンプライアンスの必要性が増している。「全
従業員、委託事業者への徹底」のしくみづくりが求められて
いる。

◆法令には、国が定めたもの、自治体が定めたもの、その他当
事者間で取り決めたものがある。規制内容については、常に
最新の情報を入手するように心がける必要がある。

1 物流におけるコンプライアンスの意義と内容

（1）コンプライアンスの必要性

　物流は、法令と深くかかわりがある。これは、国として、企業の経済
活動を支えるために、輸送や保管をはじめ、的確な物流を確保する必要
があるからである。その一方で、国民の健康や安全を守るためにもまた、
輸送や保管におけるさまざまな規則や基準が必要となる。このため、ど
の国においても物流にかかわる法令は多くある。

　コンプライアンスとは、法令および企業倫理の遵守のことである。近
年、コンプライアンスへの関心が高まっている理由として、企業の不祥
事などにより社会に重大な問題を及ぼした場合、損害賠償が発生するこ
とがあるからである。さらに、取引先からの取引停止、消費財であれば
売れ行きの低迷なども引き起こす可能性があり、実際に倒産した企業も
ある。上場している企業なら株価の下落も起こりうる。

　コンプライアンスに関して、最も明確な問題は法令違反である。ただ

139

第3章 ● 物流政策と関連法制度

し、法令はすべての起こりうる不祥事を防ぐようには制定されていない。このため、コンプライアンスは法令遵守からさらに拡大し、法令などから導かれた各種ガイドラインやマニュアルなどへの自主的な取り組み、さらには文化や社会的ルール、思想といったものまで広く考慮するようになっている。そして、企業においては、企業倫理や行動規範を含めてコンプライアンスを検討し、それを守ることが求められている。

このように、コンプライアンスは企業存続のための必要条件になってきている。そして、法令や企業倫理を遵守することが、従業員それぞれの生活を守ることにもつながっているのである。

（2）コンプライアンスの物流部門内への徹底

コンプライアンスとして、法令や企業倫理を遵守することは、すべての従業員に求められている。なぜならば、1人の従業員のコンプライアンス違反が、本人のみならず企業にもペナルティが課されることにつながるからである。このため、コンプライアンスの徹底に向けた従業員教育が必要になる。

物流現場では正社員のみならず、派遣社員やアルバイトなど多様な雇用区分の従業員がいる。また物流は、輸送や保管などで、顧客のモノ（商品や物資）や資産を管理しており、さまざまな法令も関係している。このように、物流においてはコンプライアンスに深く関与する業務が多いため、物流部門内におけるコンプライアンスの徹底は必須である。

その実践方法として従業員教育の内容は、図表3-2-1に示すとおりである。

物流に関係する法令は、数多くある、しかし、従業員は、担当している職種によって、法令の文章になれておらず理解しにくい可能性がある。そのため、従業員には、なるべく具体的に何を行ってはいけないかを、丁寧に説明する必要がある。しかし、丁寧なあまりにガイドラインが長文にわたったりガイドブックが厚いと読まなくなる可能性もある。このため、作成するガイドラインなどはコンパクトにし、理解しやすくする

図表3-2-1 ●従業員に対するコンプライアンス教育の考え方

○全従業員を対象とする
○担当業務や階層別に、読みやすくコンパクトなガイドラインを作成する。ガ
　イドラインでは以下を説明する
　・なぜコンプライアンスが重要なのか
　・守れなかったときの具体的影響
　・具体的に何を行ってはいけないか
○管理者による部下への日常指導を行う
○定期的に教育を繰り返す
○新たな法令改正や問題発生のつどに、ガイドラインを更新する

工夫が望まれる。

（3）コンプライアンスにおける荷主と物流事業者の関係

　荷主が物流事業者に業務委託している場合、物流事業者のコンプライ
アンス違反は、荷主にも影響を及ぼす可能性が高い。たとえば、直接的
な問題としては、輸送の遅延や貨物の汚破損などがある。また、委託先
の物流事業者やトラックドライバーが罰則を受ければ、配車が困難にな
り輸送できなくなる可能性がある。

　法令の中には、省庁から荷主に対して協力要請がなされているものも
あれば、過積載のように荷主の使用者責任が問われて直接的に罰則が適
用されるものもある。そればかりではなく、重大事故などで荷主の社名
が明らかになり、不買運動などにより間接的に社会的制裁を受けること
もある。このような事態を回避するためにも、コンプライアンスについ
ては、委託先の物流事業者へも働きかけることが肝要である。

　一方で、物流事業者の立場からすれば、物流事業者がコンプライアン
ス遵守のために、荷主にはコスト負担を理解することが望まれている。
また、荷主が委託先を選定するときには、コンプライアンスへの対応力
も選定基準の1つとすることが重要である。

　なお、荷主から委託先事業者へのコンプライアンス遵守の要請は、書

面にて行うことが望ましい。また、必要に応じて、荷主が物流事業者の
コンプライアンスの遵守をチェックすることも有効である。なお、規模
が小さい委託先の物流事業者に対しては、コンプライアンスの教育プロ
グラムをつくり、それを提供している荷主もある。

（4）コンプライアンス（Compliance）とは

　日本では「法令遵守」と訳されるが、一般企業では企業内の規律や社
会的責任（→第2章第1節**5**（2）①「社会的責任」を参照）を含めて企
業倫理を守ることまでも含むものと理解されている。

　企業は、各種の一般法令と各業界に適用される個別の法令（通称「業
法」といわれる）の両方を遵守する必要がある。また、従業員にもコン
プライアンスを徹底させなければならない。

　コンプライアンスに違反した企業は、以下のとおり、損害賠償訴訟な
どによる法的責任はいうまでもなく、信用失墜による売上げ低下など社
会的責任を追わなければならない。

① 民事責任

　民事責任とは、貨物事故・交通事故（人身事故・物損事故）などにお
ける金銭的な賠償（損害賠償責任や債務不履行責任）のほか、謝罪広告
の掲載など信用回復措置も含まれる。

　賠償が高額になると、企業の存続自体が危うくなることも起こる。

② 刑事責任

　次の例のように、罰金・懲役が科せられる。法人（企業）と個人（事
業主・運行管理者・安全管理者など）の両方が罰せられることもある（両
罰規定）。

　○従業員に対する賃金未払い→労働基準法違反

　○トラックドライバーに過積載運行を下命→道路交通法違反（荷主も
　　含めて使用者責任を問われる）

　○物流センターにおける労災事故→労働安全衛生法違反

③ 行政責任

企業が行政の規制（たとえば、改善基準告示）に違反した場合には、文書警告・是正勧告や、悪質な場合には業務停止処分など行政責任を問われる。トラック運送の車両使用停止や事業停止処分が該当する。

④ 社会的責任（または、社会的制裁）

第２章第１節 5 (2) ①「社会的責任」に述べたとおり、企業は社会的責任を問われる時代である。

悪質な違反行為を行った場合には、規制当局から企業名が公表されるほか、企業イメージが低下して売上げや利益の減少を招きかねない。

（5）ロジスティクスにおけるコンプライアンスとその対策

企業にかかわる法律には、業界を問わず適用される会社法・労働基準法・道路交通法などの法律と、各業界に適用される法律（業法）がある。

物流に関する業法としては、貨物自動車運送事業法・貨物利用運送事業法・倉庫業法などがある。また、食品物流については「食品衛生法」やHACCPなど、医薬品物流については「医療機器等の品質、有効性及び安全性の確保等に関する法律」（通称「薬機法」）など、取り扱う品目の

図表３-２-２ ●会社に関する「決まり」

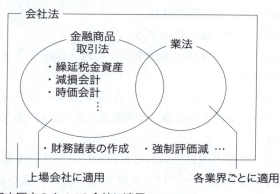

出所：小宮一慶『財務諸表を読む技術 わかる技術』

143

特性により適用される法律もある。→図表3-2-2

　物流・ロジスティクスがかかわる法令は、100以上にも及ぶとされている。

　企業は、各種の一般法令その他各種の業法を遵守することはもちろん、従業員にもコンプライアンスを徹底させなければならない。その理由の1つには、前記の民事責任・刑事責任が従業員個人にも及ぶからである（道路交通法違反や損害賠償責任など）。

　以下にコンプライアンス対策を述べる。

①　内部統制の構築

　金融商品取引法（2007年）により、一定規模以上の企業は内部統制の構築が義務づけられている。**内部統制**とは、基本的に、業務の有効性および効率性、財務報告の信頼性、事業活動における法令等の遵守、資産の保全の4つの目的が達成されていることの合理的な保証を得るために、業務に組み込まれ、組織内のすべての者によって遂行されるプロセスをいう。

　内部統制を義務づけられた荷主企業は、当然のことながら委託先である物流事業者にもコンプライアンスを求めることになる、それは、過積載や労働災害などで、荷主の責任が問われることもあることによる。

②　コンプライアンス文書の作成

　○倫理方針と行動規範を策定する

　○現行関連法令（会社法・業法など）の遵守状況をチェックする　→
　　図表3-2-3

　○コンプライアンス・マニュアル（行動規範集）等を作成する

　○コンプライアンス実施計画（改善計画・教育計画・監査計画など）を
　　策定する

　○是正計画（企業の内外からの是正指示に基づく）を策定・実行する

　法令の遵守状況のチェックはコンプライアンスの第一歩である。（公社）全日本トラック協会が国土交通省の指定機関として「貨物自動車運送適正化指導」にトラック運送事業者を巡回しているのも、このコンプラ

図表3-2-3 ●コンプライアンス・チェックリスト

① 会社として遵守すべき法令を特定しているか（重要な法令が欠落していないか）
② 法令の制定・改正に対して迅速に情報収集できる体制にあるか
③ 法令に関する専任者を社内に確保しているか
④ 法令に関する専任者を育成しているか（行政・業界の研修などを受けているか）
⑤ 法令の遵守状況を評価するしくみはあるか（監査の対象か）
⑥ 経営者・管理者は、遵守状況を把握・確認しているか
⑦ 法令違反があった場合の手順は決められ、周知徹底されているか
⑧ 法令違反があった場合には、トップまで報告されているか
⑨ 違反時の対応は適切か
⑩ 関連法令は遵守されているか（自動車事業適正化・Gマーク等）

イアンス・チェックの1つといえる。この適正化指導で一定以上の水準に達していないと、Gマーク（安全性優良事業者証）は取得できない。

倉庫・港湾・海運などの各業界団体もコンプライアンス指導や研修、安全パトロールなどを実施しているので、各社のコンプライアンス推進に活用されたい。

③ **コンプライアンス体制の構築と周知徹底**

○コンプライアンス担当役員・部署を設置する

○監査部門の体制を構築する

○**内部通報制度**を構築する（**公益通報者保護法**に基づき企業規模の大小を問わない。通報窓口設定について中小企業は努力義務）

○コンプライアンス規定を作成し、従業員への教育訓練を実施する

○コンプライアンス違反への対応方法（社内処分など）を決めておく

④ **社外への対応**

○通常時は、ステークホルダー・取引先への対応を行う

○問題が発生したときには、マスコミ・ステークホルダーへの広報を適切に行う

○新法制定や法改正には、つど迅速に対応する

（6）コンプライアンスコスト

コンプライアンスを推進するにはコストが必要となるが、必要経費として惜しんではならない。たとえば、物流業におけるコンプライアンスコストとしては、以下のようなコストがある。

○**安全対策費**
　・車検や定期点検等の修繕費
　・自動車関係の保険料

Column 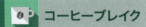 **コーヒーブレイク**

《主な法令（抜粋、通称）》
（1）**トラック運送**
　1）業法：貨物自動車運送事業法（輸送安全規則）、貨物利用運送事業法、信書便法、流通業務総合効率化法
　2）運輸安全マネジメント：運輸の安全性の向上のための鉄道事業法等の一部を改正する法律（運輸安全一括法）
　3）道路関係法規：道路法（車両制限令）、道路運送車両法、道路交通法
　4）労働関係法規：労働基準法（改善基準）、労働安全衛生法、派遣労働法、パートタイム・有期雇用労働法、労働契約法、男女雇用機会均等法、障害者雇用促進法、高年齢者雇用安定法、育児・介護休業法、入国管理法・外国人雇用届出など（外国人労働力対象）、最低賃金法、労働組合法、健康保険法・雇用保険法・厚生年金保険法、労働者災害補償保険法
　5）経済法規：独占禁止法、下請法
　6）その他：NOx・PM法等の環境関係法規、消防法等の危険物関係法規、食品衛生法、薬機法、自治体の条例など
（2）**倉庫・流通センター**
　1）業法：倉庫業法、建築基準法、都市計画法、流通業務総合効率化法
　2）労働関係法規：トラック運送4）に同じ
　3）その他、下請法等の経済関係法規、廃掃法などの環境関係法規、消防法等の危険物関係法規、食品衛生法、薬機法、JAS法　景表法　計量法、自治体の条例など

・ドライブレコーダーなどの装着

・アルコールチェッカーの導入

・従業員教育にかかる費用

・運行管理の徹底にかかる費用　等

○環境対策費用

・環境規制に対応した車両への代替にかかる費用

・デジタル式運行記録計（デジタコ）の導入にかかる費用

・省エネ運転教育等にかかる費用

・産業廃棄物処理にかかる費用　等

○労働・雇用対策費用

・社会保険料の適正負担

・福利厚生にかかる費用

・適正な賃金の支給

　法令遵守（労働基準法・労働安全衛生法・道路交通法など）は最低限のコンプライアンスなので、各事業者は、労働条件・労働環境・交通環境などの改善を通じて、さらなる高みを目指さなければならない。

2　法令の種類と最新内容の入手方法

　物流に関係する規制は、国の定めるもの、自治体が定めるものがあり、それぞれいくつかの種類に分かれる。→図表3-2-4

　国の定める法令（法律・政令・省令など）は、根幹にかかわる部分を法律で規定し、詳細な計算方法や手続方法については、政令・省令で規定するという形をとっている。法律は、改正のつど官報に告示される。官報は、インターネットでも閲覧が可能である（インターネット版「官報」：http://kanpou.npb.go.jp/）。また、法律の詳細については、『電子政府の総合窓口－法令データ提供システム』（http://law.e-gov.go.jp/cgi-bin/idxsearch.cgi）で、検索可能である。

　一方、地方自治体の出す法令は、対象とする地域のみにおける規制で

図表3-2-4 ●物流に関する法令の種類

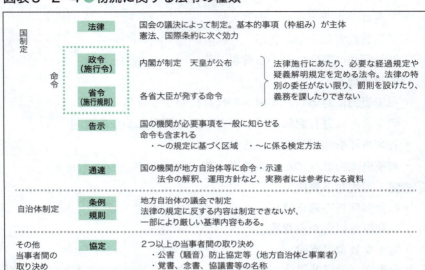

※告示と通達は、法令ではない

出所：鈴木敏央『新よくわかるISO環境法』2001年、25頁に加筆

あり、その地方自治公体の公報で告示される。輸送に関する規制では、当該地域に乗り入れる場合にそれを遵守する必要がある。たとえば、首都圏におけるディーゼル車運行規制では、首都圏9都県市に乗り入れる全国のトラックはその条件を満たしておく必要がある。

物流に関係のある法令の改定は、物流に関係する業界団体などから、物流において影響のある箇所についてのパンフレット、ガイドラインの作成と配布や、セミナー開催などが行われている。このため、それらを定期的にチェックすることが重要である。

また、地方自治体・商工会議所や各地の交通安全協会・労働協会等からも広報誌・会報などで周知が行われるので、行政や各団体に対する窓口担当者は、法令等の改正に関する情報を、社内関係部門に共有する。

第2節 ● 物流とコンプライアンス

3 公的規制の用語とその意味

　公的規制とは、国や地方公共団体（地方自治体を含む）が企業・国民の活動に対して特定の政策目的の実現のために関与・介入するものを指している。そして、公的規制は、許認可等を通じて実施される。この許認可等の範囲は、国民の申請や出願等に基づき行政庁が行う処分およびこれに類似するものであり、法律、政令、省令および告示において、免許、許可、登録、認可、届出、承認等の用語を使用している。→図表3-2-5

図表3-2-5 ● 法令基本用語の意味

免許	一般に許されない特定の行為を、特定の場合に特定の者が行えるようにする権利を付与すること。 公益性の高い事業を対象に、一定の資格要件に合格した事業者に対して、政府が権利を与えること。 免許を与える判断時には、市場の需給バランスが検討対象になる場合がある。
許可	法令で一般的に禁止されている行為を、特定の場合だけ解除し、適法にこれを実施できるようにする行為をいう（もともと禁止されている行為を、特定の要件を備えている者に対して解除するもの）。したがって、許可を与えるか否かの審査では、事業の適正な遂行能力を保有しているかが注目され、許可基準に適合すれば、許可が下りる。市場の需給バランスを検討することはない。
登録	一定の法律事実、または法律関係を公証するために、行政庁等に備える公簿に記載すること。証明とともに各種の法律関係の条件になる。
認可	ある人の法律上の行為が、公の機関の同意を得なければ、有効に成立することができない場合に、その効力を完成させるため、公の機関の与える同意をいう。認可基準が法律で定められる場合が多い。
届出	一定の届出がなければ、ある種の行為をすることができない旨が定められ、その結果、全体としてはある種の行為が禁止され、届出の受理があった場合にのみ、その行為の禁止が解除されること。 （一定の事柄を、公の機関に知らせることをいう）
承認	国または地方公共団体の機関が、他の機関または人の行為に与える同意のこと。

出所：真島良雄『物流実務の基礎知識』2004年、192頁に加筆

| Column | 知ってて便利 |

《法令適用事前確認手続（日本版ノーアクションレター制度）とは》

　法令適用事前確認手続とは、民間企業等国民が、その事業活動に関係する具体的行為が特定の法令の規定の適用対象となるかどうか、あらかじめ当該規定を所管する行政機関に確認し、その行政機関が回答を行うとともに、当該回答を公表する手続である。

　法令適用事前確認手続は、規制や新法令に備えて活用する。物流事業を運営するのにはさまざまな法令に適合してコンプライアンスを実現しなくてはならない。どのような法令が事業に関係しているのか、どのような活動が法令違反になるのか、どこまでが許される範囲なのかについては、顧問弁護士や法務部門であっても理解が及ばない場合もある。

　規制が多かった物流も緩和されてきて、他の事業領域まで進出するようになった。その活動にはどのような許認可が必要か、届出書類の有無、処分や科料の程度などを事前に掌握しておくことも、コンプライアンス、リスクマネジメントの一環として重要である。

　実務担当者としては、この制度を積極的に活用して自社のリーガルマインド（法解釈意識）の向上を図るべきであろう。

第3節 ● 物流活動にかかわる各種法律の基礎知識

| 第 **3** 節 | # 物流活動にかかわる 各種法律の基礎知識 |

学習のポイント

◆物流にかかわるコンプライアンス（法令遵守）のために、労務・調達関連、道路交通関連、運輸関連、倉庫関連、環境等関連の法規の名称と概要を理解する。
◆物流業務高度化および環境負荷低減に向けて、流通業務総合効率化法が施行され、効率化に取り組む事業者に対し、支援制度が設けられている。

1 労務・調達関連法規

　物流業は、典型的な労働集約型産業であり、トラックドライバーなど多数の従業員を雇用し、人件費コストが売上高の過半を占めることも珍しくない業界である。労働力不足が深刻化しつつある中、労働者を雇用・組織化し、教育訓練、モチベーションを高めて、能力を最大限に活用していくことが、競争力の源泉となる。そのためには、会社の経営理念・方針に基づいた適切な労務管理を推進していく必要がある。→図表3-3-1

　物流業に特に関係の深いのは、労務関連では「労働基準法」「労働者派遣法」「パートタイム・有期雇用労働法」「労働安全衛生法」「労働契約法」などがあり、調達関連では、「下請代金支払遅延等防止法」などがある。

151

図表3-3-1 ● 経営における労務管理の位置づけと活動領域

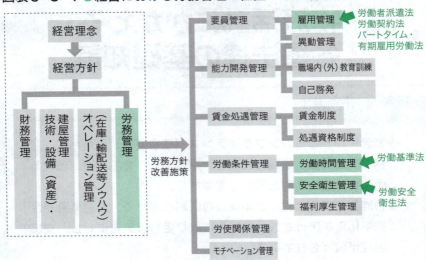

Column 知ってて便利

《働き方改革》

「働き方改革」とは、「働く方々がそれぞれの事情に応じた多様な働き方を選択できる社会を実現する働き方改革を総合的に推進するため、長時間労働の是正、多様で柔軟な働き方の実現、雇用形態にかかわらない公正な待遇の確保等のための措置を講じること」（厚生労働省パンフレット）であり、2018年に、働き方改革を推進するための関係法律の整備に関する法律（2018年法律第71号。通称「**働き方改革関連法**」）が成立した。

改革の大きなポイントは、以下の2点である。
① 労働時間法制の見直し
② 雇用形態にかかわらない公正な待遇の確保

①では、「時間外労働時間の上限規制」「勤務インターバル制度の導入」「1人1年5日間の年次有給休暇の取得を企業に義務づけ」「月60時間を超える残業について割増賃金率を引き上げ」等が挙げられる。

第3節 ● 物流活動にかかわる各種法律の基礎知識

Column

　②では、「同一企業内における正社員と非正規社員の間の不合理な待遇差の禁止（同一労働同一賃金）」「労働者に対する待遇に関する説明義務の強化」等が挙げられる。
　「働き方改革関連法」により、労働基準法等の労働関連法が一括して改正された（以下に、その概要を説明する。施行の時期については、それぞれ異なっている）。

（1）労働基準法（1947年法律第49号　最終改正2018年）

　労働基準法は、労働者の人たるに値する生活を営めることを目的に、最低基準の労働条件（賃金・就業時間・休息・解雇・休業補償など）を定めた基本法であり、労働者の権利と会社の義務が記述されている。正社員だけでなく、パートタイム労働者・アルバイト・嘱託等を含めた全労働者、および1人でも労働者を雇用するすべての事業所にも適用される。性別・信条・国籍などによる差別も許していない。当該法律を下回る基準で雇用した場合には罰則が設けられている。

　労働基準法では、労働時間に関する本則として、「使用者は、1週間について40時間、1日について8時間を超えて労働させてはならない」とされている。また、「時間外・休日に労働させる場合には、使用者は、労使協定（通称「36協定」）を締結し、所轄労働基準監督署長に届けねばならない」とされている。

　なお、最終改正は、Column「働き方改革」で述べたように、2018年、他の働き方改革関連法と一括して行われた（以下に述べる労働安全衛生法等も同じ手続で改正された）。この最終改正により、トラックを含む自動車の運転者（事業用と自家用を問わない）については、2024年4月1日より、時間外労働を年960時間以内とする上限規制が適用された。

　これが、第2章第1節2で述べた「物流の2024年問題」である。なお、時間外労働を年960時間以内とする上限規制は、建設業においても2024年4月1日から適用され、同様に「建設の2024年問題」が生じている。

153

第3章 ● 物流政策と関連法制度

　貨物自動車運送事業等に従事する自動車運転者の労働時間については、労働基準法に加え、2024年4月1日より「自動車運転者の労働時間等の改善のための基準」（1999年労働省告示第7号　最終改正2022年。通称「改善基準告示」）が適用され、使用者は、拘束時間や休息期間等の基準を遵守しなければならない。

（2）労働者派遣法（1985年法律第88号　最終改正2018年）

　労働者派遣法（労働者派遣事業の適正な運営の確保及び派遣労働者の保護等に関する法律）は、社会構造の変化、価値観・就業意識の多様化で非正規雇用（派遣）労働者が急増する状況に対し、「労働基準法」でカバーしきれない「派遣労働」に特化して、派遣労働者（通称、派遣スタッフ）の保護と雇用の安定化を図るため、派遣元会社や派遣先企業が守るべきルールを定めた法律である。

■派遣労働の定義

　労働者が人材派遣会社（派遣元）と雇用契約を結んだうえで、実際に働く会社（派遣先）に派遣され、派遣先の指揮命令を受けて働く複雑な働き方である（派遣元が賃金を含む労働契約上の義務を負うが、実際に

図表3-3-2 ● 派遣労働の雇用形態

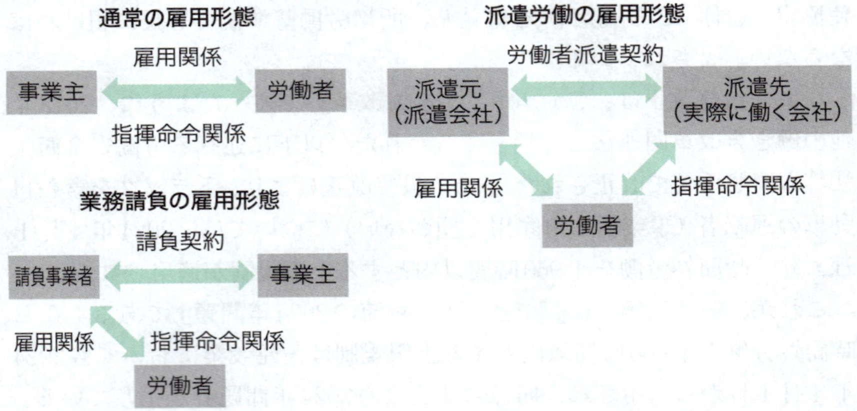

図表３－３－３ ●業務別の派遣受け入れ期間の制限

	業務の種類	派遣受け入れ期間
1	２～７以外の業務	最長３年まで
2	ソフトウェア開発等の政令で定める業務（いわゆる「２６業務」）	制限なし
3	３年以内の有期プロジェクト	制限なし
4	日数限定業務（所定労働日数半分以下、かつ１０日以内）	制限なし
5	産休・育児休業の穴埋め	制限なし
6	介護休業の穴埋め	制限なし
7	製造業務	条件つきで最長３年間

労働に従事させるにあたっての義務は、派遣先が負う）。→図表３－３－
２・３

2010年には、日雇派遣の原則禁止をはじめとした事業規制の強化や、待遇の改善、違法派遣に対する迅速・的確な対処などの改正が行われた。

2018年の「働き方改革関連法」の成立により、以下のとおり改正された。

■2018年以降の労働者派遣法改正の要点

１．正式な法律名ならびに法律の目的の変更

「労働者派遣事業の適正な運営の確保及び派遣労働者の就業条件の整備等に関する法律」から「労働者派遣事業の適正な運営の確保及び派遣労働者の保護等に関する法律」に改正され、法律の目的にも、派遣労働者の保護のための法律であることが明記された。

「働き方改革関連法」に基づく労働者派遣法の改正については段階的に行われたので、代表的な改正点と改正時期を掲げる。

２．2020年４月改正の要点

① 同一労働同一賃金の実施にあたり、「派遣先均等・均衡方式」または「労使協定方式」により賃金を決定することを派遣会社に義務づけ

② 派遣労働者の待遇に関する説明を義務化

３．2021年１月改正の要点

① 労働者派遣契約書のデジタル記録を許可
② 派遣会社が実施する教育訓練とキャリア・コンサルティングに関する説明を義務化
③ 派遣労働者からの苦情に派遣先企業も主体的に対応すべきであると明記
④ 派遣会社が条件づき日雇い派遣の適切な雇用管理をすべきことを

Column ちょっとご注意

《偽装請負》

物流業界で問題視されている偽装請負とは、荷主企業と物流業との間で行っている物流センター業務などの請負契約が、労働者派遣法に抵触していることを指す。具体的には、たとえば、荷主の社員がその業務を請け負っている物流企業の社員に直接的に指揮・命令した場合は、偽装請負とみなされる可能性がある。偽装請負とみなされると、物流企業は労働者派遣法ならびに職業安定法違反として処罰される可能性がある。

偽装請負ではない「請負業務」とみなされるには、以下の要件が必要である。
○自己の事業として独立処理されていること
 1）経理上　①自己責任による資金の調達・支弁
 2）法律上　①民法、商法、労働基準法、労働安全衛生法、その他法律上の事業主責任の遂行
 3）業務上　①機械、設備、機材、材料等の自己調達により業務が行われている
　　　　　　　荷主の機械等を無償使用するのではなく、少なくとも賃貸借契約等により物流事業者が費用を負担していること（たとえば、フォークリフト・パレット・ラックなど）
　　　　　　②専門的な企画、技術、経験により自己の独立した業務の遂行が為されている。単に肉体労働の提供ではない。

○補足

上記要件が労働者派遣法の適用を免れるために故意に偽装されたものである場合は、労働者派遣事業者であることを免れない（労働者派遣法告示第37号第3条）。また、形式的請負であっても実態のないものは、労働者供給事業を行う者とする（職業安定法施行規則第4条第2項）。

第3節 ● 物流活動にかかわる各種法律の基礎知識

明確化

４．2021年４月改正の要点

①　雇用安定措置において、派遣労働者から希望を聞くことを派遣会社に義務づけ

②　派遣会社に情報提供が義務づけられているすべての情報を、インターネットで提供することを原則化

③　社会福祉施設と僻地への看護師の日雇い派遣を解禁

■労働者派遣法の今後

　労働者派遣法は、今後も社会状況や課題に対応して改正されることが想定される。労働者派遣法違反を避けるため、また派遣労働者を適法に保護するためにも、派遣労働者を受け入れる物流企業は労働者派遣法を正しく理解し遵守することが求められる。

（3）パートタイム・有期雇用労働法 (1993年法律第76号　最終改正 2021年)

　パートタイム・有期雇用労働法の正式な法律名は、「短時間労働者及び有期雇用労働者の雇用管理の改善等に関する法律」である。

　働き方改革で掲げられた「同一企業内における正社員と非正規社員（パートタイム労働者・有期雇用労働者）の間の不合理な待遇差の禁止（同一労働同一賃金）」「労働者に対する待遇に関する説明義務の強化」等を実現するために、2018年「働き方改革関連法」により改正され、2021年から施行された。

■パートタイム労働者と有期雇用労働者

　「パートタイム労働者」とは、１週間の所定労働時間が、同一の事業主に雇用される「通常の労働者」の１週間の所定労働時間に比べて短い労働者であり、「有期雇用労働者」とは、事業主と期間の定めのある労働契約を締結している労働者である。

　なお、「通常の労働者」とは、社会通念に従い、比較の時点で当該事業主において「通常」と判断される労働者をいう。具体的には、いわゆる

157

正規型の労働者および事業主と期間の定めのない労働契約を締結している**フルタイム労働者**（無期雇用フルタイム労働者）をいう。

なお、「パートタイム労働者」に該当するか否かは、当該労働者と同種の業務に従事する「通常の労働者」と比較して判断することになる。

■パートタイム・有期雇用労働法の要点

① 　パートタイム・有期雇用労働者に対する労働条件の文書による明示・説明義務

・雇入れの際、全11項目の労働条件を文書などで明示（→第2章第1節**2**(4)①を参照）

・雇入れの際、雇用管理の改善措置の内容を説明

・当該労働者から求めがあった際は、通常の労働者との待遇の相違の内容・理由や待遇の決定にあたって考慮した事項を説明

・当該労働者からの相談に対応するための体制

② **均等・均衡待遇**の確保の推進

・パートタイム・有期雇用労働者のあらゆる待遇について、不合理な待遇差を禁止（**同一労働同一賃金**）　→図表3-3-4

・正社員と同視すべきパートタイム・有期雇用労働者は、すべての待遇について差別的取り扱いを禁止

・賃金や教育訓練は、パートタイム・有期雇用労働者の職務の内容、職務の内容・配置の変更、成果、意欲、能力、経験などを勘案して決定・実施

・職務の内容が通常の労働者と同じ場合は、職務の遂行に必要な能力を付与する教育訓練を通常の労働者と同様に実施

・福利厚生施設（給食施設、休憩室、更衣室）の利用の機会付与

■通常の労働者への転換の推進

パートタイム・有期雇用労働法第13条では、「事業主は、通常の労働者への転換を推進するため、その雇用するパートタイム・有期雇用労働者について、次のいずれかの措置を講じなければならない」と定められている。

第3節 物流活動にかかわる各種法律の基礎知識

図表3-3-4 ●「同一労働同一賃金ガイドライン」の概要

「同一労働同一賃金ガイドライン」の概要
（短時間・有期雇用労働者及び派遣労働者に対する不合理な待遇の禁止等に関する指針）

このガイドライン（指針）は、正社員（無期雇用フルタイム労働者）と非正規雇用労働者（パートタイム労働者・有期雇用労働者・派遣労働者）との間で、待遇差が存在する場合に、いかなる待遇差が不合理なものであり、いかなる待遇差が不合理なものでないのか、原則となる考え方及び具体例を示したものです。原則となる考え方が示されていない待遇や具体例に該当しない場合については、各社の労使で個別具体の事情に応じて議論していくことが望まれます。
基本給、昇給、賞与、各種手当といった賃金にとどまらず、教育訓練や福利厚生等についても記載しています。

（詳しくはこちら）https://www.mhlw.go.jp/stf/seisakunitsuite/bunya/0000190591.html

基本給
労働者の「①能力又は経験に応じて」、「②業績又は成果に応じて」、「③勤続年数に応じて」支給する場合は、①、②、③に応じた部分について、同一であれば同一の支給を求め、一定の違いがあった場合には、その相違に応じた支給を求めている。

正社員とパートタイム労働者・有期雇用労働者の賃金の決定基準・ルールに違いがあるときは、「将来の役割期待が異なるため」という主観的・抽象的説明では足りず、賃金の決定基準・ルールの違いについて、職務内容、職務内容・配置の変更範囲、その他の事情の客観的・具体的な実態に照らして不合理なものであってはならない。

役職手当等
労働者の役職の内容に対して支給するものについては、正社員と同一の役職に就くパートタイム労働者・有期雇用労働者には、同一の支給をしなければならない。
また、役職の内容に一定の違いがある場合においては、その相違に応じた支給をしなければならない。
※ 同様の手当…特殊作業手当（同一の危険度又は作業環境の場合）
特殊勤務手当（同一の勤務形態の場合）
精皆勤手当（同一の業務内容の場合） 等

家族手当・住宅手当等
家族手当、住宅手当等はガイドラインには示されていないが、均衡・均等待遇の対象となっており、各社の労使で個別具体の事情に応じて議論していくことが望まれる。

通勤手当等
パートタイム労働者・有期雇用労働者には正社員と同一の支給をしなければならない。
※ 同様の手当…単身赴任手当（同一の支給要件を満たす場合）等

賞与
会社の業績等への労働者の貢献に応じて支給するものについては、正社員と同一の貢献であるパートタイム労働者・有期雇用労働者には、貢献に応じた部分につき、同一の支給をしなければならない。また、貢献に一定の違いがある場合においては、その相違に応じた支給をしなければならない。

時間外手当等
正社員と同一の時間外、休日、深夜労働を行ったパートタイム労働者・有期雇用労働者には、同一の割増率等で支給をしなければならない。

※待遇差が不合理か否かは、最終的に司法において判断されることにご留意ください。

出所：厚生労働省「パートタイム・有期雇用労働法のあらましパンフレット」2023年

① 通常の労働者を募集する場合、その募集内容をすでに雇っているパートタイム・有期雇用労働者に周知する

② 通常の労働者のポストを社内公募する場合、すでに雇っているパートタイム・有期雇用労働者にも応募する機会を与える

③ パートタイム・有期雇用労働者が通常の労働者へ転換するための試験制度を設ける

④ その他通常の労働者への転換を推進するための措置を講ずる

物流センターなど物流業の事業所では、正規社員（フルタイム労働者）以下、さまざまな雇用区分（パートタイム・有期雇用労働者など）の従業員が働いている。パートタイム・有期雇用労働法には労働基準法と同様に、罰則規定があるので、正しく理解し遵法する必要がある。

（4）労働安全衛生法（1972年法律第57号　最終改正2018年）

労働安全衛生法は、労働災害の防止と快適な作業環境の確保を図ることを目的に、「労働基準法」の労働安全衛生部分が独立する形で制定された法律である。全産業の安全・衛生を対象としているので、法の適用範囲は広く、業種や規模により措置すべき内容や、行政官庁への報告・届出・申請などが定められ、事業者に対して広範な予防措置を要求している。なお、2018年の「働き方改革関連法」による改正では、①労働時間の状況の把握、②面接指導、③産業医・産業保健機能の強化、などが盛り込まれた（法令の説明は割愛する）。

同法には、罰則規定が設けられて厳正に適用されるうえ、法改正を伴わない政省令・規則等の改定が頻繁に行われるので、常に最新の内容をチェックして遵守することが不可欠である。

物流では、重量物・危険物の取り扱いが多く、保管荷役、フォークリフト業務やトラック運転業務などでは、常に事故と隣り合わせである。

トラック運送（陸上貨物運送事業）における荷役作業の安全対策については、第2章第3節**1**（2）を参照。

（5）労働契約法（2007年法律第128号　最終改正2018年）

　労働契約法では、労働契約の締結、労働条件の変更、解雇等についての基本的なルールが定められており、荷主・物流企業を問わず遵法が求められている。

　2007年の制定後、有期労働契約の雇止めなどに対する不安を解消し、働く人が安心して働き続けることができるようにするため、2012年に雇止め法理に関する規定が、2013年4月1日には無期転換制度などの有期労働契約の適正な利用のための規定が、それぞれ施行された。

　なお、「期間の定めのあることによる不合理な労働条件の禁止」に関する規定は、2021年以降、中小企業も含めて適用がなくなり、前記（3）のパートタイム・有期雇用労働法が適用されている。

　労働契約法で注意しなければならないのは、以下の3点である。

　なお、労働契約法には罰則規定がないので、労働者から労働契約法違反として地位確認・損害賠償等を訴えられた場合には、裁判などで争うことになる。

①　無期転換ルール（第18条）

　労働契約法では、以下の3要件をすべて満たす場合に、契約社員・パートタイム労働者・アルバイトなどの有期社員（契約期間が決まっている社員）との期間の定めのある労働契約が無期労働契約（期間の定めのない労働契約）になる。

　○有期の労働契約が通算5年を超えること
　○契約の更新回数が1回以上であること
　○労働者から無期労働契約とする申し込みがされたこと

②　雇止め法理による規制（第19条）

　「雇止め」とは、契約社員などとの間の有期労働契約において、契約期間の満了時に契約更新がされず労働契約を終了することをいう。

　労働契約法では、労働者を保護する目的で、以下の2つの要件のうち、いずれかに該当する場合、「一定の不合理な場合には雇止めを認めない」と法制化された。

第3章 ● 物流政策と関連法制度

　　○過去に反復更新された有期労働契約で、その雇止めが無期労働契約
　　　の解雇と社会通念上同視できると認められるもの
　　○労働者において、有期労働契約の契約期間の満了時にその有期労働
　　　契約が更新されるものと期待することについて合理的な理由がある
　　　と認められるもの

③　安全配慮義務（第5条）

　労働契約法では、「使用者は、労働契約に伴い、労働者がその生命、身
体等の安全を確保しつつ労働することができるよう、必要な配慮をする
ものとする」と定められており、「安全配慮義務」といわれている。

　安全配慮義務の範囲は広く、従業員の労働環境から勤務状況、健康に
関することまで配慮しなければならない。また、自社の従業員だけでな
く、派遣労働者や業務で事業所にいる他企業従業員の安全にも配慮しな
ければならない。

　また、労働安全衛生法第3条第1項では、事業者（企業）は労働災害
防止の最低基準を確保するだけでなく、快適な職場環境の実現と労働条
件の改善を通じて労働者の安全と健康を確保しなければならないと定め
ている。

　安全配慮義務を果たすための対策としては、
　　○（メンタルヘルスやハラスメントを含めて）従業員の健康管理を行う
　　○安全衛生管理体制や防災体制を整備する
　　○労働時間を適正に管理する
　　○快適な職場環境を整える
などが挙げられる。

（6）労働・社会保険関係法規の改正

　労働関係法規も道路交通法などと同様に、頻繁に改正されるので、常
に注意が必要である。2024年における労働・社会保険関係の法改正は、
以下のとおりである。

①　労働基準法施行規則および職業安定法施行規則（2024年4月1日施

行）

労働条件明示のルールが改正された（採用時にあたって、以下を明示することを義務づける）。

- 就業場所および従事すべき業務の変更の範囲
- 更新上限の有無および内容
- 無期転換申込権が発生する更新のタイミングごとに、無期転換を申し込むことができる旨
- 無期転換申込権が発生する更新のタイミングごとに、無期転換後の労働条件

「就業場所」を明示することは、企業理由による転勤を制限することになる。ハローワークの「求人票」等にも明示が必要となるので、職業安定法施行規則も改定された。

② **フリーランス保護新法**（2024年11月1日までに施行）

フリーランスである個人事業主に対して、契約内容の明示等を義務づける。

物流関連では、個人の「貨物軽自動車運送事業者」に対しても、業務請負について契約内容の明示等が必要となる。

③ **厚生年金保険法・健康保険法改正**（2024年10月1日施行）

51人以上の事業所でパートタイム等の短時間労働者が社会保険の適用対象になり、各保険料の会社負担に短時間労働者分が新たに加わり人件費増となる。

雇用保険法についても2024年5月の法改正で、2028年から雇用保険の対象を1週間の労働時間が「10時間以上」（現行は20時間以上）の短時間労働者まで拡大することとなった。雇用保険料は全額会社負担であり、短時間労働者の多い企業では人件費増となる。

（7）下請代金支払遅延等防止法（1956年法律第120号　最終改正2003年）

下請取引の公正化と下請事業者の利益保護を目的に、独占禁止法の特

別法として制定され、通称「下請法」といわれている。親事業者の優越的地位の濫用禁止を明文化し、効果的かつ迅速に保護を図ろうとするねらいがある。

■対象取引

下請法では、「物品の製造委託や修理委託」に加え、「役務提供委託（運送、倉庫保管等）」「情報成果物作成委託（プログラム等）」も下請取引の対象とされている。具体例として、貨物自動車運送事業者が請け負った貨物運送のうち、一部の経路運送を他の貨物自動車運送事業者に委託する場合（いわゆる「傭車」）、また貨物運送にあわせて、請け負った梱包を梱包業者に委託する場合などが該当する。倉庫業者が寄託を受けた貨物の保管を他の倉庫業者に委託する「再寄託」も該当する。

■親事業者・下請事業者の定義　→図表３-３-５

図表３-３-５●下請法適用　資本金区分

■親事業者の義務と遵守事項

下請取引を行う際、４つの義務と11の禁止事項を徹底しないと、社名公表を伴う勧告や罰金・返金命令が科せられ、企業イメージを低下させることになる。日常の取引を適切に執行し、違反することがないよう注意を払う必要がある。→図表３-３-６

■「下請代金支払遅延等防止法に関する運用基準」の改正

中小事業者の取引条件の改善を図る観点から、下請法・独占禁止法の一層の運用強化に向けた取り組みを進めることとし、その取り組みの一環として、2016年に「下請代金支払遅延等防止法に関する運用基準」を改正し、親事業者による違反行為事例等が追加された。

追加事例で物流事業の「役務提供」にかかる内容として、国土交通省

第３節●物流活動にかかわる各種法律の基礎知識

図表３-３-６●親事業者４つの義務と11の禁止事項

４つの義務	①注文書面の交付義務
	②支払い期日を定める義務（受領してから60日以内）
	③書類の作成・保存義務（２年間）
	④遅延利息（年14.6％）の支払い義務
11の禁止事項	①買い叩きの禁止
	②受領拒否の禁止
	③返品の禁止
	④不当な給付内容の変更・やり直しの禁止
	⑤下請代金減額の禁止
	⑥下請代金の支払い遅延の禁止
	⑦割引困難な手形交付の禁止
	⑧有償支給原材料等の早期決済の禁止
	⑨購入・利用の強制の禁止
	⑩不当な経済上の利益の提供要請の禁止
	⑪報復措置の禁止

から運送事業者の荷待ち時間に関する違反行為事例の追加提案があり、公正取引委員会では、これを受けて、親事業者の都合で積込みまでに下請事業者が長時間待たされたにもかかわらず、何ら親事業者が費用負担をしなかったというものを「不当な給付内容の変更・やり直し」の違反行為事例として追加している。

（8）独占禁止法（物流特殊指定）（2004年指定）

　公正取引委員会は、荷主と物流事業者との取引における優越的地位の濫用行為を効果的に規制する観点から、2004年、「特定荷主が物品の運送又は保管を委託する場合の特定の不公正な取引方法」の指定（物流特殊指定）を行った。

　優越的地位の濫用の対象となる取引については、これまで下請法と同

165

じく資本金の多寡による取引関係のみで定義していたが、2004年に資本金の多寡に関係なく新たに「優越的地位に立つ事業者を特定荷主とし、取引の地位が劣っている事業者を特定物流事業者」として位置づけ、これらの取引も規制対象に追加することとなった。

また、これとあわせて「特定物流事業者が物品の運送または保管を再委託する場合は、再委託をする事業者は特定荷主とみなし、再委託を受ける事業者は特定物流事業者とみなす」こととなった。これにより、たとえば3PL事業者が物流事業者に実運送や保管委託する場合も、この法律の対象となることとなった。

なお、公正取引委員会では、図表3-3-7で示されている特定荷主および特定物流事業者に対する書面調査を、毎年実施して結果を公表している。

図表3-3-7●物流特殊指定の概要

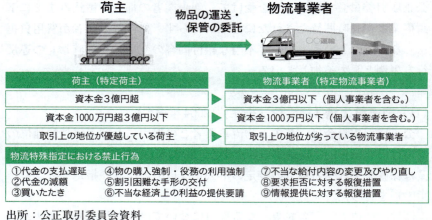

出所：公正取引委員会資料

■禁止行為類型

① **代金支払い遅延**…特定物流事業者の責めに帰すべき理由がないのに、代金をあらかじめ定めた支払い期日の経過後なお支払わないこと

② **代金の減額**…特定物流事業者の責めに帰すべき理由がないのに、あらかじめ定めた代金の額を減じること

③ **著しく低い対価を定める**…特定物流事業者の運送または保管の内容と同種または類似の内容の運送または保管に対し、通常支払われる対価に比して著しく低い代金の額を不当に定めること

④ **物品の強制購入等**…正当な理由がある場合を除き、自己の指定するモノを強制して購入させ、または役務を強制して利用させること

⑤ **割引困難な手形の交付**…代金の支払いにつき、当該代金の支払い期日までに一般の金融機関（預金または貯金の受け入れおよび資金の融通を業とする者をいう）による割引を受けることが困難であると認められる手形を交付することにより、特定物流事業者の利益を不当に害すること

⑥ **経済上の利益提供**…自己のために金銭、役務その他の経済上の利益を提供させることにより、特定物流事業者の利益を不当に害すること

⑦ **やり直しの要請**…特定物流事業者の運送もしくは保管の内容を変更させ、または運送もしくは保管を行った後に運送もしくは保管をやり直させることにより、特定物流事業者の利益を不当に害すること

⑧ **不利益取り扱い**…特定物流事業者が前記①から⑦に掲げる事項の要求を拒否したことを理由として、特定物流事業者に対して、取引の量を減じ、取引を停止し、その他不利益な取り扱いをすること

⑨ **情報提供に対する報復**…特定物流事業者が特定荷主の違反行為について公正取引委員会に知らせ、または知らせようとしたことを理由として、取引の量を減じたり、取引を停止する等の不利益な取り扱いをすること

（9）インボイス制度と物流

① インボイス制度とは

インボイス制度とは、2023年10月1日から開始された複数税率に対応した消費税の仕入税額控除の方式で、正式には「適格請求書等保存方式」という。

消費税については、消費税法（1988年法律第109号　最新改正2023年）で定められており、2023年10月1日以降、消費税の仕入税額控除を受けるためには、一定の要件を満たした適格請求書（インボイス）の発行・保存が要件になった。

インボイス制度が導入される主な目的は、

① 複数税率の消費税額の正確な把握（例：食品は消費税率8％で、それ以外は10％）

② 消費税に関する不正やミスの防止

の2点である。

インボイス制度はすべての事業者（消費税の課税事業者・免税事業者）に影響がある。

課税事業者（買い手）は、売り手から受け取ったインボイスで、消費税の仕入税額を控除できる。→図表3-3-8

ところが、年間売上高1,000万円以下の免税事業者（売り手）はインボイス制度から除外されるので、インボイスを発行することができない。

図表3-3-8●仕入税額控除

出所：国税庁資料

第3節 ● 物流活動にかかわる各種法律の基礎知識

　免税事業者（売り手）から商品・サービスを購入した課税事業者（買い手）は、インボイスがないので仕入税額控除ができない。

　図表のB社は、当社（A社）が課税事業者であれば、売上消費税③の1,800円から、当社のインボイスに記載された②の1,500円を仕入税額控除した300円を消費税として納付する。

　ところが、当社が免税事業者の場合はインボイスがないので、B社は売上消費税③の1,800円を全額負担することになり、1,800円－300円＝1,500円を損してしまう。

　B社がこの損失を防ぐには、インボイスを受け取るために当社以外の課税事業者から仕入れるか、当社からの仕入価格を仕入税額（1,500円）相当分を引き下げる方策を取ることになる。

　つまり、免税事業者としては、取引先を失ったり、納入価格を引き下げられることになりかねない。

　そこで、免税事業者も課税事業者として登録してインボイスを発行する事例も多いが、課税事業者になると消費税の納税義務が生じて、利益が圧迫される。

②　インボイス制度の物流業への影響

　これを物流業、特にトラック運送業に置き換えてみると、免税事業者（運送サービスの売り手）である中小トラック運送事業者や貨物軽自動車運送事業者にも、課税事業者（運送サービスの買い手）である荷主・元請事業者から同様のことが起こりかねない。

　公正取引委員会では、財務省・経済産業省・中小企業庁・国土交通省と連名で、「免税事業者及びその取引先のインボイス制度への対応に関するQ＆A」（2022年）を示している。

　そこには、①取引対価の引き下げ、②取引の停止、③登録事業者となるような慫慂等は、インボイス制度の実施を契機として、免税事業者と取引を行う事業者がその取引条件を見直す場合に、優越的地位の濫用として問題となるおそれがある行為であるかについて、行為類型ごとにその考え方が打ち出されている。

169

第3章 ● 物流政策と関連法制度

　特に、約35万台といわれる貨物軽自動車運送事業は個人事業主が大半
で、免税事業者が多いので、関係行政・荷主・元請事業者には、インボ
イス制度を含めた消費税の適正な運用が求められる。

2　道路交通関連法規

（1）道路交通法（1960年6月25日法律第105号　最終改正2023年）

　道路交通法は、交通事故を防止し、交通の安全と円滑を図ることを目
的に、頻繁に法改正が行われてきた。近年では、罰則強化（過積載・携
帯電話・飲酒運転・暴走族・騒音運転）、違法駐車対策強化に加え、2007
年6月には中型免許制度が開始され、18歳以上で取れる普通免許では最
大積載量4tのトラックが運転できなくなった。しかし、少子化によるド
ライバー不足もあって、2015年6月に改正道路交通法が可決され、「準中
型自動車免許」が新設され2017年から施行された。これによって、18歳
以上で「準中型自動車免許」の取得が可能となり、車両総質量7.5t未満、
最大積載量4.5t未満のトラックを運転することができるようになった。

　道路交通法は、毎年のように頻繁に改正されるので、常に改正状況
（→例として第2章第1節 2 (3) を参照）を把握し、遵守しないと道路
交通法違反として処罰されることになる。たとえば、最近でも①自転車
乗車時のヘルメット着用努力義務、②レベル4の自動運転解禁（特定自
動運行）、自動走行ロボットは「遠隔操作型小型車」に、③電動キックボ
ード（特定小型原付区分の新設）、④自家用車に対するアルコール検知
義務化（2023年12月施行）と、次々と改正されている。

　さらに、2024年4月1日から高速自動車国道における大型貨物自動車
等（大型貨物自動車および特定中型貨物自動車であって、車両を牽引す
るものを除く）の最高速度が、時速80kmから時速90kmに引き上げられ
た。これは、高速自動車国道における運転時間の短縮によるトラックド
ライバーの労働時間削減を目的としている。上記カッコ書きで限定され
ているように、トレーラは従来どおり時速80kmである。

170

第3節 ● 物流活動にかかわる各種法律の基礎知識

　道路交通法では、バス・タクシーを含めたドライバー不足に対応するため、運送業界からの要望に応じて、大型免許・中型免許にオートマチック車限定免許（AT免許）を2026年以降に導入する方針である。

(2) 道路運送車両法（1951年法律第185号　最終改正2023年）

　道路運送車両法は、自動車など道路運送車両に関する「所有権の公証」「安全性の確保および公害防止」「環境保全」「整備技術の向上」等について規定した法律である。近年では、自動車リサイクル促進、リコール制度、不正改造防止などに関連した法改正が行われている。

■道路運送車両の定義（8分類）
　〇自動車（普通・小型・軽・大型特殊・小型特殊）
　〇原動機付自転車（第1種・第2種）…第1種は総排気量50cc以下
　〇軽車両…人力もしくは畜力による人力車、リヤカー、馬車など
■道路運送車両の保安基準
通称「保安基準」と呼ばれており、自動車が「車検」を受ける場合の基準である。
　〇長さ12m、幅2.5m、高さ3.8m以下

Column **ちょっとご注意**

《過積載》
　貨物車両が法律で制限される質量を超えた荷物を積んで走行する過積載は、車両の横転の危険が増し、重大事故の可能性が高まるほか、環境、道路にも悪い影響を与える。そのため、道路交通法、貨物自動車運送事業法の双方に罰則が規定されている。
　罰則は、その車両の運転者、事業者に加え、その荷物の輸送を委託した荷主（元請を含む）も「使用者責任」（第75条）として適用される。荷主に対する罰則は、道路交通法では、違反した荷主に警察署長から「再発防止命令」が出され、さらに違反すると6カ月以下の懲役または10万円以下の罰金が科せられる。詳細については各法律を参照のこと。

○軸重10t、輪荷重5t以下

○最小回転半径12.0m

などが定められている。分割不可能な貨物を輸送するために保安基準の緩和を受けた特殊車両（基準緩和車両）も車検が可能である。

（3）道路法（1952年法律第180号　最終改正2022年）

道路法は、道路網の整備を図るため、路線の指定・認定、整備、管理保全、費用負担等、道路に関する事項を定めた法律である。同法では国道（高速自動車国道および一般国道）のみを国の公物と定義している。

■道路の種類（4種類）

○高速自動車国道…国の公物

○一般国道…国の公物

○都道府県道…都道府県の公物

○市町村道……市町村の公物

図表3-3-9 ● 車両通行　一般的制限値

車両の諸元		一般的制限値
幅		2.5m以下
長さ		12.0m以下（積載物含む）
高さ		3.8m以下（指定道路では4.1m以下） ※荷台高さ＋積載物高さ
重さ	総質量	高速自動車国道、指定道路を走行する場合、車両の長さ軸距に応じて25.0t、その他道路は20.0t以下
	軸重	10.0t以下
	隣接軸重	○隣り合う車軸の軸距が1.8m未満の場合は18.0t以下 ○隣り合う車軸の軸距が1.3m以上1.8m未満かつ、隣り合う車軸の軸重がいずれも9.5t以下の場合は19.0t以下 ○隣り合う車軸の軸距が1.8m以上の場合は20.0t以下
	輪荷重	5.0t以下
最小回転半径		12.0m以内

（4）車両制限令（1961年政令第265号　最終改正2021年）

車両制限令は、道路法に基づき道路の構造を保全し、交通の危険を防止するため、通行できる車両の大きさ・質量等の制限を定めた政令である。道路の種類によって、車両の制限が異なる。まず「一般的制限」があり、これが基本になる。この制限を超える車両は、道路の通行が原則禁止されている。→図表3-3-9

3　運輸・倉庫関連法規

トラック運送事業は、長く事業の免許制と認可運賃制が続いていたが、規制緩和の流れを受けて、従来の道路運送法（現在でもバス・ハイヤー・タクシーに適用されている）から、1990年に「貨物自動車運送事業法」と「貨物運送取扱事業法」（2002年、「貨物利用運送事業法」に変更）に移管され、一定条件下で新規参入を可能とする「許可」・「届出」制となった。

倉庫についても、同様に新規参入や倉庫料金について規制緩和が行わ

Column　　知ってて便利

《大型トラックのスピード事故防止》

　大型トラック（大型貨物車）は車両総質量8ｔまたは最大積載量5ｔ以上と重く、事故発生時の被害は甚大になる。高速自動車国道における大型トラックの事故防止を目的としてスピードリミッター（速度抑制装置）が2003年に義務づけられた。時速90kmを超えると、エンジンへの燃料供給をカットして速度を抑制するものだが、これによって高速自動車国道の大型トラックによる死亡事故は減少している。なお、一般道路で適用可能なこの種のスピードリミッターはない（速度表示灯は1999年に廃止）。

　制限速度を守らせるためには、日ごろからドライバーに注意を喚起するとともに、運行記録でスピードオーバーをチェックするという対策が求められる。

れて、「届出」・「登録」制となった。

（1）貨物自動車運送事業法（1989年法律第83号　最終改正2024年）

　貨物自動車運送事業法は、貨物自動車運送を事業として営む者を対象とした法律である。

　1990年に同時施行された貨物運送取扱事業法（現在では、貨物利用運送事業法）とともに、「物流2法」と呼ばれたが、のちに鉄道事業法を加えて「物流3法」と称されている。

■貨物自動車運送事業の定義

　貨物自動車運送事業法では、貨物自動車運送事業として以下の3事業がある。→図表3-3-10

図表3-3-10●貨物自動車運送事業の種類

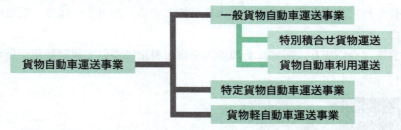

出所：（公社）全日本トラック協会「貨物自動車運送事業法ハンドブック」

① 一般貨物自動車運送事業

　一般貨物自動車運送事業とは、他人の需要に応じ、有償で、自動車（三輪以上の軽自動車および二輪の自動車を除く）を使用して貨物を運送する事業であって、特定貨物自動車運送事業以外のものをいい、2022年度末で5万7,749事業者（特別積合せ貨物運送を除く）である。

　1荷主が1台の車両を貸し切って運送する「貸切輸送」と、複数の荷主が1台の車両に貨物を積み合わせて輸送する「積合せ輸送」がある。積合せ輸送の中で、営業所その他の事業場において集貨された貨

図表3-3-11 ●「一般（積合せ輸送）」と「特別積合せ」の相違

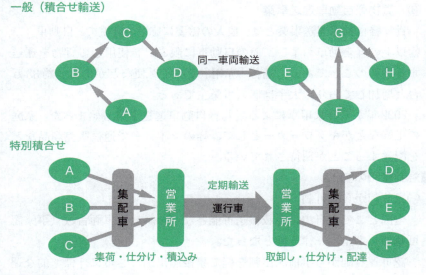

出所：図表3-3-10に同じ

物の仕分けを行い、集貨された貨物を積み合わせて他の事業場に運送し、当該他の事業場において運送された貨物の配達に必要な仕分けを行うものであって、これらの事業場の間における当該積合せ貨物の運送を定期的に行うものを「**特別積合せ貨物運送（旧・路線事業）**」といい、2022年度末で314事業者である。→図表3-3-11

宅配便は、特別積合せ貨物運送のうち、重量30kg以下の一口一個の貨物を特別な名称を付して運送するものをいうほか、幹線輸送に航空機などを利用する「航空宅配便」がある（貨物利用運送事業の1業態）。

トラック輸送される宅配便は、図表3-3-11の「特別積合せ」のネットワークを利用して運ばれている。

② 特定貨物自動車運送事業

特定の単一荷主の需要に応じて、有償で行う貨物運送事業であり、郵便物・鉄鋼・石油・化学品などの専属輸送などがある。2022年度末

で309事業者である。

③　貨物軽自動車運送事業

　貨物軽自動車運送事業とは、他人の需要に応じ、有償で、自動車（三輪以上の軽自動車および二輪の自動車に限る）を使用して貨物を運送する事業のことであり、通称「赤帽」やバイク便などがある。約35万台と増加しており、大半は個人事業主である。

　2022年から軽乗用車による貨物軽自動車運送事業も始まった。家庭の主婦などがギグワーカーとして、軽のマイカーで通信販売商品などを配送することが期待されている。

■規制緩和の変化

○免許制から許可制へ

　全国どこでも自由に混載輸送可能となった。最低車両台数（事業認可基準）も全国一律5両となった。

○認可運賃制から事前届出制を経て事後届出制、さらに「標準的な運賃」へ

　2017年に「標準的な運賃」が告示され、「2024年3月31日」までの告示期限が、2023年の法改正で「当分の間」と延長された。

　貨物自動車運送事業法は、「経済的規制の緩和、社会的規制の強化」を基本理念に、市場競争原理が導入された一方で事業者の増加により過当競争に陥り、安全社会面がなおざりにされる負の側面が現れているのも事実であり、早急な是正が望まれている。

　なお、運行管理者は5両以上30両未満の事業用自動車（運行車および被けん引自動車を除く）の運行を管理する営業所では1人、30両以上の事業用自動車（被けん引自動車を除く）の運行を管理する営業所では、30両増すごとに1人ずつの追加選任が必要である。

　2023年6月に内閣府から「物流革新に向けた政策パッケージ」が公表された（→第2章第1節 **2**（2）③、図表2-1-7を参照）。この物流政策パッケージで示された「規制的措置」を具現化するため、2024年4月23日に改正・可決した貨物自動車運送事業法では、トラック事業者の取

引に対する規制的措置として、以下の内容が定められ。実施にあたっての施行令（政令）は、施行に向けて決定されることになる。

1）元請事業者に対し、実運送事業者の名称等を記載した実運送体制管理簿の作成を義務づけた。

2）運送契約の締結等に際して、提供する役務の内容やその対価（附帯業務料、燃料サーチャージ等を含む）等について記載した書面による交付等を義務づけた[*1]。

3）他の事業者の運送の利用（＝下請けに出す行為）の適正化について努力義務[*2]を課すとともに、一定規模以上の事業者に対し、当該適正化に関する管理規程の作成、責任者の選任を義務づけた。

　＊1・2　下請関係に入る利用運送事業者にも適用。

また、規制的措置ではないが、収受運賃の底上げを図ってドライバーを確保するため、「標準的な運賃」についても、約8％引き上げると同時に、荷役の対価等を加算した新たな運賃が告示され、2024年3月22日告示・施行され届出可能となった。あわせて、標準貨物自動車運送約款も改正・告示され、2024年6月1日から施行された。→第8章第1節 2 (1)、図表8-2-1を参照

さらに、近年における貨物軽自動車運送事業（軽トラック等）における死亡・重傷事故等の増加を踏まえ、貨物軽自動車運送事業者に対して以下のような規制的措置を定め、2025年4月以降の適用とされている。

4）貨物軽自動車運送事業者に対し、①必要な法令等の知識を担保するための管理者選任と講習受講、②国土交通大臣への事故報告、を義務づけた。

Column 知ってて便利

現在でも旧法（道路運送法・通運事業法など）による区分は慣用的に継続して使われている。路線、区域、急便、通運などの呼称は、旧法によるものである。

図表3-3-12 ● 貨物利用運送事業の事業類型

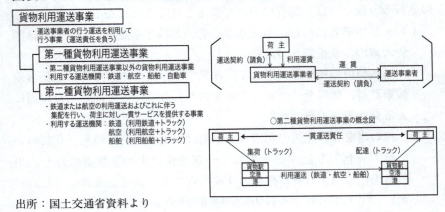

出所:国土交通省資料より

5) 国土交通省ホームページにおける公表対象に、貨物軽自動車運送事業者にかかる事故報告・安全確保命令に関する情報等が追加される。

(2) 貨物利用運送事業法 (1989年法律第82号 最終改正2023年)

輸送機関を利用して貨物を取り扱う事業（フォワーディング）を行うことは、旧法では自動車・鉄道・海上・内航・航空など、それぞれ輸送機関別の事業法で規制され、煩雑であった。1990年の貨物運送取扱事業法で、運送取扱事業（運送取扱、利用運送など）が一本化された。

貨物利用運送事業法（2002年改正。法律名も変更）で、さらに緩和され、規制対象は貨物利用運送事業のみとなった。→図表3-3-12

「貨物利用運送事業」とは、他人（荷主）の需要に応じ、有償で、利用運送（みずからの運送機関を利用し運送を行う者（実運送事業者）の行う運送を利用して貨物を運送すること）を行う事業をいう。

貨物自動車運送事業者を利用運送する事業は、第一種貨物利用運送であり、一般には「傭車」といわれている。貨物軽自動車運送事業者および港湾運送事業者は、ここでいう実運送事業者ではないので、これらの

運送機関を利用して運送する事業は「利用運送」ではない。

図表3-3-12にあるように、荷主に対して一貫した「輸送責任」を負うのが「利用運送」であり、輸送責任を負わない場合は、「取次事業」として法的な規制（許可・届出等の義務）を受けない。したがって、求車求貨システムでも輸送責任を負わずに、実運送事業者を紹介するだけであれば、利用運送には該当しない。

貨物利用運送事業法では、「貨物利用運送事業者」を利用して運送する行為（「利用の利用」という）も認められており、荷主が物流子会社を「貨物利用運送事業者」として、実運送事業者や貨物利用運送事業者を利用運送する例も多い。

■主な改正点（2002年）

　　○第一種貨物利用運送事業の参入規制は、許可制から登録制へ
　　○運賃および料金の規制は、事前届出制から事後届出制へ
　　○第二種貨物利用運送事業に、船舶運航事業者の行う運送を利用する
　　　事業を追加

（3）運輸安全マネジメント評価制度

運輸安全マネジメント制度は、公共交通機関の重大事故やトラブル続出を契機に、2006年に導入された。陸・海・空の運輸事業者に対し、安全に対する経営者の直接関与を促すものであり、安全規制の厳格化として注目されている。

この制度が対象とするのは運輸を行うすべての事業者である。運輸事故の原因の1つであるヒューマンエラーを減少させるためには、運輸事業者が、経営トップから現場まで一丸となって、いわゆる「PDCAサイクル」の考え方を取り入れた形で安全管理体制を構築し、その継続的取り組みを行うことが有効と考え、安全管理の規程に関するガイドラインが制定された。→図表3-3-13

この制度は、輸送手段ごとに、それぞれの事業者に関係する法律にも規定されている。大手事業者については、安全管理規程の作成・届出、

第3章 ●物流政策と関連法制度

図表3-3-13 ● 安全管理規程にかかるガイドライン

ステップ	活動項目
経営トップのリーダーシップ	1．経営トップのコミットメント
	2．経営トップの責務
方針（Plan）	3．安全方針
	4．安全統括管理者
	5．要員の責任・権限
実行（Do）	6．情報伝達およびコミュニケーションの確保
	7．事故等に関する情報の報告
	8．重大な事故等への対応
	9．関係法令等の遵守の確保
	10．安全マネジメント体制を維持するために必要な教育・訓練等
点検（Check）	11．内部監査
改善（Act）	12．見直しと継続的改善
文書管理	13．文書の作成および管理
	14．記録の作成および維持

図表3-3-14 ● 安全管理規程作成届出義務づけ対象事業者

法　律　名	安全管理規程　義務づけ対象事業者
鉄道事業法	すべての鉄道事業者および索道事業者
軌道法	すべての軌道経営者
航空法	客席数30席以上または最大離陸質量15,000kg以上ある航空運送事業者
道路運送法	バス事業者　　　　　　　　　　200両以上 ハイヤー・タクシー事業者　300両以上
貨物自動車運送事業法	貨物自動車運送事業者　　　　300両以上
海上運送法	許可を受け、または届出したすべての事業者
内航海運業法	登録を受けたすべての内航海運業者

　安全統括管理者の選任・届出、活動結果報告書の公表等を義務化している。この制度に基づき、該当する運輸事業者の交通安全を目的として、

運輸管理の充実状況の確認・助言のために、国による立ち入りチェックが規定されている。なお、義務づけ対象以外の事業者も運輸安全マネジメント制度を導入実施しなければならない。→図表3-3-14

（4）倉庫業法（1956年法律第121号　最終改正2023年）

ロジスティクスの進展により、倉庫の利用形態は「長期間保管するた

Column **ちょっとご注意**

《アルコール検知器の義務化（2011年施行　最終改正2023年）》

飲酒運転は重大な死傷事故につながるケースが多く、社会的にも大きな問題になっている。これを受けて、旅客自動車運送事業運輸規則および貨物自動車運送事業輸送安全規則の一部が改正され、酒気を帯びた乗務員を乗務させないために、点呼時に酒気帯びの有無を目視等で確認するほか、アルコール検知器での確認が義務化された。電話点呼の場合には、運転手にアルコール検知器を携行させ、検知結果を報告させる等を行う必要がある。

乗務前日の夜に、深酒した乗務員がアルコール検知器で検知される例も多くある。健康面だけでなく、業務への支障回避のためにも深酒は控えることが必要だ。

なお、乗車定員が11人以上の自家用車1台以上を保持、または自家用車5台以上を保持する企業自家用自動車においても、2023年12月からアルコール検知器が義務化された。

Column **知ってて便利**

《安全性優良事業所》

2003年から、国土交通大臣認定の適正化事業実施機関（（公社）全日本トラック協会）により「安全性優良事業所」認定制度が実施され、優良事業所には安全性の証「Gマーク」が与えられる。事業所単位に3テーマ38項目にわたる厳しい点数審査を経て、80点以上の優良事業者が選ばれ、2023年12月現在で全国2万9,044事業所（事業所全体の33.6%）が安全性優良事業所として認定公表された。

めの拠点」から「消費者への商品取りそろえ＋配送＋流通加工サービス提供の拠点」へと変化してきている。倉庫とは一般には、「モノを保管する施設の総称」であり、経営形態からは、営業倉庫、上屋・保管庫、農業倉庫、協同組合倉庫、自家倉庫に分類される。

営業倉庫とは、倉庫業法第3条に基づいて登録された倉庫であり、寄託貨物を保管する施設である。

上屋・保管庫は、自動車・鉄道・海運・航空の各輸送機関による輸送途上において、一時的に貨物を保管するための施設である。

自家倉庫は、メーカー・卸売業者・輸入商社などが自分の責任で物品を保管する施設で、倉庫業法は適用されない。

なお、物流センター・流通センター・配送センターなどは、流通・物流チャネル上で、それぞれの施設が果たす機能や役割に応じた呼び方である。

倉庫業とは、他人から寄託された物品を営業倉庫で預かり、状態を維持しつつ、責任を持って保管し、その役務に対して報酬を受け取る事業形態である。営業倉庫の場合、倉庫業法に基づく「登録」を受ける必要がある。2002年に以下のとおり規制緩和がなされた。

■主な改正点

　○参入規制は、許可制から登録制へ

　○料金は事前届出制度から事後届出制度へ（設定または変更から30日以内）

　○トランクルーム認定制度の法制化　など

■運用面の義務

（ア）倉庫の施設および設備（第12条）

　営業倉庫については、倉庫業法によって倉庫運営や倉庫設備にかかわる基準等が定められている。同法施行規則第3条に、倉庫の施設および設備の基準に基づき10分類され、それぞれの保管物品も同施行規則別表で定められている。→図表3-3-15

（イ）倉庫管理主任者の設置選任（第11条）

182

第3節 ● 物流活動にかかわる各種法律の基礎知識

図表3-3-15 ● 営業倉庫の種類（10分類）

倉庫の種類	保管物品の例示
1類〜3類倉庫	建物を有し、一般的な貨物を預かるもの （例：日用雑貨品、米、OA機器等）
冷蔵倉庫	10℃以下で保管することに適した貨物 （例：第8類　冷凍食品、冷凍魚、農畜水産物の生鮮品等）
野積倉庫	柵等で囲まれた土地に、雨水で変質しにくい貨物 （例：第4類　鉄鋼等または第5類　木材等）
貯蔵槽倉庫	サイロ等の設備での保管に適した貨物 （例：小麦、雑穀など粉状、または液状の物品）
危険品倉庫	消防法・高圧ガス保安法などの規制を受けているもの （例：石油、ガスなど）
水面倉庫	港湾などの水面を利用して預かるもの （例：原木など）
トランクルーム	一般消費者の物品の寄託により預かるもの （例：家財、衣類等）
特別の倉庫	災害の救助、その他公共の福祉を維持するための物品

図表3-3-16 ● 冷蔵倉庫の登録基準（7区分から10区分へ）

	旧		新	温度帯
10℃	C3		C3	−2℃を超え、+10℃以下のもの
−2℃		−2℃		
	C2		C2	−10℃を超え、−2℃以下のもの
−10℃		−10℃		
	C1		C1	−18℃を超え、−10℃以下のもの
		−18℃		
−20℃			F1	−24℃を超え、−18℃以下のもの
	F1	−24℃		
			F2	−30℃を超え、−24℃以下のもの
−30℃		−30℃		
		−35℃	F3	−35℃を超え、−30℃以下のもの
	F2		SF1	−40℃を超え、−35℃以下のもの
−40℃		−40℃	SF2	−45℃を超え、−40℃以下のもの
		−45℃	SF3	−50℃を超え、−45℃以下のもの
	F3	−50℃		
−50℃				
	F4		SF4	−50℃以下のもの

出所：国土交通省

183

第3章 ● 物流政策と関連法制度

　営業倉庫の火災予防や適切な運営に必要な知識および能力を有する所定の要件を満たした倉庫管理主任者（省令基準で定める）を倉庫ごとに1人選任し、業務を行わせなければならない。

　なお、冷蔵倉庫の区分については、2024年4月1日から図表3-3-16の10区分に細分化された。

（5）消防法（1948年法律第186号　最終改正2022年）

　物流業で大きなリスクの1つは火災である。全国で毎年700～800件も発生している。倉庫や物流センターの火災を防ぐには、日常の防災管理活動が重要である。2002年10月に施行された改正法では、防災設備の設置基準や罰則等が強化された。また、2009年に施行された改正法では、大規模地震等への対策が強化されている。

　近年、化粧品などのスプレー（図表3-3-17の第4類に当たる）による倉庫火災の事例から、危険物の保管について厳正な取り扱いが求めら

図表3-3-17 ● 危険物6分類（消防法別表第一）

類　別	性　質	品　名　（例）
第1類	酸化性固体	塩素酸塩類、過塩素酸塩類等
第2類	可燃性固体	硫化リン、赤リン、硫黄、マグネシウム等
第3類	自然発火性物質および禁水性物質	カリウム、ナトリウム、アルキルアルミ、黄リン等
第4類	引火性液体	特殊引火物（エーテル、二硫化炭素）、第1石油類（アセトン、ガソリン）～第4石油類（ギア油、シリンダ油）、アルコール類、動植物油
第5類	自己反応性物質	有機過酸化物、硝酸エステル、ニトロ化合物等
第6類	酸化性液体	過塩素酸、過酸化水素、硝酸等

指定数量：危険物には、その危険性状に応じて、貯蔵可能な指定数量が定められており（危険物の規制に関する政令別表第三）、当該数量以上の貯蔵および取り扱いは、政令で定められた技術基準を満たし、許可を受けた危険物施設で行わなければならない（法第10条）。ただし、小売店などで殺虫剤のエアゾールなどの危険物を指定数量以上10日以内の期間、在庫する場合は、所轄消防長または消防署長の承認を受ければ認められる（例外規定）。

れており、危険物倉庫の需要が高まっている。
■目的
　火災を予防し、国民の生命・身体および財産を保護するとともに発生被害を軽減、社会公共の福祉の増進を図ること。
■事業者の責務

> **Column** **知ってて便利**
>
> 《危険物輸送》
> 　危険物は消防法別表第一（図表３-３-17）に掲げるもののほかに、広義にとらえると高圧ガス（高圧ガス保安法）、火薬類（火薬類取締法）、毒物および劇物（毒物及び劇物取締法）、核燃料物質・放射性物質（原子力基本法）、有害物質（労働安全衛生生）があり、それぞれカッコ内記載の法律によって規制されている。危険物（広義）の物流は前述の諸法規のほかに、道路法、道路運送車両法、港則法、危険物船舶運送及び貯蔵規則、船舶安全法、航空法などの物流関連法規によっても規制されており、規制対象危険物（広義）の種類なども法律によってまちまちである。たとえば航空輸送では、磁性物質も危険物である。
> 　さらに国際物流に関しては、海上輸送の場合はIMDG Code（国連危険物輸送勧告を受けてIMOが制定した国際海上危険物規則で、日本の危険物船舶運送及び貯蔵規則はこれに準拠）、航空輸送の場合はICAO規則（日本の航空法およびIATA危険物規則はこれに準拠）で規制されているが、加えて各国が固有の規制を設けていることが多い。
> 　標準貨物自動車運送約款における「荷主の危険品申告義務」は、IMDG Codeに準拠した商法改正（2019年）に基づいて追加されたものである。
> 　このように危険物（広義）の物流に対する規制は複雑かつ広範であり、一歩間違うと重大な事故につながるおそれがあるので、事前に専門家によく相談して進めることが望ましい。
> 　＊IMDG Code（International Maritime Dangerous Goods Code＝国際海上危険物規則）
> 　＊IMO（International Maritime Organization＝国際海事機関）
> 　＊ICAO（International Civil Aviation Organization＝国際民間航空機関）
> 　＊IATA（International Air Transport Association＝国際航空運送協会）

（ア）火災の予防（消防法第8条・17条）

　防火対象物について、防火管理者の選任届出（50人以上で1人）、消防計画の作成、消火避難訓練の実施、消防設備の設置・点検整備、建築基準法に基づく確認検査など。

（イ）危険物の貯蔵管理（消防法第10条〜13条）

　指定数量以上（たとえば、ガソリン200ℓ、灯油1,000ℓ）の危険物の製造・貯蔵または取扱所設置時の許可・検査、違反命令・公示・取消・停止、危険物保安監督者（取扱者）の選任届出・講習・解任など。→図表3-3-17

（6）流通業務総合効率化法（流通業務の総合化及び効率化の促進に関する法律）（2005年法律第85号　最終改正2024年）

① 流通業務総合効率化法の概要

　流通業務総合効率化法は、流通業務（輸送、保管、荷さばきおよび流通加工）を一体的に実施するとともに、「輸送網の集約」「モーダルシフト」「輸配送の共同化」等の輸送の合理化により、流通業務の効率化を図る事業に対する計画の認定や支援措置等を定めている。

　国土交通省は、物流分野における労働力不足や荷主や消費者ニーズの高度化・多様化による多頻度小口輸送の進展等に対応するため、同法に基づき、「2以上の者（事業者・法人など）の連携」による流通業務の省力化および物資の流通に伴う環境負荷の低減を図るための物流効率化の取り組みを支援している。

　荷主や物流業者が協力して、物流業務の効率化および省力化に取り組む計画を策定・申請し、国の認定を得られば支援を受けられる。

② 流通業務総合効率化法のメリット

　流通業務総合効率化法により得られるメリットとして、主に以下の2つが挙げられる。

1）補助金を受ける

　法人税などの減税の措置に加え、事業許可に関する配慮や、国による

コストの一部負担などの優遇措置がある。事業内容によって異なるが、国土交通省によれば以下の支援措置が示されている。

1. 事業の立ち上げ・実施の促進
   - 計画策定経費・運行経費の補助
   - 事業開始にあたっての倉庫業、貨物自動車運送事業等の許可等のみなし
2. 必要な施設・設備等への支援
   - 輸送連携型倉庫への税制特例
   - 施設の立地規制に関する配慮
3. 金融支援
   - 信用保険制度の限度額の拡充
   - 長期低利子貸付制度
   - 長期無利子貸付制度
4. (独)鉄道建設・運輸施設整備支援機構（鉄道・運輸機構）による支援
   - 事業実施のための資金の貸し付け等

2）物流の総合化・効率化が実現できる

流通業務総合効率化法の認定を受けるには、物流の総合化・効率化を推進することが要件である。認定後は、計画の推進状況を報告する義務があるので、業務改善などの業務効率化も実現し、省力化・自動化が推進されることが期待できる。

特に、荷主と物流事業者の協力によって、物流の総合化・効率化が一層推進されるようになる。

③ 支援対象となる事業の例　→図表3-3-18

1）モーダルシフト推進事業

トラックから鉄道・船舶も活用した効率的な輸送手段の選択を推進することで、より少ない人員での大量輸送を実現できる。また、鉄道・船舶はトラックに比べて輸送原単位当たりのCO_2排出量が少ないので、環境負荷を軽減するうえでも有効である。

図表3−3−18 ●流通業務総合効率化法の概要

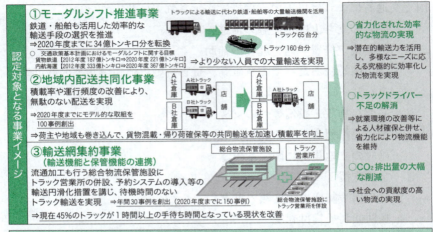

出所：国土交通省

貨物駅・港湾まではトラック輸送となるので、複数の輸送機関を利用することになり、「2以上の者（法人格）の連携」という認定条件が必然的に満たされることになる。

2）地域内配送共同化事業

積載率や運行頻度の改善により、ムダのない配送が実現できる。倉庫やトラックを複数の企業で共同利用することにより、輸配送が効率化され、CO_2排出量の低減にも役立つ。荷主や地域を巻き込むことで、より大きな効果が期待できる。

3）輸送網集約事業（輸送機能と保管機能の連携）

流通加工も行う総合物流保管施設にトラック営業所の併設、トラック予約受付システムの導入等の輸送円滑化措置を講じ、待機時間のないトラック輸送を実現する。

荷主の施設内にトラック営業所を併設すれば、営業所〜荷主施設の空車回送が削減できる。

第3節 ●物流活動にかかわる各種法律の基礎知識

④　**流通業務総合効率化法の認定基準**

〔施設整備を伴うもの〕

1．計画が基本方針に照らして適切なものであること

輸配送・保管・流通加工・モーダルシフト化等を総合的に実施し、効率化を図るものか

環境負荷削減は図られるか

2．計画が流通業務総合効率化事業を確実に遂行できること

資金調達、関連法令の許可の見通し等がついているか

3．特定流通業務施設については、その立地・規模・構造・設備が省令に適合すること（営業倉庫の場合）

地区要件：高速IC・鉄道駅・港湾・空港等から5km以内

規模要件：普通倉庫（平屋1,500m^{2}以上、多階3,000m^{2}以上）

冷蔵倉庫（3,000m^{3}以上）

トラック予約受付システム等の設備を有するもの

4．各事業法が定める許可・登録基準に適合すること

なお、認定事業の開始後は実施状況の報告義務が発生する。

3年間は毎事業年度終了後3カ月以内に報告する必要があり、無報告や虚偽の報告を行った場合は罰則規定もある。

⑤　**流通業務総合効率化法の認定状況**

2023年5月現在で375件が認定されており、国土交通省ホームページで公表されているので、認定申請するときの参考にされたい。→図表3－3－19

物流政策パッケージ（→第2章第1節**2** **(2)**）で示された「規制的措置」を具現化するため、貨物自動車運送事業法（→本節**3** **(1)**）と同時に2024年4月23日に改正・可決した流通業務総合効率化法（法律の名称を「物流総合効率化法」から変更）では、荷主・物流事業者に対する規制的措置として、以下の内容が定められた。実施にあたっての**特定事業者**（荷主・物流事業者）の基準など施行令（政令）は、施行に向けて決定されることになる。

189

図表3-3-19 ●流通業務総合効率化法の認定事例

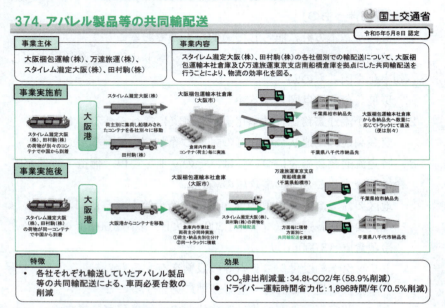

出所：国土交通省「流通業務総合効率化法の認定状況」

1）①荷主（発荷主・着荷主）、②物流事業者*（トラック、鉄道、港湾運送、航空運送、倉庫）に対し、物流効率化のために取り組むべき措置について努力義務を課し、当該措置について国が判断基準を策定する。

　＊元請トラック事業者、利用運送事業者には荷主に協力する努力義務を課す。また、フランチャイズチェーンの本部にも荷主に準ずる義務を課す

2）前記①、②の者の取り組み状況について、国が当該判断基準に基づき指導・助言、調査・公表を実施する。

3）一定規模以上の事業者を特定事業者として指定し、中長期計画の作成や定期報告等を義務づけ、中長期計画に基づく取り組みの実施状況が不十分な場合、勧告・命令を実施する。

4）特定事業者のうち荷主には物流統括管理者の選任を義務づける。

第3節 ● 物流活動にかかわる各種法律の基礎知識

さらに、予算措置の根拠として、鉄道建設・運輸機構の業務に、同法で認定を受けた「流通業務総合効率化事業」の実施に必要な資金の出資が追加された。

4 環境等関連法規

環境に関する法整備は古くから取り組まれている。わが国は1960年代ごろから多くの公害問題に直面し、それぞれに対策が打たれ、規制強化がなされていった。1967年には公害対策基本法として、典型7公害（大気、水、地盤沈下、土壌汚染、騒音、振動、悪臭）を規定し、これに対するさまざまな対応措置が制定された。これらと並行して技術革新も目覚しく進んだため、産業公害は徐々に沈静化していった。

しかしながら、1990年前後から、新たな環境問題が意識されるようになった。

○通常の社会経済活動による環境への負荷の増大

○地球的規模で対処すべき問題の顕在化

○身近の自然の現象

これらの問題は、一国だけではなく世界的な広がりを持っており、グローバルでの対処が要求される。そこで政府は1993年、公害対策基本法を発展させ、環境基本法として政策の基本方向を示した。→図表3-3-20

物流は、自動車・鉄道・船舶・航空機・フォークリフトなど多数の輸送機器を活用して化石燃料を大量に消費し、また使用済み包装資材の廃棄など、大量の環境負荷物質を排出する活動でもある。特にトンキロベースで貨物輸送の過半を占めるトラックは、公共の資産である道路を使用するため、交通事故・騒音・排気ガス問題など、道路沿い住民からの公害訴訟に発展したケースもあった。21世紀に入り、地球規模での環境問題が深刻に憂慮されるようになってきており、物流活動が引き起こす環境問題を正しく認識し、環境負荷の少ない物流を推進する必要がある。→前掲図表2-2-1

191

図表3-3-20 ●物流に関する環境基本法

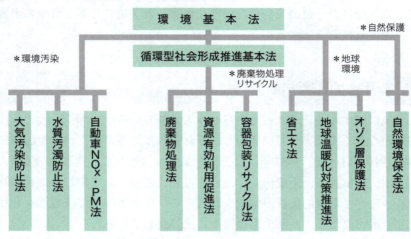

出所：畠山武道ほか『環境法入門』2007年、31頁に加筆

（1）地球温暖化対策関連法規（エネルギーの使用の合理化等に関する法律）

　荷主企業と物流事業者には、互いに連携して、地球温暖化対策のための物流を実現することが求められている。輸送分野の「エネルギーの使用の合理化等に関する法律（省エネルギー法）」は、貨物輸送事業者だけではなく、事業者に輸送を委託する製造業や通信販売業などのいわゆる「荷主」も対象とする、省エネ／低炭素化を目的とする法律であり、2006年4月に施行された。輸送分野の省エネルギー法は、その後2018年と2023年に大きな改正が行われ、現在に至っている。

　2018年12月の改正では、荷主の定義が見直され、従来の「みずからの所有権のある貨物を運送事業者に輸送させるもの」から「貨物の所有権を問わず契約等で輸送の方法等を決定するもの」に拡大された。これは、EC（Electronic Commerce＝電子商取引）の進展による宅配便の利用件数の増大を受けたものである。2023年4月の改正では、これまでの化石エネルギーの使用の合理化から、非化石エネルギーも含めた全エネルギ

図表 3 - 3 -21 ●特定貨物輸送事業者および特定荷主の基準

	輸送機関	基　準	貨　物	旅　客	
特定貨物輸送事業者	鉄道	車両数	300両	300両	
	自動車	台　数	200台	バス	200台
				タクシー	350台
	海運	総船腹量	2万総t	2万総t	
	航空	総最大離陸質量	9,000t		
特定荷主	年間3,000万トンキロ以上の貨物輸送を有し、貨物の所有権を問わず契約等で輸送の方法等を決定するもの				

ーの使用の合理化、ならびに非化石エネルギーへの転換が求められるとともに、電気の需要の最適化が促される法律に変わった。

③　特定貨物輸送事業者と特定荷主

　輸送分野の省エネルギーは、すべての貨物輸送事業者、ならびにすべての荷主企業が行うことが求められているが、一定規模以上の「**特定貨物輸送事業者**」と「**特定荷主**」には、中長期の計画策定と結果報告が義務づけられ、取り組みが不十分な場合は、段階的に、勧告・公表・命令・罰金（100万円以下）の法的措置が適用される。→図表 3 - 3 -21

（2）自動車から排出される窒素酸化物及び粒子状物質の特定地域における総量の削減等に関する特別措置法（自動車NOx・PM法：2001年6月27日法律第73号）

　ディーゼル車が排出する汚染物質は、二酸化炭素（CO_2）、一酸化炭素（CO）、炭化水素（HC）、窒素酸化物（NOx）、粒子状物質（PM **Key Word**）

Key Word

PM（Particulate Matter）──粒径マイクロメートル単位の粒子状物質。そのうち粒径10マイクロメートル以下のものを特にSPM（Suspended PM＝浮遊粒子状物質）という。ディーゼル車の排出ガスに含まれるPMは、軽油の不完全燃焼が発生原因といわれている。

等である。特にNOxとPMは、呼吸器系刺激ガスであり、肺や気管に沈着し健康障害を誘発し、発がん性との関連も指摘される有害物質である。

　自動車排出ガスによる大気汚染問題は1970年代に取り上げられ、1992年に自動車NOx法が制定された。しかしながら、自動車の交通量の増大等により対策の目標としたNOxの削減が困難である一方、PMによる大気汚染も大都市地域を中心に環境基準の達成状況が低いレベルが続いていたため、2001年6月に自動車NOx法の改正法として自動車NOx・PM法が成立、同法に基づき2002年には新規・移転・継続登録をさせない車種規制が導入された。

　2000年12月には東京都が、環境確保の基本事項を定めた条例「環境確保条例」を制定した（のちに1都3県の条例に拡大後、「9都県市あおぞらネットワーク」へ発展）。東京都はさらに2003年10月に、PMの削減対策として「ディーゼル車の運行制限（運行規制）を開始した。その後、国は2005年に道路運送車両保安基準に基づく新車の登録規制（単体規制）が強化され、乗用車・トラック・バスの排出ガス基準を世界一厳しい規制（新長期規制と呼ばれている）とした。

　しかしながら、大都市地域内の一部の地区においては、自動車交通の集中等により、大気環境の改善が阻害されており、大気環境基準が達成されていない状況にある。このような地区における大気汚染の一因として、対策地域の外から対策地域の中に流入する自動車からの影響が指摘されていることから、2008年に同法が一部改正され（改正NOx・PM法）、局地汚染対策および流入車対策（運行規制）が加わった。

　さらに2016年7月、車両総重量が3.5tを超えるディーゼル重量車などの排出ガス規制を強化された。排出ガス中に含まれる窒素酸化物（NOx）に対する規制について、従来と比較して約4割低い水準に引き下げる規制強化が行われた。2018年には自動車の排出ガスの測定方法が変わり、世界統一試験サイクルWLTC（Worldwide Harmonized Light Vehicles Test Cycle）が導入された。WLTCは、実際の運転状況に基づいて燃費や排出ガスを測定する国際的な試験サイクルであり、これによってより

現実的な評価が行われるようになった。
（出所：環境省ホームページ「WLTCの国内導入について」
https://www.env.go.jp/council/07air-noise/y072-53/mat%2002.pdf/
02%20資料53-2.pdf）

（3）廃棄物問題対策関連法規

廃棄物問題対策関連法規では、大量生産・消費・廃棄型の経済社会の反省から、2000年に「循環型社会形成推進基本法」が制定された。廃棄物削減・資源の有効再活用のために、3R優先（①ゴミを出さない（リデュース）、②再使用する（リユース）、③資源として再利用する（リサイクル））の方針が打ち出された。同時に「廃棄物処理法」「資源有効利

図表3-3-22 ● 資源循環型社会形成のための法体系

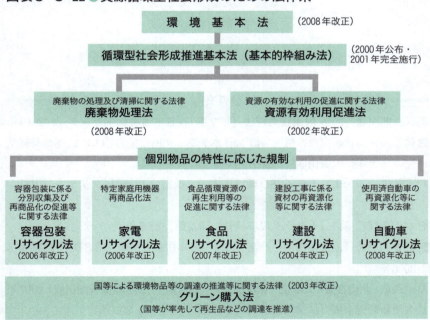

出所：消費者庁

用促進法」「グリーン購入法」「建設リサイクル法」「食品リサイクル法」なども一括で制定され、「家電リサイクル法」を含めて、資源の循環的な利用が行われる社会形成への法的枠組みが整備された。このため2000年は循環型社会形成元年と呼ばれている。→図表3-3-22

参考文献

英保次郎編著『図解 廃棄物処理法〔第7版〕』日本環境衛生センター、2019年

運輸業経営実務研究会監修・（社）全日本トラック協会協力『Q&A 運輸業経営マニュアル』大成出版社、2001年

鈴木敏央『新・よくわかるISO環境法2023〔改訂第18版〕』ダイヤモンド社、2023年

日本創造経営協会『トラック環境経営』同友館、2005年

野尻俊明編著『流通関係法－商流・物流の基本法規と解説〔第3版〕』白桃書房、2006年

畠山武道・北山喜宣・大塚直『環境法入門〔第3版〕』日本経済新聞出版、2007年

法令用語研究会編『法律用語辞典〔第5版〕』有斐閣、2020年

真島良雄『〈実践＋総合〉物流実務の基礎知識』流通研究社、2004年

第3章 理解度チェック

次の設問に、○×で解答しなさい（解答・解説は後段参照）。

1　総合物流施策大綱（2021年度〜2025年度）の目標には、グローバル・サプライチェーンを支える効率的物流の実現、環境負荷の少ない物流の実現等、および安全・確実な物流の確保等の3つがある。

2　物流センターの責任者は、業務請負の委託先の社員が手待ち状態の場合、センター内の整理整頓をするよう指示できる。

3　自動車の車両総質量は道路運送車両法の保安基準にて定められている。

4　フォワーディング業務はモード（輸送機関）別の利用運送事業法の中で規定されている。

第3章 理解度チェック

解答・解説

1 ×
総合物流施策大綱（2021年度〜2025年度）では、今後の物流が目指すべき方向性を①物流DXや物流標準化の推進によるサプライチェーン全体の徹底した最適化（「簡素で滑らかな物流」の実現）、②労働力不足対策と物流構造改革の推進（「担い手にやさしい物流」の実現）、③強靭で持続可能な物流ネットワークの構築（「強くてしなやかな物流」の実現）の3つの観点とし、関連する施策を強力に推進していくとしている。

2 ×
請負業務の場合は、委託先の従業員に直接指示できないので、委託先の管理者を通じて指示しなければならない。

3 ○
道路運送車両法では車両寸法により、軽・小型・普通と区分され、登録、自動車検査などはこれに基づいている。道路交通法では車両質量により普通・大型に区分され、運転免許証、交通取り締まりなどはこれに基づき実施されている。道路運送車両法の保全基準では、道路保全の観点から、細かく質量が制限されている。

4 ×
従来はモード（輸送機関）別に規定されてきた利用運送事業は、1990年に合理化・簡素化の方向で一元化された。

第2部

物流サービスと
物流システムの内容

第 **4** 章

物流サービス管理

この章のねらい

　第4章では、物流サービスとその管理の概要を学習する。

　第1節では、物流サービスについて学ぶ。これは、物流が単にモノ（商品や物資）を届けるだけではなく、物流サービスとして、受注から納品までの短いリードタイム、小分け納品への対応、時間指定への対応などを顧客に提供している。

　物流サービスの提供にあたっては、物流サービスの提供前に、サービスレベルを設定しておく必要がある。そして、設定したレベルの物流サービスを確実に行うことで、物流品質を高めることができる。

　第2節では、物流サービスを管理するための手順を示す。そして、物流サービス水準の設定方法と、物流品質（サービスレベルが守られているか否か）の評価について学ぶ。

　第3節では、物流サービスの重要な要素となる物流品質の管理を、総合的品質管理（TQC）の視点から学ぶ。

第4章 ● 物流サービス管理

第 **1** 節 | # 物流サービスの基礎知識

学習のポイント

◆企業は、モノ（有形財としての、商品や物資）とともに、サービス（無形財としての、輸送・保管の提供や、時間指定など）を顧客に提供している。特に、輸送や保管の際に提供する、時間指定や温度管理などのサービスは売上げを増加させる手段でもある。

◆物流にかかわるサービスを提供するには、コストが発生する。このため、売上げや利益の増加のためには、提供する物流サービスの内容を適切に設定する必要がある。

◆物流は顧客との接点となることが多く、提供する物流サービスは多様なものとなる。そのため、物流サービスを適切に管理することが顧客満足を高めるために重要である。

1 顧客満足と物流サービス

（1）サービスの定義

サービスという用語にはさまざまな意味があるため、最初に整理しておくこととする。

第1のサービスは、「無形財としてのサービス」であり、輸送や保管などの物流活動も含む概念である。一般の商取引には、「所有権が移転する商品（有形財）の売買」と、「移転しないサービス（無形財）の売買」があるとされる。たとえば、コンビニエンスストアでおにぎり（有形財）を買うと、おにぎりの所有権が購入者に移転し、購入者はそのおにぎり

202

第1節 ● 物流サービスの基礎知識

を食べることができる。一方で、輸送や保管などは、理容・美容でのカットや病院での治療などと同じように、サービス（無形財）とされている。宅配便（無形財）では配送料金を支払うが、宅配便の中身（物品）の所有権が配送事業者に移転することはない。

　第2のサービスは、「輸送や保管にまつわる条件としてのサービス」である。たとえば、温度管理をしながら輸送することや、指定時刻に間に合うように輸送することは、「物流サービスがよい」とか、「サービスレベルが高い」などということになる。

　多くの場合、上記の2つのサービスを総称して、物流サービスということが多い。

（2）顧客満足

　顧客満足の向上は企業の売上げ増加に貢献するため、多くの企業では「顧客満足の向上」を経営目標の1つに掲げている。

　顧客満足を向上させるためには、顧客の欲しているモノ（商品や物資）を、顧客の希望する場所に、希望する日時に、希望する状態（汚損も破損もない状態）で、届けなければならない。よって、物流サービスとは、「輸送や保管などの物流活動により、顧客が希望する商品や物資を、顧客の希望する場所、日時、適切な状態を維持して届けること」ということになる。

　また、顧客は、適正（5適＝5Rの1つ→第1章第1節 2 (1)）と判断する価格内で製品や商品が提供されることを望んでいる。しかし、この価格は、メーカーや卸・小売業が、製品や商品そのものの原価、販売にかかる各種経費、利益などを勘案して決めている。そして一般的には、製品や商品の価格には、原材料の調達時や販売時における物流コストが含まれている。もしも、顧客の望む物流サービスを際限なく提供すれば、コストの上昇に伴って販売価格も高くなり、顧客が購入しない可能性が高まる。

　よって、顧客が適正と判断する価格で製品や商品を提供できるように、

203

第4章●物流サービス管理

適切な物流サービスを設定しながら、企業全体でコスト低減に努める必要がある。

（3）顧客サービスと物流サービス

顧客サービスには、物流サービスと物流以外のサービスがある。

物流サービスとは、荷主が顧客に提供するサービスのうち物流活動にかかわるものである。たとえば、迅速性（短いリードタイム、短い納期など）や正確性（低い誤配率、少ないピッキングミスなど）などであり、顧客のニーズに対応するものである。したがって物流サービスは、顧客サービスの一部である。そして物流サービスは、その提供に要するコストが顧客サービス全体のコストに占める割合も高いという特徴がある。そのため物流サービスは、顧客サービスの中でも重要と考えられている。

物流以外のサービスには、過去の購入履歴の照会や製品アドバイス、営業の各種提案、故障時の修理や保守などがある。

なお、物流サービスは、物流事業者の業務という意味でも用いられることもあるが、本テキストでは、特に断りがない場合、荷主が顧客に提供する物流サービスについて述べる。

（4）顧客サービスと利益

一般に、サービスには無料のものと有料のものがあるとされる。無料のサービスには、「サービス精神や接客態度」「価格割引やおまけ」などがある。一方、有料のサービスには、「旅館・ホテルや理美容」「輸送や保管」などがある。さらに、輸送・保管での「温度管理」や「速達」などの付加されたサービスの提供には、追加料金が必要となる。

このように、物流サービスは、タダ（無料）ではない。そして、高いレベルのサービスほどコストがかかる。たとえば、「すぐに」といわれて少量ずつ運べばコストはかさむ。また、決められた時間どおりに運ぶために、トラックが店舗や物流センターの近隣で待機している間もコストはかかる。

第1節 ● 物流サービスの基礎知識

その一方で、サービスレベルが低いと顧客は競合他社に流れてしまい、売上げが減少する。

よって、高いレベルのサービスにより得られる売上げの増加と、支払うコストを比べて、より多くの利益が得られるように物流サービスの内容を決める必要がある。これを、「物流サービスレベルに応じた売上げと物流コストの**トレードオフ**」という。→第8章第4節

2　物流サービスの内容

物流サービスの代表的なものを、受注と納品に分けてみると、次のようなものがある。→図表4-1-1

物流サービスの内容は、業種や企業によって多様である。たとえば、受注生産品であれば、注文時に納入予定日を教えてもらえるか、その納入予定日は守られるか、量や納期の注文への対応力があるかなども、サービスレベルを判断する重要な要素になる。また、工事用資材であれば、クレーン付きトラックの手配、夜間納品への対応などが求められる。さらに卸売業であれば、バラ納品、値札貼りなどの流通加工業務への対応力が、サービスを判断するための重要な要素となる。

ここで注意すべきは、第1に、物流サービスが顧客との取引において重要な条件であるにもかかわらず、特に取引担当者と物流担当者が異なる場合に、物流の事情で取引条件を変えられないことがあるという点である。第2に、物流サービスレベルの低下が物流活動に起因するものではないことがあるという点である。たとえば、「注文したものが正しく納品されているか」を例にとれば、物流作業上のミスにより物流サービスが低下することもあるが、そもそも工場で予定どおり作られていなければ、あるいは購買部門が生産に必要な原材料を仕入れていなければ、商品は欠品となり納品率が低下してしまう。

以上のように、物流サービスの低下が取引や生産に起因しているとしても、顧客はその問題を納品時に知るために、物流の問題ととらえがち

205

第4章●物流サービス管理

図表4-1-1 ●物流サービスの内容とサービスレベルの例

	サービスレベル	高い ←→	低い
受注	最低注文ロット数	少ない	多い
	利便性	使いやすい	使いにくい
	受発注条件	緩やか	厳しい
	問い合わせ回答時間	短い	長い
納品	リードタイム	短い	長い
	時間指定	あり	なし
	納期	守られている	守られていない
	数量・品質・時間	正確	不正確
	付帯作業	対応可能	対応不可能

である。しかし、これを逆にとらえれば、物流の現場が取引や生産など他部門の問題を明らかにする場と考えることもできる。よって、物流サービスを管理するためには、物流サービスの品質を把握し、問題が発生したときに、その問題が社内のどの部門に起因しているかを調査することが重要である。

3　物流サービスの管理の検討項目

（1）提供している物流サービスの明確化

　物流サービスの管理の検討項目は、提供している物流サービスの明確化、物流サービスレベル（明確な基準で取り決めたサービス内容）の設定、指標による物流サービスの管理、の3つである。

　第1は、提供している物流サービスの明確化である。物流サービスは、先述したように、取引条件として明示すべきものである。しかし、物流サービスの内容が明確には定められていないケースは多い。その理由としては、たとえば、業界の慣行や、荷主企業間または荷主企業と物流事業者間における長期にわたる取引の力関係、あるいは前任者が引き受けてしまったからといった経緯などがある。

　この結果、どの顧客に対してどの程度の時間指定を行っているのか、

どの顧客がどのようなイレギュラーなサービスを要求しているのかなどを調べようとしても、ドライバーや作業担当者に個別に聞かないとわからないことも多い。

　したがって、物流サービスにかかわる問題を探し出して、物流サービスを的確に管理するためには、物流部門だけでなく、社内のさまざまな部門も含めて、物流サービスの実態を明確にする必要がある。

（2）物流サービスレベルの設定

　第2は、物流サービスレベルの設定である。この場合、提供しようとしている物流サービスレベルが実施可能かを自社で検討し、これに基づき顧客との間で物流サービスを取引条件として合意することである。

　それと同様に、現在顧客に提供しているサービスが妥当なレベルであるか否か、そのサービスレベルはコストに見合うか否か、などを検討することも必要である。

　そして、顧客との間で決定されたサービスレベルについては、契約書で明文化することが重要である。

（3）指標による管理

　第3は、物流サービスの実態を数値化し、指標を用いて管理することである。実際の業務において、設定したサービスレベルを満たしているか否かを判断し、かつ必要に応じて改善を図るためには、実態を数値化することが有効である。→本章第3節

　経営学者として著名なピーター・ドラッカーは、「If you can't measure it, you can't manage it（測れないものは管理できない）」といっている。

第4章 ● 物流サービス管理

第 2 節
物流サービスの管理の手順

学習のポイント

◆物流サービスは、競合他社が提供する物流サービスと比較しながら決定されることが多い。

◆物流サービスを管理するためには、物流サービスレベルを決めることが必要になる。そして、その物流サービスレベルを守ることができれば、物流品質が高いということになる。

1 物流サービスの調査

（1）自社の実態調査

　自社の物流サービスの実態（提供している物流サービスの種類と内容、およびサービスレベル）を、正確に把握している荷主企業は少ない。たとえば、物流サービスの1つとして受注締め時刻を採用し、その時刻を定めたとしても、それを守らない注文も受けていることは多い。また、輸送の時間指定や車種指定などについて、繰り返し受注している顧客については、物流現場の担当者の頭の中に記録されているだけのことも多い。さらには、注文頻度の少ない顧客については、サービスレベルを伝票に注記として記入するのみで、社内で情報を共有できていない場合もある。

　物流品質についても、社内で十分に把握されていないという実態は同様である。たとえば、品切れのものは情報システム上で受注できないしくみもある。また、納品ミスを伝票に上書きして訂正することで、納品

ミスが発生しても、後日、情報システムで確認できない例もある。

　物流サービスについては、その実態を的確に把握でき、かつ担当者間での情報共有が可能なようにする必要がある。すなわち、単に情報システム上のデータだけではなく、物流現場のそれぞれの担当者に、顧客別に要求されている物流サービスの内容とレベルを明示してもらう必要がある。そして、取引条件として定めた物流サービスが実施できているか否かを調べることで、物流品質のよしあしを明らかにすることができる。

（2）競合他社の調査

　顧客の望むとおりに、物流サービスを高いサービスレベル（例：翌日配送）で提供すると、多大なコストがかかる。しかしながら、コスト削減のみを重視してサービスレベル（例：翌々日配送）を下げれば、顧客は競合他社を選択しかねない。もしも、高いサービスレベル（例：翌日配送）を約束しておきながらも、確実に実行できなければ、「物流サービスレベルは高いが、物流品質は低い」ということになる。逆に、低いサービスレベル（例：翌々日配送）であっても、常に守れる状態であれば、「物流サービスレベルは低いが、物流品質は高い」ということになる。

　提供する物流サービスレベルは、競合他社が提供する物流サービスレベルとの比較において決まることが多い。顧客がモノ（商品や物資）を購入するとき、そのモノ自体の価値とともに、物流サービスも考慮される。たとえば、類似商品であれば、価格が少し高くても、すぐに配送してもらえる（高いサービスレベルの）商品が選ばれる可能性が高い。このように、競合他社が類似したモノを提供している場合には、物流サービスを比較しながら、自社が提供する物流サービスレベルを定める必要がある。

　なお、競合他社の物流サービスの種類と内容、サービレベルを調べる方法の１つに、顧客への調査（社外調査）がある。具体的には、営業担当者が顧客から実態を聞く方法（随時情報収集法）、自社名で顧客に調査用紙を配布して記入を依頼する方法（調査票記入法）、専門の調査会社

に依頼して自社名を明かさず客観的に調べる方法などがある。

（3）競合他社との比較

　調査の際には、競合他社が提供している物流サービスとそのレベルを、自社の提供している物流サービスの実態と比較することが重要である。

　このとき、物流サービスの実態として、提供しているサービスの種類と内容、そのサービスレベルの3つが、どのように異なるのかを比較する。

2　現状分析

　競合他社が提供する物流サービスレベルは、自社が提供する物流サービスレベルを決める目安にはなるが、必ずしも同じサービスレベルで物流サービスを提供する必要はない。

　高水準の物流サービスを提供すると、売上げが増加する可能性がある一方で、物流コストも増加する。物流コストは、物量の多い企業ほど単位当たりで低くなる傾向がある。したがって、物量の多い競合他社が行っている物流サービスであっても、物量の少ない自社が行うとコスト増となって経営を圧迫する危険もある。

　ゆえに、サービスレベルを向上するためには、どの程度のコストがかかるのか、そのレベルで物流サービスを提供することにより利益がどの程度増加する可能性があるのかを分析する必要がある。その分析結果が、物流サービスレベルの設定時の検討材料となる。

3　物流サービスレベルの設定

　物流サービスレベルの設定は、物流部門にとっては物流システム構築の際の前提条件となる。なぜならば、翌日納品というサービスレベルを決めた場合、翌日納品を可能とする物流システムを構築する必要があるからである。

その一方で、過剰な物流サービスレベルを是正することにより、物流コストを削減することもできる。物流サービスレベルの是正は、物流部門のみの判断で決定することはできない。というのは、物流サービスレベルは顧客との取引条件であるとともに、自社の重要な経営判断事項でもある顧客満足に影響するからである。

このように、物流サービスレベルを設定ないし是正をする場合には、物流サービスレベルを変更することにより期待される売上げの増減と物流コストの増減を推計し、複数の部門間での調整をしながら合意する必要がある。

また、設定した物流サービスレベルは、顧客に提示し、取引条件として合意を得る必要がある。このとき顧客に提示する物流サービスレベルは、物流に直接かかわるリードタイムなどとともに、受注作業から、納品作業まで、幅広くカバーすることが重要である。→図表4-2-1

なお、取引条件には物流サービスレベルだけでなく、本章第3節で述べる納品率などの物流品質に関する項目が規定されることもある。この

図表4-2-1 ●物流サービスレベルの具体例

物流サービス項目（例）	具体例
受注手段	EOSのみ（電話、ファックスは不可）、EOSと電話とファックスの組み合わせなど
受注締め時刻	電話受注は午前11時、EOSは午後1時
納入リードタイム	ABランク品は翌日配送、Cランク品は翌々日配送
最低受注ロット数	20ケース以上
受注単位	ケース単位のみ
納品形態	パレットの場合は11型パレットのみ
付帯作業	軒先渡しのみ。ソーター投入、棚入れは行わない
時間指定対応	午前、午後の2区分のみ
緊急出荷対応	受け付けない
流通加工	シール貼り、専用納品伝票は対応しない
返品	誤配、破損によるモノのみ受け付ける

第4章 ● 物流サービス管理

ため、取引条件として取り決められた物流サービスを維持するためには、物流システムの改善が必要になることもある。

4 評価とフォローアップ

物流サービスを管理するためには、設定した物流サービスレベルが守られているか、その実態を把握し、問題を早期に発見して、改善策を考えてそれを実施する必要がある。

すなわち、物流品質管理のPDCAサイクルとしての、物流サービスの設定ないし計画（Plan）、物流サービスの実施（Do）、物流サービスの品質のチェック（Check）、物流サービスの改善（Act）である。

物流サービスの実態が計画どおりか問題があるかなどについては、実態を数値で把握しながら、設定した物流サービスレベルに照らして判断する。

第3節●物流品質の管理

第 3 節 物流品質の管理

学習のポイント

◆物流品質には、物流機能の品質、貨物品質（荷扱いにかかわる品質）、労働災害（労働者が業務に起因して被る災害）、その他（印象、環境対応など）がある。

◆物流品質は、顧客満足を大きく左右する。そして、品質の管理項目は複数ある。

◆品質上の問題は、発生原因別に明らかにして、その具体的な改善策を考え、実施することにより解決される。

1 物流品質の重要性と内容

（1）物流品質の重要性

　物流品質とは、事前に顧客に対して提示した物流サービスに対する、実際に顧客に提供された物流サービスの水準である。言い換えると、物流の6つの機能（輸送・保管・荷役・包装・流通加工・情報）において、場所・時間・価格・量・質などを、顧客との間の契約で取り決めた取引条件を維持することである。取引条件が守られて顧客ニーズに合っていれば、「物流品質が高い」と表現することができる。たとえば、指定時刻での指定された量の納品、破損や汚損のない保管などが、物流品質を高める。さらに広義にとらえると、取引条件には含まれていないものの、モノ（商品や物資）を届けるドライバーの身だしなみなども、物流品質に含まれることになる。

　物流品質は、顧客に提供する物流サービスレベルを維持できるか否か

213

という点で、物流サービスの一部である。たとえば、顧客が頼んだモノが正確に届かなければ、自社の売上げが減少するだけでなく、顧客に損失をもたらす可能性がある。たとえば、顧客が流通業であれば販売機会損失を招き、顧客がメーカーであれば製造ラインの停止を招く。

物流品質は、指定時刻の納品率、誤配率、欠品率など、定量的に把握できるものもあれば、身だしなみなど定量的には把握できないものもある。定量的に把握できるものについては、コンピュータや管理表などを活用しながら、実態を把握して改善を行う必要がある。

物流品質において重要なことは、物流業務に従事する全員に物流品質の重要性を認識してもらうことである。たとえば、実績の報告とその改善指導や、現場改善活動と位置づけて重要性の認識と自主的な改善を促すことは効果がある。また、委託先の物流事業者に対しては、定期的に会合を持ち実態を報告したり、また物流品質のよい事業者への表彰などを通じて、改善へのモチベーションを向上させることが効果的である。

（2）物流品質の内容

代表的な物流品質には、納期、正確性、貨物品質、事故防止、印象、環境対応がある。

① 納期

納期とは、顧客と約束した納期を守ることである。注文時に取り決めた納期を守ることは取引上重要なことである。納期に関する代表的な指標として、納期遵守率がある。

納期遵守率は、取引条件で定められた納期を守ることができているか否かを示すものであり、基本的には「出荷件数（出荷個数）のうち、納期を遵守できた出荷件数（出荷個数）の比率」で求めることができる。なお、納期遵守率の計算にあたっては、件数や個数などの指標を用いることが多いが、この件数や個数の扱いは、業界や企業によって異なることも多い。

納期を遵守できない要因には、受注や生産の遅れもあるため、納期遵

守率の改善には、納期遅れの実態を原因別に調べ解決することが重要である。

　　　納期遵守率＝納期遵守件（個）数÷出荷件（個）数

② 正確性

　正確性とは、配送先ミス、中身違い、伝票記載ミスなどがないことである。正確性に関する代表的な指標として、納品率がある。

　納品率は、受注した際の取引条件で正確に納品できているか否かを示すものである。基本的には「受注点数（件数、個数）のうち、納品できた点数（件数、個数）の比率」で求めることができる。ここでいう点数は、ケース受注ならケース数となる。流通業では、アイテム数を基準として納品率を測る企業もある。このように、納品率の計算にあたっても、業界や企業によって異なることが多い。

　納品率の低下は、納期遵守率と同様に、受注ミス（受発注作業）、ピッキングミス（倉庫内作業）、積込みや荷卸し時のミス（配送作業）など、企業内のさまざまな部門でのトラブルに起因して発生する。また、物流品質（輸送、保管など）だけでなく、貨物品質（荷扱い）によって返品が起きれば、納品率も低下する。このため、原因を明らかにするとともに、原因を引き起こした活動や作業を改善することにより、納品率が向上する。

　　　納品率＝納品点数÷受注点数

③ 貨物品質

　貨物品質とは、荷扱いの品質のことである。貨物品質が低いと、企業にさまざまな損失を与える。たとえば、倉庫内での保管時の扱いが悪ければ、貨物が劣化することがある。奥にあるモノ（商品や物資）をピッキングしようとして手前の貨物の上に足を載せれば、踏み台となった貨物に汚損・破損が発生する。雨の日は積込みバースや荷台で濡損が発生する。作業時にうっかり手が滑って、貨物を破損することもある。なお、

汚損や破損、濡損のように、貨物品質に問題が発生することを貨物事故という。

　顧客は、物流現場で考えている以上に、モノ（商品や物資）の汚損・破損・濡損を気にしている。たとえ段ボールで包装されているとしても、汚れた段ボールを受け取らない顧客は多い。特に、消費者が段ボール包装のまま購入するような商品では、汚損した商品は店頭に置いても売れないことがある。

　モノ（商品や物資）の汚損・破損・濡損は、物流センター内で発覚すれば在庫の損失となる。顧客への納品時に発覚すれば、返品・再送という多くのコストが発生する。荷扱いの品質は結果として、納品率低下や納期遅延となって現れる。

　貨物品質は、どこで、どのような状態で、何が劣化・汚損・破損・濡損したのかの実態を常に記録することにより、原因が明らかとなる。そして、原因別に改善対策をとることが、貨物品質の向上につながる。

④　事故防止

　事故防止とは、労働災害、交通事故、作業事故などがないことである。特に労働災害とは、輸送や保管などの作業を行うときに、労働者（トラックドライバー、作業者など）が労務に従事したことよる負傷・疾病・死亡である。さきの貨物事故と労働災害を合わせて、物流における事故という。ただし、貨物事故（品質への影響）にならなくても労働災害が起きることもあれば、逆に貨物事故が起きても労働災害にならないこともある。

　肉体作業を伴う物流では、労働災害が発生する可能性が高い、特に道路貨物運送業は、製造業・建設業と並んで発生率が高い業界である。このような労働災害は企業のCSR（企業の社会的責任）を判断する重要な要素の１つであるため、その低減に努める必要がある。

　労働災害を示す指標には、度数率、強度率がある。

　度数率は、「100万延べ実労働時間当たりの死傷者数の数」である。強度率は、「１千延べ時間当たりの延べ労働損失日数」である。この２つの

第3節 ● 物流品質の管理

指標の一定期間当たりの計算式は、以下のようになる。

度数率＝（労働災害による死傷者数÷延べ実労働時間数）×100万
強度率＝（延べ労働損失日数÷延べ実労働時間数）×1,000

⑤ 印象

　印象とは、トラックドライバーの応対など、顧客に対して与える印象がよいことである。トラックで商品を届けるドライバーは、荷主企業と顧客との接点でもある。トラックドライバーの印象が悪いと、たとえそのドライバーが荷主企業の従業員ではなくても、顧客にとっては荷主企業の印象が悪くなる。このため、トラックドライバーの身だしなみ教育なども、物流品質を向上するために必須となる。シャツがズボンから出ていないかといった身だしなみはもちろんのこと、あいさつの仕方、納品時の手順などをきめ細かく指導することにより、顧客からの印象は大きく向上する。

　トラックドライバーの印象は、顧客へのアンケート調査やヒアリングなどで把握することができる。服装、あいさつなど複数項目について尋

Column　コーヒーブレイク

《貨物と荷物》

　貨物、荷物という用語がある。双方とも物流で取り扱うモノを指す。

　貨物は、物流事業者が荷主から受託して扱うモノをいう。お客様の大切な財貨であるという認識から貨物というのである。同じモノでも、荷主から見ると荷物となり、物流事業者から見ると貨物となるのである。

　また、鉄道ではもともと「旅客が携行するモノ」を荷物（手荷物、小荷物）とし、「荷物以外のモノ」を貨物としていた。

　貨物品質や貨物事故はそれ自体で用語となっているため、荷主であっても荷物品質や荷物事故とはいわないが、ほとんどの場合はどちらの立場でどちらを使うかが判断される。

第4章 ● 物流サービス管理

ね、結果を評価指標として活用できる。

⑥ 環境対応

環境対応とは、排ガス対策や地球温暖化対策、廃棄物削減対策など、地球環境へ貢献することである。

物流は、環境問題とも密接にかかわっている。たとえば、輸送は温室効果ガスを発生させる。また、使用済みの包装資材は廃棄物となる。CSR向上のためには、環境問題に積極的に取り組む必要がある。近年では製品や商品購入の基準の1つとして、環境対応を挙げる顧客が出てきており、その対策のレベルが売上げに影響するようになってきている。

温室効果ガスの排出量は、使用燃料別の消費量から算出することができる。廃棄物も量で把握することができる。これらについては毎年実態を把握し、次年度の目標値を定め、その実現に向けた対策をとることにより管理できる。

2 QC7つ道具

物流における**QC**（Quality Control）**手法**とは、物流現場における品質管理活動において、問題を発見し、原因を追求し、対策を立案して改善するという、管理の定着化を図っていく手法のことである。

QC7つ道具とは、QC手法の中で、使い方が簡単で使用頻度の高い代表的な7つの手法のことである。

物流のサービスや品質の維持・向上のためには、物流現場における管理・改善活動が大切である。その活動を推進するためにはQC手法の活用が有効であり、物流現場に必要とされる基本的なQC手法を理解し習得しておくことが望ましい。

QC7つ道具には、一般的に①グラフ、②パレート図、③特性要因図、④チェックシート、⑤管理図、⑥散布図、⑦ヒストグラム、がある。これらの手法はそれぞれ特徴を持っており、問題に応じて手法を使い分けていくことが必要である。このQC7つ道具は、物流に限らず、開発、製

第3節 ● 物流品質の管理

造、営業、購買などの各部門で活用が可能であり、また業種を問わず幅広く活用できる。この背景には使い方が簡単であるにもかかわらず、問題の95％以上が解決できるといわれている優れた汎用性や有効性がある。

QC手法を習得し活用する際の注意事項としては、第1に、本を読んで理解するだけではなく実際に使用して体験することである。第2に、QC手法の活用による具体的な目標（例：品質の維持・向上、コスト低減、配送体制の確保など）を明確に定めることである。言い換えれば、QC手法を使うことが目的になってはならない。第3に、QC手法を使用した改善活動を実りのあるものにするためには、職場の全員参加による活動にすることである。全員参加型の活動の意義は、メンバー全員の品質意識を向上させることともに、メンバー全員の衆知を結集することで問題の原因を系統的に整理できることである。

以下では、QC7つ道具を説明する。

（1）グラフ

グラフとは、データの全容がひと目でわかるようにデータを図で示したものである。グラフには、棒グラフ、折れ線グラフなどがある。グラフを効果的に活用するには、適したグラフの種類（棒グラフ・折れ線グラフ・円グラフなど）の選定と、目盛りの取り方・表示法が重要である。

なお、物流現場では、クレーム件数、事故件数、誤出荷件数など、グラフ化して管理すべき項目は多いが、グラフによる管理をするために必要なデータの取得と整理が、難しい場合もある。よって、グラフを物流現場で活用するにあたって重要なことは、第1に、品質管理の必要性を認識して必要な管理項目を決定することである。第2に、管理に必要なデータの取得方法を決めておくことである。なぜならば、取得方法が決められていないと、データの取得もれやダブルカウントによってデータの精度が低下し、管理項目の実態を正しく把握できなくなるおそれがあるからである。

図表4-3-1は、誤出荷件数をグラフにした一例である。この例では、

図表4-3-1 ●グラフ（誤出荷件数の月別データの例）

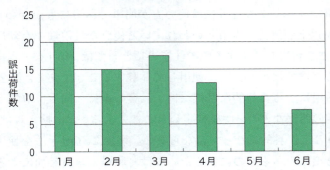

誤出荷件数は低減傾向にあり、望ましい状態にあることがわかる。このようにグラフ化することによって、職場における品質改善活動の改善傾向や目標値に対する達成度が明らかになり、改善活動に前向きに取り組むことができるようになる。グラフは、QC7つ道具の中で最も多く活用されているものであり、物流現場において積極的な活用が望まれる。

（2）パレート図

パレート図は、データを原因別や事象別に分類した図である。パレート図には、2つの表示方法がある。1つは、データの多い項目から少ない項目に降順に整理した棒グラフである。もう1つは、その累積比率を表した折れ線グラフ（パレート曲線ともいう）である。パレート図を用いることで、発生頻度の高い問題の項目を視覚的に把握しやすくなるため、問題解決の的を絞ることを通じて、効率的な改善活動が可能となる。

一般に、累積比率が約80％になるまでの項目を、発生頻度の大きい項目として取り上げて改善を行うことが多い。そして、改善後にもパレート図を作成し、改善の前後で問題の発生頻度がどのように変化したかを確認できれば、改善活動の成果と今後の改善活動の課題を認識できる。

パレート図は、検討すべき重要項目を効率的に絞り込むことで、少ない努力で大きな成果が得られるために、在庫、品質、事故、クレーム問

図表 4-3-2 ● パレート図（物流における配達トラブルとその原因の例）

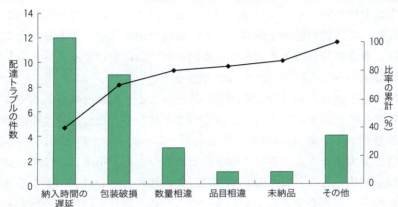

題など物流現場でも幅広く活用できる。図表 4-3-2 は配達トラブルとその原因に関するパレート図の一例であり、この例では納入時間の遅延と包装破損で配達トラブル全体の 7 割を占めていることがわかる。

なお、パレート図はイタリアの経済・社会学者ヴィルフレド・パレートが提唱したパレートの法則に由来している。パレートの法則とは、「80 対 20 の法則」といわれているように、「品質不良の 80％は、20％の原因に起因する」「在庫量の 80％は、20％の商品アイテムが占めている」という意味で使用されている。

また、パレート図による分析は、項目を大きい順に ABC ランクに分けることから、ABC 分析ともいわれているが、物流 ABC（Activity based Costing：活働基準原価計算）との混同を避けるためにも、パレート分析と呼ぶことが望ましい。

（3）特性要因図

特性要因図とは、問題の要因を系統的かつ段階的に整理することで、要因を解明するために作成する図である。

そもそも問題が発生した場合には、その要因を正しく把握し、対策を

講じて要因を取り除く必要がある。しかし、問題の要因を把握することは容易ではない。なぜならば、問題の要因が1つではなく、複数の要因が存在して問題の解明を困難にしている場合があるからである。そこで、問題に影響を与えると考えられる要因を系統的に整理する必要があり、そこで用いられるのが特性要因図である。

特性要因図は、系統的な整理をするからこそ、対象を絞り込みやすく、問題発生の要因を解明するのに役立つことになる。なお、特性要因図は、その形状から「魚の骨」（フィッシュボーン・チャート）とも呼ばれる。

特性要因図による分析で重要なことは5つある。第1に、職場全員の衆知を結集することである。第2に、先入観にとらわれることなく分析対象の現状を調査することである。このため、現地・現物・現状からわかる客観的な事実に基づくことが大切である。第3に、どの要因が問題に大きな影響を及ぼしているかを検討することである。この検討では、4M（Man：人、Machine：機械、Material：材料、Method：方法）の視点が大切である、第4に、問題発生への影響が大きいと思われる要因から改善計画を作成して実行することである。第5に、実行後に改善結果を確かめることによって、問題を解決できたか否かを確認することである。

図表4-3-3は、誤納品に関する特性要因図の一例である。この例で

図表4-3-3●特性要因図（誤納品における特性要因図の活用例）

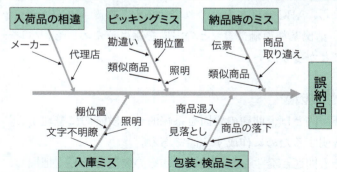

第3節 ● 物流品質の管理

は、誤納品の要因が5系統から成り立っていることがわかり、問題の要因を推定して絞り込むことができる。なお、要因を絞り込むには、カードに1件ずつ書き出して類似したものを集める「KJ法」や、全員で話し合う「ブレーンストーミング法」などが有効である。

（4）チェックシート

チェックシートとは、データの記録や整理を簡単に行うためや、点検・確認項目をもれなく行うためのフォーマット（書式）である。チェックシートは、よく使用されているQC手法の1つであり、使用方法も簡便で責任の所在が明確になることから、大きな効果が期待できる。

チェックシートには2つの種類がある。第1が、欠点数（要求水準に満たないモノの点数）やばらつきを調べるための記録用チェックシートであり、不具合や欠点の発生状況の確認、寸法などのばらつき状況を調査し記録するために用いられる。第2が、点検用チェックシートであり、あらかじめ点検すべき項目や順番が決められた項目を点検・確認するために用いられる。たとえば、事務所や倉庫などの最終退場者が、電源、火気などを確認するときに使用するチェックシートは点検用チェックシートである。

図表4-3-4は、物流における裸製品（包装がされていない製品）の授受管理用の点検用チェックシートの例である。裸製品のキズの発生防

図表4-3-4 ●チェックシート（物流における授受管理の例）

	製品概観	備考	氏名
A　倉庫出発	レ		○○
B　中継拠点着	レ		○○
C　中継拠点発	レ		○○
D　顧客引き渡し	レ		○○

1．問題がなければ製品概観欄に「レ」をチェックする。
2．チェック者はチェック後に氏名を記入する。
3．問題が発見された場合には、責任者に連絡し指示を受ける。

223

止を目的とした点検用チェックシートであるが、これを用いることで作業の責任の所在が明確になり、責任のある作業が行われることでキズの発生が減少する。

(5) 管理図

管理図は、製品や設備などのデータを、時間変化に従ってプロットした図である。この図は、生産現場での生産状態や物流現場での保管状態などが、安定的か否かを判断するために使用される。

管理図に示される管理線には、中心線（CL）、上方管理限界線（UCL）、下方管理限界線（LCL）の3つがある。中心線には一定期間のデータの平均値を用い、両管理限界線には一般的にデータのばらつきである標準偏差の2～3倍を用いる。管理限界線から逸脱しそうな傾向を発見した場合には、是正処置をとり、安定状態に維持していくことが必要となる。

たとえば、製品の加工では、加工寸法のデータをプロットすることによって、加工の状態を管理することができる。また、物流現場では、作業者1人ずつの作業量を管理することによって、作業者の作業上の問題（作業速度など）の有無を把握することができる。

図表4-3-5●管理図（1時間当たりのピッキング件数の例）

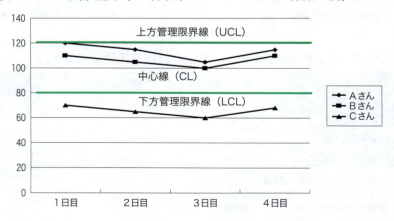

なお、上方と下方の管理境界線の設定方法はいくつかあるが、たとえば図表4-3-5のように、全作業者の平均の20％を管理限界線として管理する簡便な方法も考えられる。管理限界線を下回る作業者については、作業方法の指導を行うことで作業効率を改善することが期待できる。また、管理限界線を上回る作業者については、品質上の問題がないことを確認したうえで、問題がない場合には作業方法を分析して、他の作業者にも習得させて作業効率の向上に活用することができる。

（6）散布図

散布図とは、属性（製品、商品など）のデータ（指標）から2つを取り出し、縦軸と横軸に分けてグラフにプロットした図である。これにより、データの相互の関係が明らかになる。たとえば、横軸の増加に伴って縦軸が増加する場合は「正の相関」、横軸の増加に伴って縦軸が減少する場合は「負の相関」、横軸が増加しても縦軸が変わらないものは「無相関」という。

図表4-3-6●散布図（1ピッキング当たり平均ケース数と出荷頻度）

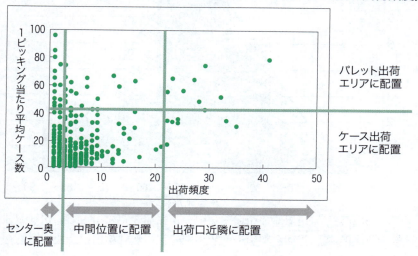

図表4-3-6は、1ピッキング当たり平均ケース数と出荷頻度についてプロットした例である。このように、散布図を作成することで、「仕事量と作業効率」「照明の明るさと仕事の能率」や「職場の経験年数と作業ミス」などの関係の有無を確認することができる。なお、相関関係が高いことで因果関係の存在が推定されることが多いが、一方でたまたま相関関係が高く因果関係を見いだしにくい場合もあるので、注意が必要である。

(7) ヒストグラム

ヒストグラムとは、データのばらつきの分布状態を棒グラフで表したもので、横軸にデータの階級を、縦軸に度数を表したグラフである。度数分布図や柱状グラフということもある。

図表4-3-7は、倉庫における1日当たりの出庫数の例である。また、

図表4-3-7●ヒストグラム（1日当たりの出庫数の例）

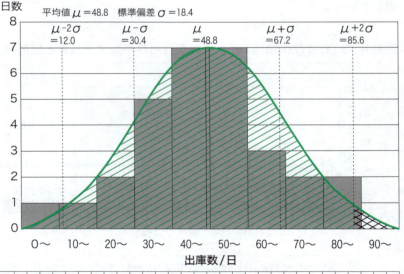

第3節 ● 物流品質の管理

生産現場では加工した製品の特性や寸法などの分布を図示できる。さらに、物流現場では作業生産性の分布などを図示できる。これらをヒストグラムで表すことで、データの分布状況を視覚的に認識・共有することができる。

第4章 理解度チェック

次の設問に、○×で解答しなさい（解答・解説は後段参照）。

1. 物流サービスとは、荷主が顧客に提供するサービスのうち物流活動にかかわるものであるため、顧客の要望をできる限り反映して物流サービスレベルを設定する必要がある。

2. 物流サービスレベルは、物流部門が単独で決定する必要がある。

3. 在庫の欠品は、物流サービスの管理指標上では、納品率の低下となって現れる。

4. 物流における事故とは、貨物の劣化・汚損・破損を指す。

第4章 理解度チェック

解答・解説

1 ×
物流サービスレベルを高く設定することは、売上げが高くなる可能性がある一方で、物流コストも増加するため、適切なレベルに設定する必要がある。よって、物流部門だけで設定することは避けるべきである。

2 ×
物流サービスレベルは、物流部門単独でその水準を決定してはならない。営業、さらには経営層の合意が必要になる。

3 ○
納品率の低下は生産遅延や仕入れ遅延、需要予測の誤りなどにより、そもそも倉庫に在庫がないことによっても発生する。

4 ×
貨物の劣化・汚損・破損は貨物事故であり、物流における事故には、貨物事故と労働災害がある。

参考文献

苦瀬博仁『サプライチェーン・マネジメント概論 − 基礎から学ぶSCM と経営戦略 − 』白桃書房、2017年

細谷克也編、石原勝吉・廣瀬一夫・細谷克也・吉間英宣『やさしいQC七つ道具 − 現場力を伸ばすために』日本規格協会、2009年

山田正美『よくわかるこれからの品質管理』同文舘出版、2004年

第 **5** 章

物流システム管理

この章のねらい

　第5章では、物流システムを管理するために必要となる基礎知識を学習する。

　第1節では、物流の6つの機能を示してから、物流ネットワークを構成する結節点（ノード）、経路（リンク）、輸送機関（モード）の概要を学ぶ。

　第2節では、物流センターや倉庫の業務のプロセスとして、受注・発注・入荷・出荷・輸配送の業務プロセスを学ぶ。

　第3節では、物流システムの代表例として、メーカー、卸売業、小売業、特別積合せ貨物運送業などのシステムを学ぶ。

　第4節では、物流データ分析のうち、輸送と出庫のデータ分析、作業実績のデータ分析を学ぶ。

　第5節では、物流拠点の設定について、近年の動向、物流拠点設定の考え方、拠点立地モデルを学ぶ。

　第6節では、委託先管理の目的と範囲、委託先の選定と契約について学ぶ。

　第7節では、物流効率化の企業の考え方を示した後で、企業が重視している共同輸配送と物流拠点の見直しについて取り上げる。特に、共同配送については、その種類や利点欠点を学ぶ。

　第8節では、国際物流について、貿易取引の特徴、代金決済、船荷証券、貿易のしくみ、荷主と物流事業者の関係などを学ぶ。

第5章●物流システム管理

第 1 節　物流システムの基礎知識

学習のポイント

◆物流システムを管理するために、それを構成する物流機能を理解する。

◆物流ネットワークはノード（結節点）とリンク（輸送経路）から構成される。ノードの種類とその概要、リンクの種類とその特徴、それらをつないだネットワークのタイプを理解する。

◆物流拠点は、狭義には物流センター（DC、TC、SP、DP）を示すが、広義には広域物流拠点（流通業務団地、空港、港湾など）、卸売市場、生産・消費施設内の物流施設を含む。

◆代表的な物流拠点である物流センターと広域物流拠点の特徴を学ぶ。

1　物流システムを構成する物流機能

　物流システムとは、輸送・保管・荷役・包装・流通加工・情報の6つの物流機能を着実に果たすためのしくみである。物流システムは、企業の業種業態や競合各社との競争条件によって異なるが、いずれの物流システムであっても、その目的は効率化による物流コストの削減と、モノ（商品や物資）の付加価値を高めることである。

　物流システムの管理とは、コスト削減と付加価値向上の2つの目的を満たすように、物流システムを維持し改善することである。→図表5-1-1

　しかし、物流システムの構築にあたっては、しばしばトレードオフが生じる。たとえば、物流システムの2つの目的の間でも、頻繁な輸配送

232

図表5-1-1 ●物流システムを構成する物流機能

による「付加価値の向上」は、「コストアップ」を招くことがある。また、個々の物流機能の間でも、輸送回数を減らすことで在庫を増やすことになれば、輸送と保管機能の間でトレードオフが生じる。このため、物流システムの構築にあたっては、個々の物流機能や限定した目的にとらわれることなく、物流全体という視点が重要になる。

物流システムの構築には、物流システムを構成する物流機能を生かしながら、調和を図ることが必要である。全機能が同じ方向を向いて協力するとき、最大の効果が発揮されるので、方向を一致させるには、まず物流システムの目的をはっきりさせることが重要となる。

物流システムは、2つの目的（物流コストの削減、付加価値の向上）のもとで、一般に次のような考え方で構築される。

① 顧客ニーズ（荷主および届け先）が満たされる物流サービスを
② 経営資源（ヒト・モノ・カネ・情報）を合理的にコントロールし、安全に、早く、確実に、かつ低コストで
③ 外部不経済（交通問題や環境問題等）の発生を抑えて提供すること

2　物流ネットワークの概要

（1）物流ネットワーク（ノード・リンク）の概念

物流ネットワークは、物流の結節点（ノード：node）と輸送経路（リンク：link）で構成されている。この物流ネットワークがなければ、物流

図表 5-1-2 ● ノードとリンク

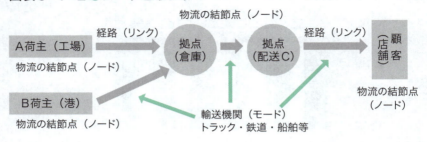

システムは構築できず、物流そのものも成り立たない。

ノードには、工場、倉庫、トラックターミナル、港湾、空港、貨物駅、店舗などがある。リンクは、ノード間を結ぶ道路、鉄道、海路、航空路などである。そして、複数のノードをリンクで結んだものをネットワーク（network）といい、トラックや鉄道、船舶、航空機等の輸送機関（モード：mode）がリンクを利用して貨物を輸送する。→図表5-1-2

（2）物流の結節点（ノード：node）

ノードは、結び目・結節点を意味し、貨物の積み替え場所、保管場所などの総称である。物流の結節点と物流拠点は、対象が少し異なっている。

一般的に、物流拠点という場合には、物流センター（DC、TC、PC、SP、DPなど）、広域物流拠点（流通業務団地、トラックターミナル、港湾、空港など）、卸売市場、生産施設や消費施設での物流用施設など、主に物流に関与する施設を指すことが多い。物流の結節点という場合には、物流拠点に加えて、住宅やオフィスや店舗など、モノの最終消費地点も含むことが多い。

このように、ノード（物流の結節点）には、多様な施設がある。このため、どのような種類のノード（例：物流センター）が自社のロジスティクスにとって必要なのか、その規模や役割は何か、物流拠点がどこに必要なのかを検討することが重要である。本節では、物流拠点という用語は、物流センターや広域物流拠点などを含む広い意味で物流に関与す

る施設と考えることにする。

（3）輸送経路（リンク：link）と輸送機関（モード：mode）

リンクとは、経路・鎖の輪・連鎖などであり、物流の結節点（ノード）間を結ぶ輸送経路である。輸送機関（モード）は、この経路上を移動する。

貨物輸送を行う場合、輸送経路（リンク：道路、鉄道、海路、航空路）や輸送機関（モード：トラック、鉄道、船舶、航空機など）を選択することは、物流の結節点（ノード）の設定と同様に、物流システムの計画段階において重要である。輸送経路・輸送機関とも、それぞれの適性を十分に考慮したうえで、最適な輸送方法を選択する必要がある。

（4）物流ネットワークと商流ネットワーク

ネットワークとは、ノードとリンクをつないだものである。ネットワークというと、電話、ファックス、EDI（Electronic Data Interchange＝電子データ交換）、インターネットなどの情報通信ネットワークが思い浮かぶが、物流ネットワークは、端的にはモノを保管し、輸送するためのネットワークである。

先述のように、物流ネットワークは、結節点（ノード：倉庫、工場、店舗、港湾など）と、輸送経路（リンク：道路、鉄道、海路、航空路など）によって構成されるもので、実際に物流のノード間でモノが流れていく道筋である。

物流ネットワーク以外に、商取引（商流）ネットワークもある。たとえば、商取引に着目して、生産者と卸売業者と小売業者の結びつきを含め、「生産から販売までのネットワーク」というように、業者間での商取引上のネットワークをいい、流通チャネルともいわれる。

なお、商流ネットワークが、卸売業者と小売業者の営業所間で結ばれていたとしても、物流ネットワークとしては倉庫と店舗を結ぶ場合もある。このように、商流ネットワークと物流ネットワークは、ノードとリンクが異なる場合も多い。

図表5-1-3 ● ハブ&スポーク・システム

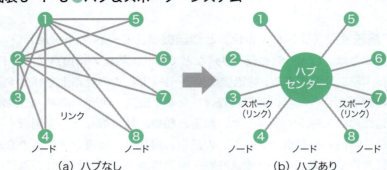

(a) ハブなし　　　　　　　(b) ハブあり

(5) ハブ&スポーク・システム

　ハブ&スポーク・システムとは、物流ネットワークの形状を車輪に見立て、中央にあるハブ（車軸）センターと結ぶ形状である。

　ハブ&スポークのメリットは、リンク数の削減である。たとえば、図表5-1-3の(a)のように拠点が8つある場合、すべてを直接つなげようとするとリンクの数は28も必要になるが、(b)のように真ん中にハブを1カ所設けるだけで、リンクを8つに削減できる。これはすなわち、個々のリンクの積載効率が向上するということでもある。ハブの位置にもよるが、多くの場合ハブ&スポーク・システムを物流に用いれば、多くのノード（結節点）から貨物を集め、多くのノード（結節点）へ配送できるようになる。

　一方で、ハブ&スポークのデメリットは、輸送経路の長距離化である。たとえば、図表5-1-3の(a)において、「①→②」に直送すれば輸送距離は短いが、「①→ハブ→②」と輸送すれば距離は長くなる。

　よって、リンク数の削減に伴う輸送距離の増加というトレードオフが生じることになる。一般には、積載率が高ければ直送、低ければハブ経由を選択することが多い。

第1節 ● 物流システムの基礎知識

3 物流拠点の４つの種類（物流センター、広域物流拠点、卸売市場、生産・消費関連施設）

　物流拠点には、さまざまな種類があり、物流センターは物流拠点の１つである。そして、企業は業態や目的に応じて、使い分けている。

　本テキストでは、先述したように、物流拠点を、①物流センター、②広域物流拠点、③卸売市場、④生産施設や消費施設での物流用施設など、主に物流に関与する施設を指すことにしている。そして、物流センターや広域物流拠点は、物流拠点の一部と考えることにする。なお、物流の結節点（ノード）という場合には、物流拠点に加えて、住宅やオフィス、店舗など、物流施設ではないが、モノの最終到着地点も含むことが多い。

図表５-１-４ ● 物流拠点の種類と分類

①物流センター
　　流通センター（DC：Distribution Center）
　　通過型センター（TC：Transfer Center）
　　流通加工型センター（PC：Process Center）
　　保管型センター（SP：ストックポイント Stock Point、倉庫：Warehouse）
　　配送型センター（DP：デポ Depot、デリバリーポイント Delivery Point）
②広域物流拠点
　　複数企業が集合した広域物流拠点（流通業務団地、卸売団地など）
　　輸送機関での積替拠点
　　　（トラックターミナル、集配センター、港湾・コンテナターミナル、コンテナフレートステーション、インランド・デポ、鉄道貨物駅・オフレールステーション、空港・航空貨物ターミナルなど）
　　その他の広域物流拠点（トランクルーム、廃棄物センター、災害用備蓄倉庫など）
③卸売市場（青果物、水産物、肉類、花き等の卸売のために開設される市場）
　　中央卸売市場（農林水産大臣の認定）
　　地方卸売市場（都道府県知事の認定）
④生産施設・消費施設内の物流用施設
　　工場内（資材センター、中間仕掛センター、製品センター、治具センターなど）
　　メンテナンス用（サービスパーツセンター、修理品センターなど）
　　資機材（書類センター、備品センター、病院内の資機材センターなど）

第5章 ● 物流システム管理

物流拠点の種類は、図表5-1-4のとおりである。ここで紹介する拠点の名称は代表的なものであり、企業によっては異なることに注意を要する。

4　物流センターの種類と役割

（1）DC（ディストリビューション・センター、流通センター）

　DCとは、入荷から出荷までの業務全般を行う施設で、一般的には保管、ピッキング、商品仕分けを中心として、小分けや値札付けなどの流通加工機能、包装機能等のほか、受発注業務機能、返品業務機能などの商流機能を担うこともある。かなり高度なしくみを必要とする。企業によっては、流通センター、商品センター、物流センター、ロジスティクス・センターと呼ぶこともある。

　DCのうち、配送機能に特化したものを配送センターという。配送センターでは多数のサプライヤーから入荷した商品を検品し、納品先ごとに仕分けて配送する。納品頻度や時間指定などの要請から納品先に近い都市内あるいは都市近郊地域に設置されることが多い。

（2）TC（トランスファー・センター、通過型センター）

　TCとは、納品先がすでに決まっている商品を入荷し、そのまま仕分け・配送を行う施設である。日本では荷主となる流通業が以前から利用しているが、近年ではメーカーも直送による在庫削減を目的として設けるケースが増えている。

　TCでは一般に検品や開梱を行うが、入荷した商品を効率的に仕分けし、即座に出荷するクロスドッキング Key Word を行う事例が見られる。

> **Key Word**
>
> クロスドッキング——ASN（Advanced Shipping Notice＝事前出荷情報）に基づき、入荷ドックに到着した荷品を、即座に仕分けて出荷すること。

(3) PC（プロセス・センター、流通加工型センター）

　PCとは、生鮮食品や調理品などを扱い、流通加工や包装を行う施設である。食材のカッティングやパック詰め、飲み物の充填、パンの焼き上げ、さらには総菜の調理などを行うとともに、店舗別仕分けを行う。

(4) SP（ストックポイント、保管型センター）

　SPとは、生産から小売に至る中間段階での商品の一時保管施設であるが、DCより小型の施設を指すことが多い。メーカーで使われる場合には、部品等の在庫を一時的に保管する工場近傍の倉庫（門前倉庫ともいう）を指すこともある。また、長期保管用の倉庫が、SPとして使用されることもある。

(5) DP（デポまたはデリバリーポイント、配送型センター）

　DPとは、百貨店配送や宅配便の配送の拠点など、一般には狭いエリア内を担当する小規模の配送拠点をいうことが多い。担当エリアに配送する商品をまとめて持ち込み、仕分けて配送する。

Column　コーヒーブレイク

《センター》

　センターはその日本語訳が「中心」であるように、倉庫を指すものではない。人やモノが集まったところはセンターと名づけられることが多い。情報を集中して処理するところは情報センターや事務センターと呼ばれる。受注センターは受注を集中して処理するところである。ショッピングセンターは店舗の集積した拠点を指す。

　各所で見られる「○○市流通センター」は、「流通業務市街地の整備に関する法律（流市法）」に基づいて整備された流通業務団地全体を指すことも多い。

第5章 ● 物流システム管理

5 代表的な広域物流拠点

広域物流拠点とは、**流通業務団地**、トラックターミナル、空港、鉄道貨物駅、港湾、インランド・デポ、卸売団地などを示すことが多い。これらの施設は、個々の企業が保有する施設と異なり、国や地方自治体などにより公共部門により整備されることが多い。「自治体が整備した広域物流拠点の中に、民間企業の施設が立地している」というような形態になる。

広域物流拠点の代表的な施設は、以下のとおりである。

（1）流通業務団地

流通業務団地は、物流関連施設が立地する地区であり、地方自治体や（独）都市再生機構等が事業主体となる。流通業務団地は、流通業務市街地の整備に関する法律（流市法）（1966年制定）に基づいており、「流通機能の向上及び道路交通の円滑化を図り、もって都市の機能の維持及び増進に寄与すること」（同法第1条）となっている。

都市計画で流通業務地区が定められると、地区内では土地利用が制限され、トラックターミナル、卸売市場、倉庫などをはじめとする物流関連施設しか立地できない。しかも、基本的に、立地可能な業種は、運輸業、倉庫業、卸売業に限定され、地区内では業種別に立地可能な区域も定められる。

国土交通省のホームページによれば、2022年3月現在、流市法に基づく流通業務地区は27地区が稼働中である。

（2）トラックターミナル

陸運（トラック）の物流拠点で、全国で約1,500カ所あるといわれる。大部分が民間施設であるが、一部に地方自治体出資の第3セクターの施設がある。また、自動車ターミナル法に基づいて設置された一般トラックターミナルは、2023年4月現在、全国に22カ所ある。

長距離輸送（大型トラック）と、地域集配送（小型トラック）の結節点となる物流拠点である。長距離輸送側バース（大型トラック用）と集荷配送側バース（小型トラック用）が設けられ、貨物の仕分け用スペース（ホームともいう）がある。

特別積合せ貨物運送は、小型トラックで集荷された荷物を方面別に仕分けて、大型トラックに積み込んで輸送する。宅配便を取り扱う大規模ターミナルでは、短時間で大量の荷物を扱うので、自動仕分け機を設置しているケースも多い。

（3）港湾

港湾は、陸運（トラック、鉄道）と海運（船舶）をつなぐ物流の結節点である。国際物流では重要なノードである。わが国では港湾法により、国際戦略港湾（東京港・神戸港など2023年4月現在、5港）、国際拠点港湾（名古屋港・博多港など同18港）、重要港湾（根室港・那覇港など同102港）、地方港湾（同807港）に分類され、地方公共団体等により管理・整備されている。

近年では、大型化が進むコンテナ船に対応したコンテナ港湾の開発整備が進み、全国に約90港がある。船舶が着岸する岸壁とエプロン、コンテナクレーン、コンテナが一時置かれるコンテナヤード（CY）、コンテナに荷物を積み込んだり取り出したりするコンテナフレートステーション（CFS）などがある。周辺には、上屋、税関、検疫施設などもある。

（4）鉄道貨物駅

鉄道貨物輸送は鉄道事業の一種であり、1987年の日本国有鉄道の分割民営化により発足した日本貨物鉄道（株）（以下、JR貨物という）が、一部の例外を除き、鉄道貨物輸送を事実上独占している。JR貨物以外には、沿岸部に立地している工場の原材料や製品を輸送している臨海鉄道会社がある。しかし、ほとんどの臨海鉄道はJR貨物の関連会社であり、JR貨物の路線に接続するまでの短い区間だけを運行している。

鉄道貨物輸送で扱う貨物は、大きくコンテナと車扱に分けられる。鉄道コンテナは、鉄道独自の規格の12フィート（ft）コンテナと、大型トラックの荷台とほぼ同サイズの31ftコンテナがある。

鉄道貨物駅は、鉄道貨物を積卸す拠点である。貨物時刻表における貨物取扱駅コード図表によると、2024年3月現在、JR貨物の貨物駅は255駅あり、うちコンテナ取扱駅は119駅である。この中には、鉄道に接してはいないが、内陸部での主にコンテナの集荷配送の拠点として、34カ所のオフレールステーション・新営業所が含まれる。

（5）空港

空港は、陸運（トラック）と空運（航空機）をつなぐ物流の結節点である。わが国では空港法により、国土交通大臣が設置し管理する空港（成田国際空港・東京国際空港・中部国際空港・関西国際空港・大阪国際空港の5空港と政令で定める空港）、国際航空輸送網または国内航空輸送網の拠点となる空港および地方公共団体が設置し管理する地方管理空港（54空港）に分類されている。ここで、国土交通大臣が設置し管理する空港のうち政令で定める空港とは、国際航空輸送網または国内航空輸送網の拠点となる23空港（新千歳空港、那覇空港など）である。ただし、国土交通大臣が設置し管理する空港のうち、成田国際空港は成田国際空港株式会社が、関西国際空港および大阪国際空港は新関西国際空港株式会社が、中部国際空港は中部国際空港株式会社がそれぞれ設置し管理している。また、2020年に北海道内7空港の民間会社への一括運営委託が開始された。

空港では、航空機が離着陸する滑走路、航空機が駐機し、旅客の乗降、貨物の積卸し、燃料補給や整備点検等を行うエプロンがある。旅客ターミナルと貨物ターミナル（上屋）がエプロンに面してあり、この貨物ターミナルで、航空機用の箱型のコンテナへの荷物の積卸しや、あるいはバラ積み貨物（バルクカーゴ）の航空機用の板状のパレットへの積付け（ビルドアップ）、解体（ブレークダウン）を行う。そのほか税関施設や

検疫施設などもある。なお、航空機用のコンテナとパレットは、ULD（Unit Load Device）と総称される。

第5章●物流システム管理

| 第 **2** 節 | # 物流センターと
倉庫の業務プロセス |

学習のポイント

◆物流センターの業務プロセスについて、受発注から出荷まで
　の概要を学ぶ。
◆倉庫の業務内容について、その概要を学ぶ。

1　物流センターの業務プロセス

（1）物流業務のフローとタイムチャート

　物流業務のフローとは、物流にかかわる一定範囲の業務領域の流れであり、前工程の業務から次の業務に引き継ぐまでの業務の進行手順を表す。タイムチャートとは、時間軸上に業務領域を位置づけ、個々の業務領域の開始時刻や業務時間等、時間の経過に応じた業務領域のフローを表す図であり、業務の実施予定を示すものでもある。

　物流の日次業務は、ほぼ毎日類似するスケジュールで行われている。したがって、1日の業務をタイムチャートで示すことにより、おおまかな時間の経過に伴う業務の進め方等を理解しやすい。ここでは、典型的な例として、配送センターにおける当日受注・翌日配送の業務のタイムチャートを図表5-2-1に示す。なおここでは、配送に特化して説明しているため、入出庫作業やピッキング作業を省いている。

　この例示したタイムチャートによると、受注は当日の朝から始まり、昼ごろに締め切られる。配車は、受注量によっては傭車手配が必要になるため、受注締めの前からおおまかな物量を予測して手配を開始する。

244

図表5-2-1 ● 当日受注・翌日配送業務のフロー（タイムチャート）（例）

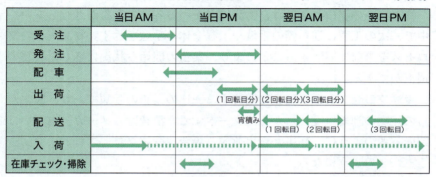

配車計画（どの納品先にどの車で運ぶのか）は、受注変更が入ると組み直しとなるため、受注締め後に確定する。

配車計画では、近隣の商圏への配送の場合、小型または中型トラックで1日当たり2～3回転させるのが一般的である。出荷仮置きスペースは、多くの場合1回転分程度しかないため、また翌日早朝から1回転目の運転をスタートさせるために、当日夜に翌日1回転目のピッキングから積み込みまでを終わらせておく。

翌日、センターでは、朝から2回転目の分のピッキング・仕分けを行う。トラックが戻ってきたらそれらを積込み、その後、午後に配送する分のピッキング・仕分けを行う。

3回転目のトラックが出発すると、当日の出荷分の在庫がすべて出たことになる。この段階で、システム在庫（データ上の在庫）と実在庫のチェックを行うと、出庫ミスが判明する。判明したらただちに該当する商品を出荷した納品先に連絡し、ミスの訂正を行う。また、この時間は次のピッキング開始まで比較的余裕があるため、掃除・整頓などを行う。

受注現場では、受注締め後の手の空いた時間で発注あるいはセンター間転送の量を決定し、その指示を行う。また入荷は、遠距離から夜間運行でトラックが到着することが多いこと、センターでも午前中は比較的余裕があることから、早朝に集中させている。

（2）受注プロセスの概要

　物流業務のプロセスとは、物流にかかわる各種の業務が進行していく中で、次の工程に進む際の手続や工程全体の手順を示す。物流業務のプロセスを事前に明示することにより、業務の開始や状況に応じた業務の選択ができる。

　受注プロセスとは、受注に関連する一連の業務の手順であり、顧客からの注文の到着（受注）からスタートする。消費財のメーカーあるいは卸売業者のように、在庫から出荷する場合、受注プロセスはおよそ図表5-2-2のようになる。

　受注を受け付けた後、在庫を確認すると、①問題なく出荷可能な場合、②品薄のために顧客の重要度や優先度などを考慮して受注量を調整する必要がある場合、③品切れしており明らかに出荷不可能な場合、の3タイプに分かれる。②の場合は、営業所間での調整、営業所内部での調整が必要になるので、その商品への注文のあった顧客を担当している営業所に連絡する。営業所では顧客別の割当量を協議し、結果を受注担当者に戻す。

図表5-2-2●受注プロセス（例）

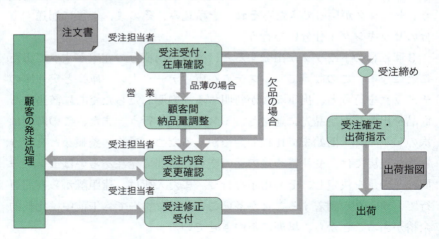

受注担当者は、顧客の発注担当者に連絡し、発注数量や納期の変更を依頼し、確認を得た後に受注訂正を行う。また受注は、締め時刻までの間に追加や数量変更などが起きる可能性がある。そのため、受注を締めた後に、センターに出荷指示を行うのが一般的である。→第10章第1節

なお、欠品した商品が入荷するまで、顧客を待たせることを**バックオーダー**といい、受注プロセスでは重要な業務である。

（3）発注プロセスの概要

発注プロセスとは、発注に関連する一連の業務の手順であり、現在在庫量の確認からスタートする。

物流センターの在庫は、常に適正な量に保つ必要がある。そのために必要になるのが、卸・小売業では発注となり、メーカーのデポでは物流センターへの補充依頼となり、メーカー物流センターでは工場への生産依頼となる。→図表5-2-3

発注量は、各種情報を勘案して決定する。ベースとなるのは、**在庫管理システム**で算出される発注推奨量である。→第6章第2節 **2**

図表5-2-3 ●発注プロセス（例）

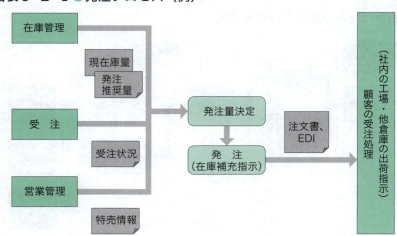

この値に、各種条件を加味して発注量を決定する。消費財の場合は、営業が把握している納品先別特売情報を見る。納期未到来のオーダーや、受注済み未出荷のバックオーダーもチェックする必要がある。そのほか、天気予報、地域のイベント、マスメディア・SNSの内容など、売れ行きに大きく関連しそうな情報を見て、発注量を決定し、発注処理を行う。
→第10章第2節

発注は電話・ファックス・文書でも可能であるが、発注ミスや発注遅延を防ぐため、EOSやEDI等により迅速・正確な発注を行うことが望ましい。

（4）入荷プロセスの概要

入荷プロセスは、入荷に関連する一連の業務の手順であり、納品車両の到着とともにスタートするのが一般的である。→図表5-2-4

まず到着した車両に対し、荷卸しの場所や順番を指示する。最近では、トラック受付予約システムが導入されている。荷卸しはフォークで行う場合は自社の従業員が、手荷役で行う場合はトラックドライバーが行うのが一般的である。

図表5-2-4●入荷プロセス（例）

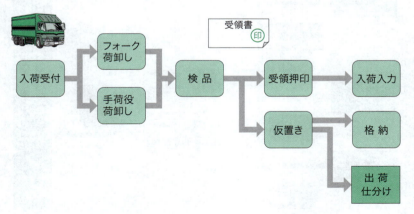

第2節●物流センターと倉庫の業務プロセス

　荷卸しが完了したら、トラックドライバーが持参した送り状（納品日時、納品先、荷送人、個口数、品目、運賃計算質量などが記載された運送会社の伝票）と現物の個口数の照合を行い、合っていたら受領書に押印してドライバーに渡す。数量や品目が異なる場合は、状況に応じて納品書・受領書の数量や品目名の変更を行いドライバーの確認サインをもらうこと、納入拒否としてドライバーに持ち帰らせること、受注先に正しいものの納品を緊急依頼すること、などの対応を行う。

　開梱しての内容検品は、荷送人の信頼性や商品価格の高低などによって、行わない場合（ノー検品）と抜き取り検品や全数検品を行う場合とがある。受け取った納品書（荷送人が発行する納品明細書で品名、数量、価格などが記載される）はその後、入荷入力に使用する。荷卸しした納品物はいったん仮置きされ、順次格納されていく。入荷当日に出荷するものは、出荷仕分けエリアに移動しておく。

　入荷のプロセスはバリエーションが多い。たとえば、ロケーション管理を行っている場合は、入荷入力後に格納ロケーション番号入りの格納指示が出るようにしていることがある。格納場所があらかじめ決められていないフリーロケーション方式では、格納したロケーション番号を納品書に書いた後に入荷入力を行っている場合もある。また、発注書と納品書を照合するタイミングも、複数パターンがある。→第10章第3節**1**

（5）出荷プロセスの概要

　出荷プロセスとは、出荷に関連する一連の業務の手順である。

　最初に、受注に基づいて、あるいは社内在庫移動のための出荷指図からスタートする。→図表5-2-5

　出荷指図に基づき、ピッキング指示を行う。最も単純な方法は、納品書をピッキング指示に使用するというものである。歩いたり探したりする時間を削減するためにロケーション管理を導入している場合は、歩く順に並べ直したロケーション入りのピッキングリストを作成する（→本節**2**（2））。そのほか、作業効率向上のために、ICTを活用したさまざ

249

図表5-2-5 ●出荷プロセス（例）

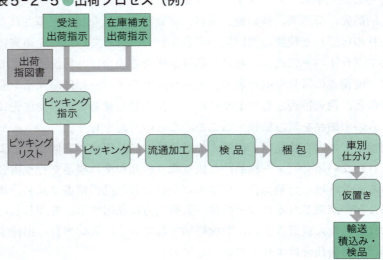

なピッキング方法がとられている。→第10章第3節 2

　流通加工がある場合は、ピッキングの後に行うことが一般的である。出荷対象の全品に流通加工が必要であり、かつ出荷指図から納品までの時間が短い場合は、保管中に流通加工を先行実施しておきピッキングするというように、プロセスの手順を変えることもある。

　最終的に、納品書とピッキングしたものの照合（検品）を行い、ピース（単品）単位の商品は梱包する。梱包済みのものは、輸配送する車両別に仕分け、トラックが到着するまで出荷場所に仮置きする。

（6）輸配送プロセスの概要

　輸配送プロセスとは、輸配送に関連する一連の業務の手順である。ここでは運送事業者が輸送を受託し、ルート配送で納品を行うケースを想定して、基本的なプロセスを説明する。→図表5-2-6

　まずは必要な車両台数を概算で算出する。次に自社で不足している車両台数分について、傭車手配を行う。傭車手配とは、自社で受託した業

第2節 ● 物流センターと倉庫の業務プロセス

図表5-2-6 ● 輸配送プロセス（例）

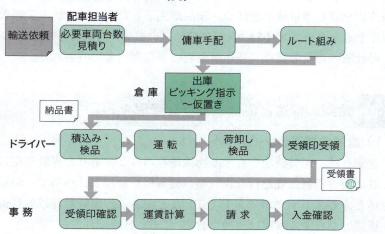

務を再委託するため、不足台数分を引き受けてもらえる他の運送事業者を探し、依頼することである。不足台数分の手配が終わったら、どの車両でどの納品先に配送するかのルート組み（ルートの設定）を行う。なお、ルート組みとは、事前に道順（ルート）を決めて複数の納品先に順番に配送していくルート配送において、どの車両がどのルートを担当するのか（ルート車両）を決めることである。→第10章第4節2

ルート配送の場合、ここまでの工程は、ピッキング指示の前までに終わらせるのが一般的である。ピッキング後のルート車両別の仕分けがスムーズにいくからである。

積込みの時間になって出荷場所に到着した車両のトラックドライバーは、積み込む荷物と納品書と送り状を受け取る。その際に、送り状と積み込む荷物に貼られた荷札（ラベル）に書かれた納品先と個口数が合っているかを確認（検品）する。運送責任は、荷物を荷台に乗せた時点からスタートするため、ここでの検品は重要となる。

トラックドライバーは、配送の順番や積み荷の総量・重心などを考えながら、荷物を車両に積み込む。積込みが完了したらトラックドライバ

第5章 ● 物流システム管理

ーは出発し、納品先に着いたら荷卸しを行い、納品先担当者に納品書と送り状を渡し数量検品を待つ。検品が完了したら、送り状の受領書に受領印をもらう（本項 **(4)**「入荷プロセスの概要」と同じ手順となる）。

受け取った受領書は、運送事業者の事務担当者に渡される。

2 倉庫の構造とロケーション管理

（1）倉庫の構造、レイアウト

倉庫とは、保管機能を有する物流施設のことであり、保管機能に特化し長期間の貨物保管を行う保管型（備蓄型）倉庫と、小型で一時保管を主体とするストックポイント（SP）などがある。保管機能以外に流通加工機能等を有する倉庫は流通型倉庫（DC）と呼ばれる。

倉庫の建築形状や構造は、商品や作業形態、事業規模、場所などによって異なる。

日本では、都市部の倉庫は、地価が高いので、3～4階建ての多層階で、保管は重量ラックやスチール棚などを使う場合が多い。しかし、倉庫は一般的に平屋建てのほうが使いやすいため、地価の安い地方や海外では平屋であることが多い。

一般的な倉庫について、概説する。

① 敷地

○建屋のほかに、車両接車バース、Uターンスペース、車両待機場、来客・従業員駐車場、事務所スペース、パレット置き場、緑地帯などが必要である。

○輸出入貨物が増加している場合は、納期・コスト低減のためにもバンニング（デバンニング）作業を実施できるように、40ft国際貨物コンテナ用大型車両の接車スペースを確保する必要性が高くなる。鉄道用の31ftコンテナの場合も同様である。

② 建屋

○作業動線を最短にするには、建屋形状は正方形がよいといわれるが、

252

頻繁な入出荷や荷ぞろえが必要な場合には、横長の長方形（例：奥行き1：間口1.5）が使いやすい。間口に対し奥行きが長い倉庫は使い勝手が悪い。

○階層は、一般的に平屋が望ましい（大型車両が上り下りできるランプウェイを備えた倉庫の場合は、上層階でも平屋と同様に使いやすい）。しかし、ほこりや寒暖の変化による商品ダメージが懸念されたり、構造によっては長時間の作業に適さなかったり、流通加工が必要な場合は、多層階のほうが望ましい。

○パレットでの保管が多い倉庫ではパレットの段積みを考え、天井高（梁下）は有効高さ5.5m以上が望ましい。しかし、流通加工では高さをあまり必要としない。

○電気製品や軽量物などを扱う場合には、1階接車バースは高床式とし、車両荷台との高さ調節はドックレベラーで行うことが望ましい。飲料等の重量品では主にフォークリフトが活用されるため、低床式が望ましい。

○床の耐荷重は、保管商品や荷役機器の質量などを勘案し、余裕をもって設定する。

③ 倉庫レイアウト

建屋内に配置すべきスペースと設備の、一般的な例を図表5-2-7に示す。

○倉庫内レイアウトの動線の基本パターンは、I字型・U字型・L字型である。

○1階フロアは、車両接車バース、入荷品の荷受け・検品スペース、在庫データ計上事務所および運転手休憩室、トイレ、上階への格納仮置きスペース、クロスドック積み替え仮置きスペース、方面別積合せ・着荷主別荷ぞろえスペース、梱包スペース、フォークなど荷役機械の走行スペース、パレット置き場など、限られたスペースを時間帯別に柔軟にやり繰りし、有効活用する必要がある。運営ルールとスケジュール管理をしっかりしないと混乱が生じ、作業遅れは

第5章 ● 物流システム管理

図表5-2-7 ● 配置すべきスペースと設備の例

1. 入荷バース（プラットフォーム）
2. 原材料・製商品荷受けスペース
3. 開梱・検収スペース
4. 製商品検査（寸重測定器を含む）スペース
5. エレベーター・垂直搬送機スペース
6. 保管スペース（重量品、大量品、少量品等）
7. 集品（ピッキング、仕分けソーター、品ぞろえ）作業スペース
8. 流通加工作業スペース
9. 出荷検査・梱包作業スペース
10. 車両別・着荷主別荷ぞろえスペース
11. 出荷積込みスペース
12. 出荷バース（プラットフォーム）
13. 梱包資材置き場
14. 空パレット・空容器置き場
15. 返品保管・作業スペース
16. フォークリフトなどの運搬機器置き場
17. 業務オフィス、会議室、応接室
18. 厚生施設（トイレ、ロッカー、休憩室、食堂等）
19. コンピュータ室
20. ユーティリティ設備（受配電、空調機器、階段等）

もちろんのこと、誤納品や紛失、事故（商品破損・労働災害）などの危険性が高くなる。

○2階以上のフロアは、一般的に作業レイアウトが設定しやすい。エレベーターや垂直搬送機などによる荷受け・保管・ピッキング・流通加工・検品・包装梱包・荷ぞろえなどの各スペース、メイン通路・枝通路、事務所、会議室、ロッカー、トイレ、休憩室などを適切に配置する。

④ 保管レイアウト

保管スペースのレイアウトの基本的な考え方は、下記の5点に集約される。

○重量物や荷動きの激しい商品は、できるだけ倉庫内1階か、または低層階の入出庫しやすい位置に置く。

○物理的形状（大きさ、重さ、形など）の似た商品は、できるだけまとめて配置する。

○商品の性質と状態に応じて、適切な管理環境ルール下で保管する（ロットナンバー管理、温湿度条件、危険性の有無など取り扱い要領）。

○高額商品や特別管理品は、特定した少数者以外の立ち入りを禁止し、セキュリティ対策を確実にする。

○パレート分析によるＡランク商品（頻繁に出し入れする商品）は出荷口に近い場所、Ｂランク商品（Ａランクに次いで出し入れの多い商品）はその次に近い場所、Ｃランク商品（出し入れの少ない商品）は遠い場所に保管する。この商品分類とレイアウトは、定期的な見直しが必要である。

以上がレイアウトの基本原則である。それぞれは矛盾することも起こりうるので、最適となるように、どの原則を優先するかを状況に応じて判断しなければならない。

（2）ストックロケーション・システム

① ロケーションの設定

商品のロケーション（保管場所）をどのように設定し保管するかは、コストや物流品質にも大きな影響を及ぼす。十分な考察が必要である。

大型の建屋では、商品アイテム数が２万～３万品種に及び、加えて商品寿命が短サイクル化し、商品入れ替えも頻繁で、ベテランといえども格納した場所を暗記するのは不可能に近い。そこで、商品の格納位置に番地を付け、当該番地で作業指示ができるようにすれば、新人作業者でも正確に作業できる。一筆書きと呼ばれる作業性のよいピッキング順序の設定、ハンディ端末による現物在庫のリアルタイムでの把握なども可能となる。

番地によって商品の在庫管理を行うことをロケーション管理といい、それを活用した倉庫内作業システムをストックロケーション・システムと呼ぶ。「番地設定の方法」は大きく２つに分類される。

第5章 ● 物流システム管理

図表5-2-8 ● 棚方式による番地の設定例

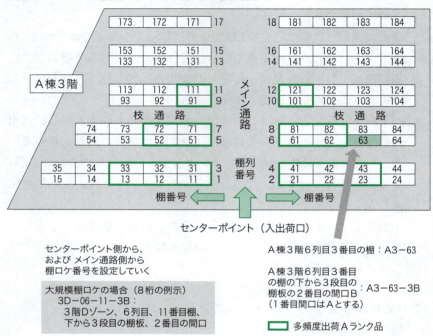

- ○**棚方式**：フロア＆ゾーン番号、棚列番号、棚番号、棚段番号、間口の順で番地を特定する方法。→図表5-2-8
- ○**面方式**：床面を柱間隔の整数分割で、縦・横に区切り、その番地を座標方式で決める方法。

立体自動倉庫は、棚方式の典型的な応用例である。棚ロケーション変更の容易さとわかりやすさから、棚方式を採用する企業が多い。

棚位置は作業性も考慮する必要がある。人手でピッキング作業する場合、床から60〜150cm高がゴールデンゾーンといわれ、作業性もよく、ベストな棚位置（出庫回数の特に多い商品に適する）になる。フォークリフトでパレット荷役する場合は、重量棚ラックの最下段がベストな棚位置である。

② ロケーションと在庫配置

ストックロケーション・システムの代表的な運用方法に、固定ロケーション方式とフリーロケーション方式の2つがある。

1）固定ロケーション方式

商品を特定の棚に固定保管する方式で、作業者にはわかりやすい。しかし、棚スペースに格納できなくて通路など他の場所に仮置きが発生したり、商品寿命が尽きて空き棚や滞留在庫の棚が多くなったり、運用の弾力性が低く保管スペースの利用効率が悪くなりがちである。継続的な棚番地の維持メンテナンスが重要である。

2）フリーロケーション方式

商品と棚番地の関係を自由に設定する方式で、空き棚の発生が少なく、保管スペースの利用効率も高い。ICTの発達で、格納したロケーションの登録が簡易化されてきたことから、当方式を採用するケースが増加しつつある。

ロケーション管理を導入すれば、商品の出荷の多いモノは出荷口近隣に配置するなど、生産性を高めるような柔軟な配置替えが可能となる。しかし、商品と棚番地を確実にひも付けして、その情報を維持しないと、商品が迷子になり、出庫できなくなるリスクがある。

第5章●物流システム管理

第 3 節 | 物流システムの代表例

学習のポイント

◆物流システムは、業種業態や競合他社の状況によって特徴がある。物流システムを大別すると、荷主企業（メーカー、卸売業、小売業など）と物流事業者に分かれる。そこで、荷主の3つの業種の物流システムと、物流事業者のうち特別積合せ貨物運送事業の物流システムを紹介する。

◆物流システムは、業種別に主な目的やねらいが異なることも多い。たとえば、メーカーでは在庫削減、卸売業では倉庫内業務の効率化、小売業では店舗業務の軽減、特別積合せ貨物運送事業では輸配送の効率化などである。

1 メーカーの物流システム

（1）複数領域（調達・生産・販売など）があるメーカー物流

　メーカーの物流システムは、取り扱う製品、規模、工場の数などで多様な形態がある。一般的に消費財を生産する中規模以上のメーカーの物流は、工場で生産した製品を消費地近隣の物流拠点で保管し、注文に応じてその物流拠点から出荷するシステムとなっている。

　電機、輸送機器、機械などの組み立て型メーカーでは、近年、部品メーカーからの調達物流やリサイクルに向けた回収物流の改善に着手している。海外生産が進展しているこれらの業種ではさらに、日本で生産した基幹部品を海外工場に運び、海外工場で生産された製品を世界各地の消費地に運ぶというグローバルな調達・販売物流も行っている。

258

このように、メーカーの物流部門は、調達・社内・販売・返品・回収物流のすべてを手がけていることが多い。

（2）拠点集約に進む完成品の物流システム

メーカーの物流システムの大半は、物流サービス水準を維持できる範囲で在庫の適正化を主眼に構築される。つまり、納品先と約束した受注から納品までのリードタイムを守れる範囲で、可能な限り在庫保管拠点を集約する方向で物流システムを改変してきている。→図表5-3-1

受注から納品までのリードタイムが2日以上の場合、拠点は本州内に1カ所、あるいは工場から直接配送される（物流センター集約型）。受注の翌日に納品する業界では、札幌、仙台、関東、近畿、九州に、在庫保管用の物流センターを分散する動きが多く見られる（物流センター分散型）。さらに、出荷量の少ない地域では、競合他社との共同配送も取り組

図表5-3-1●メーカーに見られる物流センターの設定のタイプ

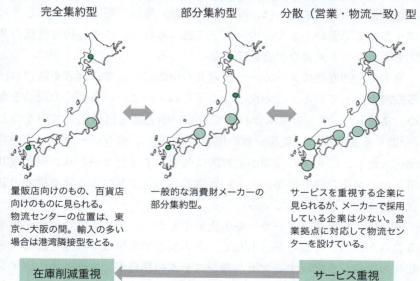

第5章 ● 物流システム管理

まれている。→本章第7節

　一方で、近年多発する災害に備えて、在庫を分散する動きも見られるようになっている。

（3）物流コスト負担力の乏しい業界での地域生産・地域販売

　質量のわりに価格の安い、いわゆる物流コスト負担力の乏しい業界では以前から地域生産・地域販売体制が敷かれている。代表的な業種に、ビール、飲料、冷凍食品がある。販売地域内で生産したほうが、輸送コストを中心にトータルコストが明らかに安くなるからである。

　飲料、冷凍食品では消費地近隣のメーカーに製造を委託し、物流コストの低減を図っている事例も多く見られる。

2　卸売業の物流システム

（1）物流機能の強化を進める卸売業

　卸売業の物流システムは、取り扱う商品、規模、販売圏域の広さ等により多様な形態があるものの、以下に述べる理由により、物流機能の強化を図ることが重要な経営戦略となっている。

　第1に、卸売業はメーカーと小売業の中間にあって、両者を結びつける役割を担っている。この役割は、多くのメーカーから多くの商品を集め（集荷）、これらを組み合わせて多くの小売業者に供給していくこと（分散）を意味する（集荷分散の機能）。しかし、昨今メーカーや小売業が巨大化し、卸売業の役割が相対的に弱まってきたといわれ、生き残り策として企業合併や提携、あるいは物流共同化などによる物流機能の強化が積極的に進められている。

　第2に、卸売業はメーカーや小売業などから、さまざまな情報が集まる強みがある。これらを活用して、きめ細かで多様な「商品と物流サービスの提供」を実現する物流情報システムの開発が、物流革新のポイントになっている。すなわち、卸売業がターゲット納品先を絞り込み、リ

テールサポートに役立つ販促情報の提供や支援活動を行おうとする取り組みである。卸売業が提供している高度で低コストなサービスには、多品種・小口出荷（ケース・ピース）、多頻度納品、鮮度管理、安全履歴管理、商品売れ筋情報等がある。

（2）業種別に違いが大きい倉庫利用

　卸売業の物流システムは、取り扱う商品によって大きく異なり、特に倉庫の利用については、自家倉庫、営業倉庫を問わず、業種（取り扱い商品を基準とした産業中分類）による違いが大きい。飲食料品卸売業では、温度管理が必要な商品が多く、多頻度小口納品が求められるため在庫を多めに持ち、小分けなど流通加工を倉庫で行う事業者が多くなっている。建築材料、鉱物・金属材料等卸売業では、商品が大きく、保管に大きな容積を必要とし、かつ多くの流通加工が必要とされるため、流通加工場としても倉庫を利用する事業者が多い。

　反面、繊維・衣服等卸売業や機械器具卸売業では、保管のための容積が小さいため営業所での保管で済むことや、製造拠点（メーカー等）から直接小売業の店舗に配送されるケースもあり、倉庫を利用する事業者は相対的に少ない。

　また、飲食料品卸売業は、倉庫の運営を自社で行う事業者が多く、繊維・衣服等卸売業は物流事業者等へ委託する事業者が多い。これは、飲食料品卸売業の場合、売れ筋商品の特徴をつかむため、社員みずからが仕入れや出荷の荷さばき業務を行うためといわれる。

（3）一括物流

　一括物流とは、卸売業が多業種から多品種の商品をそろえて、小売業の商品調達において一括して届ける方法である。

　流通は、かつてメーカーから小売業まで業種縦割りで、商品によって店舗が分かれていた。そのような中、消費者の利便性を考えたワンストップ・ショッピングを実現するスーパーマーケットという業種が誕生し、

図表5-3-2 ● 一括物流のしくみ

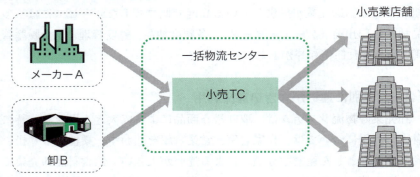

そのシェアを伸ばしていった。そして、多店舗展開に伴い独自の調達物流システムを構築していった。

しかしながら、小売業者が独自で商品調達のための物流システムを構築することは、多くの品目ごとに物流システムを用意することで高コストになりやすい。そこで、スーパーマーケットなどは効率化を進めていく中、調達物流のアウトソーシング（外部委託）を進めるようになった。一方、卸売業は激化する競争に打ち勝つために、小売業の調達物流のアウトソーシングを受託するようになった。その結果誕生したのが、一括物流である。

一括物流では、小売業の物流センターの運営を卸売業が受託し、多様な取引先から納品される商品を一括物流センターに集約し、一括して配送する。→図表5-3-2

3　小売業の物流システム

（1）宅配から始まった小売物流

小売業の物流システムは、取り扱う商品、規模、業態等により多様な形態があるものの、店着価格制のもとでは宅配による販売物流が基本である。

日本の商慣行では、届けるまでが納入業者の負担（店着価格制）となっている。したがって、小売業みずからが負担するのは小売業の販売物流、つまり最終消費者に届けるような宅配の部分のみとなる。
 歳暮・中元は特に物量が増えるため、その対象となる商品を扱っている百貨店などでは、競合他社との共同配送に積極的に取り組んで効率化を図っている。

（2）量販店の物流システム

 量販店の物流システムは、調達物流においてセンター納品方式を採用していることが主流である。
 チェーンストアは1970年代に多店舗展開を行い、全店共通の店舗運営というチェーンオペレーションを導入した。また、それまで納入業者に任せきりであった店舗納品方式から、専用センターを構築し、センター納品方式へ切り替えてきた。
 バックヤード狭隘化の解消、荷受け業務や店内陳列負荷の軽減等をねらったこのセンター納品方式は、現在では主流となっている。センターは、DC、TC、PCの3種類がある。これら3種類のセンターは、すべてが別々の施設でというわけではなく、同一施設の中に複数のセンターを

図表5-3-3●小売業（量販店）の物流システム

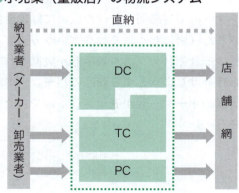

第5章 ● 物流システム管理

併設する場合もある。→図表5-3-3

　このような施設の運営コストと店舗配送コストを、納入業者に納品額の一定割合で負担してもらう方法が**センターフィー方式**である。

　近年では前記（→本節**2** **(3)**）のように卸売業へ委託する一括物流の方向に向かっている。

（3）コンビニエンスストアの物流システム

　コンビニエンスストアの物流システムは、調達物流において共同配送センターを設置し、有力な帳合先の卸売業者により運営されることが基本である。

　コンビニエンスストアは、高度な物流システムが前提となって成り立つ業界である。1970年代の創業当時は、納入業者が商品を直接店舗に配送していたため、1日70台以上もの配送車両が到着して、店舗運営が荷受け作業に追われて煩雑になり、周辺の交通や生活環境にも悪影響を与えていた。現在では、加工食品・菓子、日用雑貨などの常温品、米飯やパンなどの定温品、乳製品や日配品などのチルド品、冷凍品と、温度帯別に共同配送センターを設置するとともに、2〜5温度帯車両を導入するなど、納品車両の削減と定時納品を実現している。

　定温品とチルド品の物流センターは、通過型のセンターとなっている。チルド品の物流センターでは、センター管轄店舗分の商品を総量で納品してもらい、センター内で店舗別に分けた区画に**種まき仕分け**（指示された数量を指示された区画に置く）を行うという方法がとられている。店舗別のエリアにはそれぞれデジタル表示器が設置されている。通路に入る前にこれから仕分けしようとする商品のバーコードをスキャンすると、表示器に各店舗のオーダー数が表示されるので、その数量分を棚に仕分ける。→図表5-3-4

264

図表5-3-4 ●チルドセンター（例）

出所：(株)ダイフク

4　特別積合せ貨物運送事業の物流システム

　特別積合せ貨物運送事業の物流システムとは、トラックターミナルを中心に構成されているシステムである。1990年に規制緩和された一般貨物自動車運送事業の中に、**特別積合せ貨物運送**（通称「路線便」）が規定されている。不特定多数の荷主の貨物を混載して、発着一貫した輸送をする輸送形態で、宅配便はこのカテゴリーに分類される。単に輸送だけを行うのではなく、貨物追跡システム・代金引換システムなど、情報や金融サービスも提供している。

　特別積合せ貨物運送の届出要件は、貨物自動車運送事業法において、「集荷・幹線輸送・配送を行うこと、幹線輸送を自ら行うこと」などと定められている。この定義に従えば、輸送機能については、「集荷、幹線輸送、配送」ということになる。

　トラックターミナルにおいては、「集荷と幹線輸送の中継地点」として、貨物の方面別の仕分けと幹線輸送用の車両への積み替えが行われる。また、「幹線輸送と配送」の中継地点として、貨物の配送地域別仕分けと配

送用車両への積み替えも行われる。このとき、トラックターミナル間の幹線輸送は定期的に行われる。また、大型車両以外に鉄道、フェリーも使用されている。こうして、積合せ運賃による小口貨物の輸送を実現している。→前掲図表3-3-11参照

　高速道路網の拡充により配送日数が短縮されてきたが、近年はトラックドライバーの負担軽減を目的に翌日配送エリアが縮小されている。現在、主要都市向けの輸送は荷主が夕方出荷すれば、輸送距離がおおむね600km以内のエリアは翌日午前中、600kmを超えるエリアは翌々日中に到着するドア・ツー・ドアサービスになっている。

　規制緩和によって一般貨物自動車運送事業は、新規参入事業者が大幅に増加したが、特別積合せ貨物運送の事業者数は、2022年度末で314事業者である。典型的な装置型産業であり、規模の経済が有利に作用するため、規制緩和が実施されても新規参入は少ない。

第4節 ● 物流データ分析

第 4 節 | 物流データ分析

学習のポイント

◆物流システムの構築や、実態把握および改善策検討のための
分析は、実態を示す物流データ（入出庫指示、輸送指示、在
庫など）に基づいて行われる。
◆物流データをさまざまな角度で分析することにより、実態や
問題点を数値化・視覚化して把握することができる。

1 物流データ分析と物流システムの改善

（1）物流データ分析

　物流データ分析とは、入出庫指示、輸送指示、在庫、作業実績などの
各種物流データをもとに、物流の実態を把握するとともに、改善策を検
討するための分析である。このため、物流データ分析は、物流システム
を構築し、物流システムの維持・改善を行う過程において必要になる。

　物流データ分析に必要な物流のデータ（入出庫指示、輸送指示、在庫
など）は、いまやほとんどの会社で取得が可能である。

　一方で、作業者の作業実績のデータ（業務別作業時間など）は、情報
システムから取り出して分析可能なデータがないことがある。このよう
な場合は、紙媒体での記録、あるいは現場の聞き取り調査などで、ある
程度は把握が可能である。そこで、現状で収集が容易なデータを利用し、
仮説を設けて推論することにより、おおまかな問題点の把握を目指すこ
とも重要である。→在庫分析については、第6章第3節参照

　この一方で、既存のデータが十分でなく詳細な分析ができない場合に

267

は、データの精度を高めることや、実態を把握するためにより詳細なデータを収集することが重要である。

（2）物流システムの改善

物流システムの改善では、①物流拠点の設置地点、②物流拠点に持たせるべき物流機能、③物流拠点の規模、④物流拠点内のレイアウト、⑤物流拠点を発着する輸送手段（モード）の設定、などを対象として改善が行われる。そして、改善は図表5-4-1に示すような流れで実施される。初めに現状把握に基づいて問題点を抽出し、改善対象とする問題点に対してその問題が生じる原因を分析し、原因を解消するための改善策が検討される。そして次に、立案された複数の改善策の中から実行する改善策を選定し、改善策の実行、実行結果の評価が行われる。なお、改善ではこの一連の流れを繰り返すことで大きな改善効果を得ることができることから、新たな問題点に対して繰り返し改善を行っていくことが重要である。

物流データ分析は、改善の流れにおける問題点の抽出や原因分析、さ

図表5-4-1 ●物流システム改善の流れとコスト算出例

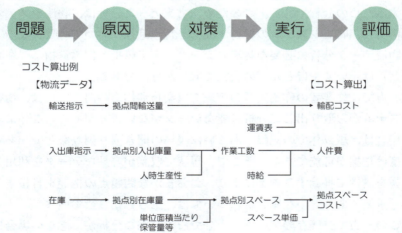

第4節 ● 物流データ分析

らには改善策の検討といったさまざまな段階で活用される。たとえば、改善策の検討では物流拠点間の輸送量、物流拠点内の在庫量や作業量の分析結果と料金表や単位当たりコストの指標を用いることにより、改善策におけるコストを試算することができる。そして、いくつかの改善策における総コストを試算し、それを比較することにより、ローコストな改善策を選定できる。

なお、精度の高いコスト試算を行うためには、手間を惜しまず試算で用いる輸送量や作業量、在庫量等の物流データを丁寧に集計することが肝要である。部分的に集計されたものに基づき、多くの仮定を設けて試算した場合に、試算時の総コストと実際のコストに大きな開きがあることがありうる。

2 輸送および出庫データの分析

入出庫指示、輸送指示など、情報や輸配送システム上で扱われるデータからはさまざまな分析を行うことができる。代表的なものを2例紹介する。

(1) OD表による輸送量分析

OD表 **Key Word** とは、起終点間の交通量を示す表で、縦方向に起点を、横方向に終点を示すような行列の形にまとめた表である。そして物流においては、OD表を貨物の輸送量や車両台数などで表示することが多い。全国への輸送を行っている場合、輸送量や車両台数のOD表を作成すると、輸送における課題が明らかになる。

Key Word

OD表──ODはOrigin-Destinationの略。起終点表ともいわれ、交通量の分析などで使われている。

図表5-4-2 ● OD表作成のための輸送データ

発　地（出荷元）		着　地（納品先）		輸送量（t）
工場	工場	倉庫	北海道DC	100
工場	工場	倉庫	東日本DC	560
工場	工場	倉庫	西日本DC	620
工場	工場	倉庫	九州DC	240
工場	工場	納品先	東北	15
倉庫	北海道DC	納品先	北海道	98
・	・	・	・	・
・	・	・	・	・
・	・	・	・	・

　OD表を作成する際に必要となるのが、発地（出荷元）－着地（納品先）間の輸送量である。月間、あるいは年間で集計したデータを作成する。輸送量の集計は重量が一般的であるが、ほかに便数、ケース数、運賃などでも分析が可能である。次に、輸送の発地（出荷元）、着地（納品先）それぞれについて、工場・社内物流拠点・納品先の区分、エリア区分を入れる。エリア区分は地方、都道府県など、現状や見たいレベルに合わせる。→図表5-4-2

　そのデータを発着地のマトリックスにしたものがOD表であり、図表5-4-3となる。工場、倉庫、納品先ともに、北から南へ並べると、問題箇所がわかりやすくなる。エクセルにおけるピボットテーブル機能を使うと、OD表は簡単に作成される。

　輸送は大きく分けて、工場→倉庫間の社内輸送、工場あるいは倉庫→納品先への販売物流（配送）、納品先→倉庫あるいは工場への返品物流に分類される。OD表を詳細に見ると、問題点が明らかになる。

　たとえば、工場から倉庫への輸送、あるいは倉庫から管轄の販売地域への輸送は、通常の輸送である。しかし、倉庫間の輸送、あるいは倉庫から管轄外の地域の納品先に向けた輸送は、在庫偏在による異常な輸送と想定される。倉庫から工場に向けた輸送は、パレットや通い箱の輸送

第4節 ● 物流データ分析

図表5-4-3 ● OD表（社内輸送のOD表、販売物流のOD表、返品物流のOD表）

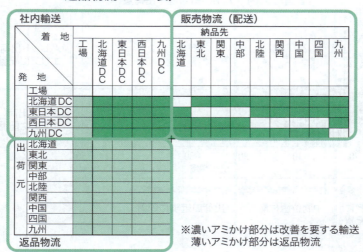

※濃いアミかけ部分は改善を要する輸送
　薄いアミかけ部分は返品物流

であることもあるが、品質不良などに伴う返品もここに含まれる。

OD表の個々のセルに含まれる値も、分析に使用できる。たとえば、工場から北海道向けの輸送量が月間40tであれば、10t車で週1回程度の定期便を設ける案が考えられる。

（2）出荷頻度分析

<u>出荷頻度分析</u>とは、品目ごとの1日当たりピッキング回数を調べる分析である。出荷量の多いものが、ピッキング回数が多いとは限らない。たとえば、定常的には出荷しないが、出荷するときはパレット単位となるものは多くある。逆に出荷量はさほど多くないが、毎日のように、複数の出荷先に出荷するものもある。

入出荷データは、入出荷作業の分析に使用するほか、在庫データと組み合わせて在庫の過不足の分析にも使用する。さらに、輸送状況を把握する電子データが存在しない場合は、仮定を設ければ輸送実態の分析に

271

図表５-４-４ ● 出荷頻度分析の事例

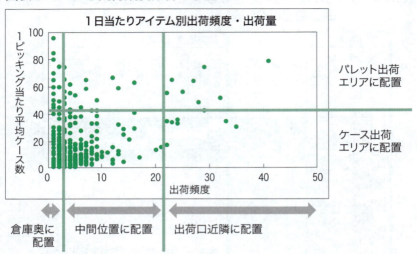

も活用できる。

　倉庫内の作業効率化の検討には、出荷指示データの分析が有効である。倉庫内作業は、なるべく移動距離を短くすることで、効率が向上する。出荷作業を効率化するための分析の１つが、出荷頻度分析である。

　出荷頻度とともに、１回当たりピッキング数量の傾向も見ると、より具体的な倉庫内の在庫配置の検討が可能になる。パレット単位の出荷が多い場合はパレットピッキングエリアを設ける。出荷頻度の多いものはより出荷仮置き場の近くに配置する。このように配置することにより、倉庫内の動線が短くなり、出荷効率が向上する。→図表５-４-４

3　作業実績データの分析

（１）倉庫内作業の生産性分析

　倉庫内作業の生産性分析とは、作業に投入した要員がどれだけ効率よく作業を行っているかを評価する分析で、生産性は作業量を投入された

第4節 ● 物流データ分析

図表5-4-5 ● 倉庫内作業の生産性分析の事例

	1日平均作業時間				
	入庫	出庫	保管	作業管理	計
作業者A	4.0	1.0	1.0	4.0	10.0
作業者B	3.0	3.0	0.5	3.0	9.5
作業者C	2.0	7.0	0.5		9.5
作業者D	4.0	6.0			10.0
作業者E		8.0			8.0
計	13.0	25.0	2.0	7.0	47.0

1日平均 処理ケース数	4,000	4,000
1人時当たり 処理ケース数	308	160

要員の延べ作業時間で割ることにより求められる。情報システムから得られるデータと作業日報を使用すると、さらに分析できる範囲は広がる。作業日報はできれば日々報告し、システムに入力することが望ましい。また、倉庫内作業の場合は個々の作業者がいつからいつまでどの作業を行っているかを聞き取ることで、おおまかな作業把握は可能である。さらに、システムから収集される作業量データを使用すると、生産性が計算される。→図表5-4-5

こうして収集された生産性のデータを、時系列で分析すると、作業改善の進捗状況や手がかりをつかむことができる。他の倉庫の数値と比較すると、より具体的に問題点が見えてくる。また、生産性の数値を用いることにより、新しい物流システム導入時における倉庫作業者数の見積もりにも使用可能である。

(2)輸送実態分析

輸送実態分析とは、輸送における発着地点と日時、休憩、待ち、貨物の積載などのデータを収集し、車両の稼働状況や労務管理のためのドラ

273

イバーの労働時間などを分析することである。輸送の実態を、センターを出てから帰ってくるまでの間、正確に把握することは難しい。その実態把握の手段の1つが、運転日報である。ICTの進展に伴い、リアルタイムで運行状況を把握し、運転日報を自動生成できるようになってきている。

　運転日報を分析することにより、明らかになることは多い。車両の稼働時間（トラックが出発してから帰社するまでの時間）のうち、本来の作業にどのくらいの割合が費やされているのかを見る。たとえばトラックはその稼働時間のうち、実運転時間（実際にトラックを運転している時間）は半分強でしかないことが多い。また、荷待ち時間がある運行の場合の荷待ち時間も1割強と多い。→図表5-4-6

　さらに細かく分析すれば、積卸しの生産性や、付帯サービスを要求する問題のある納品先の洗い出しなども可能となる。

　輸送は、モノの空間的な移動が主体の活動である。積卸しを効率化し、納品先に依頼して手待ち時間を減らすなどして、実際の運転時間の割合を高めることができれば、輸送業務の効率化につながる。

図表5-4-6 ●輸送実態分析の事例

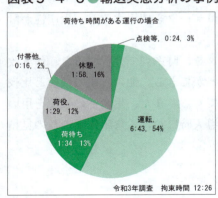
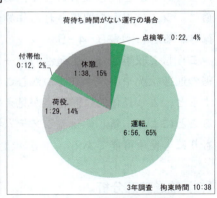

出所：厚生労働省・国土交通省「トラック輸送状況の実態調査結果（全体版）」

第5節●物流センターの設定

第 5 節 物流センターの設定

学習のポイント

◆物流拠点には、**本章第1節3**で示したように、多様な種類が
ある。ここでは、物流拠点のうち企業の物流センターについ
て、設定の基本的な考え方を学ぶ。

◆物流センターの数が多いほど配送コストは低減するが、施設
のコストは高くなる。すなわち、トレードオフの関係がある。

◆このとき、物流センターは、納品先と取り決めた物流サービ
スを守ることを前提条件とし、物流のトータルコストが最も
少なくなるように設定する。

1 物流センターの動向

　物流拠点には、**本章第1節3**で示したように、企業の物流センター
（DC、TC、PC、SP、DPなど）や広域物流拠点（港湾、空港、貨物駅、流
通業務団地など）など、多様な種類がある。ここでは、物流拠点のうち、
企業の**物流センター**に限定して考えることにする。

　企業の物流センターは、近年、以下のような大きな変化を起こしている。

① 備蓄型から配送型へ

　高速道路網の発達や、消費者の鮮度志向などにより、受注から納品ま
でのリードタイムが短縮され、従来の保管機能を重視した備蓄型の物流
拠点から、出荷機能を重視した配送型の物流拠点が増えている。

② 物流拠点の所有から賃借へ

　かつては、物流センターを所有することは資産価値を高める効果があ

275

ったが、地価の下落や減損会計の導入等により、賃借するケースが増えている。特に近年は、企業の収益性を示すROA（総資産利益率）の向上が必要とされるようになり、自社所有から、賃借への傾向が強まっている。

③　大型化

在庫削減を目的とした物流センター集約の動きに伴い、物流センターが大型化している。加えて、大規模物件を複数社がテナント方式で借りるのも、近年の傾向である。物流事業者が複数社分の物流サービスを1つの大型倉庫で提供することにより、物量の変動に応じて荷主間のスペースの調整や作業要員の融通などを行うことが可能になり、物流関連の固定費を変動費化する効果が見込める。

④　内陸立地から港頭立地へ

広域の配送を担う物流センターは、内陸の高速道路インターチェンジ（IC）近辺に立地する傾向が強まっている。また、製品輸入の増加に伴い、東京湾の湾岸道路沿いなど臨海地域での立地需要も高い。なお、金額ベースでは国内最大の輸入拠点である成田空港周辺の臨空型の物流センターも増えている。

⑤　グローバル調達品は備蓄型へ

昨今、エネルギー資源・産業用希少資源や食糧穀物類の国際間争奪戦が激化しており、基礎原材料・食糧穀物類・季節性商品などの特定用途分野では調達が複雑化してきている。これらについては、調達可能時や低価格時に大量に購入保管し、必要量の確保やコストの安定化を図る備蓄型の物流センターがクローズアップされ、再び脚光を浴び始めている。

⑥　物流センターのREIT（不動産投資信託）化

大都市圏内に、物流不動産ファンド等による大規模な物流用施設が多数建設されている。これらは、保管よりも入出庫に重点を置き、企業の物流システム全体をコントロールする役割を担った新しいタイプの物流センターである。

2 物流センターの設定の考え方

（1）頻繁な見直しが必要な物流センター

　調達から販売に至るサプライチェーンにおいて、生産地点と物流センターの立地場所設定、および物流ネットワーク構築は、企業にとって重要な課題となっている。そして、この物流ネットワークの整備の巧拙が、企業競争力を左右することになる。

　近年のサプライチェーンを振り返ってみると、取り扱い商品、地域別販売量、販売先などが大きく変わることが多い。また、物流ネットワーク構築に大きな影響を与えるインフラ（高速道路網などの整備、輸送機関の性能向上など）も大きく変わることがある。そのため、物流センターの見直しは常に進める必要がある。

　物流センターの設定とは、その数と立地場所の選定のことであり、物流の効率化に向けた大きな手段である。なぜならば、物流センターの開設は投資額が巨額であるだけでなく、固定的な支出（人件費、賃借料など）も発生し、さらに物流センターの数が増えると在庫も増加する傾向

Column **知ってて便利**

《REIT》

　REITとは不動産投資信託（Real Estate Investment Trust）のことで、投資者から集めた資金をオフィスビルなどの不動産で運用して得られた利益を分配する有価証券をいう。最近は、空港・港湾・高速道路IC近くに物流用施設などを建設して、荷主や物流事業者に賃貸する物流REIT（外資系や商社・銀行系など）が事業展開を拡大している。

　賃借する側には、固定費の圧縮や投資リスクの分散のメリットがある。自社資産をいったん物流REITに売却した後に賃借（リースバック）する例も増えてきた。他方、出資者側としては、物流拠点に対する底堅い需要や安定的な市況、低金利下での高利回り運用の期待がある。

図表5-5-1 ●物流センターの数と配送コストの関係

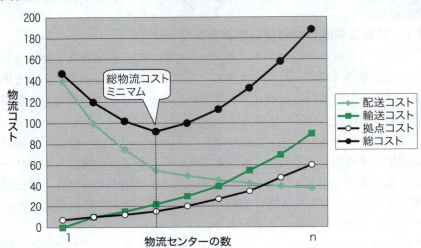

があるからである。
　このようなことから、物流センターの数は、発（着）荷主と合意した物流サービス水準を満足する範囲内で、総コストが最小となる数が望ましい。なぜならば、一般に、物流センターの数が増えると配送コストは下がるが、在庫保有コスト、入出庫コストなどが増えてくるからである。よって、トータルの物流コストが最も低くなるように、物流センターの数を設定することが望まれる。→図表5-5-1

(2) 物流センターの設定見直しの5原則
① 発（着）荷主が希望する物流サービス水準を調査し、自社が目指す物流サービス水準を明確化する。
② ①の物流サービスの目標水準を実現するために、さまざまな条件（生産地点の位置と能力、海外生産や仕入れ先の計画、既存の物流センター、および納品先の位置と販売量、競合他社の動向など）を与件として、物流センターの数・位置・在庫能力などを検討する。な

お、輸入品の場合は、港湾・空港に近い物流センターが有利となるケースが多い。

③　サービス水準を満足できる範囲で、物流センターの数と位置を仮に設定してから、納品先の空間的な分布を含めて配送需要分布（配送量マップなど）を分析し、拠点の立地選定方法（重心法→本節 **3**）などを参考に、おおむねの位置や数を決定する。ただし、業種によっては、敷地の地盤、上下水道や電力、幹線道路との接続（接道条件）など、より詳細な分析が必要なことも多い。

④　③で求めた位置に合致する既存の物流センターがあるならば、これを継続的に利用することも考える。このとき、短期間での物流ネットワークの再構築が困難な場合でも、中長期的に理想的な配置に近づくように改善していく。

⑤　配送エリアは県単位でなく、市区町村単位で考える。支店の営業エリアと物流センターの配送エリアを合致させると、距離（または時間）が長くなる場合があるので、営業エリアと配送エリアを分離すべきこともある。

（3）物流サービス水準への対応

物流サービス水準を上げると、物流コスト（輸送コスト、在庫コストなど）も上がることが多い。たとえば、高い物流サービス水準として、短いリードタイムや厳格な時間指定を設定すれば、頻繁な配送が必要になってくる。また、納品先の位置・調達量および要求される物流サービス水準によっては、物流センターを増やす必要や、在庫量を増やす必要が生じることもある。

このように、時間指定を含め、物流サービス水準の設定については、納品先の要請内容を精査し、妥当な内容なのかどうかをよく検証する。

第5章●物流システム管理

3 物流センターの立地地点の設定

（1）重心法による立地地点の設定

物流センターの立地地点を選定する古典的な方法に、「重心法」がある。

重心法とは、2つのパラメータ（拠点間物量・距離）のみを用いるシンプルな方法である。重心法の考え方は、物流ネットワークにおける複数の立地候補地点の中で、物量（t）×配送距離（km）の合計（Σ総トンキロ）が最小となる立地地点（配送エリアの物量重心という）を選定すれば、配送コストが最小化できるというものである。考え方も計算方法も簡単であるが、候補となる立地地点の数と配送先が多くなると計算の組み合わせが多数になるというデメリットがある。

【基本事例問題】

図表5-5-2のように、4つの候補地（A、B、C、D）と配送路がある。物量と距離が与えられたとき、4つの候補地のうち、どこに物流センターを設置するのが最適であるか、配送量を計算し、選定しなさい。

① Aに物流センターを設置したとき

Aからの配送距離	Aからの物量（トンキロ）
A→A＝0km	Aへのトンキロ＝0×6＝ 0
A→B＝5km	B 〃 ＝5×5＝ 25
A→C＝10km	C 〃 ＝10×11＝110
A→D＝15km	D 〃 ＝15×6＝ 90

A～D合計　225トンキロ

② Bに物流センターを設置したとき

Bからの配送距離	Bからの物量（トンキロ）
B→A＝5km	Aへのトンキロ＝5×6＝ 30
B→B＝0km	B 〃 ＝0×5＝ 0
B→C＝5km	C 〃 ＝5×11＝ 55
B→D＝10km	D 〃 ＝10×6＝ 60

A～D合計　145トンキロ

以下同様な計算を、物流センター候補C、Dについても物量（トンキロ）を算出すると、Cで163トンキロ、Dで283トンキロとなる。

280

第5節 ● 物流センターの設定

図表5-5-2 ● 重心法ネットワーク事例

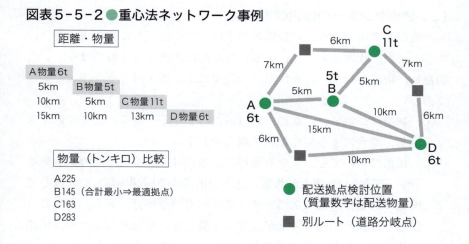

結果から、候補地点Bが最少物量（トンキロ最小）となった。よって、候補地点Bに物流センターを設置することが最適となった。

（2）重心法による2カ所の物流センターの設定

事例として取り上げたモデルでは4つの候補地点による1カ所の選択例であったが、実際には多数の候補地点の中から2カ所設置する場合もある。この場合、若干複雑にはなるが、基本的には同じ計算手順となる。

① 任意に2カ所を選定し、配送距離の大小によって、当該の2つの候補地点が分担する配送地域（および配送先）を仮に決定する（2つの配送地域と配送先の分割）。

② おのおのの配送地域とそこに含まれる配送先について、1カ所の設定手順と同じように、物流センターの候補地点ごとに物流（トンキロ）を算出し、最も小さい候補地点を最適と判断する。

③ ①の2つの候補地点が分担する配送地域（および配送先）の設定を変更して、②の計算を行う。

④ さらに、③の計算を何回か繰り返して、最適な候補地点を選定する。

（3）物流センターの設定の考慮点

　物流センターで扱う配送先別の物量は、時間とともに変わる可能性がある。また、輸送コストは、必ずしも距離に比例するものではない。このため、物流センターの立地地点の設定には、以下のような工夫が必要である。

① 　物量については、現在の実績値だけでなく、将来の需要変動を考慮し、場合によっては需要予測も検討する。

② 　距離についても、単なる物理的距離だけでなく、道路の制約条件（例：道路渋滞、悪天候影響、道路整備による時間短縮）を考慮して所要時間などの他の指標を使うほうが妥当な場合がある。さらには、候補地点間の輸送コストが距離に比例しない場合があるため、実際の輸送コストをもとに算出するほうが適切な場合がある。

③ 　立地候補地点の将来における地域の発展状況、行政による物流政策にかかわる補助金の助成条件との適合性（用途地域、接道条件、効率化対策など）や、インフラ整備の動向（道路整備、工業団地や流通団地の整備状況など）も参考にする。

④ 　物流センターからの配送の量だけでなく、工場や輸入港などから物流センターに搬入される入荷物量を含めて考慮すると、物流センターの最適位置は変わる場合がある。

⑤ 　そのほか、立地地点の違いによる物流センターの投資額、労働力確保の容易性、電力・上水道などの供給状況なども重要になる場合がある。必要に応じて、これらを考慮に入れて、物流センターの配置を最終選定していく必要がある。

第6節 ● 委託先管理

| 第 **6** 節 | # 委託先管理 |

学習のポイント

◆物流・ロジスティクスにおいて行われている外部委託について、最近増えている３PLを含めて学習する。

◆委託先の選定と評価・指導、委託料金の決定方法など、委託先管理のポイントを理解する。

1　委託先管理の範囲と目的

　物流アウトソーシング（外部委託）とは、従来、荷主企業（メーカー、卸・小売業など）が自社で行っていた物流業務を、物流事業者（運送事業者、倉庫事業者など）に委託することである。荷主企業は、ヒト・モノ・カネ・情報という限られた経営資源を、最も重要な事業分野（コア・コンピタンス）に投入するため、物流業務をアウトソーシングする傾向にある。このため、実態として荷主企業の物流現場を担っているのは、物流事業者であるといってよい。

　荷主企業にとって重要な経営課題である物流・ロジスティクスを改善・強化するためには、これら委託先である運送事業者・倉庫事業者などを、良質な物流サービスを適正なコストのもとで、長期安定的に確保することが重要である。

　外部委託の方法には、大きく分けると２つある。輸配送・保管・荷役など個別の物流業務を部分的に委託する方法と、物流業務全体を委託する方法である。**サードパーティ・ロジスティクス（３PL）** `Key Word` とは、後者の考えに立って、「荷主の企業の物流業務をすべて、包括的に受託す

283

る」ものである。

　委託先管理では、自社がどのような物流・ロジスティクスを実現したいかという戦略に基づいて、範囲や目的などの方針を明確化したうえで委託することが重要である。なお、各企業の事業所ごとや物流業務ごと（輸送、保管など）に委託することは、必ずしも効率的とはいえない。

　また、委託先管理についても法令遵守（コンプライアンス）が必要である。荷主（物流子会社を含む）からトラック運送事業者・倉庫事業者などの物流事業者（3PL事業者を含む）に委託するときは、独占禁止法の物流特殊指定の対象となる。→第3章第3節**1** (8)

2　委託先の選定と契約

（1）委託先選定のポイント

　物流業務の委託先は単なる下請ではなく、自社の重要な機能を分担するパートナーなので、協力関係を築くことができる物流事業者を慎重に選定する必要がある。最近では、入札（ビッド）やコンペを実施して選定するケースが多い。→図表5-6-1

① 　運賃・料金水準・物流品質

　委託先の選定にあたって、荷主は運賃・料金水準をとりわけ重視する傾向がある。→第8章第2節

　しかし、目先の運賃・料金水準よりも、提供される物流サービスの水準が重要である。良質なサービスを長期安定的に確保することを重視すべきである。

② 　物流量の波動への対応

Key Word

　サードパーティ・ロジスティクス（3PL）──荷主企業に代わって、最も効率的な物流戦略の企画立案や物流システム構築の提案を行い、かつ、それを包括的に受託し、実行すること（「総合物流施策大綱（2005－2009）」より抜粋）。

第6節 ● 委託先管理

物流事業者が保有する拠点・トラックなど、備車・借庫の能力などについてもチェックする。3PL業者の場合は、特にこの点が重要である。倉庫やトラックを保有するアセット型（→Column「3PL」）のほうが、一般的には波動への対応が優れている。

③ 情報システム

物流分野でもICTが活用されているので、情報システム力のある物流事業者が望ましい。配車計画・在庫管理など幅広い情報システムが提供できるか、情報投資には熱心かなどを判断する。

④ 問題解決・コンサルティング能力

継続的な改善を積極的に提案する物流事業者を選ぶべきである。荷主企業にとっては、物流事業者の物流コンサルティング能力も欠かせない。

⑤ 物流事業者の業務遂行能力（現場力）

物流事業者の企業規模や実績よりも、現場の業務遂行能力（現場力）のほうが重要である。3PL業者の場合は、特に実作業を行う再委託先の業務遂行能力に注意する。

図表5-6-1 ● 委託先選定の手順

項 目	内容（例）
1．物流業務委託の決定	自社物流の現状の把握、委託方針・物流改革目標の決定、選定スケジュールの決定と、提案仕様書（提示項目）の作成
2．委託先の募集	委託先の募集、説明会の開催、守秘義務契約の締結、自社物流の現状・目標の概略について情報開示
3．1次選考	応募企業の既存実績の調査・ヒアリング、企画提案力・規模（施設・車両・情報システム力）・姿勢の評価、財務状況の評価（信用調査機関の活用など）、候補を数社に絞り込み
4．2次選考	詳細な情報開示、候補企業が運営中のセンターの視察・ヒアリング、候補企業から詳細な企画提案と面談、総合的な検証と評価
5．委託先の決定	契約締結、共同プロジェクトの立ち上げ、移行スケジュールの作成と準備（自社要員の配置転換など）

（2）委託先との契約

①　トラック運送事業者等との契約

　トラック運送事業者等への委託が下請法の対象となる場合は、同法第
3条により以下の項目を記載した書面を交付しなければならない。

　○親事業者（元請け事業者）と下請事業者の名称

　○役務提供委託をした日

　○下請事業者の役務内容

　○下請事業者から役務が提供される期日・期間

　○下請事業者から役務が提供される場所

　○下請代金の金額（算定方法でも可）

　○下請代金の支払い期日

　○手形を交付する場合、手形の額（支払い比率でも可）・手形の満期

　○一括決済方式の場合、金融機関名、貸付または支払い可能額、金融
　　機関へ支払う期日

　継続的に業務を委託する運送事業者とは、基本契約書、覚書など（一
般的には1年間自動延長条項付き）を締結し、毎回の委託では運送状等
を交付するという形をとることが望まれる。

②　3PL事業者との契約

　3PLなどで物流業務全般を委託する場合は、包括的な物流アウトソー
シング契約を結ぶ。この場合、3〜5年間の長期契約となることが多い。
特に物流拠点の新設を伴う場合は、5〜10年間の長期契約もある。現状
の3PL事業では、新たに仕事を追加されてもそれに見合った料金を収受
できないケースや、物流事業者と荷主企業が一丸となって改善施策を推
進したにもかかわらず、その改善効果を物流事業者と配分することを荷
主企業が事前認識していなかったケースがある。このために、物流事業
者が効果配分（**ゲインシェアリング** `Key Word` ）を享受できないというケ
ースがある。

　契約内容については、あとでトラブルにならないよう、十分に配慮す
る必要がある。国土交通省では、トラブルの発生を回避する目的で、「3

PL契約書ガイドライン」を作成している。
〔3PL契約の必要項目〕
　○目的（業務の範囲）
　○業務の細目（業務の運営方法）
　○秘密保持（業務上知り得た両者の情報の第三者への開示非開示）
　○事故報告（事故発生時の措置等）
　○損害保険（保険の付保）
　○料金および支払い方法（業務委託料の発生・請求・支払い等）
　○契約期間（契約期間および自動更新）
　○解約（解約の事前予告）

Column コーヒーブレイク

《3PL》
　荷主（物流取引における第1の当事者）でも物流事業者（第2の当事者）でもない「第三者が行うロジスティクス」というのが語源といわれ、米国で1980年代に新しい業態として勃興した。日本では1990年代に物流事業者側から新たな事業展開として、荷主の物流業務を一括して代行するケースが増えてきた。3PL事業を展開している事業者は、総合物流事業者・倉庫業者・海運業者・**インテグレーター** Key Word などの既存の物流事業者以外に、物流子会社・商社・システムベンダーなど異業種からの参入も多い。施設・車両を保有するアセット型と保有しないノンアセット型がある。

Key Word

ゲインシェアリング──契約から一定期間後に物流事業者が削減したコストを、荷主と分け合うという契約の一方式。
インテグレーター──航空機とトラックを保有し、自社で国際輸送を一貫して行える事業者。航空事業者（キャリア）と利用運送事業者（フォワーダー）両方の機能を持つ。

第5章 ● 物流システム管理

　　○解除（有事の一方的解除要求）
　　○再委託（物流事業者の再委託事項）
　　○法律の遵守（関連する法律の遵守）
　　○価格情報の取り扱い
〔契約書追記項目例〕
　　○荷主の協力
　　○改善効果の評価項目および管理指標
　　○利益配分

（3）派遣契約と偽装請負

　物流センター業務などの委託で気をつけなければならないのが、「偽装請負」である。偽装請負とは、荷主企業と物流業との間で行っている物流センター業務などの請負契約が、労働者派遣法に抵触していることを指す。→前掲図表3-3-2

　具体的には、たとえば、荷主の従業員がその業務を請け負っている物流業の従業員に直接的に指揮・命令した場合は、偽装請負とみなされる可能性がある。偽装請負とみなされると、荷主は労働者派遣法違反として処罰される可能性がある。

　偽装請負ではない「請負業務」とみなされるには、第3章第3節**１**(2)のColumn「偽装請負」で示した要件が必要である。

3 委託先の評価と指導

　荷主は、物流業務を委託した後も、委託先任せにせず、委託先の適否について継続的に評価し、荷主企業発展のパートナーとして、育成・強化する必要がある。場合によっては、整理・淘汰しなければならない。

（1）評価の方法

　委託先の評価は、主に品質、コスト、その他の3つによって行う。そ

して、委託先の評価は、最低でも年に1回は行うことが望ましい。

① 品質

時間の正確さ、品目・数量違い、荷傷み・汚破損、事故・クレームなど

② コスト

運賃・料金の水準、コストダウン実績（額・率）、改善提案件数など

③ その他

従業員教育、経営力（安定性・将来性など）、車両・人員の調達力など

（2）委託先の指導

委託先の指導や要求は、評価結果に基づいて行うことになる。できれば、委託先の自発的な改善を期待したい。そのためには、次のような方法を検討する必要がある。

① 委託先の組織化による情報交換や、荷主企業の方針徹底、優良企業の表彰など

② 委託先への指導・育成（生産性・収益性・成長性・将来性などの経営指導、委託先の経営者・従業員の教育など）

③ 委託先の選別・淘汰による再編成

なお、委託先は必ずしも大手企業だけではなく、中小企業であることも多いので、経営体質の強化を支援していくことなども必要になる。場合によっては、出資や人員派遣などもある。

さらに、指導・育成しても改善が見られない場合は、取引停止もやむを得ないが、委託先が解散・廃業に至ることも考えられるので、契約にはあらかじめ解除条項を明確化しておくことなどが望ましい。

荷主企業が委託先従業員に直接、作業指示や命令を行うと、偽装請負に該当する場合があるので注意が必要である。

4　物流子会社

（1）物流子会社の概要

物流業務の委託先の１つに、物流子会社がある。**物流子会社**とは、物流業務の効率化・高度化、物流コストの明確化などを目的として、荷主が自社の物流部門を分社化した会社である。

物流子会社の中には、親会社以外の外販比率を高め、３PLビジネスを積極的に拡大しながら総合物流業者となって、株式を上場している物流子会社もある。一方で、単に高齢者の受け皿や赤字部門の外出しのために設立された子会社などの場合には、連結決算体制になって問題を生じていることも少なくない。そして、近年では、親会社が物流子会社を売却する**M&A**などの例も多い。

（２）物流子会社の種類

物流子会社の種類には、物流の実務を行う会社、物流管理を行う会社、および物流の実務と管理を総合的に行う会社、の３種類がある。この中で、実務を行う子会社としては、保管を中心とする倉庫子会社や、輸配送を中心とする運輸子会社（主にトラック運送子会社）などがある。運輸子会社の中には、第３章第３節**3（2）**で説明した貨物利用運送事業の例も見られる。

業務範囲に関しては２種類あり、親会社の物流事業のみを行う会社と、親会社以外の物流業務も行う会社がある。

（３）物流子会社設立のメリットとデメリット

メーカーを中心に、多くの荷主企業が物流子会社を設立している。物流子会社を設立することのメリットは、親会社にとっては、①定年退職者・出向者などの受け皿、②労働条件や組合対策・給与対策、③物流関係費用や管理責任の明確化、④分社化による事業多角化、などが挙げられる。物流子会社にとってのメリットは、①設備投資や人材育成など、独自の経営体制、②物流専業会社への発展や、新規事業への進出、などがある。

荷主と物流子会社間の出資比率や役員比率などにより、独占禁止法・

第6節●委託先管理

下請法では物流子会社も荷主企業とみなされる場合がある。この場合は、物流子会社からトラック運送事業者等に再委託していると、独占禁止法の物流特殊指定の対象、または下請法の親事業者と判断されることもある。

　一方、デメリットや問題点もある。代表的なものに、①親会社に依存した経営体質、②親会社とのコミュニケーション不足や疎遠化、利害関係、③親会社からの天下りや出向による弊害、がある。

第5章 ● 物流システム管理

| 第 **7** 節 | # 物流システムの効率化 |

学習のポイント

◆荷主企業の調査をもとに、物流コスト削減に効果のある施策
　や、企業が導入しようとしている施策について学ぶ。
◆物流システムの効率化対策のうち、代表的な「共同輸送・共
　同配送」の特徴を理解し、検討項目と事業の進め方について
　学ぶ。
◆「物流拠点の見直し」については、狭義の物流拠点として物流
　センターを取り上げ、保管費用と配送費用のトレードオフや、
　流通業務総合効率化法などを学ぶ。

1 荷主企業による物流システムの効率化対策

（1）企業経営の目標と物流システムの効率化対策

　物流システムの効率化対策は、企業経営の4つの目標（売上げの増加、
費用の削減、資産の活用、事業の成長性）に合わせて取り組む必要があ
る。→図表5-7-1

　しかし、物流システムの効率化対策では、求める効果によってトレー
ドオフが存在することが多い。たとえば、顧客サービス向上のために納
品リードタイムの短縮を優先すれば、多頻度の配送により物流コストが
増加することがある。また、物流コストの削減を優先するときには、多
頻度配送を減らして積載率を向上させたために、顧客サービスが低下す
ることもある。

　このように、物流システムの効率化対策は、その目標や優先すべき項

292

第7節 ● 物流システムの効率化

図表５−７−１ ●企業経営の４つの目標と物流システムの効率化対策

目標	効率化対策	効果・影響
売上げの増加	機会損失の削減	納品率の向上、欠品率の低下
	顧客サービスの向上	納入リードタイム短縮、商品・物流の高付加価値化
費用の削減	製品原価の低減	調達VMIの構築、生産管理の強化
	物流コスト削減	輸送・保管・流通加工・包装・荷役コスト削減
	その他の費用の低減	資産の見直し、人件費の見直し
資産の活用	設備の活用	遊休設備の稼働、設備の共同利用、共同配送
	在庫の削減	入庫・在庫・出庫管理、ABC分析
	売掛金・買掛金の管理	売掛金の回収サイクルの短縮、買掛金の見直し
	固定資産の流動化	土地・建物・設備の削減、自社倉庫のリース化
事業の成長性	製品・サービスの強化	環境対応、物流品質の向上、安全安心の担保
	CSRの向上	環境負荷の削減、法令遵守、災害時の協力

出所：苦瀬編著『サプライチェーン・マネジメント概論』白桃書房、198頁、2017年

目によって、効果の考え方や導入の意義も異なることになる。

（２）2021年度において物流コスト適正化に効果のあった物流施策

　物流システムの効率化対策のうち、ここでは荷主にとって関心が高いと考えられる「物流コストの削減ないし適正化」について考えることにする。

　（公社）日本ロジスティクスシステム協会では、毎年「物流コスト調査」を実施し、その結果を公表しており、同調査の調査項目の１つに「物流コスト適正化に効果のあった施策」と「実施予定の削減策」がある。ここでは同協会の「2022年度 物流コスト調査報告書」から、その上位項目を示す。

　2021年度において「物流コスト適正化への効果が大きかった施策」としては、１位が「輸配送改善」、２位が「在庫削減」、３位が「輸配送経路の見直し」である。このとき、物流拠点（本テキストでの物流センター）については５位、７位、14位（拠点数増）であるが、この３つを「物

293

第5章 ● 物流システム管理

図表5-7-2 ● 2021年度に物流コストの適正化に効果のあった施策

順位	物　流　施　策	回答数
1	輸配送改善（積載率向上、混載化、帰り便、エコドライブなど）	23
2	在庫削減	20
3	輸配送経路の見直し	12
4	保管改善（保管の効率化、ロケーションの見直し等）	9
5	物流拠点の見直し（拠点数減）	8
5	物流デジタル化の推進（AI導入、RPA導入、伝票電子化、システム導入）	8
7	物流の共同化	7
7	物流拠点の見直し（拠点数横ばい）	7
9	直送化	6
10	モーダルシフト	5
10	包装改善（包装の簡素化・変更）	5
10	自家物流の推進	5

（注）「物流拠点の見直し（拠点数増）」は、順位14で、回答数3。

出所：日本ロジスティクスシステム協会「2022年度 物流コスト調査報告書（概要版）」7頁、2023年4月発行（https://www1.logistics.or.jp/Portals/0/resources/Cost/cost_report_20230428.pdf）

流拠点（物流センター）見直し」として合計すると3位（回答数18）となる。→図表5-7-2

　なお、有力な物流システムの効率化対策として取り上げられる「物流の共同化」は、7位（回答数7）である。

（3）2022年度に実施予定の物流施策

　2022年度において「実施予定の物流施策」としては、1位が「物流デジタル化の推進」、2位が「輸配送改善」、3位が「自動化・機械化の推進」であった。なお、「実施予定の物流施策」は、その目的を物流コスト適正化に限定していないので、物流施策の全般にわたり幅広く質問していることになる。→図表5-7-3

第7節 ● 物流システムの効率化

図表5-7-3 ● 2022年度に実施予定の物流施策

順位	物　流　施　策	回答数
1	物流デジタル化の推進（AI導入、RPA導入、伝票電子化、システム導入）	19
2	輸配送改善（積載率向上、混載化、帰り便、エコドライブなど）	15
3	自動化・機械化の推進（マテハン・ロボット・自動倉庫の導入など）	13
4	物流拠点の見直し（拠点数増）	10
5	在庫削減	7
5	モーダルシフト	7
7	輸配送経路の見直し	6
7	保管改善（保管の効率化、ロケーションの見直し等）	6
9	需要予測精度の向上	5
9	物流拠点の見直し（拠点数減）	5
9	物流拠点の見直し（拠点数横ばい）	5

（注）「物流の共同化」は、順位15で、回答数3。

出所：図表5-7-2に同じ

　物流拠点（本テキストでの物流センター）については、4位（拠点数増）、9位（拠点数減）、9位（拠点数横ばい）であるが、さきと同じく3つを「物流拠点見直し」として合計すると、1位（回答数20）になる。

　この一方で、物流の共同化は15位で実施予定は少ない。

（4）本節で取り上げる物流システムの効率化対策

　物流システムの効率化対策は物流コストの適正化だけでなく、多様な対策がある。そして本節では、物流システムの効率化対策として上位に入っている「輸配送の共同化」と「物流拠点（本テキストでの物流センター）の見直し」について説明する。

　この2つを取り上げる理由は、他の対策については他の章で扱っているからである。たとえば、在庫削減（2位）と保管改善（4位）は、第6章「在庫管理」で扱っている。輸配送改善（1位）と輸配送経路の見

295

第5章 ● 物流システム管理

直し（3位）は、第7章「輸配送管理」で扱っている。物流のデジタル化（5位）は、第10章「実行系の4つの業務別ロジスティクスの情報システム」で扱っている。

2 共同輸送と共同配送

（1）物流共同化の多様な種類

　企業が単独で物流システムの効率化対策を実現できない場合には、複数の企業による「物流共同化」が、物流システムの効率化対策の候補の1つになる。つまり共同物流 Key Word であり、共同物流には、共同受発注、共同輸送、共同配送、共同保管、共同物流センター、一括納品など、多様な種類がある。

　物流共同化の中で、共同輸送は中長距離の幹線輸送の共同化であり、共同配送 Key Word は面的な配送の共同化である。

（2）共同輸送の種類と特徴

　輸送とは、原則として中長距離の幹線輸送（1対1）を指すことが多い。このため、共同輸送も中長距離の輸送が対象となる。

　共同輸送の代表的な例には、4つの種類がある。なお、共同輸送は複数の荷主の貨物を積むことなので、貨物を買い取らない限り荷主が自家用貨物車で行うことはできない。このため、共同輸送は基本的に一般貨

Key Word

共同物流──複数の企業が、物流業務の効率化、顧客サービスの向上、交通混雑の緩和、環境負荷の軽減などのために、物流機能を共同化すること（JIS Z 0111：2006 物流用語より）。

共同配送──従来、個別の配送を行っていた複数の企業が、共同化することによって、配送荷物をまとめて積合せにして配送するもの（JIS Z 0111：1995 物流用語より抜粋）。

図表５-７-４ ●共同輸送の代表例

① 同一方面での共同輸送
（目的：車両数の削減、積載率の向上）

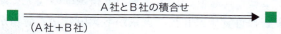

② 輸送途中で積み込む共同輸送
（目的：車両数の削減、積載率の向上）

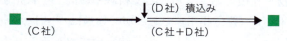

③ 帰り便利用による共同輸送
（目的：車両の往復利用、片荷の解消）

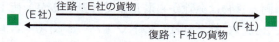

④ 輸送途中でトラックドライバーが交代する共同輸送
（目的：車両の往復利用、トラックドライバーは中継地点で交代）

物自動車運送事業における運行ということになる。卸売業の場合は、貨物を買い取り「帳合」を持つことにより自家用貨物車で共同輸送する例もある。ただし、以下の第３の例のように、「往路はＡ社の貨物」「復路はＢ社の貨物」をＡ社が運ぶ場合は、Ｂ社の貨物を買い取れば、Ａ社の自家用貨物車でも輸送可能な場合がある。→図表５-７-４

第１は、同一方面での共同輸送である。これにより、積載率の向上と車両数の削減が期待できる。たとえば、東京から大阪に貨物を運びたい複数の企業（Ａ社とＢ社）が、それぞれ１社の貨物では満載にならないときに、２社の貨物を１台に積むような例である。

第２は、輸送途中で貨物を追加して積み込む共同輸送である。第１の共同輸送の変形として、２社の出発地が異なるときに、運行経路の途中で積み合わせることである。たとえば、大阪に向けて東京を出発するとき満載にならない（Ｃ社）としても、運行経路の途中の静岡などで空い

第5章 ● 物流システム管理

たスペースに他社の貨物（D社）を積み合わせるような例である。

第3は、帰り便利用による共同輸送である。これにより、同一車両を往復で利用することにより、片荷の解消と積載率の向上を期待できる。たとえば、東京の百貨店（E社、東京から大阪に送る荷物が多い）と、大阪の百貨店（F社、大阪から東京に送る荷物が多い）が提携し、運送事業者が貨物を往復で確保することで積載率の向上を目指すものである。販売ではライバル（競争相手）であるが、輸送はパートナー（協調仲間）ということになる。なお、帰り荷の貨物を探すマッチングシステムは、共同輸送に含めないことが多い。

第4は、車両と貨物は発地から着地まで移動するが、荷主の了解のもと輸送途中で2社（G社とH社）のドライバーが交代するものである。中継輸送（リレー輸送）といわれることもある。第3の帰り便利用の発展形として、時間外労働時間の削減や、トラックドライバーが自宅に帰る勤務形態の確保ために考えられたものである。このために、高速道路などでも、SA・PAに中継用の施設を設けている例がある。

（3）共同配送の種類と特徴

配送とは、原則として短距離であり、配送センターや倉庫などから複数の店舗や住宅などに貨物を配ること（1対多）である。このため、共同配送も、都市内や地域内などでの面的な配送が対象となる。

共同配送は、物流システムの効率化対策として取り上げられることが多いが、実現のためのハードルが高い。

共同配送の期待される効果としては、一般に、トラックの積載率の向上やトラックの総走行台数の削減などの効果とともに、さらに二次的効果として、物流コストの低減、交通渋滞の緩和、総走行距離の削減、地球温暖化・環境問題の解決への寄与、などが考えられている。

しかし、これらの期待される効果の間にはトレードオフ（例：多くの貨物を積むことで積載率を向上させると、配送時間が長くなりリードタイムを守れないこともある）が存在するため、複数の効果を同時に得ら

れるケースは少ない。また、共同配送の効果が実態よりも過大に評価されていることや、実施上の困難さが理解されていないことも課題である。

共同配送の種類には、主導者別（荷主主導、物流業者主導）、利用者の業種別（同業種間、異業種間）、地域別（地域内、広域）、共同の形態別（共同配送、統合納品）などがある。

ここでは、第1に一般的な共同配送、第2に統合納品、第3にルート配送での共同配送、第4に配送経路が束ねられている共同配送、第5に配送経路が束ねられていない共同配送について、それぞれの特徴を考えてみる。

（4）直送と共同配送の比較

第1の直送を共同配送と比較してみると、以下のような特徴がある。
→図表5-7-5

直送では、着地での車両台数が各3台（計9台）と多く、配送経路は9本であり、荷役（積・降）回数は計18回である。なお、総走行距離は、道路や共同配送センターの位置によって変わる。

共同配送では、発地で3カ所の着地の貨物を積載できれば、車両台数

図表5-7-5●直送と共同配送の比較

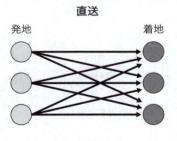
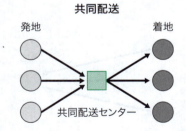

直送
(1) 車両台数　：各3台、計9台
(2) 配送経路　：各3本、計9本
(3) 荷役回数　：積・降で計18回
(4) 総走行距離：道路距離で変化
(5) 到着台数　：3台／着地

共同配送
(1) 車両台数　：最小6台、積載率で変化
(2) 配送経路　：6本
(3) 荷役回数　：積・降で計12回
(4) 総走行距離：センターの位置で変化
(5) 到着台数　：1台／着地

は３台から１台に削減できるが、もともと満載で出発しているのであれば３台は変わらない。また、荷役回数も、満載で出発して１カ所に直送するのであれば、あえて共同配送センターに寄って積卸し作業をする必要はない。総走行距離は、発地と着地の位置や道路によって変わるが、特に共同配送センターの位置次第で長くも短くもある。

図表５-７-５において、たまたま共同配送センターの位置は、３つの発地と３つの着地の中間にあるので効果が高いように見えてしまう。この位置関係は、横浜市の３つの工場から東京の３店舗に配送するとき、川崎市にある共同配送センターを利用するような場合に相当するが、共同配送センターが埼玉県や千葉県にある場合には効果的とはいえないことになる。

（５）直送と統合納品の比較

第２の統合納品は、デパートやスーパーマーケットなどの大規模商業施設で、店舗に来る貨物車の台数（到着台数）を減らすために導入している例が多い。しかし、到着台数を削減できても、共同配送センターの位置によっては総走行距離が削減できるとは限らない。この統合納品を

図表５-７-６●直送と統合納品の比較

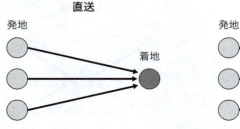
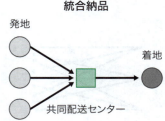

直送と比較してみると、以下のような特徴がある。→図表５−７−６

　直送では、着地での到着台数は３台で配送経路も３本であるが、荷役回数は少なく、走行距離も道路距離によって変わるが、直送ゆえに短いことが多い。

　統合納品では、使用する車両台数と配送経路と荷役回数は増える可能性が高いが、着地での到着台数が少なくなる可能性が高い。このため、納品センターでの在庫や品ぞろえを重視するときや、到着台数の削減を優先するときには、有効である。特に、共同配送センターまでの配送は納入業者の業務であれば、着荷主（例：商業施設など）は、共同配送センターから着地までの配送だけを対象に考えることが多い。ただし、総走行距離は、共同配送センターの位置によって変わる。

　特に、デパート等の場合は、共同配送センターでの「検品」作業が煩雑であることから、「納品代行」「検品代行」としての統合納品の事例が見られる。

（６）ルート配送での直送と共同配送の比較

　第３のルート配送には、限られた地域において、類似の商品をルート

図表５−７−７●ルート配送での直送と共同配送の比較

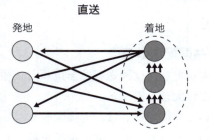

直送
(1) 車両台数　：３台
(2) 配送経路　：３本
(3) 荷役回数　：積１降３×３（12回）
(4) 総走行距離：道路距離で変化
(5) 到着台数　：３台／着地

共同配送
(1) 車両台数　：最小４台、積載率で変化
(2) 配送経路　：４本
(3) 荷役回数　：積３降３、積１降３（計10回）
(4) 総走行距離：センターの位置で変化
(5) 到着台数　：１台／着地

配送する例がある。直送では、３つの発地から、それぞれ３つのルートで配送しているが、配送先がほぼ同じであれば、配送ルートをまとめて１台で運ぶことになる。直送では、車両台数３台で、３つの着地（店舗）に配送しているが、車両台数・配送経路・荷役回数は少ない。また、走行経路も直送ゆえに最短経路をたどりやすい。→図表５−７−７

　たとえば、半径20km程度の地域を対象に、常温の日用雑貨品を複数の店舗に配送する場合などがあり、スポーツ用品や文具なども類似の傾向がある。ルート配送での直送と共同配送を比較してみると、積載率が低い場合には、車両台数を減らすことができる。

　また、大都市中心部や商店街など（福岡市、武蔵野市など）で行われている共同配送も、物流事業者各社の貨物を共同配送センターに集めてから、各店舗などに配送している。

　コンビニエンスストアなど多店舗への配送では、共同配送センターを商品特性ごとに５つ程度（米飯、常温、チルド、フローズン、雑誌）に分けている。ルート配送の共同配送では、コンビニエンスストアのように、多品種の商品を品ぞろえして、多くの店舗に配送する場合に適している。荷役回数などは増える可能性が高いが、着地（例：店舗）での到着台数の削減の効果は大きい。なお、総走行距離は共同配送センターの位置次第で長くも短くもなるので、一概に環境にやさしいか否かは、判別できない。→前掲図表５−３−４

（７）配送経路が束ねられている共同配送の特徴

　共同配送を空間的に見たとき、実現可能性は配送経路を束ねた状態か、束ねられず平面的な状態かによって、大きく異なる。

　第４の「配送経路が束ねられている共同配送」は、前掲図表５−７−４の②のような線的な幹線輸送に近い形となるため、共同配送を導入しやすい。

　たとえば、配送経路が途中１カ所で束ねられていているとき、貨物が満載であれば積み替え場所の横を通過して直送すればよい。逆に、低積

第７節 ● 物流システムの効率化

図表５－７－８ ● 配送経路が束ねられている場合
（線的な配送：離島、半島、山間地、高層ビルなど）

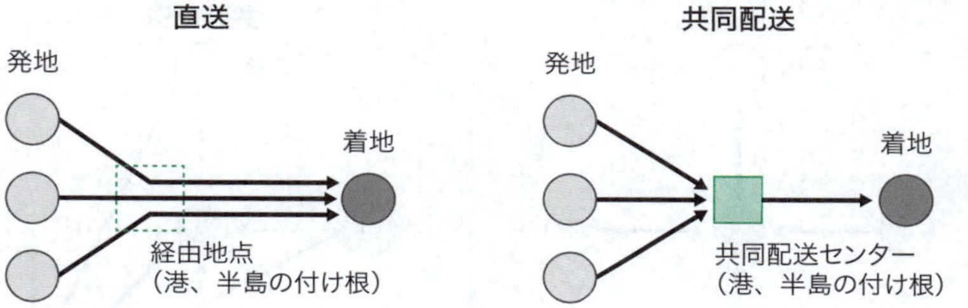

直送 共同配送

発地 発地

着地 着地

経由地点 共同配送センター
（港、半島の付け根） （港、半島の付け根）

	直送			共同配送
(1)	車両台数	：3台	(1)	車両台数 ：最大で4台（3+1）
(2)	配送経路	：4本	(2)	配送経路 ：4本
(3)	荷役回数	：少、6回（積・降で2回×3）	(3)	荷役回数 ：多、8回（積・降2回×4）
(4)	総走行距離	：最大	(4)	総走行距離：削減
(5)	到着台数	：多、4台/着地	(5)	到着台数 ：少、1台/着地

載なので共同配送を利用したい場合には、立ち寄って積み合わせればよい。このような例としては、離島、半島、山間地、都心の高層ビルなどがある。これらの場合は、港、半島の入り口の都市、山麓の都市、ビルの荷さばき場などを通過することになるので、共同配送も導入しやすく実施例も多い。→図表５－７－８

（8）配送経路が束ねられていない共同配送の特徴

第5の「配送経路が束ねられていない共同配送」は、多方面から共同配送センターに商品や物資を持ち込み、仕分け直してから配送先に向かうことになるために、条件次第で共同配送の効果も左右される。

たとえば、平面的に広がる都市内配送では、積載率の向上と配送先での貨物車の到着台数の削減は可能なので、局地的な渋滞解消には効果がある。しかし、必要な貨物車台数の増加や総走行距離の増加により、CO_2の排出が増加する可能性ある。

このように、配送においては、どの効果や影響を優先するかによって対策の選択は変わり、これに効果や影響が逆転してしまうことは多い。

303

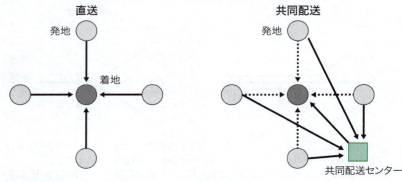

図表5−7−9 ●配送経路が束ねられていない場合
（面的な配送：一般の市街地など）

この意味で、共同配送が万能ではないことに留意すべきである。→図表5−7−9

（9）直送と共同配送の選択の考え方

　共同配送・統合納品・ルート配送などの導入を検討する場合には、直送と比較して、よりメリットのあるほうを選ぶことになる。このとき、積載率、配送密度、遠回り、到着台数、品ぞろえなどを検討する必要がある。

　第1に、積載率が高ければ、途中で積み合わせる必要がないから直送することになるが、低ければ途中での積合せも検討することになる。

　第2に、配送先（着地）の密度が高く一地域に集中しているのであれば、共同配送をして短時間で配送できる。しかし、多少遠回りであっても、積載率の向上や品ぞろえの必要があれば、共同配送ということになる。

　第3に、共同配送センターの位置が不便な場所にあったり、配送先が

図表５-７-10 ●直送と共同配送の向き・不向き

多方面に分散していれば、共同配送で届けることは難しい。

　第４に、配送先（着地）において到着台数を削減したいときには、共同配送になることが多い。この場合は、多少遠回りでも、共同配送センターでの品ぞろえと着地での台数削減を優先することになる。

　第５に、途中で品ぞろえが必要なときには、共同配送センターで作業を行ってから配送することになるので、共同配送が適している。しかし、品ぞろえもなく、単に通過するだけであれば、荷役回数が少ない直送がよいことが多い。→図表５-７-10

3　共同配送の５つの検討項目

（1）貨物特性（3T）の適合性

　共同配送は、これまでにも物流システムの効率化対策として提案され、さまざまな業種や地域で取り組まれてきたが、そのすべてが成功したわけではない。そこで、ここでは共同配送の検討項目として、貨物特性、輸送条件、効率化の効果、阻害要因の排除、事業継続性の５つについて考えることにする。→図表５-７-11

　第１の貨物特性とは、３Ｔとよばれているもので、貨物の品質を維持するために、①温度（Temperature）、②出発時刻や納品時刻（Time）、③重量や取り扱いに注意が必要な壊れ物などの物性（Tolerance）、である。輸送事業者では輸送特性とすることが多いが、コンビニエンススト

第5章●物流システム管理

図表5-7-11●共同配送導入のための検討項目

（1）貨物特性（3T）の適合性
　　①貨物の温度（Temperature）
　　②発送時刻や納品時刻（Time）
　　③重量や壊れ物などの物性（Tolerance）
（2）輸送条件の適合性
　　①出荷日時や納品日時の一致
　　②配車計画との整合
　　③輸送量（重量や容積）の整合
（3）効率化の効果
　　①積載率の向上
　　②総走行距離の削減
　　③到着台数の削減
（4）阻害要因の排除
　　①経営レベル（企業間の利害対立、コスト配分）
　　②技術レベル（容器・伝票・品番、情報システム）
　　③運営レベル（サービス低下、配送距離の増加）
（5）事業継続性
　　①採算性の維持
　　②機密保持
　　③物流サービスの差別化の維持
　　④適正な運賃・料金と適切なコスト負担
　　⑤リーダー、コーディネーターの確保
　　⑥従来の物流事業者との関係

アなどの荷主企業では、3Tを含めて商品特性とすることも多い。
　たとえば、温度（①）については、常温の鉄鋼製品と冷蔵のアイスクリームの共同配送は難しい。実際に、コンビニエンスストアの店舗配送では、温度帯別（常温（18℃）、チルド（4℃）、冷凍（マイナス18℃））に分けることもあれば、同一車両であっても荷室を可動式のパーテーションで区分して、2～5温度帯の商品を共載して配送している例がある。
　また、出発時刻や納品時刻などの時間（②）が一致しなければ、一緒に運ぶことはできない。

第7節●物流システムの効率化

さらに、物性（③）から見れば、割れ物のワイングラスと重たい電気製品を隣り合わせに詰むことは心配であり、桃のような柔らかい果物の上に重量のあるゴルフバッグを積み上げて運ぶことはしない。

このように、原則として3Tが似た貨物ほど、共同配送を行うことが多い。一方で、トラックの積載率を高めるとともに過積載を防止するため、コンビニエンスストア配送では、重い（安い）飲料水と軽い（高い）菓子類を混載して配送している例がある。

（2）輸送条件の適合性

第2の輸送条件とは、①出荷日時や納品日時の一致、②配車計画との整合、③輸送量（重量や容積）の整合、である。

たとえば、出荷日時や納品日時が一致（①）していない限り、貨物を積み合わせることはできない。

次に、配車計画との整合（②）として、何時に集荷に行けば貨物を積み付けることができるか、そして配車の都合もある。加えて、どのタイミングでその日に集荷する貨物の総数量（質量）、荷姿が確定し、同時に車種および車両台数が確定できるのかが問題となる。

また、輸送量（③）（重量、容積など）が積合せに都合のよい大きさや量であることが重要である。

さらに、品ぞろえが必要なときには、中継地点での共同配送センターを利用することになるので、共同配送に有利になる。たとえば、スーパーマーケットやコンビニエンスストアのように、メーカーや工場から多種多様な商品を流通センター（DC）に集めてから、店舗別に品ぞろえして配送している。

（3）効率化の効果

第3の効率化の効果は、①積載率の向上、②総走行距離の削減、③到着台数の削減、などが代表的である。しかし、これらの効果の間にはトレードオフが存在し、すべての効果を同時に得ることが難しいので、効

307

第5章 ● 物流システム管理

果の分析と、どの効果を優先するかについて、検討しておく必要がある。

　積載率（①）については、各車両の積載率が低ければ、共同配送センターで積み直す価値はある。しかし、1つの着地（店舗）で貨物が満載になれば、あえて共同配送センターに寄る必要はない。

　総走行距離の削減（②）は、すでに前掲図表5-7-9で示したように、共同配送センターの位置により、逆に増加することもある。このため、総走行距離に比例する環境負荷の削減効果も、共同配送センターの位置によって変わることになる。

　到着台数の削減（③）は、共同配送が有効である。たとえば、あるコンビニエンスストアは開業した当初は、1日の店舗への貨物車到着台数が70台超だったものが、現在では10台以下になっている。なお、トレードオフから考えると、到着台数の削減の一方で、総走行距離が増加する可能性もある。

（4）阻害要因の排除

　第4は、共同配送の阻害要因の排除である。この阻害要因には、①経営レベル、②技術レベル、③運営レベル、の3つが考えられる。

　経営レベル（①）としては、各企業間の利害対立が阻害要因となることである。特に、共同配送が、ある企業にメリットがあるとき、他の企業がデメリットを被ることは、しばしばある。たとえば、荷主にとって配送の効率化がコスト削減に結びつくとしても、物流事業者にすれば売上げの削減や顧客の喪失につながることもある。

　技術レベル（②）としては、容器・伝票類・品番などが共通でないときには、これらを統一する業務が必要なことは多い。特に、情報システムの不統一は、きわめて大きな阻害要因になる。

　運営レベル（③）では、共同化するときに作業方法や業務基準が不統一であれば、サービス水準の低下につながりかねない。また、共同配送センターの位置が遠いことで走行距離や配送時間が増加すれば、運行管理や労務管理に差し支える可能性もある。

（5）事業継続性

第5は、共同配送の事業継続性である。事業継続にあたっては、①採算性の維持、②機密保持、③物流サービスの差別化の維持、④適正な運賃・料金と適切なコスト負担、⑤リーダー、コーディネーターの確保、⑥従来の物流事業者との関係、などがある。

採算性の維持（①）では、参加各社において適切なコストの負担や利益の配分を行うことで、採算性を維持することが重要である。また、地域での共同配送では、運賃が安い貨物や手間のかかる貨物が共同配送に回されることで採算が合わないことがある。このような事態を回避しながら、採算性を維持することが重要である。

企業の機密保持（②）では、取引先や売上げ数量などの取引情報や、自社の物流にかかる技術が、同業他社に漏えいすることを防がなければならない。

物流サービスの差別化の維持（③）とは、共同化をすることで各社の物流サービスにおけるセールスポイントが失われてしまうことを避けることである。つまり、共同化により多様な物流サービスが均一化してしまい、売上げの減少につながるのであれば、自社のサービスを維持しておきたいことになる。

適正な運賃・料金と適切なコスト負担（④）では、共同配送の運営主体への支払い問題が大きい。たとえば、曜日や日時によって共同物流参加各社の物量は変動するので、コストは各社の質量・容積により配分することが多い。このとき、質量や容積の正確な情報の把握と、企業間のコスト配分が重要である。

リーダー、コーディネーターの確保（⑤）とは、共同配送に慣れている専門家がいることで、業務が円滑に進むという意味である。しかし、共同配送の専門家は少ないとされている。

従来の物流事業者との関係（⑥）とは、共同配送を導入するからといって、長い付き合いのあった物流事業者との関係を解除しにくい場合は多い。

第5章 ● 物流システム管理

4　共同配送の進め方

　共同配送の5つの項目を検討した結果、共同配送の導入が決まると、次に進め方が重要となる。共同配送では、強力な荷主のリーダーシップによって進められることも多いが、ここでは多様な関係者の合意に基づく共同配送の進め方として、以下に10の手順を説明する。これらをクリアすることによって、具体的に共同配送を導入できることになる。→図表5-7-12

① 「物流共同化による効率化の可能性の検討」では、現状の物流の問題点（コスト・サービス）を整理するとともに、パートナー探しと条件（事業者数と立地、配送圏と密度、サービス水準、取り扱い商品の輸送特性、物流施設の状況など）の整理が必要になる。

② 「参加構成員の意思統一と物流事業者への呼びかけ」では、各社経営トップの共同配送実現への強固な意志の表明と、優秀な事務局人材の確保と、共同配送システムに詳しい専門家・コンサルタントや物流事業者の確保が不可欠である。

③ 「物流共同化推進主体の確立」では、事業協同組合等の設置などを行う。

④ 「共同配送システムの設計」では、共同配送センターの立地選定と

図表5-7-12 ● 共同配送の進め方

①物流共同化による効率化の可能性の検討
②参加構成員の意思統一と物流事業者への呼びかけ
③物流共同化推進主体の確立（事業協同組合等の設置）
④共同配送システムの設計
⑤基本的な運営ルールの合意と策定
⑥運営開始にあたっての留意点
⑦行政の支援策を受けるための効率化計画の申請と認定
⑧資金の調達
⑨事業立ち上がりでの検討
⑩実施状況のチェックと共同配送システムの改善

ともに、配送システム・共同配送センター・情報システムなどの設計とシミュレーションを行う。

⑤ 「基本的な運営ルールの合意と策定」では、配送ルール、荷姿・パレットなどの標準化、運賃・料金の決定（共同化によるコスト削減メリットを、メンバー間で均一配分するメリット均一配分方式、すべてのメンバーに同一の運賃料金体系を適用する同一運賃料金方式など）などがある。

⑥ 「運営開始にあたっての留意点」としては、納品先との調整や、既存の物流事業者との調整などがある。

⑦ 「行政の支援策を受けるための効率化計画の申請と認定」は、市町村によって対応が異なるが、補助なども含めて積極的に利用すべきである。

⑧ 「資金の調達」では、施設資金（土地・共同配送センター・物流システム機器）とともに、事務局運営費も忘れずに計画に入れることが重要である。

⑨ 「事業立ち上がりでの検討」では、物流要員の確保と教育、物流事業者への委託、福利厚生、共同化の収支目論見、運営主体の活動開始などがある。

⑩ 「実施状況のチェックと共同配送システムの改善」では、新規メンバーの拡大など事業拡大・トータル化への検討を行うことになる。

5　物流センターの見直し

（1）物流センターの見直しの重要性

物流センターの重要性は、5つの点から指摘できる。

第1は、物流ネットワークの構築における重要性である。企業は、前掲図表5-7-1で示したように、4つの目標（売上げの増加、費用の削減、資産の活用、事業の成長性）のもとで物流戦略を立案する。そして、物流戦略に基づいて物流ネットワークを構想する。物流ネットワークは、

ノード（結節点施設：物流センター、工場など）とリンク（交通路：道路、鉄道、航路など）で構成されるが、リンクは公共部門が整備し、民間企業はこれを利用することになる。

　そして、物流システムの効率化対策は、物流ネットワークの上で検討されていく。よって、物流システムの効率化対策において、物流センターの見直しも大きく影響することになる。すなわち、荷主企業にとっては、「調達先から生産地点まで」と「生産地点から顧客まで」の物流ネットワークが決まれば、みずからが見直せるのは物流センターの配置ということになる。

　第2は、企業経営における投資規模から見た重要性である。企業の資産と投資において、物流センターが大きなウェートを占める。このため物流システムの構築において、物流センターの配置と見直しはきわめて重要である。

　第3は、商品特性や受発注条件の重要性である。たとえば、スーパーマーケットなどの日配品（賞味期限が短く毎日配送される食品）のように、受注から納品までのリードタイムが短ければ、物流センターの集約は困難である。このように扱う商品によっては、労働力確保なども勘案する必要がある。

　第4に、物流システムの運用における重要性である。物流センターの位置と規模により、輸送効率や在庫可能量が決まることになる。一般的には、物流センターの数を増やせば在庫量は増えて在庫コストが高くなり、かつ物流センター間の輸送コストも高くなるが、配送先への配送コストは低くなる。逆に、物流センターを減らせば、配送先への配送コストが増加するが、物流センターでの在庫コストは低くなる。このように、配送コストと在庫コストの間には**トレードオフ**の関係がある。→**本章第5節**

　このため、輸送機能から見て「なぜここに物流センターが必要か」、また保管機能から見て「なぜこれだけの在庫を持たねばならないか」などを詳細に検討すべきである。

　特に在庫については、パレート分析により、在庫商品をA・B・C商品

に区分したとき、A・B商品はDC（流通センター）に在庫するが、C商品は工場在庫として、工場から直送する体制に変更すれば、C商品の在庫を削減することができる。

第5に、情報化・デジタル化と自動化・機械化の重要性である。物流センターにおいて新しい技術を導入しながら、受発注管理・在庫管理・輸配送管理などの効率化や省力化を進めることで、少子高齢化による構造的な労働力不足の対応力や、他社との競争力が増すことになる。

（2）物流センターの見直しと法制度の活用

「わが国の国際競争力強化」「運輸部門における温室効果ガス（CO_2）排出の削減」「物流拠点（物流センター）整備へのニーズの高まり」を背景に、従来の中小企業流通業務効率化促進法に代わるものとして、「流通業務の総合化及び効率化の促進に関する法律」（流通業務総合効率化法）が2005年10月に施行された。→第3章第3節**3**

同法では、高速自動車国道のIC・港湾などの近くに物流センターを集約化し、輸配送・保管・流通加工の総合的な実施や、共同輸配送などによる配送ネットワークを合理化する際には、物流センターについての税制特例や、市街化調整地域の開発許可への配慮などが受けられる場合がある。

なお、流通業務総合効率化法は2016年10月に改正・施行された。改正された流通業務総合効率化法では、総合効率化計画の認定対象が、従来の物流拠点施設の整備による取り組みから「連携」を支援する枠組みへと拡大された。

具体的には、「トラックから鉄道・船舶へと輸送手段を転換するモーダルシフト推進事業」「トラックの積載率や運行頻度を改善して『ムダのない配送』の実現を目指す地域内配送共同化事業」などの取り組みに対し、施設・設備に対する税制上の特例や計画策定費用への補助、行政手続の一括化などのメリットを享受できるようになった。この改正流通業務総合効率化法は、前述の共同配送にも活用できる。

第5章 ● 物流システム管理

第 **8** 節 | # 国際物流

学習のポイント

◆貿易固有のリスクを低減するために、信用状と船荷証券等を活用したしくみが形成されている。
◆代表的な貿易取引条件にはFOB、CIF、CFRがあり、それぞれ運賃等費用負担、保険、危険の負担範囲が異なる。

1 貿易取引の特徴

（1）物流における貿易の特徴

近年、企業活動の国際化が進んでおり、貿易額は増大傾向を続けている。貿易は国境を越えた商品の売買取引であり、商品の売り手と買い手が国境によって隔てられているため、国内取引と比べ物流や商取引の面でさまざまな特徴がある。

貿易とは、外国とモノ（商品や物資）とサービスを取引することである。特にモノの取引では、必ず物流（輸送、保管、荷役など）が生じる。

物流から見た貿易の特徴には、以下の3つがある。

第1に、国内取引と比べて、商品の輸送距離が長く、輸送時間とともに、国境での通関・検査等で費用と時間を要する。第2に、長時間の輸送中の在庫負担や品切れ損失に対応した費用がかかる。これらを含めれば、さらに物流費用は高くなる。第3に、輸送途中や積み替え時に貨物事故や損傷が生じる可能性が高い。これらを防止するため、国際輸送では商品をよりよく保護するため堅牢な梱包や包装を行う必要がある。また事故に備え、貨物海上保険をかけることが一般的である。

314

（2）商取引における貿易の特徴

　商取引から見た貿易の特徴には、以下の３つがある。

　第１に、取引相手が異なる国にある貿易では、取引相手の支払い能力に不安が残る場合（信用リスク）がある。特に取引を開始する場合には、なおさらである。第２に、商品が届くまで時間がかかり、輸出者はすぐに代金回収できず、その間の資金負担が大きい。第３に、輸出入者間で用いられる通貨が異なる場合がほとんどであるため、代金決済で通貨交換が必要となる。このとき、交換費用がかかるばかりでなく、変動為替相場制のもとでは常に為替差損の可能性にさらされている。

2　代金決済

　輸入者の信用リスク、輸出者の代金回収の都合、輸入者の代金支払いの都合に対応し、貿易取引ではさまざまな決済方法がある。代表的なものには、①L/C決済、②D/P決済、③D/A決済、④送金決済、がある。

（1）L/C決済

　輸入者の信用状況や代金回収に不安がある場合には、L/C（Letter of Credit＝信用状）が利用される。L/Cは、輸入者の取引銀行が輸出者に対して代金の支払いを保証する書類である。L/C決済の場合には、売買契約後、輸入者が取引銀行に信用状の発行を依頼すると、輸入者の取引銀行は輸出者の取引銀行へ信用状を発行・送付し、その信用状を輸出者の取引銀行が輸出者へ交付してから貨物の船積みが行われる。輸出者は船積みが完了したことを証することで、代金の回収が可能となる。→図表5-8-1

（2）D/P・D/A決済

　D/P（Documents against Payment＝手形支払書類渡）・D/A（Documents against Acceptance＝手形引受書類渡）決済とは、輸出者が為替

手形に船積書類を添付して、輸出地の銀行経由で代金の取り立てを依頼する方法である。信用状なし決済とも呼ばれる。

D/P決済では、輸入者が手形金額を支払わないと、添付されている船積書類を引き取ることができない。それに対し、D/A決済では、輸入者が手形を引き受けることで（その場で代金を支払わないで）、添付されている船積書類を引き取ることができる。つまりD/Aでは、ユーザンス（Usance＝外国貿易取引において一定期間、輸入代金の支払い猶予を行うこと）があるので、輸入者は手形の決済期間（ユーザンス）分、早く貨物を受け取ることができる。

（3）送金決済

送金決済の特徴は、船積書類が銀行を経由しないで、輸出者から輸入者に直送されることである。送金決済には、輸出手続前に送金を行う前払い送金（Advance Payment）と、貨物の到着後に送金を行う後払い送金（Deferred Payment）がある。

（4）代金決済方法とリスク

代金決済方法は、輸出者にとっては代金の回収、輸入者にとっては契約どおりのモノを入手できるかというリスクと直接的に関係する。輸出者におけるリスクは、①前払い送金、②L/C、③D/P、④D/A、⑤後払い送金、の順で高くなり、輸入者におけるリスクはその逆となる。

なお、銀行の各種手数料にかかるコストは、①送金、②D/P・D/A、③L/C、の順に高くなる。トータルでのリスクとコストを勘案し、適切な代金決済方法を選ぶ必要がある。

3 　船荷証券（B/L）

L/C・D/P・D/A取引と対になって用いられる、貿易固有のリスクを回避する方法が、積荷の船荷証券（B/L：Bill of Lading）化である。船

荷証券は船積書類の中で最も重要な書類の1つであり、以下の基本的性質を持っている。

① 受取証

船荷証券には、船会社が貨物を受け取ったことを示す受取証としての役割がある。コンテナ船の場合には、貨物を船会社が受け取ったとき（コンテナがコンテナターミナルに搬入されたとき）に受取船荷証券（Received B/L）が発行される。在来船の場合には、貨物を船舶に積み込んだときに船積船荷証券（Shipped on board B/L）が発行される。

なお、通常、L/C取引では船積船荷証券が要求されるので、コンテナ貨物の場合は "On Board Notation"（船積証明追記）を受取船荷証券上に追加することで、船積船荷証券とする。

② 引換証

日本の商法では、貨物引換証に関する規定があり、船荷証券と引き換えでなければ船会社に貨物の引き渡しを請求できないこと、貨物の処分は船荷証券をもってすること、船荷証券の引き渡しは貨物の引き渡しと同一の効力を有することが定められている。貿易の流れで見たように、仕向け地の港で貨物を引き取るためには、船荷証券が必要となる。

③ 有価証券

船荷証券は、記載された貨物の引き渡し請求権を化体した有価証券である。荷為替手形（輸出者が輸入者に振り出す為替手形に、船会社が発行する船荷証券（B/L）などの船積書類を添付したもの）を銀行が買い取るのは、添付された船荷証券が担保となるためである。

④ 流通証券

輸出者が振り出した荷為替手形は、船荷証券を担保として輸出地の銀行から輸入地の銀行を経て、輸入者の元へ流通する。指図式船荷証券*の場合には、裏書により次々と転売することも可能である。このように船荷証券は、流通証券としての性質を持つ。

> ＊指図式船荷証券では、船荷証券の荷受人を荷主の指図によるとし、特定しない。これに対し、記名式船荷証券は輸入者名を記載したもので、ストレートB/Lとも呼ばれる。

4 貿易のしくみと物流

(1) L/C決済における取引の流れ

　海外と海上輸送を利用した取引においては、荷為替手形とL/Cによる代金決済が一般的である。船積書類の主要書類は、船荷証券以外に海上保険証券、商業送り状（コマーシャル・インボイス）がある。そのほかに包装明細書（パッキングリスト）、容積重量証明書、原産地証明書など、多種の書類が必要に応じて添付される。

　L/C決済における商品、代金、書類の基本的な流れは、以下のようになる。→図表5-8-1

① 輸出者（売り主）と輸入者（買い主）は、L/Cによる決済、ほか各種条件を決めて売買契約を結ぶ。
② 輸入者は取引銀行にL/Cの発行を依頼する。
③ 輸入者の取引銀行は、輸出者の取引銀行に信用状を発行する。
④ 輸出者の取引銀行は、信用状が届いたことを輸出者に通知する。

図表5-8-1 ● L/C決済における取引の流れ

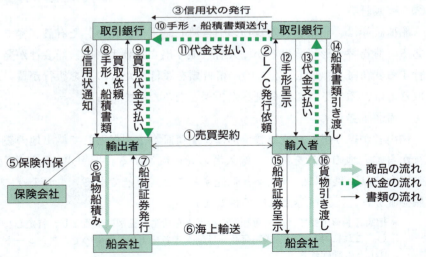

⑤　輸出者は、輸送中の貨物事故に備えて、売買契約に基づき必要な
　　場合、貨物海上保険を付保する。

⑥　輸出者は、船会社に貨物輸送を委託し、貨物は船積みされ海上輸
　　送される。

⑦　船会社は、本船出港後に船積船荷証券（Shipped B/L）を発行する。
　　船荷証券は、貨物の引き渡し請求権を有する有価証券であり、船会
　　社は国際輸送だけでなく貿易取引でも重要な役割を果たしている。

⑧　輸出者は、代金請求書となる為替手形を作成し、船荷証券を含む
　　各種船積書類とともに、取引銀行に買い取りを依頼する。

⑨　取引銀行が買い取ることにより、この時点で輸出者は代金回収が
　　可能となり、資金負担が軽減される。

⑩　為替手形を買い取った銀行は、輸入者の取引銀行に対し、為替手
　　形と船積書類を送付し、代金の取り立てを依頼する。

⑪　輸入者の取引銀行は、輸出者の取引銀行に代金を送金する。

⑫　輸入者の取引銀行は、届いた為替手形を輸入者に呈示する。

⑬　輸入者は、代金を支払う。

⑭　取引銀行は、代金と引き替えに船積書類を輸入者に引き渡す。

⑮　輸入者は、貨物が届いたら船会社に船荷証券を呈示する。

⑯　引き替えに貨物を受け取る。

（2）D/P・D/A決済における取引の流れ

　D/P・D/A決済では、L/C決済と同様に船積書類が銀行経由で送られ
るが、L/Cによる輸入銀行の代金支払い保証がないため手形が取り立て
扱いとなり、輸出者の代金回収は遅くなる。D/P・D/A決済における商
品、代金、書類の流れは、図表5-8-2のようになる。

　D/Pの場合の基本的なフローは以下となる。

①　輸出者（売り主）と輸入者（買い主）は、D/PまたはD/Aによる
　　決済、ほか各種条件を決めて売買契約を結ぶ。

②　輸出者は、輸送中の貨物事故に備えて、売買契約に基づき必要な

図表5-8-2 ● D/P・D/A決済における取引の流れ

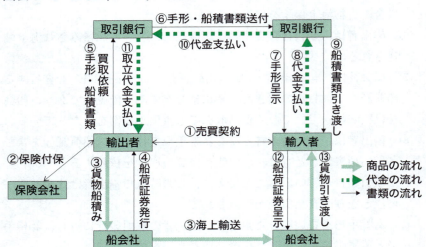

場合、貨物海上保険を付保する。
③ 輸出者は、船会社に貨物輸送を委託し、貨物は船積みされ海上輸送される。
④ 船会社は、本船出港後に船積船荷証券（Shipped B/L）を発行する。
⑤ 輸出者は、代金請求書となる為替手形を作成し、船荷証券を含む各種船積書類を取引銀行に渡し、取り立てを依頼する。
⑥ 輸出者の取引銀行は、輸入者の取引銀行に対し、為替手形と船積書類を送付し、代金の取り立てを依頼する。
⑦ 輸入者の取引銀行は、届いた為替手形を呈示する。
⑧ 輸入者は、代金を支払う。
⑨ 取引銀行は、代金と引き替えに船積書類を輸入者に引き渡す。
⑩ 輸入者の取引銀行は、代金の決済が済んだ後に、輸出者の取引銀行に送金する。
⑪ 輸出者の取引銀行は取り立てた代金を輸出者に支払う。
⑫ 輸入者は、貨物が届いたら船会社に船荷証券を呈示する。

⑬　引き替えに貨物を受け取る。

なお、D/Aの場合は⑧〜⑩が以下のようになる。

⑧　輸入者は手形を引き受ける。

⑨　取引銀行は、船積書類を輸入者に引き渡す。

⑩　輸入者の取引銀行は、輸入者がユーザンス以内に代金の決済が済んだ後に、輸出者の取引銀行に送金する。

（3）送金決済における取引の流れ

　送金決済では船荷証券（B/L）による貨物の証券化の必要はない。そのため、取引がL/C・D/P・D/A決済の場合と比べてシンプルな点に特徴がある。船積書類の到着を待つ必要もなくなるため、代金決済に要する時間も短縮できる。航空輸送では、輸送時間の速さを生かすために、送金決済が主流となっている。また近年では、船舶輸送もリードタイム短縮のために送金決済を行う事例が散見されるようになってきた。

　この取引で、船荷証券（B/L）の代わりに使用されるのが、航空輸送では**航空運送状**（Air Waybill）、船舶輸送では**海上運送状**（Sea Waybill）である。運送状は単なる貨物運送通知書でしかない。そのため輸入者は、荷受人であることを航空会社（船会社）に証明することによって、貨物を受け取ることができる。

　前払い送金決済における商品、代金、書類の流れは、以下のようになる。→図表5-8-3

①　輸出者（売り主）と輸入者（買い主）は、前受けによる決済、ほか各種条件を決めて売買契約を結ぶ。

②　輸入者は、取引銀行に代金の送金依頼を行う。

③　輸入者の取引銀行は、輸出者の取引銀行に支払い指図を行う。

④　輸出者の取引銀行は、輸出者に入金された金額を支払う。

⑤　輸出者は、航空会社（船会社）に貨物輸送と荷主保険を委託し、貨物は船積みされ輸送される。

⑥　航空会社（船会社）は、貨物受け取りと引き替えに、運送状（Way-

図表5-8-3 ● 前払い送金決済における取引の流れ

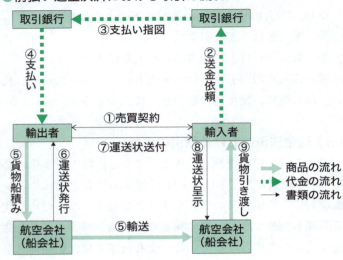

bill）を発行する。
⑦ 輸出者は、輸入者に運送状を送付する。この場合、原本である必要はない。
⑧ 輸入者は、貨物が届いたら船会社に必要書類を呈示し、荷受け人であることを証明する。
⑨ 引き替えに貨物を受け取る。

5 荷主と物流事業者との関係

(1) 自己運送と他人運送

　荷主企業が貿易を行う場合、運送人（船会社、航空会社、利用運送事業者など）による国際輸送サービスを利用する場合が一般的である。このような輸送形態は、他人運送と呼ばれている。製品、部品などの一般的な商品では、他人運送が大部分を占めることから、本節では他人運送を中心に解説する。

他人運送の場合、取引条件によって輸出者もしくは輸入者のどちらかが、運送人と運送契約を結ぶ。取引条件は、定型化されたトレード・タームズ（Trade Terms＝貿易定型取引条件）が用いられており、なかでも**インコタームズ（Incoterms）** が最も広く用いられており、最新版は「インコタームズ2020」である。インコタームズでは貿易において発生する各種費用の負担、保険料の負担、危険負担（荷物の再調達義務）を定めている。

一般的な条件について見ると、**CIF**（Cost, Insurance and Freight＝運賃保険料込み）ないし**CFR**（Cost and Freight＝運賃込み）では、売り主が運賃を支払う。**FOB**（Free on Board＝本船渡し）では、買い主が運賃を支払う。→図表5-8-4

他人運送に対し、みずから輸送を行う形態は自己運送と呼ばれている。近代海運業が成立した産業革命以前は、荷主と海運業が分化しておらず、貿易商みずからが船主を兼ねる自己運送が主体であった。海運業の発展とともに、自己運送から他人運送に転換が進んでいる。原油、石炭、鉄鉱石等の専用船では、自己運送が一部で行われているものの、荷主グル

図表5-8-4 ●貿易条件と負担範囲

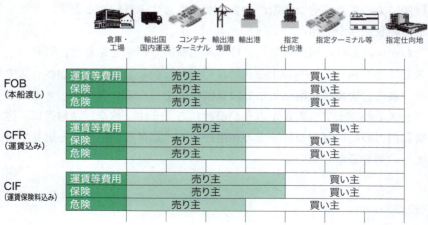

ープ内外の船会社による他人運送が一般的になっている。

（2）国際輸送手段

　島国である日本では、国際輸送の手段は必然的に海上輸送または航空輸送になる。しかしながら国際輸送は、港間あるいは空港間の輸送にとどまらず、輸出者の出荷地から輸入者の指定する場所まで国内輸送を含めてドア・ツー・ドアで行う必要がある。このような視点から、海上輸送や航空輸送に加えて、トラックや鉄道などの異なる輸送手段を接続して輸送するのが一般的であり、それを1つの責任体制で実施する国際複合一貫輸送が、重要な輸送手段となっている。国際複合一貫輸送を行うのが複合運送人であり、日本では2019年に商法（海商編）・国際海上物品運送法が改正・施行されたことにより、複合運送人ならびに複合運送証券に法的根拠が裏づけられた。

　海上輸送、航空輸送、国際複合一貫輸送は、それぞれ異なる特性を持っており、これらを適切に使い分けることが荷主企業にとって重要な課題となっている。船舶は、低廉で一度に大量の貨物を輸送できるが、輸送時間がかかる。他方、航空機は、きわめて迅速に輸送できるが、非常に高コストである。国際複合一貫輸送は、幹線輸送部分で用いられる輸送機関によって基本的な特徴が決まるが、さらに一貫輸送とドア・ツー・ドアの利便性が加わる。

　わが国における国際輸送における輸送機関分担率を見ると、質量ベースでは海上輸送が99％以上を占めている。しかしながら、金額ベースでは、航空貨物輸送が輸出入ともに3割程度を占める。質量ベースと金額ベースでのシェアの差異からうかがわれるように、航空貨物輸送は、運賃負担力の高い高額な貨物での利用が多く、高付加価値化する貿易で重要な役割を果たしている。

第5章 理解度チェック

次の設問に、○×で解答しなさい（解答・解説は後段参照）。

1. 物流センターの業務プロセスには、受注、発注、配車、出荷、配達、入荷などがある。

2. 大手量販店では調達物流効率化に取り組んでおり、それぞれ独自の調達物流システムを構築している。

3. 倉庫間転送の実態把握には、倉庫別在庫量算出が有効である。

4. 物流センター立地は顧客と取り決めた物流サービスを前提とし、それを守るように選定される。

5. 物流業務委託はコスト低減を目的として行うため、荷主は委託先にその管理・運営を任せるほうがよい。

6. 共同配送は、参加事業者の物流コスト削減や顧客サービス向上だけでなく、環境負荷の軽減や道路交通の混雑緩和など社会的な効果を期待して導入される。しかし、すべての効果を同時に実現させることは難しい。

7. 国際航空輸送で送金決済の場合、航空運送状（Air Waybill）を輸出者から輸入者に送付しなければならない。

第5章 理解度チェック

解答・解説

1 ○
記述のとおりである。

2 ○
大手量販店、コンビニエンスストア等では、独自の調達物流システムを構築している。

3 ×
倉庫間転送の実態把握に有効な分析手法は物流OD表である。

4 ○
物流センター立地は、物流サービスを遵守することを寄与の条件とし、その範囲で最も低コストになるように選定する。

5 ×
物流業務委託を行っている場合、その委託内容のいかんにかかわらず委託先評価は定期的に行う必要がある。

6 ○
共同配送では、顧客サービスの向上、トラックの積載率の向上、走行台数の削減、総走行距離の削減によるCO_2の削減などの効果が期待されている。しかし、これらにはトレードオフもあり、すべてを同時に実現することは難しい。

7 ×
輸入者は、航空運送状がなくても荷受人であることを航空会社に証明することによって、貨物を受け取ることができる。

参考文献

石原伸志『貿易物流実務マニュアル〔増補改訂版〕』成山堂書店、2015年

奥村雅彦編『ケースでわかるロジスティクス改革』日本経済新聞出版、2004年

宮下正房・中田信哉『物流の知識〔第3版〕』日本経済新聞出版、2004年

D. J. バワーソクスほか、松浦春樹・島津誠訳『サプライチェーン・ロジスティクス』朝倉書店、2004年

E. H. フレーゼル『物流担当者のための 世界水準のウェアハウジング理論とマテハンのすべて』ダイヤモンド社、2016年

(公社)日本ロジスティクスシステム協会『物流コスト調査報告書（各年刊)』（毎年発行）

第 **3** 部

ロジスティクス管理の内容

第 **6** 章

在庫管理

この章のねらい

　第6章では、在庫管理を実務として行う人が理解しておくべき基礎的な事項について学習する。

　第1節では、在庫が存在する背景・理由、および在庫管理の目的と、在庫管理の方法を学ぶ。

　第2節では、在庫の効率化のために、過剰な在庫がなく、かつ過度な品切れも起こさない適正在庫量の考え方を学ぶ。

　第3節では、在庫の状態を分析する方法とその結果の見方を学ぶ。

　第4節では、在庫管理の点検作業で情物（情報とモノ、ないしは情報と現品）を一致させる手段である棚卸について学ぶ。

第6章 ● 在庫管理

第 1 節 在庫管理の基礎知識

学習のポイント

◆在庫管理の第１の目的は、顧客サービスを実現するために必要な在庫の確保である。第２の目的は、過剰な在庫がなく、かつ過度な品切れも起こさないように、適正な在庫を維持し、不要な在庫保有コストを削減することである。
◆在庫管理手法の第１の役割は、在庫の状態を正確に把握することである。第２の役割は、在庫を過剰でもなく、かつ過度な品切れも起こさない適正な状態に統制することである。
◆在庫管理システムは、在庫管理業務を効率よく円滑に支援することが要求される。

1 顧客サービスと在庫の相互関係

（1）顧客サービスと多様な在庫

　顧客は、欲しい商品を欲しい状態や時刻で、欲しい場所に届けてもらうことを望む。そして、顧客が発注した商品を届ける場合、受注後に、ただちに必要なだけ原材料を購入し、ただちに加工し組み立て商品を完成させ、顧客に届けることができれば、原材料在庫も半製品在庫も製品在庫も不要である。しかし、多くの場合、調達・生産・販売において、それぞれに時間がかかり場所も異なることから、発注してから供給まで時間がかかる。このような場合、顧客を待たせることは顧客満足を得られないことが多い。
　そのため、原材料・半製品・製品などの在庫を持って、顧客の要求に

図表6-1-1 ●いろいろなところにある在庫

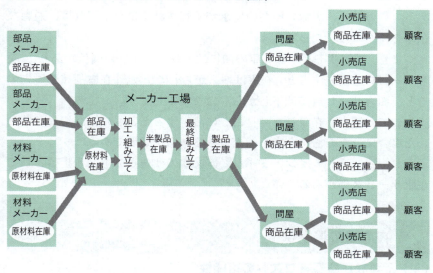

合わせることになる。

　このように、在庫は、顧客が要求するスピードに供給のスピードが間に合わないとき、需要と供給の間に持つバッファ（調整機能）である。商品のみならず、**原材料・部品在庫**、製造途中の**仕掛在庫**や**半製品在庫**が存在し、完成品も工場在庫、問屋在庫、小売店在庫などの流通過程での在庫（**流通在庫**）が存在する。→図表6-1-1

（2）顧客サービスと在庫のトレードオフ

　顧客サービスの視点から考えると、顧客が欲しいときに欲しいモノを提供できることが望ましい。このとき、**在庫サービス率**とは、顧客が欲しいモノ（商品や物資）を欲しいときに欲しいだけ提供できた割合である。一方、供給できなかった割合を**品切れ率**という。そして、両者には、〔在庫サービス率＝１－品切れ率〕という関係が成り立つ。

　理想的には在庫サービス率が100％、つまり品切れ率が０％であることが望ましい。しかし、在庫サービス率を上げるためには、顧客が要求

第6章 ● 在庫管理

すると思われるモノを、要求されると予想される量の在庫を持つ必要がある。この結果、実際の顧客の要求が予想される量を下回れば、過剰な在庫を持つことになってしまう。

つまり、顧客サービスと在庫の間にはトレードオフの関係があり、「顧客サービスを優先すると、在庫は増えがち」になり、「在庫削減を優先すると、顧客サービスが低下しがち」になってしまう。

そこで、適正な在庫量を品目ごとに設定するとともに、品切れが発生した場合にはただちに在庫を補充できる準備が必要である。

なお、ジャスト・イン・タイム Key Word のサービスを測る指標として在庫サービス率がある。

2 在庫量の適正化

（1）不要な在庫保有コストの可能性

在庫は、顧客サービスの視点からすれば必要であるが、在庫を持つ企業にとっては、以下のような状態が起きれば、たちまち余分な損失や費用の発生を招く危険がある。

① 在庫品目の売価下落や、品質劣化ないし陳腐化
② 在庫品目の廃却による損失
③ 在庫に投資した資金の固定化と金利負担
④ 在庫保管にかかわる費用（荷役費、倉庫費、情報システム費等）

このため、不必要な在庫によるコスト増加を排除しながら、顧客サー

Key Word

ジャスト・イン・タイム──トヨタの生産方式の基本で「必要なモノを必要なときに必要なだけ供給する」ことをいう。発注者（調達側）は、在庫を削減できることで効率的とされている。一方で、受注者や納入業者は、顧客の要求に応じるための在庫を持つことや、指定時刻に合わせるために配送時間に余裕を持つことも多いため、いかに待機時間を減らすかが課題として指摘されている。

ビスを維持できる適正な在庫量を確保する必要がある。

（2）適正な在庫量の確保

　安全在庫とは、当初想定した平均的な出庫量を超えて出庫があった場合に備えて、余裕を持って用意しておく在庫のことである。つまり、安全在庫は、品切れを起こして顧客サービスを確保できないことを避けるために、在庫にある程度余裕を持つことである。

　図表６−１−２に示すように安全在庫（A）を増やせば在庫サービス率は100％に近づくが、理論上無限大の在庫を持たなければ100％にはならない。そこで、目標の在庫サービス率を決め、それに合った安全在庫を設定する。安全在庫を守り、在庫を過剰でもなく、かつ過度な品切れを起こさないことが在庫管理の重要な役割である。そして、できるだけ少ない在庫で在庫サービス率を高くすることが、効率がよいといえる。→本章第３節

図表６−１−２　●安全在庫と在庫サービス率の関係

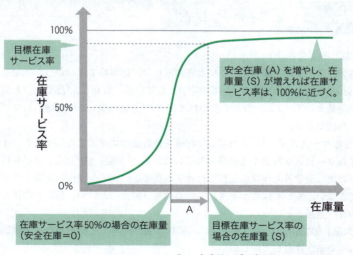

（3）情報と現品の一致

情物一致とは、コンピュータや帳簿上のデータ（情報）と、現品のデータが、一致していることである。在庫管理においては、入出庫量や保管量を記録する情報（台帳、帳簿記録）と現品の数量が一致していること（情物一致）が、常に求められる。保管されている在庫は棚卸資産として計上されるため、情物の不一致は財務・税務・管理会計上の問題となる。そのために入出庫量と保管量を正確に把握し管理するのが在庫管

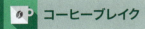

《在庫があって…》
　いままで使っていた炊飯器が寿命で壊れてしまい、このままでは今晩のご飯が炊けない。そこで、家電小売店に炊飯器を買いに行った。機種を決め店員に注文する。店舗倉庫の在庫から商品を渡され帰途につく。今晩のご飯が炊ける。在庫があって助かった！

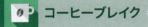

《品切れ率と欠品率》
　本テキストでは、顧客が欲しいときに欲しいだけ供給できなかった状態を「品切れ」と定義し、その率を「**品切れ率**」としている。しかし、「品切れ」と同じ意味の用語として「欠品」もよく使われていて、「品切れ率」と同義語として「**欠品率**」も使われる。
　「在庫サービス率」「品切れ率」は在庫を顧客要求に対応するジャスト・イン・タイムサービスを評価する指標であるのに対し、「欠品」や「誤品」はどちらかというと出庫荷ぞろえ作業の品質を評価する指標といえる。受注した商品がなく出庫できない、もしくは数が不足しているのを「欠品」といい、品目が間違っているのを「誤品」という。
　「欠品」「欠品率」を使う場合は「品切れ」「品切れ率」と同義語か、作業品質を表しているか注意してほしい。

理手法である。→本節 3

　また、在庫の情報と現品を突き合わせて、情物を一致させるのが実地棚卸（現品棚卸）である。→本章第４節

3　入庫管理・保管管理・出庫管理の方法

　在庫管理の手法の役割は２つある。第１の役割は、入庫量と出庫量（フロー）、および保管量（ストック）の３つの状態を、正確に把握することである。第２の役割は、品目別に在庫が過剰になることや、過度な欠品にならないように管理することである。

（１）入庫管理

　入庫管理は、必要なモノ（商品や物資）が必要なとき（納期）に必要な量（数量）だけ入庫されるように管理するとともに、その実績を正確に記録することである。これにより、過剰や欠品を防ぐとともに、在庫補充の管理を行うことができる。

① 　品目別入庫量・入庫納期の決定と手配

　品目別の安全在庫量・補充量・補充頻度は、補充方式、需要量の平均とそのばらつき、品切れ率、補充リードタイム、適正補充量などで決められる。→本章第２節

　設定された安全在庫量・補充量・補充頻度を基準にして、決められた補充方式に従い、入庫量と納期を決定して、補充の手配をする。

　在庫量の異常（過剰・品切れ）があった場合、補充量の増減や納期の督促や過早納入の防止など、入庫量を調整する。また、必要に応じて、補充方式・安全在庫量・補充量・補充頻度の見直しを行い、在庫量が適正になるように管理する。

② 　品目・納期・数量のチェック

　品目・納期・数量などの情報は、発注伝票・納品書・入庫票・入庫予定一覧表などで与えられる。一般的には、以下の作業を行う。

○品目のチェック

正しい品目かどうかを確認し、誤った品目が入庫されることを防ぐ。

○数量のチェック

入庫すべき数量に対し過剰・過少数量ではないか確認し、入庫数を正しく把握する。

○品質のチェック

破損・汚れなどがないかをチェックする。必要に応じて、受け入れ検査を行うこともある。品質のチェックは全数行う場合と抜き取りで行う場合、そして省略されることもある。

○納期のチェック

入庫すべき時期になっているかどうかをチェックし、過早納入や納期遅延を防止する。納期遅延は欠品を引き起こし、過早納入を入庫処理すると在庫の過剰を引き起こす。

食品などでは、製造日付・賞味期限のチェックも行われ、日付の逆転や賞味期限まで残り日数の短い商品は、受け入れ拒否となる場合もある。

○入庫作業結果の記録・報告と異常対応アクション

入庫した品目・数量・品質・納期をチェックした結果を記録し、関係部門に報告する。何か異常があれば、返品、代替入庫要求、入庫督促などのアクションを起こす。

（2）保管管理

保管管理（現品管理）とは、入庫したモノ（商品や物資）を、正確な品目や数量のもとで、品質が劣化しない状態を維持し、その状態を記録・報告することである。その具体的な内容は、以下のとおりである。特に保管中の、在庫量の変動や品質の劣化などの異常を正確に把握することが重要である。

① 保管されている品目と数量を正確に把握する

品目別の在庫量は〔当残＝前残 **Key Word**（入庫・出庫前の在庫量）＋

入庫量 − 出庫量〕の式で表される。前残と入・出庫量、そして当残を正確に把握し記録・報告する。情報と現品を一致させるために、実在庫と記録された情報との突き合わせを行い、情物を一致させる棚卸作業を行う。→本章第4節

② 保管されているものが破損・品質劣化をしないこと

保管の環境は、屋外、屋内、定温、防塵などがあり、保管の方法は、床面直置き、パレット置き、棚収納などがある。在庫品目の特性に合わせて破損・品質劣化のない保管を行う。

③ 必要なモノを必要なときにすぐに出庫できること

基本はロケーション管理である。ロケーション管理は「何」を「どれだけ」「どこ」に保管しているかを正確に管理することである。そのために、在庫を保管する場所すべてに「ところ番地」を付ける。

ロケーション管理を行うためには、どの「ところ番地」に何という品目を何個保管しているかを、正確に記録する必要がある。ロケーション管理の情報が不正確もしくはない（特定の担当者の頭の中にだけある）場合、探すムダが発生し倉庫作業の効率低下を招く。特になんらかの理由で所定の場所以外に保管しなければならない場合、そのロケーションを誰にでもわかるようにしておくことが重要である。→第5章第2節 2 (2)

④ 在庫量異常の情報発信

在庫を正確に把握したうえで、実在庫の量が想定されている許容範囲に入っているかどうかを管理する。許容範囲内に入っていれば正常であるが、許容範囲内から在庫量が外れた場合、過剰や品切れという異常となる。異常が発生した場合、すぐさま関係部門に異常情報を発信し、在庫量を正常に戻すアクションを促す。

Key Word

前残、当残──集計する期から見て、前期末の残高を前残、当期末の残高を当残という。ここでは在庫の前日（月）残高、当日（月）残高を示す。

（3）出庫管理

　出庫管理とは、顧客や販売先、また生産工程では後工程などの要求に基づき、モノ（商品、半製品、原材料など）の出庫を管理することである。出庫した結果は記録され、関係部門に報告される。出庫には、誤品や欠品、数量間違いのないことが求められる。出庫管理の具体的な内容は、以下のとおりである。

① 　出庫品目・数量・出荷先・納期の決定

　顧客など後工程の要求に基づき、輸送リードタイムを考慮して、出庫作業する出荷先の順番と出荷先別に出荷品目・数量を決める。

② 　出庫作業

　出庫作業では、出荷先別の品目と数量のデータからピッキング作業用の一覧表（**ピッキングリスト**）を作成する。このとき、留意すべき点としては、品目・数量・出荷先などのデータの正確性とともに、先入れ先出し（先に入庫したモノから先に出庫する）に基づく出荷である。

　出庫作業に使用する代表的な手順は、ピッキングリストやバーコードリーダー付きハンディ端末などを使い、「商品をピッキング→出荷先別仕分け→検品→梱包→積込み」となる。このとき、出庫作業での移動距離が少なくなるように出荷頻度の多い商品を仕分け場の近くに保管しておくと作業効率が高まる。

③ 　出庫結果の記録と報告

　出庫した品目数量を記録し、関係部門に報告する。出庫対象品目の異常（欠品・品質不良）があった場合は速やかな対策を促す。

4 　在庫管理システム

　在庫管理システムとは、在庫量の過不足の分析、適正発注量の計算などを支援するシステムである。実務を管理する倉庫管理システム（WMS：Warehouse Management System）に組み込まれていることが多いが、独立したパッケージとしても販売されている。

在庫の入り（入庫量）と出（出庫量）を管理することで、在庫量を正確に把握することができ、適正在庫量の維持につながる。在庫管理システムの内容は、以下のとおりである。

○本節3 (1) 入庫管理「①品目別入庫量・入庫納期の決定と手配」の支援

出荷の量から基準在庫を設定し、在庫量がその許容範囲内に入るように品目別に数量を決め入庫の手配を支援する。具体的には、手配伝票、購入伝票などを発行する。在庫異常警報が出た場合は、基準在庫や入庫量の見直しを行う。

○本節3 (2) 保管管理「④在庫量異常の情報発信」の支援

保管在庫量を監視し、許容範囲を超えて過剰・欠品といった異常が発生した場合は警告を発し、対策を促す。

○本節3 (3) 出庫管理「①出庫品目・数量・出荷先・納期の決定」の支援

出荷要求（受注）に基づき出荷計画を作成し、ピッキング指示（ピッキングリストなど）を作成する。

Column **知ってて便利**

《フローとストック（Flow & Stock）》

在庫管理では、フローは変化のことをいい、ストックは変化した結果の状態をいう。入庫は在庫を増やす変化であり、出庫は在庫を減らす変化である。よって、入庫と出庫はフローである。在庫は入庫と出庫の結果として残るものであり、ストックということになる。

フローとストックの考え方は企業の業績を表すときにも使われる。損益計算書は期首から期末までの間の損益、つまり資金の運用を表す。赤字であれば資金が減り、黒字であれば資金が増える。よって、フローを表したものである。これに対して貸借対照表は前期末の資産と資産の変化の結果得られた当期末の資産の状況、つまりストックを表したものである。

第6章●在庫管理

第 2 節　適正在庫量の決定

学習のポイント

◆在庫サービス率を必要以上に上げると、在庫量を増やさなくてはならない。このとき適正な在庫量とは、在庫サービス率をあるレベルに設定して、それを満足する最小限の在庫量である。

◆適正在庫は何で決まるのかを理解し、適正在庫量を設定するための論理を学習する。

1　適正在庫量の決定要素

（１）需要量の平均値と需要量のばらつき（標準偏差）

　顧客や配送先から注文があって毎日出荷しているのであれば、日々の配送先の需要量は物流拠点の出庫量となるため、需要量のばらつきは出庫量のばらつきとして表れる。特売やキャンペーン等の特別な販売や、台風などの影響がない場合、出庫量のばらつきは統計上の正規分布に従うとされている。同じように、人の身長や、休日を除くある駅の１日当たりの乗降客数も、正規分布に従うとされている。

　正規分布は、図表６-２-１の緑線に示すように左右対称の分布で、中央値付近において出現する確率が最も高く、中央値から離れるほど確率が低い。そして、正規分布は、平均値（ μ ）と標準偏差（ σ ）によって分布の形が決まる。正規分布に近い分布の平均値は中央付近の値であり、標準偏差は値が大きいほど分布のすそ野が広がり、小さいと狭くなる。

図表6-2-1 ●出庫量の事例

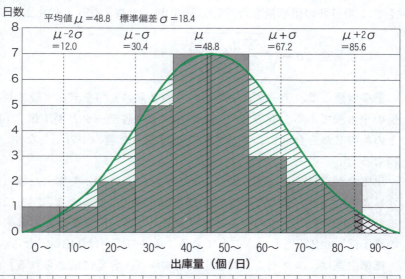

日	1	2	3	4	5	6	7	8	9	10	11	12	13	14	15	16	17	18	19	20	21	22	23	24	25	26	27	28	29	30
出庫量	49	37	66	55	35	51	67	28	82	56	45	48	84	16	58	40	36	35	46	42	74	79	34	3	55	50	52	66	28

　物流拠点における需要量（出庫量）は、日単位で計測することが一般的だが、在庫品目の特性によっては、時間・週・旬・月・期・年などの単位で計測することもある。

　図表6-2-1は、ある品目の1カ月間の出庫量の事例を示している。図表の下の表は、1日から30日までの出庫量データである。棒グラフは度数分布であり、算出した平均値と標準偏差に基づく正規分布曲線が緑色の線で表示されている。

　平均値と標準偏差の算出式は以下のとおりである。X_iは過去のある1日の出庫量で、nは平均値を求めるのに使用する過去の出庫期間（データ数、日数）である。

$$\text{平均値}\quad \mu = \frac{\sum_{i=1}^{n} X_i}{n}$$

第6章●在庫管理

　平均値とは、データの合計をデータ数で割った値である。図表6-2-1では30日間の出庫量を合計して30で割った値となり、48.8となる。

$$標準偏差 \quad \sigma = \sqrt{\dfrac{\displaystyle\sum_{i=1}^{n} (\chi_i - \mu)^2}{n}}$$

　標準偏差とは、データと平均値の差の2乗の総和をデータ数で割った値の平方根である。図表6-2-1の例では、各データと平均値 μ（48.8）との差の2乗を合計し、データ数の30で割った値の平方根となり、18.4になる。

　出庫量が正規分布に従う場合、その平均値 μ に1 σ を加えた値（$\mu + \sigma$）よりも大きい値となる確率は15.87％であり、2 σ だと2.28％になる。これは、図表6-2-1の $\mu + 2\sigma = 85.6$ より多い出庫量となる確率（黒の格子部）が2.28％ということである。3 σ の場合は0.13％となる。

　標準偏差は、エクセルの関数を使用すれば、容易に求められる。

（2）在庫補充のリードタイム

　物流拠点での在庫補充のリードタイムとは、在庫品目の補充を決定してから入庫するまでの時間のことである。一般的には、日単位で算出する。

　このリードタイムは、①補充を決定してから発注するまでの時間（発注時間）、②発注した情報が供給元に届くまでの時間（情報伝達時間）、③補充品目をピッキングしてから出荷するまでの時間（ピッキング出荷時間）、④供給元から物流拠点までの輸送の時間（輸配送時間）、などで構成される。

（3）在庫補充の頻度

　在庫補充の頻度は、補充方式と1回の補充量によって決まる。補充方式には以下の4つがあり、1回の最適補充量は本節**2**（2）で学習する。

①　定期定量補充方式

　定期定量補充方式とは、決められた間隔て決められた量を補充するも

344

のである。理論的には存在するが、実際の補充においてはほとんど使われていない。

② 不定期定量補充方式

　在庫量が決められた在庫量（補充点）より少なくなったら、あらかじめ決められた一定量を補充する方式。補充の間隔は一定しないが、1回の補充量を大きくすると頻度は低く、小さくすると頻度が高くなる。

　定番商品で比較的需要の変動が小さい商品や相対的に需要量の少ない商品（Cランク商品（→本章第3節**2**））の利用に適しており、多くの商品を取り扱う流通業で用いられている場合が多い。補充発注する「補充点」から補充点方式（発注点方式）という。

③ 定期不定量補充方式

　定期的に補充必要量を計算して補充する方式。

　補充の間隔は、毎日、週に2〜3度、週に1度、月に2〜3度、月に1度などがある。適正補充量と需要量を勘案して間隔を選択する。

　毎回、補充必要量を計算する必要があるため手間や負担がかかる。需要変動の大きな商品や需要量の多い商品（Aランク商品（→本章第3節**2**））の利用に適しており、工場における原材料や部品等の発注で用いられている場合が多い。

④ 不定期不定量補充方式

　補充点、定量補充量や補充間隔を決めない方式。そのつど必要なだけ補充するので、都度補充方式ともいわれる。特売などの販促イベントのために在庫を準備することもこの方式に含まれる。

（4）その他

　需要の季節・曜日変動や月末・期末集中、または展示会や特売など販促イベントがある場合は、需要の集中による欠品の危険がある。だからこそ、需要の変動を見極めながら在庫量を管理する必要がある。

2　安全在庫と補充量の考え方

（１）安全在庫の考え方

安全在庫とは、前述したように当初想定した平均的な出庫量を超えて出庫があった場合に備えて、余裕を持って用意しておく在庫のことである。安全在庫の考え方は、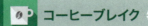のとおりである。

ここで、在庫がaまで減少した時点で補充手配をした場合、補充されるまでの期間に在庫量がどれだけ減るかを予想してみる。

このとき、過去の出庫量は1日当たりμ個で、そのばらつき（標準偏差）はσ個である。手配してから在庫が補充されるまでのリードタイム（LT）はt日とする。

以上の条件で補充されるまでの在庫の減少を予測する。t日間の出庫量が過去の出庫量と同じ平均値μと標準偏差σに従うとする。するとt日間の出庫量の平均値はμt個となり、標準偏差は$\sigma\sqrt{t}$個となる。よって、予想されるt日後の在庫はaからμt個減少したbを平均値とし、

| Column | ☕ **コーヒーブレイク** |

《補充方式を冷蔵庫の卵にたとえると…》
○定期定量方式
　毎週水曜日に10個入りの卵パックが1つ宅配されるような定期的に定量を購入する方式。
○不定期定量補充方式
　冷蔵庫の中の卵が5個以下になったら、10個入りのパックを買ってくる方式。
○定期不定量補充方式
　毎週土曜日に冷蔵庫の中の卵の残数をチェックして、次の土曜日までに必要と思われる個数と残数との差を買いに行く方式。
○不定期不定量補充方式
　冷蔵庫の中の卵を使っただけ買いに行ったり、今日使う分だけ買いに行ったり、来客に合わせて買いに行ったりする方式。

図表6-2-2 ●安全在庫の考え方

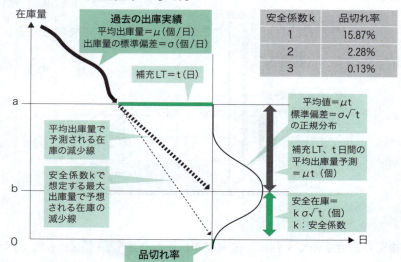

$\sigma\sqrt{t}$ の標準偏差を持つ正規分布となる。

したがって、安全在庫を0とするとbの値は0となり、正規分布の半分が0以下となる。つまり、50％の確率で品切れが発生することになる。品切れ率をより低くし在庫サービス率を上げるために、安全在庫を持ちbの値を高くする。安全在庫は$k\sigma\sqrt{t}$で表す。kは**安全係数**という。

安全係数kによる品切れ率は図表6-2-2に示すとおりである。要求される在庫サービス率によって安全係数を設定する。

スーパーマーケットなどでは品切れ率として0.5～1.0％を設定している場合が多い。仮に品切れ率を1.0％とすると、安全係数kは2.3となる。

前掲の図表6-2-1の事例で補充されるまでのリードタイムを7日、安全係数を2.3とすると、安全在庫は、$2.3 \times 18.4 \times \sqrt{7} = 111.9 \rightarrow 112$個となる。

（2）補充量の考え方

補充量は、図表6-2-3に示すように、1回当たりの補充量を小さく

図表6-2-3 ●補充量と在庫

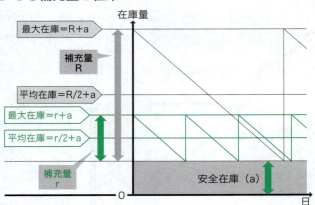

し補充の頻度を多くすれば、最大在庫、平均在庫 Key Word とも低く抑えることができる。しかし、補充手配回数が多くなり手配にかかわる費用がかさむ。そこで、総費用の合計が最小となる補充量を設定する。

在庫に関する総費用は、在庫費用と手配費用の和である。→図表6-2-4

在庫費用は〔保管費用＋金利＋在庫陳腐化費用＋その他費用〕で、平均在庫量つまり補充量の増加に応じて増える。陳腐化費用は在庫の品質劣化や価格下落、廃却損であり金額が大きくなることがある。

手配費用は手配のための間接人件費や伝票発行などのコンピュータ処理費用が含まれる。手配の回数に比例するので補充量に反比例する。年間総費用Eと補充量Rの関係は次の式で表される。

> **Key Word**
>
> 平均在庫──在庫は出庫されると減少し、補充（入庫）されると増加する、というように変動を繰り返す。出庫量が一定で推移すると仮定するとその変動の平均値は、$\left[\dfrac{補充量}{2}＋安全在庫\right]$で表される。

図表6-2-4 ● 補充量の考え方

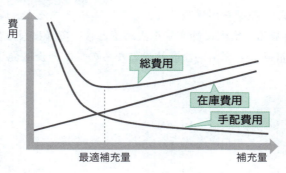

年間総費用 $E = dp\left(\dfrac{R}{2} + a\right) + c\dfrac{D}{R}$

d：在庫費用係数（1/年）、p：単価（円/個）、a：安全在庫（個）、c：手配費用（円/回）、D：需要量（個/年）

これを図で示すと、年間総費用Eは、図表6-2-4のように、在庫費用と手配費用の合計（総費用）となる。この総費用は凹曲線となるので、Eが最小となるのは、EをRで微分して0になる点のRが最適補充量となる。

計算をすると　最適補充量 $= \sqrt{\dfrac{2cD}{dp}}$ となる。

Column　コーヒーブレイク

《在庫費用係数》

　在庫費用係数は、在庫金額に対し、1年間でどれだけ費用がかかるかの係数である。品目や業種によって異なるが、メーカーでは在庫金額の10％から20％といわれている。1億円の在庫金額は、1年間で1,000万円から2,000万円の費用（損失）を生むことになる。

年間総需要量D＝10,000（個）、手配費用 c ＝2,000（円／回）、単価 p ＝1,000（円／個）、在庫費用係数 d ＝0.25（1／年）とすると、最適補充量は400（個）となる。実際に補充量を決めるときの参考になる。

最適補充量は最も経済的な発注量になるので、経済的発注量（EOQ）ともいう。

第3節 ● 在庫分析

第 **3** 節 | 在庫分析

学習のポイント

◆在庫管理の結果で得られる在庫保有量の評価指標について学習する。特に、在庫保有期間と回転率について理解する。
◆在庫の状態を分析する代表的な手法を学習し、分析方法とその活用方法を理解する。

1 在庫保有量の評価指標

（1）在庫保有期間

　在庫保有期間は、需要量に対する在庫保有量を、日数（ないし月数）を単位として示す指標である。たとえば、何日分の在庫を保有しているか、もしくは何カ月分の在庫を保有しているかを算出する。

　数式で表すと、以下のようになる。

$$在庫保有期間（日）＝\frac{在庫保有量（個）}{1日当たりの需要量（個／日）}$$

　在庫保有量と需要量の2つの指標は日々変動するので、①一定期間の平均値で計算する場合と、②需要量は平均値を用い、在庫保有量は月末もしくは期末の保有量で計算する場合がある。

　また、需要量が大きく変動する場合の適正在庫量は、在庫保有量そのものではなく、在庫保有期間で設定することが多い。

　前掲の図表6-2-1の例では、仮に1カ月間の在庫の平均値が270個とすると、1日当たりの需要量の平均値が48.8個であるから、在庫保有

351

期間は270÷48.8＝5.5日となる。もし在庫が330になり、需要量が30になると、在庫保有期間が11日となって倍増する。

　このように在庫保有期間は、在庫保有量と需要量を個別にとらえるよりも在庫の過不足を敏感にとらえることができる。

（2）在庫回転率

　在庫回転率とは、在庫の流動性を示す指標で、1年（もしくは月間や日）で在庫が何回入れ替わるか（何回転するか）で評価する指標である。このため、在庫保有期間の逆数となる。数式で表すと以下のようになる。

$$在庫回転率（1/年、もしくは回/年）＝\frac{年間の総需要量（個/年）}{在庫保有量（個）}$$

　在庫回転率が高いほど、在庫の流動性が高く、在庫という資産の効率が高いといえる。

　図表6-2-1の事例では、1日当たりの平均需要量を365倍して年間に換算し、48.8×365÷270＝66.0（回/年）となる。

（3）その他の指標

① 　在庫サービス率と品切れ率　→本章第1節**1**（2）

② 　入庫頻度と出庫頻度

　入庫・出庫の頻度とは、入出庫の回数を示す指標である。日単位、週単位、月単位で、何回入庫があったのか、何件の顧客に出庫があったのかを把握する。本節**2**で述べるパレート分析や在庫鮮度分析に使用する。

③ 　不動期間

　不動期間とは、最後の出庫から現在まで出庫のない期間を表す指標である。出庫がないということは需要がないことになる。需要がなければ在庫をしている意味がなく、在庫の費用がムダとなる。品目によって不動期間の管理限界を3カ月、6カ月、12カ月として、その期間を超えたら廃却などの処理をする。

2 在庫分析の代表的手法とその活用方法

(1) パレート分析

パレート分析は、在庫品目別の出庫量や比率の分析である。ABC分析とも呼ばれるが、活動基準原価計算（ABC：Activity Based Costing）と混同しないように注意が必要である。→第4章第3節 2

図表6-3-1に示すように、出庫量の高い品目から順に並べ、品目ごとの頻度を棒グラフで表し、累積構成比率を折れ線グラフで表す。その累積構成比率を目安として品目をABCの3つのグループにランク付けすることから、ABC分析とも呼ばれている。さらに企業によっては、Dランクと称して、めったに出庫しない商品、ないし不動在庫（Dead Stock＝死に筋・不良在庫）を示すことがある。また、不動在庫をZ（終わり）ランクとする企業もある。

目安は一般に、累積構成比率が80％以内（または70％以内）をAランク、95％以内（または90％以内）をBランク、残りをCランクとする。図表6-3-1では在庫品目AからDの4品目がAランク、EからGの3品目がBランク、HからPの9品目がCランクとなる。

図表6-3-1●パレート分析の事例

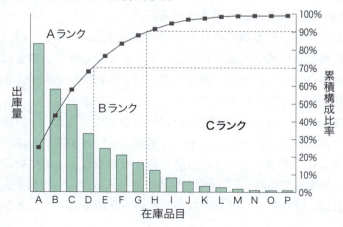

Ａランク品は「売れ筋」商品なので、出庫量が多いが日々の出庫変動も大きい傾向がある。このため、補充頻度を上げ、安全在庫をこまめに見直して、欠品リスクを少なくする必要がある。

Ｂランク品はＡランク品ほど出庫量が多くない。このため、補充頻度や安全在庫の見直しは、高いサービス率を求められる品目はＡランク品に準じ、求められない品目はＣランクに準ずる。

Ｃランク品は出庫量が少ない。このため、不定期定量補充方式として在庫管理の業務量を軽減する。また、ほとんど出庫のない品目を集めて保管し、不動品であることを表示することで、対策をとることを促す。

パレート分析は、出庫量だけでなく、販売金額、出庫頻度、保管金額、保管量などでも行うことができる。また、出庫量をパレート分析すれば、たとえばＡランク品は出庫仮置き場のそば、Ｃランク品は作業効率よりスペース効率を優先して倉庫の奥や上層階というように、倉庫内のロケーション設定に活用することで、作業効率を上げることができる。また、Ａランク品は顧客に近い在庫拠点に在庫し、Ｃランク品は在庫を集約するというように物流システムの設計にも活用できる。

（２）流動数曲線

流動数曲線は、横軸に時間（日）、縦軸に〔前残在庫＋入庫実績の累積数〕と出庫累積数を描いたグラフである。

図表６-３-２はある商品の２カ月間の流動数曲線である。緑の帯の上端は〔前残在庫＋入庫実績の累積数〕を示している。灰色の帯は出庫実績の累積数を表す。緑の帯は両者の差、つまり在庫数を表す。在庫の緑の帯の横の幅から在庫保有期間を知ることができる。

この事例では、毎日ほぼ安定した出庫となっているが、３回ほど大量のまとめ出庫がある。一方、入庫は１週間に１回の頻度で入庫している。入庫直後は在庫が膨らみ、入庫直前には在庫が少なくなっている。幸い、品切れは発生していない。だが、１回当たりの入庫量を減らして入庫頻度を上げれば、サービスレベルを維持しながら在庫を減らすことができる。

図表6-3-2 ●流動数曲線

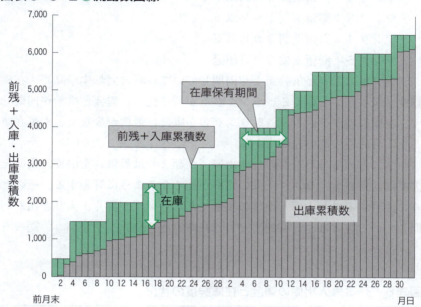

このように、流動数曲線を分析することで、在庫の増減の特徴と問題点が明らかになる。

(3) 在庫鮮度分析

在庫鮮度分析とは、モノが入庫してから出庫するまで倉庫内に滞留している時間と、入出庫の頻度を調べる方法である。賞味期限や消費期限の短い商品の分析に適している。

在庫鮮度分析を行うためには在庫の入庫日や製造日付がきちんと登録できていて、在庫の滞留時間が管理されている必要がある。在庫の先入れ先出しができていれば、滞留期間と在庫保有期間は一致する。そして、以下のように滞留期間をいくつかのランクに分ける。分け方は在庫品目の特性によって決める。

・ランク1：滞留期間1週間以下

第6章 ● 在庫管理

・ランク2：滞留期間2週間以下
・ランク3：滞留期間1カ月以下
・ランク4：滞留期間3カ月以下
・ランク5：滞留期間3カ月超過

　ランク1は需要と供給がよく同期していて在庫の回転率が高く、在庫鮮度が最も高いといえる。ランクが下がるに従い、需要と供給が同期せず、在庫鮮度が下がる。最低ランクの在庫は、需要が少なく、不動在庫となる可能性の高い在庫である。

　在庫に占める各ランクの目標比率（金額または数量）を決め、供給を需要に同期させ、ランク上位の比率が高くなるように管理する。そのときに注目するのが入庫と出庫の頻度である。頻度が高く、入りと出が同期している在庫は、滞留期間が短く在庫鮮度を高くしやすい。→図表6-3-3

図表6-3-3 ● 入出庫の頻度と在庫鮮度の状況

		入　庫		
		多頻度	時々	なし
出庫	多頻度	在庫鮮度は高い	入庫待ちが生じる	供給の低迷品もしくは生産終了品
	時々	出庫待ちが生じる	在庫期限は中程度	供給の低迷品もしくは生産終了品
	なし	需要の低迷品もしくは販売停止品	需要の低迷品もしくは販売停止品	在庫鮮度は低い（不動在庫の可能性）

356

第4節●棚 卸

第4節 棚 卸

学習のポイント

◆棚卸が必要な理由を理解する。棚卸差異（情報と現品の差異）が発生する原因と、対策処置について学習する。
◆一般的に実施されている棚卸の主な方法を学習する。そして、それぞれの特徴を理解する。

1 棚卸の意義

（1）情物一致（情報と現品の一致）

　棚卸とは、商品・製品・原材料・仕掛品などの在庫の数量と品質を確認し、会計上の資産として金額を確定させる作業のことである。棚卸という用語は、数量と品質の確認のために棚から商品等を降ろしたことに由来している。

　企業にとって在庫は、棚卸資産として棚卸資産の金額は帳簿やコンピュータのシステム上での在庫から計算され、貸借対照表の資産（流動資産）の部に記載される。したがって、システム上での在庫量（在庫情報）と、実際に存在する現品に差異があれば、棚卸資産の金額が間違っていることになる。この間違いは、企業の業績報告における虚偽記載という法令違反になる。そのため在庫管理では、「情物（在庫情報と現品）の一致」が求められる。

　在庫に関する情報（台帳、帳簿記録）と、在庫の現品は、入庫と出庫（フロー）の情報と現品を正確に管理していれば、常に一致しているはずである。しかし、現実にはさまざまな原因により、情報と現品の間で差

357

異が発生する。そのため、情報と現品を突き合わせて、情物を一致させることや、情物の差異を確認し是正することが行われている。

情報と現品を突き合わせる作業を、実地棚卸（現品棚卸）という。一般に在庫管理において棚卸というと実地棚卸（現品棚卸）を指している。

（2）棚卸差異の主な原因

棚卸差異の主な原因は、以下のとおりである。

① 入庫管理上の原因

入庫したときの品目と数量のチェックが原因となる場合がある。品目コードや数量を間違えた情報登録が、情報と現品の差異（情物不一致）を生じさせる。現品についている伝票に記載されている内容と現品に違いがあるにもかかわらず、現品のチェックを怠った場合などに差異が発生しやすい。

このため、差異を発生させないためには、必ず伝票記載内容と現品が合致していることを確認する必要がある。単純な人的ミスを防止するためには、バーコードや2次元シンボル、RFID（Radio Frequency Identification→第9章第4節**3**）を活用することが好ましい。

② 保管管理上の原因

保管している間の、破損や盗難により現品が減少するような場合がある。たとえば、保管ロケーションを間違えたり、仮置きの場所を登録していなかったりすると、棚卸のときに見つからないことがある。この結果、現品はどこかにあるのだが確認できない事態となり、棚卸差異として報告されることになる。

このため、保管状況やセキュリティへの配慮とともに、ロケーション管理を正確に実施することが重要である。

③ 出庫管理上の原因

出庫時における誤品の出庫、数量の数え間違いが、棚卸差異の原因となる場合がある。たとえば、形状や商品コードが似ていて紛らわしい品目は、誤って出庫する可能性がある。

第4節●棚 卸

このため、類似品はお互いに離して保管し、バーコードやRFIDを活用することが考えられる。

④ 情報管理上の原因

入庫・保管・出庫作業時に現品確認した事項が情報に反映されないことがあると、情報と現品に差異を生じる場合がある。たとえば、入庫伝票と現品の差異を発見したにもかかわらず、情報に反映されないことがある。単なるインプット忘れもあれば、関係部門や供給先との調整が必要で情報の更新が遅れたり、更新できなかったりする場合もある。

このため、現品の状態をリアルタイムで情報に反映することが重要である。

⑤ 棚卸作業上の原因

棚卸作業のミスで差異を生じることがある。数量を間違ったり、現品を間違って誤品を棚卸したり、現品を見つけられなかったりすることがある。日常の管理を正確に行うことと、バーコードやRFIDを使って棚卸作業を支援することが必要となる。

（3）棚卸差異の是正および対策

情報と現品の間に差異（棚卸差異）があった場合、原則として現品に合わせて情報を修正する。そして、情報の修正とともに、棚卸差異発生の原因の究明と再発防止対策をとる必要がある。

棚卸差異の原因の多くはすでに述べてきたように、在庫管理の不正確さに起因することが多い。このため、棚卸差異の存在は、むしろ在庫管理の精度向上のよいチャンスと考えて対策をとるとよい。

2 棚卸の方法

（1）帳簿棚卸

帳簿棚卸とは、入庫・出庫の記録台帳（在庫受け払い台帳）によって在庫の増減を計算し、在庫残高を計算して把握する方法である。〔在庫残

359

高（当残）＝前残在庫残高＋入庫累積高－出庫累積高〕となる。情報（台帳、帳簿記録）を精査する方法であり、計算によって帳簿上の在庫残高が得られる。

しかし、必ずしも現品が計算された数量あるとは限らない。そのため帳簿棚卸だけでなく、実地棚卸（現品棚卸）を実施して情物を一致させることが望ましい。

（2）実地棚卸（現品棚卸）

実地棚卸とは、在庫している現品を調べて、品目ごとの数量を把握する方法である。台帳、帳簿記録の情報（品目、ロケーション、数量）に基づいて現品にあたり、数量を数え棚卸票などに記録する。実地棚卸（現品棚卸）の結果に基づいて情報を修正する。棚卸作業の効率を上げるため、バーコードや2次元シンボル、RFIDを活用する場合がある。

実地棚卸（現品棚卸）には以下の方法がある。

①　一斉棚卸

一斉棚卸とは、全品目を対象に一斉に棚卸を行うことである。全品目の入庫と出庫を止め、在庫の動きがまったくない状態で全品目の数量を調べ上げる。全品目のデータ精度が高くなる。

しかし、入庫と出庫を止めることは物流サービスの低下になる。また、多くの手間と時間が必要で、経費がかかる。そのため、決算に合わせ期末に行われるのが一般的である。

②　循環棚卸

循環棚卸とは、在庫品目をいくつかに分割し、時期を分けて小刻みに棚卸を行うことである。

期末の一斉棚卸だけでは期中の在庫の情物が一致していなくても、それを検知し是正することができない。そこで、期中に小刻みに在庫品目の一部分の棚卸を行い、現品に合わせて情報を是正し情物の一致を保つ。1回の棚卸作業の入庫・出庫停止の範囲が小さく、手間も比較的かからず、作業時間が短い。そのため、一般に週単位・月単位で棚卸が行われる。

第4節 ● 棚 卸

　品目をいくつかに分けて順番に棚卸していく方法や保管区画を分けて区画ごとに順番に棚卸していく方法などがある。また、時期や間隔を決めずに、倉庫作業がないときに可能な範囲で棚卸をしていく方法もある。

③　その他の棚卸

　その他の棚卸には、毎日作業終了後に、入庫もしくは出庫があった品目だけを棚卸する方法がある。動きのあった品目だけ棚卸することで、情物を一致させる。在庫品目数に対し動きのある品目が少なければ、手間・時間ともあまりかからず、効率的である。

┃ 参考文献 ┃

（一社）日本能率協会編『トヨタの現場管理』日本能率協会マネジメントセンター、1978年

菅又忠美・田中一成編著『生産管理がわかる事典』日本実業出版社、1986年

勝呂隆男『適正在庫のマネジメント』日刊工業新聞社、2005年

第6章　理解度チェック

次の設問に、〇×で解答しなさい（解答・解説は後段参照）。

1 | 在庫はきちんと管理されていれば、顧客サービスのために余分に持っているほうがよい。

2 | 在庫管理とは、モノの入りと出を正確に把握し、保管されている品目と数量を管理記録し、その情報を関係部門に伝えることである。

3 | 最適補充量は、在庫費用と手配費用の合計が最小となる補充量である。

4 | 在庫保有期間と在庫回転率は、比例関係にある。

5 | 実地棚卸では、情報と現品の状態を厳密に一致させないといけないので、一斉に入出庫を止めて、時間をかけて棚卸する。

第6章 理解度チェック

解答・解説

1 | ×
在庫は「必要悪」でもあり、在庫サービス率とバランスした適性値になるよう管理する。

2 | ×
在庫管理には正確さだけでなく、在庫量が適正となるよう管理する機能も求められている。

3 | ○
最適補充量は、在庫に関する総費用（在庫費用と手配費用の和）が最小となる値で決める。

4 | ×
在庫保有期間と在庫回転率は逆数の関係にある。

5 | ×
実地棚卸には一斉棚卸だけでなく、循環棚卸など小刻みに棚卸する方法がある。

第 **7** 章

輸配送管理

この章のねらい

　第7章では、輸配送管理の実務担当者が理解しておくべき基礎的な事項について学習する。

　第1節では、輸配送に利用される輸送機関（モード）の種類と内容、その特徴を理解する。

　第2節では、安全・確実・迅速に一連の輸配送業務を滞りなく行うため、輸配送管理を構成する配送・配車管理と運行管理／安全運転管理、貨物追跡管理の個々の管理手法を学習する。

　第3節では、安全な輸送、効率的な輸送を行うために必要な包装について学習する。輸送をはじめ、物流過程ではさまざまな外力が商品に加わるため、包装なしでは内容品を安全に保つことはできない。包装の分類と特徴を学ぶ。

　第4節では、輸送を効率化するためのユニットロードシステムについて、その概念を学び、パレットとコンテナの種類と特徴を理解する。

第7章 ● 輸配送管理

| 第 1 節 | **輸配送管理の基礎知識** |

学習のポイント

◆輸送機関（モード）の種類と内容、さらにその特徴を理解する。

◆輸送機関（モード）の特徴を踏まえ、その選択を行う際の視点を養う。

1 輸送機関（モード）の種類と内容

（1）船舶

貨物輸送用の船舶には、一般貨物船（在来船ともいう）、専用貨物船、コンテナ船、RORO（Roll on/Roll off）船、フェリーなどがある。→図表7-1-1・2

一般貨物船は、鉄鋼や巻き取り紙、小麦等の穀物類など、多様な貨物の輸送が可能であり、貨物の積卸し作業にクレーンなどが必要となる。専用貨物船は、特定の貨物を輸送する船であり、原油、液体化学薬品、液化ガス、鉄鉱石、石炭、完成車などを運び、バルク貨物を運ぶバルク船、液体を運ぶタンカー、完成車を運ぶPCC船（Pure Car Carrier）などに分類される。専用貨物船は、それぞれ貨物の積卸しのための設備が異なっている。

また、コンテナ船は、貨物の積卸し作業にクレーンなどの荷役設備が必要であるが、RORO船やフェリーは、車両が、船に装備されているランプウェイ（船艙に入るための斜路）を利用して船艙まで入ることができるため、荷役設備は不要である。

なお、コンテナ船やRORO船等で利用される海上コンテナ（箱形の輸

366

送容器）には、国際標準規格の20フィート（ft）コンテナと40ftコンテナのほか、内航海運で使われる30ftコンテナ、24ftコンテナ、12ftコンテナ、10ftコンテナなどがある。また、コンテナには、一般の商品や物資を運ぶコンテナ（ドライコンテナ）以外に、冷凍食品や生鮮野菜、医薬品など温度管理が必要とされる貨物用に温度制御機能を備えた定温輸送用コンテナや、液体輸送用のタンクコンテナなどもある。

2005年には、より多くの商品や物資が積載できる45ftコンテナが国際標準規格の1つとなっている。しかし、わが国では陸上輸送ができる道路が限られているため普及していない。

船舶による国内貨物輸送（内航海運）は、2021年度においてトンベースで全輸送量の7.6％を占め、トンキロベースでは全輸送量の40％を占めている（国土交通省「令和5年版交通政策白書」）。

図表7-1-1●コンテナ船

出所：井本商運（株）

図表7-1-2●RORO船

出所：日藤海運（株）

（2）航空機

貨物輸送に用いられる航空機には、旅客機と貨物専用機がある。旅客機で貨物を輸送するときは、客室床下の貨物室（ベリー）に貨物を搭載して輸送する（ベリー輸送）。貨物専用機（フレーター）は客席がなく、機体全体を貨物スペースとしているので、大型・大量の貨物を搭載して輸送できる。多くの場合は、航空コンテナや大型の板状パレットなどのULD（Unit Load Device）が使用される。→図表7-1-3・4

図表７-１-３●ベリー輸送　　図表７-１-４●航空貨物専用機

出所：鈴与（株）　　　　　　出所：JAPAN AIRLINE

　国内の航空貨物輸送は、2021年度においてトンベースで全輸送量の0.01％を占め、トンキロベースでは0.2％を占めている（前掲「令和５年版交通政策白書」）。

（３）鉄道

　鉄道による貨物輸送には、コンテナで運ぶ「コンテナ輸送」と、石油や液化ガスなどの液体を輸送するタンク車や、石灰石などを輸送するホッパ車などで貨車を１両貸し切って運ぶ「車扱輸送」がある。→図表７-１-５・６

　コンテナ輸送は、貨物駅での貨車への積卸し作業に、トップリフターやフォークリフトなどの荷役機器が必要となる。

図表７-１-５●コンテナ列車　　図表７-１-６●車扱列車

出所：国土交通省　　　　　　出所：国土交通省

第1節 ● 輸配送管理の基礎知識

　鉄道貨物輸送で利用されるコンテナには、12ftコンテナと20ftコンテナ、10tトラックの荷台とほぼ同じ容積の31ftコンテナなどがある。→ **本章第4節 3 (1)** 参照

　国内の鉄道貨物輸送は、2021年度においてトンベースで全輸送量の0.9%を占め、トンキロベースでは4.5%を占めている（前掲「令和5年版交通政策白書」）。コンテナ輸送と車扱輸送の比率は、同年度においてトンキロベースでコンテナ輸送が92%、車扱輸送が8%となっている（鉄道輸送統計）。

（4）貨物自動車

　貨物自動車による貨物輸送では、自家用貨物自動車による輸送と、事業用（営業用）貨物自動車による輸送の2つがある。

　事業用貨物自動車による輸送では、車両1台単位で貸切輸送する貸切

図表7-1-7 ● 貨物自動車の区分

種　類	自動車の大きさ等の規格
大型自動車	車両総重量11t以上、または最大積載量6.5t以上の自動車
中型自動車	車両総重量7.5t以上11t未満、または最大積載量4.5t以上6.5t未満の自動車
準中型自動車	車両総重量3.5t以上7.5t未満、または最大積載量2t以上4.5t未満の自動車
普通自動車	車体の大きさなどが、大型自動車、中型自動車および準中型自動車などのいずれにも該当しない自動車
大型特殊自動車	ショベルローダ、フォークリフト、農耕用作業自動車など
小型特殊自動車	大きさが長さ4.7m以下、幅1.7m以下、高さ2.0m（安全装置などが架装されている場合は2.8m）以下で最高速度が15km/h以下の自動車
軽自動車	総排気量が660cc以下で、大きさが長さ3.4m以下、幅1.48m以下、高さ2.0m以下の自動車

大型自動車〜小型特殊自動車：道路交通法第4条による
軽自動車：道路運送車両法の保安基準による

運送(チャーター便)、容積や重量単位で輸送する特別積合せ貨物運送(特積、路線便)、および商品や物資を1個単位で輸送する宅配便などがある。貨物自動車への貨物の積込みには、手荷役によるバラ積みや、フォークリフトを用いるパレット積み、ロールボックスパレット(カゴ台車)積み等がある。

　貨物自動車は、道路交通法第4条により、大型自動車、中型自動車、準中型自動車、普通自動車、大型特殊自動車、小型特殊自動車に区分され(自動二輪車を除く)、さらに道路運送車両法の保安基準により軽自動車が指定されている。→図表7-1-7

　荷室の温度帯を管理できる貨物自動車には、冷凍車、冷蔵車、保冷車がある。冷凍車、冷蔵車は両車とも冷凍機を搭載しているが、管理可能な温度帯が異なる。保冷車は、冷凍機を搭載せず、荷室の断熱構造により一定時間低温を保つことができる(→図表7-1-8)。なお、この冷凍車、冷蔵車、タンク車(タンクローリー)、コンクリートミキサー車などは、国土交通省の「自動車の用途等の区分について(通達)」により、車両の大小にかかわらず「特殊用途自動車」(8ナンバー)に区分されている(自動車保有車両数統計でも)。

　さらに、トラックの荷台の形状では、平ボディ(荷台だけ)、バン型(箱

図表7-1-8●冷凍車、冷蔵車

出所:トヨタ車体(株)

図表7-1-9●ウイング車

出所:日本フルハーフ(株)

形の荷室を備える)、セミトレーラー、フルトレーラー、ポールトレーラー（レールなどの長尺物を輸送する）に分類できる。なお、バン型の貨物自動車は、荷役を短時間で行えるように荷室の側面を天井まで跳ね上げるウイング車（→図表7-1-9）や、車体後部にリフトを付けたテールゲート車（テールゲートリフター付き車両）、荷室の高さを変えられるリンボー車などがある。

テールゲート車は、箱形のロールボックスパレットを積むことの多いコンビニエンスストアの配送などで使われ、リンボー車は都心部での駐車場の入り口が低い建物への納品に使われている。

国内の貨物自動車輸送は、営業用・自家用合わせて、2021年度においてトンベースで全輸送量の91.4%を占め、トンキロベースでは55.4%を占めている（前掲「令和5年版交通政策白書」）。

2　輸送機関（モード）の特徴

輸送とは、物資を場所的に移動（空間的移動）させることであり、「必要な物資を、必要な数だけ、必要な場所へ、必要な時刻に、物資の価値・性状（状態）を維持しながら、安いコストで、安全に送り届ける」ことが望まれている。視覚的に理解しやすい活動である。

同じ輸送機関（たとえば貨物自動車）でも、駆動力（エンジン出力）や輸送能力（キャパシティー）により、コストも変わる。出荷数量との関係も考慮して、輸送機関（モード）を選択する必要がある。考慮すべきポイントは、経済性（コスト）、迅速性（スピード）、正確性（出発・到着の時間の定時性）、安全性（破損や事故の多少）、利便性（柔軟性）、環境性の6項目である。

輸送機関にはそれぞれ特徴（長所・短所）があり、これらをうまく選択・組み合わせる必要がある。たとえば環境を重視する場合、長距離輸送には鉄道や船舶を使い、近距離の配送にはトラックを使うという組み合わせなどである。→図表7-1-10

第7章 ● 輸配送管理

図表7-1-10 ● 国内輸送機関の長所と短所

輸送機関	長　　　所	短　　　所
貨物自動車（貸切）	●ドア・ツー・ドアの一貫輸送サービスにより利便性が高い。 ●中・少量物資の近距離輸送では運賃が割安となる。 ●鉄道・船舶に比べ輸送時間が短い。	●遠距離輸送では運賃が割高になる。 ●ドライバー不足により手配が難しくなりつつある。 ●トンキロ当たりの温暖化ガスの排出量が、航空機に次いで多い。
船　舶	●大量の物資を輸送できる。 ●運賃が割安である。 ●トンキロ当たりの温暖化ガスの排出量が、鉄道に次いで少ない。	●必要なときにすぐに手配することが難しい。 ●輸送時間が他の輸送機関に比べて長い。 ●港湾での積み替えに時間・コストが発生する。 ●港湾－物流拠点間の輸送にトラックを使う必要があるため、港湾から遠い地域はコスト的に不利となる。 ●一般貨物船の場合、荷役が天候に制約されやすい。
鉄　道	●中量の物資を輸送できる。 ●貨物駅からの遠隔地には、オフレールステーションが設置されることもある。 ●運賃が割安である。 ●トンキロ当たりの温暖化ガスの排出量が、これら輸送機関の中で最も少ない。	●貨物駅での積み替えがあるため、時間・コストが発生する。 ●貨物駅－物流拠点間の輸送にトラックを使う必要があるため、貨物駅から遠い地域はコスト的に不利となる。 ●天候や鉄道事故の影響を受けやすい。
航空機	●輸送速度が早い。 ●輸送中の揺れが小さく、物資が破損するリスクが小さい。 ●空港のセキュリティが厳重で、盗難等のリスクが小さい。	●運賃が高い。 ●質量制限、積み荷制限などがある。 ●トンキロ当たりの温暖化ガスの排出量が、これら輸送機関の中で最も多い。

第2節 ● 輸配送管理の内容

第2節 輸配送管理の内容

学習のポイント

◆輸配送管理には、配送・配車管理、運行管理・安全運転管理、貨物追跡管理の3つがあることを理解する。

◆事業用自動車を使用する場合は運行管理者を、自家用自動車を使用する場合は安全運転管理者を選定する必要があることを認識する。

◆配送・配車管理、運行管理・安全運転管理、貨物追跡管理の3つの管理の管理手法を理解する。

1 配送・配車管理の内容

配送管理とは、指示された配送方法で配送順序を決定し、配送経路を決めることである。配送方法には、ルート配送とピストン配送がある。ルート配送は、出発点から、納品先を巡回して貨物を配る配送方法である。これは、新聞、牛乳などの商品配送で実施されている。一方、ピストン配送は、工場間等の2拠点間を繰り返し運ぶ配送方法である。

配車管理とは、配送先や貨物に合わせて車両やドライバーを割り当てることである。たとえば、配送先が幅員狭小な道路に面している場合、小型～中型車両での配送とする。また、振動等に配慮が必要な貨物の場合、エアサス車両（エアーサスペンション付き車両）を手配する。配送先の状況や配送条件を見極めつつ、最大限最適な車両を割り当てる。

配車管理にあたって、必要台数分の車両が自社で不足する場合は、備車手配を行う。そのためには、第一種貨物利用運送事業（自動車運送）と

373

して国土交通大臣への登録を受ける必要がある。

備車のメリットは、輸配送の依頼が増加したときに、備車を手配することで対応することができることである。緊急時の対応がしやすく、かつ固定費を削減することができる。

備車のデメリットは、備車先のドライバーが問題を起こしたとき、自社の負担となるリスクがあることである。自社のドライバーには、接客態度を含めて安全運転等の教育を行うことができても、備車先のドライバーの教育・指導の責任は備車先企業にある。

2　運行管理・安全運転管理の内容

運行管理とは、自動車運送事業者が貨物自動車運送事業法や道路交通法をはじめとする各種関係法令を遵守することにより、交通事故を防止し、安全・安心・確実な輸送を担保することである。そのため、安全運行に必要なドライバーの勤務時間を設定し、運行管理のための指揮命令系統を明確にする必要がある。

運行管理者は、この運行管理の実務を担当し、安全運行の中心的役割を担っている。運行管理者は、道路運送法および貨物自動車運送事業法に基づき、事業用自動車のドライバーの乗務割の作成、休憩・睡眠施設の保守管理、ドライバーの指導監督、点呼によるドライバーの疲労・健康状態等の把握や安全運行の指示等、事業用自動車の運行の安全を確保するための業務を行う。

自動車運送事業者（一般乗合旅客、一般貸切旅客、一般乗用旅客、特定旅客、旅客、貨物－貨物軽自動車運送事業者を除く）は、一定の数以上の事業用自動車を有している営業所ごとに、一定の人数以上の運行管理者を選任しなければならない。一般貨物自動車運送事業者および特定貨物自動車運送事業者の場合、貨物自動車運送事業輸送安全規則第18条の規定により、事業用車両が29両までは1人、30両以上は30両ごとに1人ずつ選任する必要がある。運行管理者は営業所に常勤しなければなら

第2節 ● 輸配送管理の内容

ないため、ドライバーを兼ねることができず、複数の運行管理者がいる場合には、統括運行管理者を選任する必要がある。また、営業所が複数ある場合には、営業所ごとに規定の人数を選任しなければならない。

この運行管理者として選任されるためには、運行管理者試験に合格するか、事業用自動車の運行の安全の確保に関する業務について一定の実務の経験その他の要件を備えることにより（具体的な要件は前述の規則を参照）、自動車運送事業の種別（旅客・貨物）に応じた種類の運行管理者資格者証を取得している必要がある。

運行管理者に類似した管理制度として、道路交通法に規定する安全運転管理者制度がある。これは、運行管理者等を置く自動車運送事業者、第二種貨物利用運送事業者および自家用有償旅客運送事業者以外の、一定台数以上の自動車を使用する事業者は、自動車を使用する事業所等ごとに、自動車の安全な運転に必要な業務を行う者（たとえば、白ナンバーでセールス活動や商品配送を行っている荷主企業）として安全運転管理者を選任しなければならないとするものである。

ここで、一定台数以上の自動車とは、乗車定員が11人以上の1両以上の自動車、またはその他の5両以上の自動車であり、大型自動二輪車または普通自動二輪車は、それぞれ1両を0.5両として計算する。そして、台数が20両以上40両未満の場合は副安全運転管理者を1人、40両以上の場合は20両を増すごとに1人の副安全運転管理者を選任する必要がある。

安全運転管理者等の業務内容は、ドライバーに対する安全運転指導やドライバーの状況把握、安全運転確保のための運行計画の作成、点呼等による過労・病気等の有無の確認と必要な指示、ドライバーの酒気帯びの有無の確認、酒気帯びの有無の確認内容の記録・保存（2023年12月からは、アルコールチェックが義務づけられた）、運転日誌の備え付けと記録等である。

第7章 ● 輸配送管理

3 　貨物追跡管理の内容

　貨物追跡管理とは、出荷から配送完了までのすべての輸配送の過程を管理することであり、輸配送車両の位置情報や貨物の通過地点・移動経路の特定を行う。かつては出発登録や配達店到着登録、配送完了登録など、主要な過程ごとにトラックドライバーが通過登録を行い、貨物の位置や状況を確認していた。最近は、GPS（Global Positioning System）から車両の位置情報を取得し、営業所の運行管理者が走行状況をリアルタイムに把握する動態管理も普及している。

　動態管理を行うことにより、走行距離や稼働時間を管理したり、急ブレーキ情報などから危険運転の予測や危険箇所を把握したり、車両の到着時刻を予測して、走行状況により到着遅延等が発生しそうな場合、配送先へ迅速に連絡するなど柔軟な対応も可能となる。

　また、動態管理はIoT技術を活用した貨物の遠隔監視との連携も行いやすい。たとえば、荷室に温湿度センサーを取り付け、インターネットを通じて温度・湿度のデータをリアルタイムに取得し、異常を感知した場合には、位置情報と結びつけて異常の発生箇所を特定するとともに、ドライバーに通報して対処を求めることができる。

第3節●包 装

第3節 包 装

学習のポイント

◆包装の定義・目的と分類を理解する。
◆「個装」「内装」「外装」という言葉の意味と関係を理解する。

1 包装の定義と目的

包装とは、JIS Z 0108によると、「物品の輸送、保管、取引、使用など
に当たって、その価値及び状態を維持するための適切な材料、容器、そ
れらに物品を収納する作業並びにそれらを施す技術又は施した状態」と
定義されている。

世の中のほとんどの商品は、包装を施されて流通している。包装を施
す目的を大別すると、次の5つに分けることができる。

①内容品の保護、②取り扱いや保管・販売の利便性確保、③宣伝媒体
としての機能と、情報伝達としての機能を含めたパッケージデザイン機
能、④荷扱いの条件づけ、⑤新品性の保証

5つの目的のうち、最も重要なものは①の内容品の保護である。内容
品に影響を及ぼす項目としては、物流環境がある。物流環境には、包装品
が受ける物理的外力、環境条件などによる化学的変化、盗難などの人為的
行為の3つが考えられるが、内容品の種類によって重要度に違いがある。

ただし、食品の包装に関しては、個装（→本節3）が施され、内容品
の破損などが生じにくいという特性があることから、外力からの保護よ
りも、温湿度などの環境条件や細菌類による影響の排除が最も重要視さ
れている。

377

②の取り扱いや保管・販売の利便性確保については、包装質量、寸法、重心位置などが大きな影響を与える。重量品の取っ手の設置位置や数は、物流作業を効率的に進めるためには、重要な要素である。また、包装の中に含まれる商品の個数（入り数）をいくつにするかによって、物流作業の効率化、販売店の取り扱いや消費者の購買状況などに違いが生じるため、これらの要素についても配慮が必要である。

③のパッケージデザイン機能については、大きく2つの目的がある。第1の目的は購買意欲の惹起であり、第2の目的は情報開示である。食品の安全性に関する社会的な関心が高まっているため、この情報開示の項目が重要性を増してきている。また、情報開示については計量法その他法律で規定されている項目を遵守する必要がある。

④の荷扱いの条件づけについては、大きいもの、重いものは、荒っぽい荷扱いを受けにくいという特性を利用して、ある単位にまとめて包装するなど、脆弱な商品を安全に輸送するための手法として利用されている。

⑤の新品性の保証については、生産された状態の商品を消費者に届けるという意味での消費者保護の立場からこの項目も重要である。もちろ

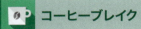

《DFL：デザイン・フォー・ロジスティクス（Design For Logistics）》

　海外ではよく知られた用語に「DFL（Design For Logistics）」がある。残念ながら、わが国ではロジスティクスに関係する人でも、まだ知っている人は少ないようだ。そもそも明確な定義がない。ロジスティクスのための設計とは何か、対象とするロジスティクスの範囲によって設計の考え方も変わってくる。保管と輸送に限定すれば、「コンパクトな製品と強さ・簡易さを兼ね備えた包装の設計」となる（これがいまの主流の考え方）。だが、荷役や流通加工を考えるなら、「効率性が高く自動化に適合した荷役機械の開発」だろうか。施設への搬入のしやすさを重視するなら、「建築設計」も視野に入る。結局、ロジスティクスは幅広い分野にかかわるからこそ、それぞれの分野でロジスティクスの効率を追求することが重要なのだ。

ん、内容品の保護が包装の最大の目的であることは事実であるが、これ以外の機能も包装設計の際に重視される項目であり、これらの項目に対する配慮を忘れた包装は万全とはいえない。

物流を構成する機能は、一般的には「輸送」「保管」「荷役」「包装」「流通加工」「情報」の順に並んでいる。これを工程順で見れば、商品を輸送・保管するための包装が最初である。包装は物流の「入り口」であり、その後の輸送効率・保管効率や荷役のしやすさに大きく影響する。

包装設計の良否がロジスティクスやサプライチェーンの効率性・生産性を左右することに着目して、最近、荷主企業ではDFL（デザイン・フォー・ロジスティクス）も重視され始めている。

2 包装の分類

（1）包装の機能による分類（工業包装と商業包装）

包装の機能による分類には、工業包装（industrial packaging）と商業包装（commercial packaging）がある。

工業包装とは、内容品の保護機能を重視し、荷扱いの容易化、倉庫での保管のしやすさなど、物流での利便性も考慮した包装のことである。包装コストは可能な限り抑えて設計される。印刷についても、必要最小限の項目を表示するのみというものが多く、1色ないし2色印刷が一般的である。

この包装の対象となる製品は、包装によって売れ行きが影響されることがほとんどない商品で、各種の計測器や冷蔵庫、洗濯機などの大型家電品などがこの包装を施されている。ただし最近では、包装のまま展示販売を行う量販店が現れるなど社会構造の変化に伴い、他社との差別化を図るため、会社のロゴや製品の愛称などを表示して消費者に印象づけることが行われるようになっている。

商業包装とは、工業包装に対する用語で、日用雑貨や菓子類、小型家電品などの包装が該当する。小売店で取り扱う商品の包装で、商取引の利

便性を考慮して施された包装のことである。素材や容器形状、表面印刷などを工夫して消費者の購買意欲を喚起する役割を持たせることもある。

（2）購買者を主体とした分類（消費者包装と業務用包装）

　購買者として一般消費者を前提とする包装と大量購入者を前提とする包装の分類があり、それぞれ消費者包装（consumer packaging）、業務用包装（institutional packaging）と呼ばれる。

　消費者包装を施される商品は、一般消費者が包装を見て購入するか否かを判断し、購入後は内容品がなくなるまでその包装のまま利用するという商品が多いので、包装のよしあしが売れ行きを左右する傾向が強い。この傾向は、特に子ども向けの菓子類などで顕著である。したがって、消費者包装では包装容器の外観が重視され、包装コストが少々かかっても購買層を引きつけることが優先され、容器の色や形状、使い勝手などに工夫が凝らされることになる。アニメのキャラクターなどが表示されることもある。

　ただし、包装が過大または過剰であったり、内容表示が不明確であったりすると、消費者の適正な判断を妨げることになる。不当景品類及び不当表示防止法（景表法）では、過大包装は不当表示の一種である「有利誤認」として示している。また、東京都では消費生活条例（第19条）において「内容品の保護、過大な又は過剰な包装の防止等のため…（中略）…販売の際の包装について事業者が守るべき一般的基準」を定め、包装により消費者の選択や判断を誤らせることがないように規定している。

　業務用包装は、学校、病院、ホテル、食堂などの大量購入者向けに、大量かつ継続的に供給する物品に施される包装で、大きな単位にまとめた包装のことである。

3　個装と内装と外装の区分と特徴

　包装は、個装、内装、外装からなる。

個装とは、商品個々の包装である。小さいものではボタン電池の包装から、大きいものでは冷蔵庫の包装まで、非常に広い範囲に及ぶ。個装は、商品価値を高めること、または商品の保護を主な目的としている。基本的に、個装が最も小さな包装で、次に内装、一番外側が外装となる。

内装とは、個装と外装の中間の包装である。たとえば、菓子類や雑貨などでは、いくつかの個装をまとめて別の容器（10個入りの化粧箱など）に収納し、この中間の容器をより大型の容器に入れて輸送に供するのが一般的である。この中間に位置する容器を内装と呼んでいる。この場合、内装は個装の外側に置かれることになる。→図表7-3-1

ところが、電気製品は、製品本体を緩衝材などで保護し（個装）、付属部品を1つにまとめて（内装）製品の内部に収納することがある。たとえば電子レンジの包装の場合、ターンテーブルなどの付属部品を1つに

図表7-3-1 ●タバコの個装・内装・外装の関連図

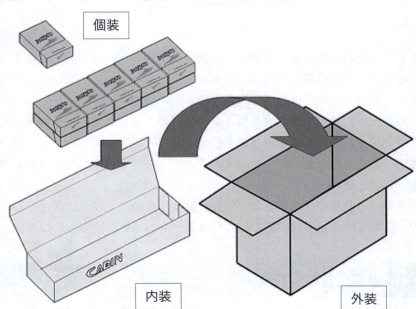

図表7-3-2 ●電子レンジの個装・外装の関連図

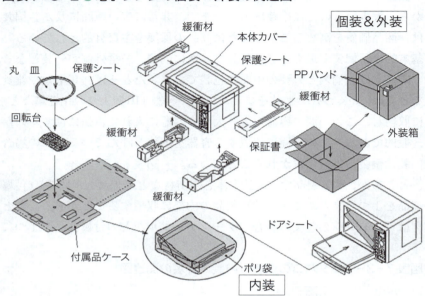

まとめて付属品ケースに収納し、付属品ケースをオーブン内に収納する。この場合、内装は個装の内側に置かれることになり、菓子類などの包装とは、個装と内装の位置関係が逆になる。→図表7-3-2

外装とは、物流作業で取り扱う際の包装のことである。ある程度の大きさを備えており、段ボール箱や袋、缶などで包装されているものが一般的である。ただし、箱などに入れずロープなどで結束しただけのものも、包装と呼ぶ。

また、冷蔵庫や洗濯機などの包装は個装がそのまま輸送に供されるので、このような包装は個装であって外装でもあるということになる。

4　包装設計の留意点

製品の包装は、基本的にメーカーにより施される。特に個装・内装に

ついてはほぼメーカーによる包装である。外装については、家電製品のように個装と外装が一体になった包装はメーカーにより施される。物流センターで、保管された製品をピッキングし、段ボール箱や折りコン等に積み合わせる場合、段ボール箱や折りコンが外装となり、物流事業者による包装となる。

　輸送包装の主流である段ボール包装については、段ボール製造事業者等により設立された段ボールリサイクル協議会が2023年5月、「段ボール製容器包装の自主設計ガイドライン」を策定し、公表した。

　このガイドラインは、会員事業者が「段ボールが容器包装としての本来の機能・役割を果たしつつ環境負荷を軽減するために、事業者が適正包装を推進する際に留意すべき事項」についてまとめた指針であり、会員事業者以外でも、包装設計にあたっては、DFLの考え方とともに、十分に留意する必要がある。

　その内容は、包装設計条件の把握による適切な包装設計の実施、リデュースを推進するための過剰包装の回避や包材面積・包材質量・過剰な色数の削減、リサイクルを円滑に行うための段ボール箱製作時の工夫等を挙げている。

　また、製品の種類や輸送手段等によっては、個々の製品ごとに包装方法を選択し、最適な設計を行う必要がある。たとえば、段ボール箱では強度が保てないような大型機械・装置・重量物等の保管や輸送には、すかし箱・クレート箱とも称される木枠梱包（外装）が施される。このような包装は、これを専門とする梱包事業者により行われ、輸出などの重要な一翼を担っている。

第7章●輸配送管理

第 4 節 | ユニットロードシステム

学習のポイント

◆ユニットロードシステムとはどのようなものかを理解する。
◆パレットの種類と名称、特に平パレットの規格や積付けパターン等について理解する。
◆コンテナの種類と名称、国際・国内規格等について理解する。

1 ユニットロードシステムの概念

　ユニットロードとは、個々の包装貨物を個別に扱うのではなく、パレットやコンテナを利用してひと固まりのユニット（単体）とした貨物のことをいう。

　JIS Z 0111：2006「物流用語」では、ユニットロードを「複数の物品又は包装貨物を、機械及び器具による取扱いに適するように、パレット、コンテナなどを使って一つの単位にまとめた貨物。この目的に合致する1個の大形の物品に対しても適用する」と規定している。**ユニットロードシステム**については、「貨物をユニットロードにすることによって荷役を機械化し、輸送、保管などを一貫して効率化する仕組みをいう」と規定している。

　また、JIS Z 0650：2020では、1,100mm×1,100mmと1,200mm×1,000mmのパレットを使用した「ユニットロードシステム通則」が定められている。この通則は、「パレタイズ化はもちろん、パレタイズド貨物の解体後の作業性を含む、サプライチェーン全体を通してのマテリアルフローが最適化され、空間効率・時間効率を改善させるための、ユニットロ

384

ードの新たな指針となる」ものである。

ユニットロードシステムを利用して、自動車、船舶、航空機など複数の輸送機関を組み合わせて輸送することを複合一貫輸送という。ユニット化にはパレット、コンテナ、ロールボックスパレットなどが利用される。ユニットロードシステムの代表として、パレットを使用するパレチゼーションと、コンテナを使用するコンテナリゼーションがある。

ユニットロードシステムのメリットとして、次のような項目がある。

① フォークリフトやクレーンなどの機械荷役が可能となるので、倉庫内での荷役、運搬や輸送機関への積卸し作業の時間が大幅に短縮される。

② 個々の貨物での荷扱いの機会が減少するため、汚破損などの荷傷みのリスクが減少するとともに、包装の簡素化が可能となり、包装コスト低減も可能になる。

③ ユニット単位で管理するため、検品工数が削減され、検品ミスが減少する。

④ 機械荷役となるため、人力荷役に伴う腰痛発生などに対する労働環境の改善にもつながる。

一方、ユニットロードのデメリットとしては、次のような項目がある。

① 最大の問題は、輸送機関への積載効率が低下することである。たとえば、従来トラック荷台にバラ積みで3段積みできた貨物が、パレット積みの場合2段しか積めないことがある。

② 質量勝ちの貨物では、パレット自重分だけ従来よりも貨物の積載量を減らさざるを得ない。

③ 機械荷役を行うための施設・設備・機材が必要となるため、多額の初期投資が必要となる。

④ コンテナやパレットの改修費、補修費用、保管スペースの確保、管理費なども必要となる。

2 パレット

(1) パレットの種類

パレットは、個々の貨物をまとめてユニット化するために用いられる物流用の機器で、荷役、輸送、保管の各段階で利用される。平面で構成された平パレットのほか、ボックスパレットなど上部構造物を持つものも存在する。パレットの種類は、大きく分けると図表7-4-1・2のようになる。

図表7-4-1 ●パレットの種類

名　称	特　徴
平パレット	最も多く使われているパレットで、パレット全体の80％以上を占める
ボックスパレット	上部構造物として3～4枚の側板を備えた形式のパレットで、重量部品の輸送や保管に利用されることが多い
ロールボックスパレット	3～4枚の側板を備えた車輪付きのパレットで、フォークリフトなしで移動できる。スーパーマーケットなど流通業界で使用されることが多い
シートパレット	パレットの厚さを薄くして、積載効率の低下防止に配慮したパレットで、発地、着地にプッシュプルフォークリフトが必要
その他のパレット	ポストパレット、スキッド、プラテンパレット、タンクパレット、サイロパレットなどがある

図表7-4-2 ●形状によるパレットの分類

平パレット　　ボックスパレット　　ロールボックスパレット　　シートパレット

出所：（一社）日本パレット協会資料

パレットの材料は木材が最も多く、次いでプラスチック製のものが利用されている。スチールやアルミ製のものも利用されているが、使用量はさほど多くない。ワンウェイで利用されるシートパレットは、段ボール製が基本である。中国製の竹製パレットなども、輸入され使用された例がある。

航空貨物用のパレットは、厚さ5mmの硬質アルミ製の平板で、標準サイズ（88×125インチ）から重量貨物用の大きなサイズまでいろいろなサイズのパレットがある。パレットに積載された貨物は、安全のためネットが掛けられ、シートを被せることがある。

（2）平パレット

平パレットの各部には名称がある。→図表7-4-3

図表7-4-3●平パレット各部の名称

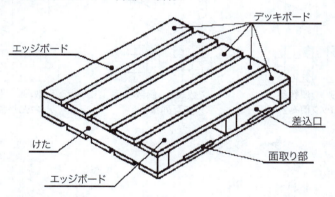

出所：（一社）日本パレット協会資料

パレットの寸法は各国で異なっている。日本では、JIS Z 0604でパレット寸法が規定されているが、一辺が1,100mmのものと、1,200mmの2系列がある。このうち1,100×1,100mmのものを**T11型パレット**といい、一貫パレチゼーション用標準パレットとして利用されている。また、1,200

×800mmのパレットは、欧州のパレットプールシステム用パレット（**ユーロパレット**）の寸法に合わせたものである。

（3）平パレットへの積付けパターン

パレットの積載効率を高めるためには、まず平面利用率を高める必要がある。

パレットの平面利用率は、次式で求めることができる。

パレットの平面利用率＝包装品の底面積×最下段の個数／パレット面積

図表7-4-4●パレット積付けパターン

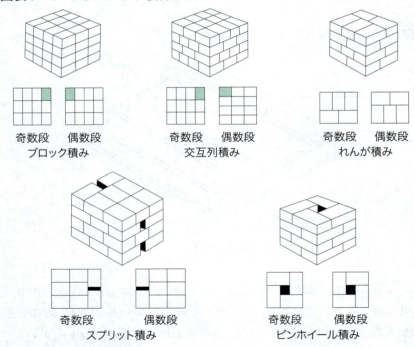

出所：（公財）日本障害者リハビリテーション協会をもとに編集

第4節 ● ユニットロードシステム

倉庫で実際に行われている積付けパターンとしては、**ブロック積み**（棒積み）、**交互列積み**、**れんが積み**、**ピンホイール積み**（回し拵）、**スプリット積み**がある。→図表7-4-4

（4）荷崩れ防止

輸送包装の大半は、段ボール包装が施されている。段ボール箱は、荷重の大半をコーナー部で支持するという特徴があるため、包装設計者は耐圧縮強さを考慮して、ブロック積み前提の設計を行っている。したがって、段ボールの強度設計から見るとブロック積みが好ましいが、荷役や振動などによる荷崩れ防止の観点では、ブロック積み以外の積付け方が好ましい。

積付け後の荷崩れ防止には、鉢巻き（最上段の包装品の回りに、ひもやベルトなどを巻き付けて固定すること）を施したり、易剥離性接着剤で箱どうしを接着したりするなどの対策が取られている。

また、紙袋（したい）包装の貨物は、もともと安定した形状を持っていないため、拵付けされた貨物が荷崩れを起こしやすい。このための対策として、ユニット全体でシュリンクフィルムやストレッチフィルムで覆ったり、易剥離性接着剤を使用したりしてユニットを作って、荷崩れを防止している。

3 コンテナ

コンテナを使う輸送のメリットは、荷主側でユニット化が可能であるため、想定外の衝撃が加わることによる製品破損などの心配がないことや、輸送業者の待ち時間を考慮する必要がないことなど、安心して貨物を輸送することができることである。

（1）鉄道コンテナ

鉄道用コンテナには多くの形式がある。JR貨物が保有するコンテナを

図表7-4-5 ● JR12ftコンテナ

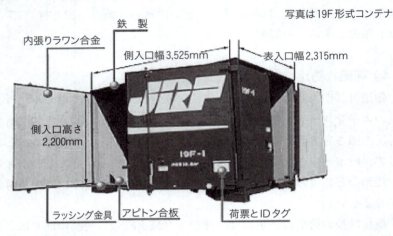

出所：日本貨物鉄道（株）

サイズ別に見ると、12ftコンテナが99％を占めている。JR貨物は、大型トラックとほぼ同じ容積を持つモーダルシフトのための31ftコンテナも保有しているが、保有個数はきわめて少なく、大多数はJR貨物以外（荷主・レンタル会社・利用運送事業者）の私有のコンテナである。→図表7-4-5

コンテナ取扱駅は、オフレールステーション（ORS）を含めて全国に119駅あり、そのうち20ftコンテナ以上のコンテナを取り扱える駅は74駅、40ft ISO規格コンテナを取り扱える駅は11駅である（2024年3月現在）。

図表7-4-6 ● 鉄道コンテナの諸元

コンテナの形式	内法寸法（mm） 高さ	幅	長さ	容積（m^3）	積載質量（kg）
12ft（19D）	2,252	2,275	3,647	18.7	5,000
31ft	2,210	2,350	9,245	48.0	13,800

出所：JR貨物ホームページ

図表7-4-7 ● そのほかのコンテナ

定温輸送用コンテナ

液体輸送用コンテナ

出所：日本貨物鉄道（株）、日本石油輸送（株）

　基本的な鉄道コンテナの諸元を、図表7-4-6に示す。
　用途別に見ると、基本タイプである一般用コンテナのほかに、輸送中に内部換気ができる通風貨物用コンテナや、保冷機能を備えた保冷コンテナがあり、冷凍食品や生鮮野菜、医薬品類など温度管理を必要とする貨物向けには、温度制御機能を備えた定温コンテナがある。また、輸送する対象品に応じて、液体・粉体輸送用コンテナやバイク輸送用コンテナがあり、廃棄物輸送にもコンテナが利用されている。特殊用途向けには、荷主や貨物利用運送事業者がJR貨物の基準に従って製作した私有の専用コンテナを利用することも可能である。→図表7-4-7

（2）海上コンテナ
① 国際貨物コンテナ

　海上コンテナの規格には、国内貨物用と国際貨物用の2種類の規格がある。**国際貨物コンテナ**（国際海上コンテナ）は、国際標準化機構（ISO）により定められた規格で、10ftから45ftまで、長さにして5種類（45、40、30、20、10ft）、高さにして9ft6インチの背高（ハイキューブ）、8ft6インチの標準、8ft0インチの3種類、長さと高さの組み合わせで、12種類の規格がある。
　また、これら国際貨物コンテナの最大総質量は、2020年に更新されて、

第7章 ● 輸配送管理

図表7-4-8 ● 国際貨物コンテナの諸元

呼称	一般名	外法寸法			最大総質量
		長さ	高さ	幅	
1EEE	45フィート ハイキューブ	45ft／ 13.716m	9ft 6in／ 2.896m	8ft／ 2.438m	36,000kg／ 79,370lbs
1EE	45フィート スタンダード		8ft 6in／ 2.591m		
1AAA	40フィート ハイキューブ	40ft／ 12.192m	9ft 6in／ 2.896m		36,000kg／ 79,370lbs
1AA	40フィート スタンダード		8ft 6in／ 2.591m		
1A	40フィート		8ft／ 2.438m		
1BBB	30フィート ハイキューブ	29ft 11.25in／ 9.125m	9ft 6in／ 2.896m	8ft／ 2.438m	36,000kg／ 79,370lbs
1BB	30フィート スタンダード		8ft 6in／ 2.591m		
1B	30フィート		8ft／ 2.438m		
1CCC	20フィート ハイキューブ	19ft 10.5in／ 6.058m	9ft 6in／ 2.896m		
1CC	20フィート スタンダード		8ft 6in／ 2.591m		
1C	20フィート		8ft／ 2.438m		
1D	10フィート	9ft 9.75in／ 2.991m	8ft／ 2.438m		10,160kg／ 22,400lbs

注1）ft＝foot／in＝inch／lbs＝ポンド（0.454kg）

注2）45ftコンテナは、2005年の改正により追加された。

注3）すべての規格コンテナ（10ftコンテナを除く）の最大総質量は、2016年のISO 668への改正により30,480kgから36,000kgへ引き上げられた。

注4）20ft、30ftコンテナの最大総質量は、2005年の改正でいち早く改正された。
それまでは、20ftコンテナは24,000kg／52,900lbs、30ftコンテナは25,400kg／56,000lbsだった。

注5）6.5ft（タイプ1E）および5ftコンテナ（タイプ1F）は、現行のISO 668規格にはない。従前の規格にはあったし、まだ作られている。

出所：ISO 668：2020より抜粋

20ftから45ftまで従来の30,480kgから36,000kgに引き上げられた。

しかし、国内で利用される規格は、20ftと40ftにほぼ限られ、45ftコンテナは、道路交通法により一般の公道走行は認められていない。しかし、輸出入活動の円滑化の観点から、2011年に「構造改革特別区域基本方針の一部変更について」が閣議決定され、構造改革特区における特例措置に、45ft海上コンテナの輸送円滑化事業（特例措置番号1224）が追加された。この特例措置を受けて、同年に「みやぎ45ftコンテナ物流特区」が認定され、特区内における公道走行と仙台塩釜港における取り扱いが始まった。

また、コンテナの総質量についても、国内を走行する場合は、ISOの規格とは別に、道路法車両制限令により20ftコンテナと40ftコンテナ（45ftも同様）の総質量が設定されている。すなわち、3軸トレーラーの場合は、40ftコンテナの総質量は30,480kgまで、20ftコンテナの場合は24,000kgまでに制限されている。2軸トレーラーの場合は、40ftコンテナでは24,000kgまで、20ftコンテナでは20,320kgまでとなっている。

国際貨物コンテナの最新のISO規格（2020年）を図表7-4-8に、40ft海上コンテナを図表7-4-9に示す。

図表7-4-9 ● 40ft海上コンテナ

出所：（株）武蔵野貨物

第7章 ●輸配送管理

　なお、アメリカ等では国内規格である48ftや53ftのコンテナも陸上輸送に使われている。

② **国内貨物コンテナ**

　国内で使用される海上コンテナは、日本産業規格（JIS）により規格が定められており、長さにして6種類（40、30、24、20、12、10ft）、幅にして2種類（8、8.2ft）、高さにして3種類（8.5、8.2、8ft）、長さと幅と

図表7-4-10 ●国内貨物コンテナの諸元

種類（寸法による記号）	外法寸法および寸法許容差（mm）			最大総質量（kg）
	長さ	幅	高さ	
1022	2 99105	2 43805	2 43805	10 160
1023			2 50005	
1222	3 65805 または 3 71505	2 43805	2 43805	12 000
1223			2 50005	
1233		2 49005		
2022	6 05806	2 43805	2 43805	24 000
2023			2 50005	
2024			2 59105	
2033		2 49005	2 50005	
2034			2 59105	
2423	7 39606	2 43805	2 50005	24 000
2424			2 59105	
2433		2 49005	2 50005	
2434			2 59105	
3023	9 12510	2 43805	2 50005	24 000
3024			2 59105	
3033		2 49005	2 50005	
3034			2 59105	
4024	12 19210	2 43805	2 59105	24 000
4034		2 49005		

出所：JIS Z 1610：2015より

図表7-4-11 ● 12ft両側開き内航コンテナ　　図表7-4-12 ● 12ft側開き内航コンテナ

出所：NX商事（株）　　　　　　　　　出所：NX商事（株）

高さの組み合わせで、20種類の規格がある。これら国内貨物コンテナの最大総質量は、20ft以上のコンテナで24,000kgに規定されている。→図表7-4-10・11・12

③　多様な海上コンテナ

　海上コンテナには、積載する貨物の内容や形状等により多様なタイプがある。

　換気コンテナは通風コンテナ（ベンチレーター・コンテナ）とも呼ばれ、野菜や果物など、輸送中に換気が必要な物資の輸送に使用される。オープントップコンテナは、コンテナの屋根（トップ）が開放できるコンテナで、長尺物、重量物を上部から積卸しができ、コンテナの全高以上の高さの貨物の積載に使用される。フラットラックコンテナは、天井と側壁がないコンテナで、通常のコンテナの高さ・幅を超える大型貨物の積載に使用される。冷凍コンテナはリーファーコンテナとも呼ばれ、冷凍機を内蔵し、断熱材で囲うことで、コンテナ内部を一定の温度に保つことができる。生鮮食品のほか、化学品や医薬品の積載に使用される。タンクコンテナは、液体バルク貨物用のコンテナで、食品原料、飲料、水、酒類から、石油類等の引火性液体（危険物）まで、さまざまな液体の輸送や貯蔵に使用される。→図表7-4-13

図表7-4-13 ●各種コンテナ

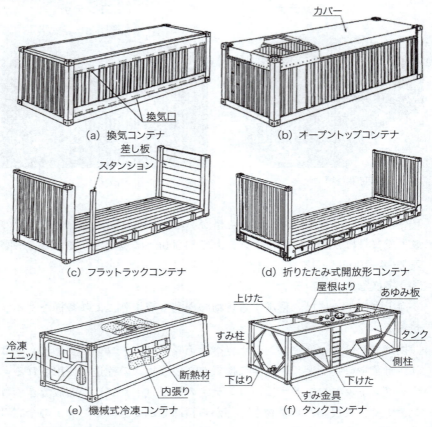

(a) 換気コンテナ
(b) オープントップコンテナ
(c) フラットラックコンテナ
(d) 折りたたみ式開放形コンテナ
(e) 機械式冷凍コンテナ
(f) タンクコンテナ

| Column | 知ってて便利 |

《コンテナ内の温湿度》

　コンテナ内の温湿度は、積載品によっては問題を生じることがある。船倉内に保管されたコンテナでは海水温度とほぼリンクしており、湿度も大きく変化することはないが、オンデッキ積載の場合、コンテナ内部の天井近くで60℃近くになることがあり、温湿度の日較差によりコンテナ内で結露が生じる可能性がある。

（3）航空コンテナ

　航空機は貨物収納部の断面形状が特殊であるため、航空コンテナも直方体のものは少なく、断面形状に合わせた特殊な形状をしている。メインデッキ（MD）用のコンテナは、直方体または直方体の上部の一辺が切り取られた形状で海上コンテナと大きな違いはない。ロワー（下層）デッキ（LD）用のコンテナの大半は、直方体の下部の一辺が切り取られた

図表7-4-14● B747-400F貨物輸送機の貨物収納部

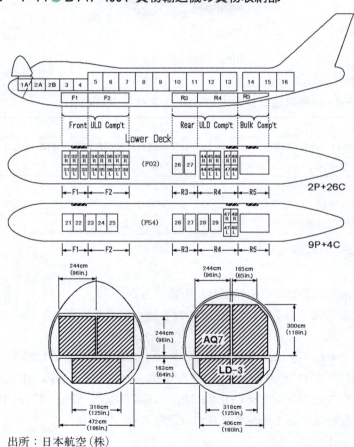

出所：日本航空（株）

図表7-4-15 ● 航空コンテナ LD-3F

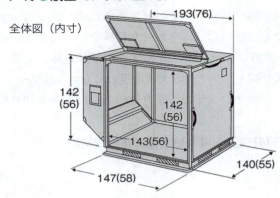

出所:（株）ANA Cargo

図表7-4-16 ● 航空コンテナ LD-3F のスペック（例）

内容量：m^3（ft^3）	3.8（134）
外寸/奥行き×幅×高さ：cm（インチ）	156×153×163（61.5×60.4×64）
ドアーサイズ：cm（インチ）	143×142（56×56）
自重：kg（lbs）	120（242）
搭載可能機種	B747　B777　B787　B767　A380
質量制限（自重含）：kg（lbs）	1,587（3,500）

出所:（株）ANA Cargo

形状であり、貨物の収納に注意が必要である。
　貨物輸送機であるB747-400Fの貨物室の形状を、図表7-4-14に示す。
　コンテナの寸法は、貨物収納部のスペースを最大限有効に利用できるようにIATA（国際航空運送協会）で定められている。B747-400Fにも搭載される航空コンテナLD-3Fは、内容量3.8m^3、質量1,400kg強までの貨物を積載することができる。→図表7-4-15・16

（4）フレキシブルコンテナ

　フレキシブルコンテナは、粉体物や廃棄物、農作物などの運搬と保管に使われる大容量かつ丈夫な袋（バッグ）であり、農林水産業や廃棄物処理業、建設土木事業、製造業などさまざまな業界で使用されている。

　フレキシブルコンテナには、繰り返して使用するランニングコンテナと、ワンウェイ使用前提のクロスコンテナがある。ランニングコンテナは、主材料の違いによって1種（ゴム引き布や樹脂加工布）と2種（織布）に分かれ、一般的な耐用年数は1種が長い。クロスコンテナの材質はプラスチックフィルム製の織布が多い。

　また、用途に応じて、投入口の有無のほか、次のようないくつかの排出口の種類がある。

- ・排出口なし：土・堆肥・廃棄物など
- ・排出口小口：もみ殻・根菜・飼料・肥料・化学樹脂原料など
- ・排出口全開：飼料・肥料・化学樹脂原料など
- ・内袋付き：汚泥・粉末・アスベストなどの有害物質・水気を含むもの・湿気を嫌うものなど

図表7-4-17●フレキシブルコンテナの例（左：投排口付　右：上下全開）

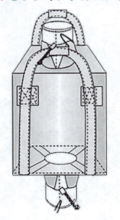
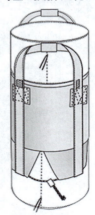

出所：（株）有吉商店

第7章 ● 輸配送管理

　図表7-4-17に、フレキシブルコンテナの例を示す。

　なお、JISの規定（Z 1651：2017）によると、コンテナの形状は円筒形または方形とし、寸法は受け渡し当事者間の協定によるとされている。

第7章　理解度チェック

次の設問に、○×で解答しなさい（解答・解説は後段参照）。

1. 国内の貨物自動車輸送は、営業用・自家用合わせて、トンベースでは全輸送量の90％以上、トンキロベースでは60％弱を占めている。

2. 包装を施す最大の目的は、消費者の購買意欲を喚起するための宣伝媒体としての機能および、情報伝達としての機能を含めたパッケージデザイン機能である。

3. 日本では、1,200×800mmのパレットが、ユニットロードシステムにおける一貫パレチゼーション用標準パレットとして定められている。

4. 国際物流に利用されるコンテナの規格は、国際貿易機構（WTO）で定められている。

第7章　理解度チェック

解答・解説

1　○
自動車の高性能化や高速道路の延長等により、貨物自動車輸送のシェアは増える傾向にあるが、近年、運転者不足・環境負荷軽減などの観点から見直されつつある。

2　×
包装の目的で、最も重要なものは「内容品の保護」であり、内容品に影響を与える物流環境に十分対応できるように包装を設計する必要がある。

3　×
JIS（日本産業規格）では、1,100mm×1,100mmの平パレットが「一貫輸送用平パレット（JIS Z 0601）」と定められている。1,200mm×800mmはヨーロッパの標準パレットである。

4　×
WTOではなく、国際標準化機構（ISO）で定められており、長さは20ft・40ftの2種類がほとんどである。

第 **8** 章

物流コスト管理

この章のねらい

　第8章では、物流コストはどのように考えるべきか、なぜ把握することが難しいのか、どのように計算するのかを、体系立てて学習する。

　第1節では、物流コストの全体像は、財務会計では把握できないことを踏まえ、管理会計による算定方法を学ぶ。

　第2節では、物流コストのうち物流事業者に外部委託するコストを適切に管理するために、運賃料金の概要を学ぶ。

　第3節では、物流コストの計算方法の概略を学ぶ。

　第4節では、物流コストの検討範囲が広がり複雑化していることから、物流コストの費目間や環境対策等で生じるトレードオフの概要を学ぶ。

第8章 ● 物流コスト管理

第 **1** 節 | # 物流コスト管理の
基礎知識

学習のポイント

◆物流コストは財務会計のみでは把握できない。物流コストを算出するためには管理会計が必要になる。

◆物流コスト把握の方法は、複数の官庁がマニュアルとして公表している。

◆自社の物流コストが妥当かどうかを判断するためのベンチマークとなる業種別物流コストは、公的団体が調査している。

---

1 物流コストの基本的な考え方

(1) 荷主と物流事業者の立場の違い

物流業務を外部委託している荷主（メーカー、卸・小売業など）にとって、支払物流費に代表されるように、一般的に物流コストは費用に相当するものである。このため、荷主は物流コストの削減を考えることになる。一方の物流事業者は、荷主の物流コストが売上げに相当することになるので、物流コストの削減が売上げの低下につながることもある。

そして、近年ではいくつかの社会変化が起きている。たとえば、第1に、いままで低下していた対売上高物流コスト比率が下げ止まる傾向にある。第2に、物流業界における深刻な労働力不足が起きている。

この結果、「料金の設定とコンプライアンス」や「物流コストと物流サービス水準」を、見直していく必要がある。

第1節 ● 物流コスト管理の基礎知識

（2）コンプライアンス（法令遵守）問題 →第3章第2節

　近年の物流に関する法令は、多様な取り組みがなされている。たとえば、働き方改革の一環として労働基準法の規制強化を契機に、労働力不足の深刻化が進展している。また、荷主と物流事業者との関係でいえば、契約にない付帯作業の要請や価格転嫁の交渉を拒否するなど、独占禁止法（以下、独禁法）・下請代金支払遅延等防止法（以下、下請法）や「自動車運転者の労働時間等の改善のための基準」（以下、改善基準告示）に違反するような取引への対策が進められている。さらに、ドライバーに適正な賃金を支払うことができる運賃料金の水準への改善を促進するため、国土交通省によって「標準的な運賃」が導入されている。

　このように、従来は民間企業の自助努力に任されていたコンプライアンス（法令遵守）問題であるが、看過できない状況も存在していることから、今後はさらに厳しいものとなるだろう。

（3）物流コストとサービス水準のトレードオフ

　従来、物流事業者には、荷主から「物流サービス向上」と「物流コスト削減」という2つの要求への対応が求められていた。

　しかし、緊急配送に応じれば、積載率は低く輸送コストは高くなるように、両者（物流サービスと物流コスト）の間には、トレードオフが存在する。たとえば、速達郵便は普通郵便よりも高いサービスだから費用も高いし、冷凍で輸送や保管をすれば、常温品よりも運賃・料金は高くなる。緊急配送をすれば、人手もかかるので料金も高くなる。最近では、普通郵便は翌々日以降の配送へと変化しつつあり、宅配便も翌日配送の地域は狭まっている。

　以上のことから、いままでのような「高いサービスを安いコストで実現する物流」は、限界にきているといえよう。

　このため、荷主企業は、物流サービスと物流コストのトレードオフを考えながら、企業の事情に応じて物流システムを構築していく必要がある。

第8章 ● 物流コスト管理

2　物流コストの特徴と分類

（1）物流コストの特徴

　会計には、財務会計（公的ルール（企業会計基準等）に従って実施されるもの）と、管理会計（主に社内的な経営管理等を目的に実施されるもの）がある（それぞれの詳しい内容は後述する）。→本節 **3**

　このうち、荷主企業（メーカー、卸・小売業など）の物流コストは、管理会計でしか把握できないという特徴がある。たとえば、荷主企業が物流事業者に委託している場合は、支払運賃や倉庫の賃借料などの形で財務諸表上に表れるが、社内で輸送や保管をしている場合は、人件費、減価償却費、固定資産税など会計費目上の各所に分かれて計上されてしまうため、正確に把握することは難しい。

　したがって、荷主企業が物流コストを把握するには管理会計の導入が必要であり、たとえば経理処理時に費用が物流に関するものか否かを、分類しておく必要がある。ただし、この分類の基準は、各社各様であるため、単純に他社との比較ができないことも多い。

　物流専業者の場合は、荷主企業における物流コストに相当するものは、売上原価（損益計算書上は営業費用等として計上される場合もある）となり、総額は把握している。しかしながら、どの荷主のどの作業（運転、積込みなど）に、いくらの時間やコストがかかっているのかを把握するためには、荷主企業と同様に、管理会計を導入する必要がある。

（2）物流コストの分類と体系

　管理会計を導入して物流コスト全体を把握しても、それは単に物流に総額でいくらかかっているのかがわかるにすぎない。

　物流のどの部分（輸送、保管などの機能別、さらには、荷積みか荷卸しかなど）にコストがいくらかかっているのかを把握するためには、物流コストをさらに細かく分類する必要がある。

　物流コストの分類方法について、代表的には4つの考え方がある。→

406

第1節 ● 物流コスト管理の基礎知識

図表8-1-1

1つ目は、領域別という分類である。調達・社内・販売・返品・回収・廃棄物流にそれぞれいくらかかっているのかを把握する。

2つ目は、機能別という分類である。輸送・保管などにいくらかかっているのかを見る。一般にメーカーの場合は輸送費の物流コストに占める割合が高くなり、卸売業の場合は輸送費と保管費・荷役費等の割合が拮抗する傾向にある。

3つ目は、主体別という分類であり、自家物流 Key Word と支払物流 Key Word の割合を見る。前述のように物流コストを財務会計から抜き出すことは、自家物流（外部に委託せずに自社で行う物流）のほうが格段に難しい。物流業務そのものを外部委託する傾向は年々高まっている。

図表8-1-1 ●物流コストの分類と体系

対象企業	財務会計	物流コスト管理			
	形態別	領域別	機能別	主体別	変固別
荷主 製造業 販売業 流通業 **業者** 輸送業 倉庫業 その他	売上原価 販売費 一般管理費 営業外費用 （特別経費）	調達物流費 販売物流費 社内物流費 ┐ 販売物流費 ｜ 返品物流費 ├販売物流費（広義） 回収物流費 ｜ 廃棄物流費 ┘	輸送費 保管費 包装費 流通加工費 情報処理費 物流管理費	自家物流費 支払物流費	変動物流費 固定物流費

出所：通商産業省編『物流コスト算定活用マニュアル』1992年

Key Word

自家物流──外部に委託せず自社の従業員、建物、車両、機器などを用いて行う物流。

支払物流──倉庫事業者、輸送事業者などに委託して行う物流。物流子会社に委託している物流も支払物流に分類される。

407

第8章 ● 物流コスト管理

　4つ目は、変固別という分類であり、変動費と固定費に分けるもので
ある。物流は、出荷量や輸送量の波動が大きいため、固定費の割合が高
いと割高な物流となっている可能性が高い。

3　財務会計における物流コスト把握の問題点

（1）財務会計と管理会計

　財務会計とは、前述のとおり企業で行われている公的な会計ルール
（企業会計基準等）に基づく会計である。財務会計は、株主、従業員、金
融機関など企業の利害関係者に、その企業の財政状態（貸借対照表）、経
営成績（損益計算書）、現金の増減（キャッシュフロー計算書）を、明示
することを目的としている。財務会計は、企業であれば必ず実施するこ
とが法律で義務づけられている。

　管理会計とは、企業活動の社内的な経営管理等を目的とした会計であ
る。いまやほとんどの企業で、部門別収支の月次報告を行っているが、
これは管理会計によって収支を部門別に配賦しているから実現できる。

（2）物流コストと財務会計

　物流コストは、管理会計により把握される。物流コストの把握には、
一般に行われている部門別収支よりもさらに細かい仕分けが必要になる。

　物流コストの把握が難しいのは、物流業務が他の業務とリソース（資
源、つまりヒトやモノ、スペース）を共有していることが多いからであ
る。たとえば卸売業を中心に、営業担当者が営業活動を行いながら納品
を行うことが多く見られる。メーカーでは工場の一部を保管・出荷用の
スペースとして物流業務を行っている。このような場合は、どのリソー
スがどれくらいの割合で物流業務に使われているのかを把握し、使用割
合でそのリソースのコストを物流に仕分けなければならない。

　支払物流の場合でも、物流コスト把握のための仕分けは必要になる。
たとえば倉庫を借りている場合、一般的に賃借料という費目で計上して

408

いるが、これに加えて、賃借料にはオフィスのスペースやコピー機などの賃借料も含まれる。

それらのことから、財務諸表から物流コストを抜き出すことは難しい。物流コストを把握するには、経理伝票の明細を見ながら仕分けたり、作業実態や機器・スペースの使用実態を把握して、それに基づいて費用を按分したりすることが必要になる。

4 官庁による管理会計に基づく物流コスト計算マニュアル

物流コスト把握の重要性は、官庁も認識しており、さまざまなマニュアルが作成されている。大企業向けでは現在、1992年に発行された『物流コスト算定活用マニュアル』が、スタンダードといえる存在となっている。あいにく絶版となっているが、ぜひ入手されたい。

中小企業向けには、中小企業庁が物流コスト関連のマニュアルをたびたび整備している。いずれも、物流コストを把握するためには、どの費用をどのように仕分けるのかを解説している。→図表8-1-2

図表8-1-2●官庁による物流コストマニュアル

名　称	作成年度	担当官庁	説　明
物流コスト算出マニュアル	1975	中小企業庁	中小卸売業者向けに初めて制定した物流コスト算定のガイドライン
物流コスト算定統一基準	1977	運輸省	大企業向けに物流コスト計算の指針が書かれている
物流コスト算定活用マニュアル	1992	通商産業省	物流サービスの適正化を目指して作成されたもの。物流コスト把握と、物流コストの活用事例が記載されている
わかりやすい物流コスト算定マニュアル	1993	中小企業庁	上記通産省マニュアルを中小企業向けに簡素化
物流ABC準拠による物流コスト算定・効率化マニュアル	2004	中小企業庁	ABC（活動基準原価計算）による物流コスト把握モデル。エクセルによる計算ソフトも用意

409

第8章●物流コスト管理

5 公的団体における物流コスト調査

（1）日本における物流コスト調査

　自社の物流コストが妥当なのかどうかを判断するには、業界や競合他社の物流コストを、ベンチマークとして用いる必要がある。物流コストは業種によって特徴があり、対売上高物流コスト比率、物流コスト内の機能別コストの割合が大きく異なる。しかしながら、競合他社の物流コストは前述のように財務諸表からのみでは把握できず、また公表はされていない。個々の企業の物流コスト実態は公的には入手は難しい。

　業種別物流コストはいくつかの団体が調査を行っている。代表的なものに、（公社）日本ロジスティクスシステム協会（JILS）の「物流コスト調査報告書」がある。この調査は毎年行われており、また回答企業も200社程度となっており、ベンチマークデータとしての活用が可能である。
→図表8-1-3

　業種別物流コストは官公庁の物流関連の調査の一環として活用されることがあるため、こまめにチェックされたい。

　物流効率化に熱心な業界では、業界団体で調査を行っている。業界団体の調査結果は会員内に限定されて報告されている。

（2）海外における物流コスト調査

　物流コスト調査は海外諸国でも行われている。米国ではEstablish社が公表している調査データが代表的である。そのほかの国でも、公的団体、大学、民間の調査会社が行った調査結果が存在する。

　国別に物流インフラの整備状況、物流上の規制、商慣行などの環境が異なることから、他国の物流コストの調査結果をそのままベンチマークにすることはできない。また、一般に面積の広い国ほど輸送コストがかかり、対売上高物流コスト比率は高くなる。

　国際物流コストについては、断片的な調査しか存在しない。企業によって海外生産比率、海外調達比率などが著しく異なるため、比較が困難

第1節 ● 物流コスト管理の基礎知識

図表8-1-3 ●業種による物流コストの違い

（単位：%）

費目	業種	全業種	製造業合計	食品（常温）	食品（要冷）	紙・パルプ	プラスチック・ゴム
輸送費	調達輸送費	6.06	7.63	×	1.26	×	1.11
	社内輸送費	12.77	12.62	×	28.17	×	8.88
	販売輸送費	36.21	40.22	×	39.77	×	45.38
	小　計	55.04	60.47	67.94	69.20	78.18	55.37
保管費	資材保管費	2.68	3.27	0.80	×	×	×
	製品保管費	14.25	12.84	15.82	×	×	×
	小　計	16.93	16.11	16.62	10.06	12.98	17.24
その他	包　装　費	4.23	4.82	1.51	0.15	4.21	4.59
	荷　役　費	17.80	13.80	11.24	13.49	4.40	21.86
	物流管理費	6.00	4.80	2.69	7.10	0.23	0.94
	小　計	28.03	23.42	15.44	20.74	8.84	27.39
物流コスト合計		100.00	100.00	100.00	100.00	100.00	100.00
売上高物流コスト比		5.31	5.34	6.35	7.73	7.40	7.77

費目	業種	石けん・洗剤・塗料	窯業・土石・ガラス・セメント	鉄鋼	一般機器	電気機器	輸送用機器
輸送費	調達輸送費	×	2.07	17.51	1.31	5.56	×
	社内輸送費	17.71	16.49	7.86	6.15	7.63	×
	販売輸送費	36.97	30.75	64.39	48.99	32.50	×
	小　計	54.68	49.31	89.76	56.45	45.69	49.92
保管費	資材保管費	×	8.53	×	2.69	×	9.06
	製品保管費	×	6.82	6.99	8.41	×	9.43
	小　計	22.36	15.35	6.99	11.10	20.52	18.49
その他	包　装　費	1.78	4.32	×	14.92	6.05	11.90
	荷　役　費	19.09	14.44	3.25	8.28	21.81	10.96
	物流管理費	2.09	16.58	×	9.25	5.93	8.73
	小　計	22.96	35.34	3.25	32.45	33.79	31.59
物流コスト合計		100.00	100.00	100.00	100.00	100.00	100.00
売上高物流コスト比		6.29	9.29	4.59	3.02	2.11	5.36

注）×は非公開のデータ。

出所：（公社）日本ロジスティクスシステム協会「2022年版物流コスト調査報告書」

であるからである。前記の日本と海外の調査は、いずれも国内を対象としたものである。自社の国際物流コストが妥当かどうかを判断するには、物流経路別に区切るなどして他社を調査し、比較を行っていく。

　物流の内外価格差については、前記のように、地理的な差異、物流インフラの整備状況、物流上の規制、商慣行等が異なるので一律的な比較ができないが、（一社）日本物流団体連合会（2007年調査。報告書は絶版）や、（公社）日本ロジスティクスシステム協会による、日米のマクロ物流コスト調査比較などがある。

Column **コーヒーブレイク**

《物流コスト負担力》

　売上高に占める物流コストの比率は、扱うモノの特質によって変わってくる。モノにより価格はまちまちである。一方、物流コストは扱うモノの価格には比例せず、むしろ質量や容積により変化する。したがって、重いモノ、大きいモノほど対売上高物流コスト比率は高くなる。このような傾向をとらえ、物流業界では、対売上高物流コスト比率の低いモノを**物流コスト負担力**があるという。

　化粧品を例にとる。デパートで販売されている化粧品は嵩が小さいのに価格が高い、つまり物流コスト負担力がある。一方、コンビニ・コスメは価格を低く抑えているため、物流コスト負担力はない。

　同じコンビニエンスストアで売られている清涼飲料は、コンビニ・コスメよりも嵩があるにもかかわらず、価格はさらにコンビニ・コスメの数分の1だ。清涼飲料はコンビニ・コスメよりもさらに物流コスト負担力がないのである。

第2節 ● 委託料金の概要と運賃料金の体系

| 第 2 節 | # 委託料金の概要と
運賃料金の体系 |

学習のポイント

◆物流における委託料金の概要を理解する。
◆多種類ある貨物輸送モードのうち、一般的に利用されている
　トラックと鉄道について、運賃・料金の種類・体系を学習する。
◆多種類ある営業倉庫のうち、一般的に利用されている普通倉
　庫の料金体系を学習する。

1 物流委託料金の概要

（1）委託料金についての考え方と決定方法

　物流コストの分類方法として、「自家物流」と「支払物流」という区分があることを前に述べたが、（公社）日本ロジスティクスシステム協会の「物流コスト調査報告書」によると、自家物流費はおおむね15％程度となっているなど、物流コストの多くは支払物流費である場合が多い。

　したがって、物流コストを有効に管理するには、委託料金を適正に管理することが必要であり、そのため、荷主企業の物流担当者も物流委託料金の体系や算出根拠について理解しておく必要がある。

　委託料金（運賃・料金等）については、トラック運送事業者、倉庫事業者等の物流事業者から提出された見積もりをベースにして決定する場合が多い。

　委託料金を決定する際、最も重視されるポイントは料金水準が市場価格と比較して妥当な水準であることである。荷主にとって利益を確保す

413

ることが必要である以上、料金の安さを重視するのは当然であるが、短
期的な利益だけを追求するのは望ましくない。長期的視野に立って「良
質な物流サービスの確保」や「委託先の育成・強化」が可能なものでな
くてはならない。

（2）委託料金の算出・請求方法とコスト管理との関係

　物流事業者から提出される見積もりは、本節で説明する基準運賃・料
金あるいはそれをベースとした市場相場によるもの、原価計算によるも
の、原価計算をベースに荷主の売上高あるいは物流センターの通過商品
金額に応じて料金を設定する方式（センターフィー方式）や、商品1個・
1ケース当たりでの料金を設定する方式（個建方式）もある。

　それぞれの運賃・料金体系は荷主・物流事業者双方にとってプラス面、
マイナス面がある。また、請求額根拠の明確さ、請求明細の細かさなど、
コスト管理に有効活用できるかどうかといった観点も重要である。運賃・
料金体系の決定にあたってはそれらを十分に検討する必要がある。

　委託料金は、荷主の物流コスト管理における重要な情報源であること
も考慮すべきである。

2　トラックの運賃料金体系

（1）運賃料金の体系

　トラックの運賃・料金は、規制緩和の流れの中で「認可運賃」から「届
出運賃」へ、それも「事前届出制」から「事後届出制」へと、自由化の
方向に大きく進んできた。また、原価計算書の添付も不要となった（原
価計算そのものが省略された結果、自社の運送原価を算定できないトラ
ック運送事業者もある）。

　トラック運送事業者が個別に届け出るという、自由な運賃・料金体系
と水準の設定が可能になったが、実態は、荷主とトラック運送事業者と
の個別折衝により運送契約が結ばれているといってよい。基本となって

いるのは、以下の6つの運賃体系である。各運賃とも〔運賃×割増・割引＋料金＋実費＝収受金計〕という構成である。

①　貸切運賃および標準的な運賃

車両を貸し切って行う運送（通称：区域・地場）に適用されるのが貸切運賃である。使用車両の大きさと、走行距離（距離制運賃）か時間（時間制運賃）のいずれかで運賃が決定される。貸切運賃は、距離制運賃率表、時間制運賃率表、諸料金、運賃割増（引）率、消費税導入に伴う運賃料金の加算、運賃料金適用方から構成される。諸料金には、荷役料・車両待機料・有料道路利用料などがある。運賃割増（引）率には、地区割増・休日割増・往復割引・パレット割引などがある。

2018年の働き方改革関連法に基づき、2024年4月からトラックドライバーの時間外労働の上限規制（年間960時間）が適用された。長時間労働・低賃金等によりトラックドライバーが確保できず、トラック輸送が滞ってしまうことのないよう、事業者が人材を確保し、法令遵守を徹底し、持続的なトラック輸送を維持するために、国土交通省は、2020年4月、貨物自動車運送事業法に基づき、事業者が法令を遵守して持続的に事業を行う際の参考となる運賃として「標準的な運賃」を告示した。

上記告示に引き続き、「④特殊運賃（別建運賃）」の1つである、海上コンテナ運賃についても、「標準的な運賃に係る海上コンテナ輸送の割増率」が2023年9月に告示され、海上コンテナ運賃は、「標準的な運賃」における「トレーラー（20トン（t）クラス）」の「4割増」となった。

「標準的な運賃」が告示された以降、燃料価格が高騰しており、国土交通省は、さらに2023年3月、荷主との運賃交渉をさらに促進し、燃料費の上昇を踏まえた適切な価格転嫁が可能となる環境を整備することを目的に、「燃料サーチャージの算出方法等」を告示した。

「標準的な運賃」は、当初は2024年3月末までの時限措置であったが、2023年の貨物自動車運送事業法改正により期限が「当分の間」に延長された。2024年6月には、運賃の改正が告示され、運賃水準の引き上げが行われたほか、貸切運賃に加え、「個建運賃」が設定された。→図表8-2-1

第8章 ● 物流コスト管理

図表8-2-1 ● 貸切トラックの標準的な運賃（関東地区）

距離制運賃

(単位：円)

キロ程 ＼ 車種別	小型車 （2tクラス）	中型車 （4tクラス）	大型車 （10tクラス）	トレーラー （20tクラス）
10km	15,790	18,190	23,060	29,070
20km	17,710	20,430	26,110	33,160
30km	19,630	22,660	29,160	37,240
40km	21,550	24,890	32,200	41,320
50km	23,480	27,130	35,250	45,400
60km	25,400	29,360	38,300	49,480
70km	27,320	31,590	41,340	53,570
80km	29,240	33,830	44,390	57,650
90km	31,160	36,060	47,440	61,730
100km	33,080	38,290	50,480	65,810
110km	35,010	40,500	53,450	69,770
120km	36,930	42,710	56,410	73,720
130km	38,850	44,920	59,370	77,680
140km	40,770	47,120	62,330	81,640
150km	42,690	49,330	65,300	85,590
160km	44,620	51,540	68,260	89,550
170km	46,540	53,740	71,220	93,500
180km	48,460	55,950	74,190	97,460
190km	50,380	58,160	77,150	101,420
200km	52,300	60,360	80,100	105,370
200kmを超えて500kmまで20kmを増すごとに加算する金額	3,830	4,380	5,850	7,800
500kmを超えて50kmを増すごとに加算する金額	9,580	10,950	14,620	19,490

時間制運賃

(単位：円)

区分 ＼ 車種別		小型車 （2tクラス）	中型車 （4tクラス）	大型車 （10tクラス）	トレーラー （20tクラス）
基準額	8時間※1	39,830	46,640	60,090	76,840
	4時間※2	23,630	27,980	36,050	46,100
加算額	距離（10km）	350	410	630	930
	時間（1時間）※3	3,710	3,890	4,180	4,920

※1 基礎走行距離は、小型車は100km、小型車以外のものは130km。
※2 基礎走行距離は、小型車は50km、小型車以外のものは60km。
※3 4時間制の場合であって、午前から午後にわたる場合は、正午から起算した時間により加算額を計算する。

出所：(公社)全日本トラック協会「今すぐわかる標準的な運賃」パンフレットより

第２節 ● 委託料金の概要と運賃料金の体系

　全国の一般貨物自動車運送事業者数（霊柩を除く）５万6,990社（2018年度末）に対する届出率は、2023年６月末で56.8％と過半数となり、2024年に国土交通省から示された調査結果では、約53％の運送事業者は「標準的な運賃」について荷主から一定の理解を得られたとしている。

　以上のことから、今後は「標準的な運賃」が、荷主と運送事業者との個別折衝により運送契約を結ぶ場合の基準になると思われる。

②　積合せ運賃

　積合せ運賃は、貸切をタクシーとすれば、路線バスのように１台のトラックに複数の荷主の貨物を混載して運ぶ（積合せ運送）場合に適用される。これは、貨物の質量と距離によって運賃が決められている。距離は貨物自動車営業キロ程図によって最短距離で計算される。特別積合せ貨物運送（通称：路線）は運送形態を指すもので、運賃体系は積合せ運賃が適用される。

　積合せ運賃は、基準運賃率表、諸料金、運賃割増（引）率、消費税導入に伴う運賃料金の加算、運賃料金適用方、容積・キログラム換算表から構成される。諸料金、運賃割増（引）率は貸切運賃に準ずる内容となっている。容積・キログラム換算表は、$1\,\mathrm{m}^3＝280\mathrm{kg}$で換算したものの

図表８-２-２ ● 積合せトラック運賃例（抜粋）

基準運賃

（単位：円）

距離＼質量	30kg	100kg	500kg	1,000kg	1tを超え100kgまでごとの加算額	
					1tを超え4tまで	4tを超えるもの
50km	1,500	2,280	7,030	13,160	778	381
100km	1,520	2,370	7,680	14,520	980	463
200km	1,610	2,740	9,450	18,280	1,512	698
500km	1,760	3,690	14,250	28,080	2,590	1,588
1,000km	2,150	5,160	22,050	43,970	4,229	3,084
1,000kmを超え100kmまでごとの加算額	66	294	1,547	3,178	326	294

注１）質量は、実質量または容積換算質量（$1\,\mathrm{m}^3＝280\mathrm{kg}$で換算したもの）の、いずれか大きいほうによる。
注２）品目により２割増・10割増（貴重品・火薬類など）がある。
注３）運賃料金総額に消費税を加算（外税）する。

417

いずれか大きいほうによる。→図表8-2-2

　最近、大手特別積合せ運送事業者が提携販売しているボックスチャーター便は、ロールボックスパレット単位の地帯別積合せ運賃となっている。

　なお、①の「標準的な運賃」は、「個建運賃」の算定方法に関する記述はあるが、積合せ運賃については告示がない。

③　引越運賃

　車両を貸し切って行う引越荷物の運送に適用され、貸切運賃に準じた体系である。消費者向けの引越事業については、消費税込みの総額表示が導入されている。

　単身引越のような引越荷物が少なく積合せ運送を利用する場合は、積合せ運賃が適用される。また、引越荷物を鉄道コンテナや航空機で輸送する場合には、それぞれの輸送機関の運賃体系が適用される。

④　特殊運賃（別建運賃）

　貸切運賃の一種で、特殊な輸送方法を必要とする貨物（郵便物、馬匹、海上コンテナ、航空貨物の地上運送、鋼材、ダンプ、タンク車など）に適用される。

　このうち、海上コンテナは①で述べたとおり、2023年9月に「トレーラー（20tクラス）」の「4割増」という「標準的な運賃」が告示された。

⑤　宅配便運賃

　宅配便（質量30kg以下の1口1個の貨物を特別の名称を付して行う運送）に適用される。消費者対象の運送サービスとして、計算しやすいように貨物の縦・横・高さの3辺（長さ）の和と、実質量のいずれか大きいほうによりサイズ区分され、関東や関西など地帯区分別・総額表示（消費税込み）の運賃が設定されている。取り扱い店や営業所への持ち込み、大量出荷・複数個扱い・往復利用・回数券などの割引があるほか、代金引換やクールなどの料金が設定されている。→図表8-2-3

　ネット通販などでは、この宅配便運賃を基に、荷主と宅配便運送事業者が個別交渉している。なお、2024年3月に告示された「標準的な運賃」では、「個建運賃」の算定方法が示された。

第2節●委託料金の概要と運賃料金の体系

図表8-2-3●宅配便運賃の例（抜粋 関東発、全国向け）

着地	サイズ	北海道	北東北	南東北	関東	信越	北陸	中部	関西	中国	四国	九州	沖縄
関東	コンパクト	940	780	720	720	720	720	720	780	830	830	940	940
	60	1,460	1,060	940	940	940	940	940	1,060	1,190	1,190	1,460	1,460
	80	1,740	1,350	1,230	1,230	1,230	1,230	1,230	1,350	1,480	1,480	1,740	2,070
	100	2,050	1,650	1,530	1,530	1,530	1,530	1,530	1,650	1,790	1,790	2,050	2,710
	120	2,370	1,970	1,850	1,850	1,850	1,850	1,850	1,970	2,110	2,110	2,370	3,360
	140	2,710	2,310	2,190	2,190	2,190	2,190	2,190	2,310	2,450	2,450	2,710	4,030
	160	3,030	2,630	2,510	2,510	2,510	2,510	2,510	2,630	2,770	2,770	3,030	4,680
	180	4,350	3,730	3,060	3,060	3,060	3,060	3,060	3,730	4,090	4,090	4,350	7,210
	200	5,450	4,500	3,720	3,720	3,720	3,720	3,720	4,500	5,190	5,190	5,450	8,800

⑥ メール便運賃

　信書を除く、カタログ・パンフレット・書籍・雑誌などの比較的軽量な荷物を、荷受人の郵便受箱等に投函（ポスティング）することにより、運送行為を終了する運送サービスに適用される。

（2）届出制、店頭掲示義務

　トラックの運賃・料金は、設定・変更後30日以内に届け出ることとされている。宅配便・引越輸送など一般消費者を対象とした運賃・料金のみ、店頭またはWebに掲示する義務がある。なお企業間取引は、掲示義務は不要である。

　トラックの運賃・料金については、近年における、燃料価格の高騰、安全・環境コストの増大、トラックドライバー不足などを背景に、運送事業者が貸切運賃・積合せ運賃等の改定届出を実施しているので、最新の情報を収集することが必要である。

3　鉄道コンテナ運賃料金

（1）鉄道運賃料金

第8章 ● 物流コスト管理

　鉄道運賃料金は貨物取り扱い種別ごとに通常、賃率という形で設定されている。ここでは雑貨輸送として一般的なコンテナ運賃について説明する。

　コンテナ貨物のトータル運賃料金は、発送料、鉄道運賃、到着料、諸料金からなっている。鉄道運賃は、発駅から着駅までの鉄道営業キロ程によって1t当たりの単価（賃率）が設定されている。

　5t（12ft）コンテナを利用する場合は、当該輸送距離の賃率に運賃計算トン数の5を乗じるが、10tコンテナ（20ft）の運賃計算トン数は8.5

図表8-2-4 ● JRコンテナ貨物運賃表（抜粋）

キロ程と賃率表（抜粋）

kmまで	賃率（円）
25	1,565
50	2,004
100	2,881
200	3,920
300	4,959
400	5,998
500	7,037
600	8,076
700	9,095
800	10,114
900	11,081
1,000	12,048
1,100	13,015
1,200	13,982
1,300	14,949
1,400	15,916
1,500	16,883

コンテナ貨物の運賃計算トン数

コンテナ種別	運賃計算トン数
5tコンテナ	5t
10tコンテナ	8.5t

返回送私有コンテナの運賃計算トン数

コンテナ種別	運賃計算トン数
5tコンテナ	2t
10tコンテナ	3t

コンテナ貨物割引率表（抜粋）

私有冷蔵、私有タンクおよび私有ホッパコンテナ貨物	1割5分
私有5t普通有がいコンテナ貨物	7分
私有コンテナ貨物	1割
返回送私有コンテナ貨物	5割
荷造用品	3割
パレット	5割

コンテナ貨物割増率表（抜粋）

Lサイズコンテナ割増	5割
40ftコンテナ割増	10割
貴重品割増	10割
危険品割増	品目により2割・10割・15割

コンテナ貨物使用料などの料金表（抜粋）

種別	料金のかからない期間	料金表率
コンテナ貨物留置料	貨物を留置した日から5日間	1個1日につき5tコンテナ1,000円10tコンテナ2,000円
コンテナ使用料	コンテナの持ち出しをした日とその翌日	1個1日につき5tコンテナ1,000円10tコンテナ2,000円

※500kmまでは25km刻み、501〜1,000kmまでは50km刻み、1,001km以上は100km刻み。
注1）鉄道運賃は、〔賃率×運賃計算トン数×割引（増）率〕で計算される。
注2）荷主が支払うトータル運賃は、〔発送料＋鉄道運賃＋到着料＋諸料金〕の合計金額である。
注3）消費税は、別途加算。

出所：JR貨物（日本貨物鉄道（株））営業案内2024年版より

に割り引かれている。30・31ftコンテナの場合は、貨車に積んだときの占有面積から、10 t コンテナ（20ft）の5割増となる。私有コンテナを利用すると、さらに割引運賃が適用される。たとえば10 t の私有コンテナの場合は1割引となる。→図表8-2-4

青函トンネルを通過するコンテナ貨物に対しては、「青函付加料金」が加算される（コンテナ1個当たり12ftまで700円、12ftを超え24ftまで1,400円、24ftを超え31ftまで1,700円。消費税は、別途加算）。

なお、JR貨物の「青函トンネル危険品貨物運送約款」により、引火性液体類などの危険物は通過できず、コンテナとフェリーに積み替えて輸送される。

（2）鉄道利用運送事業コンテナ運賃料金

発送料・到着料は、鉄道利用運送事業者が鉄道利用運送事業運賃料金として届け出ており、駅（所在地によって3区分される）から集荷先・配達先までの道路距離によって、10km刻みでコンテナのサイズ別に1個ずつ設定されている。→図表8-2-5

4 倉庫料金

倉庫料金は、寄託物品を倉庫に保管することと、それに付随して行われる作業役務（荷役）の対価であり、貯蔵役務の対価としての保管料と、作業役務の対価としての荷役料、それらに付帯するその他料金がある。その他料金については、たとえば倉荷証券発行手数料など、倉庫事業者が寄託者（荷主）から特別の負担を求められた場合の実費という考え方による。また、前述の営業倉庫の種類ごとに料金が設定されている。→第3章第3節 3 (4)

倉庫料金については、従来は事前届出制となっていたが、2002年の倉庫業法改正により、料金を設定・変更した場合には30日以内に届け出る事後届出制となった。

第8章 ● 物流コスト管理

図表8-2-5 ● 鉄道利用運送事業コンテナ運賃料金例（抜粋）

発送料と到着料など

ア．駅託貨物または駅留貨物（第一種利用運送事業）

種別		5t コンテナ貨物	10t コンテナ貨物
発送料または 到着料	1個につき	660円	1,310円
鉄道運賃料金	利用する鉄道の定めるコンテナ貨物運賃料金による		

イ．集貨付き貨物または配達付き貨物（第二種利用運送事業）

種別			5t コンテナ貨物	10t コンテナ貨物
発送料または 到着料	集貨または配達距 離が10kmまでの もの1個につき	東京都および大阪市内 に所在する駅	12,170円	23,140円
		政令指定都市（大阪市 を除く）に所在する駅	10,970円	21,090円
		その他に所在する駅	10,380円	19,770円
	集貨または配達距離が10kmまでを超え 50kmまでのものは、10kmまでを増すごと に1個につき		2,770円	5,280円
	集貨または配達距離が50kmまでを超え 100kmまでのものは、10kmまでを増すごと に1個につき		2,280円	4,210円
	集貨または配達距離が100kmを超えるもの は、10kmまでを増すごとに1個につき		1,690円	3,120円
鉄道運賃料金	利用する鉄道の定めるコンテナ貨物運賃料金による			

注）消費税は、別途加算。

出所：図表8-2-4に同じ

　ここでは、一般的な普通倉庫の保管料・荷役料について説明する。

（1）普通倉庫の保管料

　前述した事後届出制により、倉庫事業者ごとに倉庫料金（保管料・荷役料など）は異なるが、ここでは届出料金の幅を示す。

　保管料は、「スペースの提供」「時間の経過」「物品の管理」という保管の3要素の対価である。一般的には、1㎡当たりの保管原価を算出し、これを保管貨物の種類別に、保管需要の多寡、質量と体積の割合、高積

422

図表8-2-6 ● 普通倉庫保管料の例（抜粋）

基本料率（A地区）　　　　　　　　　　　　　　　　　　　　　（単位：円）

大区分	中区分	従価率 （1,000円につき）	従量率 （1 tにつき）
穀飼類	米・麦・粉類	0.60～1.70	130～260
農林水産品	農産物・木材	0.90～1.80	260～340
	水産品	1.40～1.80	360～900
食料工業品		1.40～2.80	220～360
繊維製品		1.00～1.30	350～1,020
紙パルプ類		1.40～1.80	220～610
金属・機械類	地金・自動車・車両 金物製品（洋食器・空缶類） 機器・器具・部品（家庭用電気・ガス・石油器具類のみ）	0.90～2.10	230～580
化学工業品	薬品類（医薬品のみ） 染料・塗料 油脂・ろう類 化学製品（化粧品・合成樹脂素材のみ）	1.30～2.80	460～740

注1）大区分・中区分は代表的なもののみ掲出。
注2）料率は、一般的な料率帯を掲げた。実際には、各事業者が確定料率を届け出ている。
注3）消費税は、別途加算。

制限の有無、季節波動による入出庫頻度などを考慮して決められている。

　普通倉庫の保管料は、貨物の類別・品目別に計算される従価率（貨物の価額1,000円当たり料金）による料金と、貨物の質量または体積を目安とする従量率（計算トン数1 t当たり料金）による料金を合算し、これに保管された貨物の計算期間を乗じて算出される。→図表8-2-6

　従価率を用いる場合の貨物価格は、寄託申込価額（時価による）に基づく。この寄託申込価額が、倉庫業者の倉庫特約火災保険付保価額（倉庫業者負担）および損害賠償責任限度額となる。

　従量率の計算トン数は、質量1,000kgをもって1 tとするか、体積1.133 m³をもって1 tとするかの、いずれか大きいほうによって算出する。

　保管料の計算期間は、1カ月3期制（暦日により、1～10、11～20、21～末日）として、1期ごとに計算される。たとえば、1日から10日まで

423

第8章 ● 物流コスト管理

10日間寄託すれば1期であるが、10日から11日まで2日間寄託した場合は2期と計算され、2期分の料金が適用される。

　料金の適用については、上下各5％の幅料金制が導入されている。さらに、保管料は級地制が採用され、全国を地価や経済活動状況に基づいてA地区・B地区・C地区に3区分して地域間の料金格差（各8％程度）が設けられている。

（2）普通倉庫の荷役料

　荷役料は、倉庫に貨物を入出庫する際の基本荷役料と、倉移し・拼替え・仮置き・仕分け・看貫その他の特殊作業などに対する労務や荷役機械などの諸費用としての特殊荷役料がある。

　荷役料は、貨物の品目別・荷姿別に1t当たりの料金を決め、入庫および出庫ごとに作業量に応じて算出される。計算トン数は、保管料と同じく質量・体積により、いずれか大きいほうで算出される（貨物1個の体積が0.025m³に満たないときは、0.025m³として算出）。→図表8-2-7

　荷役料には、保管料と同様に級地制が採用されているが、荷役料についてはA地区からE地区までの5級地制となっている（標準的なC地区を100としたときの比率は、A地区115、B地区103、D地区92、E地区84）。

図表8-2-7 ● 普通倉庫荷役料の例（抜粋）

基本料率（A地区）庫入または庫出料金　　　　　　　　　　（1tにつき、単位：円）

大区分	中区分	料金
ユニタイズ貨物	コンテナ実入	320〜590
	コンテナ空	270〜500
	パレタイズド貨物	590〜890
包装品	袋物	720〜1,380
	雑貨・機械類・モーターサイクル	710〜1,280
	農水産物・製茶・コルク	810〜1,100

注1）大区分・中区分は代表的なもののみ掲出。
注2）料率は、一般的な料率帯を掲げた。実際には、各事業者が確定料率を届け出ている。
注3）消費税は、別途加算。

第2節 ● 委託料金の概要と運賃料金の体系

このほかに各種付帯料金が加算される。付帯料金には、荷直し料・待機料・コンテナ詰（出）料金のほか、港湾地域では港湾公共福利施設分担金および港湾労働法関係付加金がある。また港湾地域においては、倉庫寄託契約による貨物でない場合の作業は、港湾運送事業法の料金が適用される。

倉庫の料金についても、近年における、燃料価格・電気料金の高騰、設備・環境コストの増大、庫内作業者の不足などを背景に、倉庫事業者が倉庫料金の改定届出を実施しているので、最新の情報を収集することが必要である。

（3）上屋・保管庫の保管料

営業倉庫以外の上屋・保管庫では、貨物自動車運送事業・鉄道利用運送事業・港湾運送事業など、各輸送モードの届出運賃料金表で定められた保管料が適用される。

これらは、倉庫における寄託行為ではなく、輸送途上の一時保管という扱いになるからである。

（4）荷主（寄託者）と倉庫業者の契約料金

荷主（寄託者）と倉庫業者との間では、前述の料金を基準にして坪建て（1カ月ごとに1坪＝3.3m²当たりの保管料）や、貨物1ケース当たりの月間保管料による倉庫寄託契約がなされていることが多い。

また、営業倉庫の登録を抹消して、荷主と不動産賃貸借契約を結んで、まるごと1棟を貸すような業態も増加している。

5 委託料金決定の留意事項

（1）自家物流コストの把握

委託料金の決定にあたって重要なのは、現状の物流コスト、特に自社従業員などで行っている業務の自家物流コストを把握することである。

外部委託をすると、社内（生産・販売部門など）に埋もれていた物流業務が外部化され、そのコストが支払い費用として顕在化する。外部委託の対象となる自家物流コストを正確に測定・認識しておかないと、物流コストの削減効果が判断できなくなってしまう。

（2）従来の人員・資産・機材などの転用

　自家物流コストと並んで、自前で物流業務をやっていた際の従業員、倉庫・物流センターなどの資産、フォークリフト・車両などの機材の扱いも課題である。具体的には、社内の他部門に配置転換・転用するのか、あるいは委託先に引き取らせたり貸したりするのかも問題となる。

　業務請負契約の場合は、請負業者側が業務に必要な資機材を用意することになるので、物流センターやフォークリフトを貸す場合には、請負業者から賃貸料を得たうえで、委託料金として支払う。→第5章第6節 ❷ (3)

（3）経済法規への適合

　委託料金を一方的に買いたたいたり、委託業者からの料金改定協議に応じないと、独占禁止法の物流特殊指定に該当する場合は、荷主や物流子会社が「優越的地位の濫用」に抵触することも生じる。元請物流事業者の場合は、傭車・再寄託が下請法の対象となることも想定される。

　委託料金の決定・運用には、独占禁止法・下請法の遵守が欠かせない。→第5章第6節 ❷ (2)

Column 知ってて便利

《輸送機関で異なる容積換算質量》
1．海運および倉庫　　40ft³＝1 t したがって 1 t＝1.133m³（883kg/m³）
2．特積みトラック　　1 m³＝280kg（280kg/m³）
3．航空　　　　　　　6,000cm³＝1 kg（167kg/m³）

第3節 ● 物流コストの計算方法

第 3 節 物流コストの計算方法

学習のポイント

◆物流コストは損益計算書上の各所に分散して計上されている。物流コストを算定するためには、どの費用がどこに計上されるのかの知識が必要になる。

◆輸送費はその内訳を理解することにより、施策によるコスト低減効果を試算できる。

1 財務会計における費目と物流コストの関係

（1）損益計算書と物流コスト

　物流コストは、損益計算書の各所に分かれて計上されている。大きくとらえると、調達物流は売上（製造）原価、販売物流は販売費及び一般管理費に計上されている。だが、細かな費用になると会社によっても仕分けの方法に若干の違いがある。A社では工場から顧客への直送にかかる運賃を販売管理費に計上しているが、B社ではそれを売上原価に計上している、C社では物流情報システムの費用が一般管理費に計上されているが、D社ではそれが販売管理費に計上されている、といった具合である。→図表8-3-1

　また、運賃などの一見物流コストと思われる費目であっても、それがそのまま物流コストを表しているとは限らない。たとえば、E社では仕掛品の次の工程への輸送が発生しており、それを運賃に入れている。F社では発生している賃貸料に物流センターの賃貸料しか含んでいない、といった具合である。

427

第8章●物流コスト管理

図表8-3-1 ●損益計算書と物流コスト

損益計算書の区分	物流コストに相当する区分
売上高 売上（製造）原価	調達物流にかかる費用のほとんどはここに計上される。 工場隣接倉庫の費用、工場から出ていく輸送はここに計上されることがある。 棚卸資産評価損・減耗損がここに計上されることがある。
売上総利益 　販売費及び 　一般管理費	販売物流にかかる費用のほとんどはここに計上される。 物流管理業務を行っている本社スタッフ部門の経費、情報システム費用、自社倉庫の減価償却費が一般管理費の一部としてここに計上されていることがある
営業利益 　営業外収益 　営業外費用	— 棚卸資産評価損・減耗損がここに計上されることがある。
経常利益 　特別利益 　特別損失	— 棚卸資産評価損・減耗損がここに計上されることがある。
当期未処分利益	—

注）「—」は、物流コストに含まれないため、説明していない。

　物流にかかったコストを損益計算書から具体的に抜き出すには、詳細な調査が必要になる。しかし、任意に調べると抜けが発生する可能性があり、徹底的に調べれば手間がかかる。

　財務諸表から物流コストを効率的に抜き出すために、物流で使用しているリソースからさかのぼってその費用を抜き出すことを勧める。ヒトとモノにかかる費用のおおまかな項目はわかる。その項目別費用がどの費目に仕分けられているのかを調べて抜き出すことにより、大きな費用を見落とすことなく物流コストをとらえることができる。

（2）損益計算書と人件費

　人件費は複数の費目にまたがって計上されている。このため、物流担当社員の給料だけから推測すると、過小評価となる。→図表8-3-2

第3節●物流コストの計算方法

図表8-3-2 ●物流における人件費と費目（例）

物流における人件費の費目	内　　容
給与・賃金・賞与（雑給）	本人がもらうもの
各種手当	本人がもらうもの
法定福利費	健康保険・厚生年金保険・雇用保険料会社負担分 労災保険料
福利厚生費	社宅、食堂、財形等の会社補助分 社内旅行等の会社補助分 物流センターへの通勤用送迎バス、駐車場 作業等貸与品にかかる費用
退職給付引当額	退職に備えて会社が積み立てておくもの

　社員の場合、本人が手にする給与・賞与・諸手当に加え、企業は法定福利費、福利厚生費を負担している。将来的に支払う退職金も含めた費用がその社員に直接的にかかる費用であり、その額は源泉徴収票上の額面（支払金額）の1.2倍程度になるといわれている。

　パートタイム労働者の場合は、社員と比較して雑給や諸手当に付加されるコストは少ないが、やはり額面の1.2倍以上はかかる。パートタイム労働者固有の発生費用には、パートタイム労働者を募集するための広告費や審査などの費用がかかる。

　自家物流を委託に切り替えるとき、見積もり上の人件費で驚く荷主は多い。物流事業者が提示する人件費には、給与・賃金等に加えて、各種費用や管理費用も含まれている。それらを含めて考えなければ、真の物流コストは算定できない。社員自身が手にする給与と比較するのではなく、給与以外の費用も含めて人件費をとらえる必要がある。

（3）社内金利

　社内金利とは、部門が使用している資金使用量に課せられるもので、社内で設定した金利のことである。この金利は損益計算書上には表れない。しかしながら、物流コストという観点では重要な意味を持つ。

第8章 ● 物流コスト管理

　物流は多くの資金を使用している。自家倉庫の場合はその土地・建物に資金がかかっている。また購入した車両、保管・荷役機器、情報機器でも同様である。さらに、物流は在庫という棚卸資産も扱う。このように、多くの資金が固定化しているのである。

　キャッシュフロー経営が重視される現在、資金の流動化が注目されている。固定的に資金を使用している部門へは、それに応じた費用を負担してもらおうというのが、社内金利導入の目的である。

　社内金利の扱いは会社によりまちまちである。導入していない企業もある。借入金の金利から計算した率を用いている企業もある。借入金の金利より高い利率としている企業もある。高いROA（総資産利益率）やROE（自己資本利益率）を経営目標として掲げている場合は、それに伴い高い社内金利を設定することになる。物流コストはこの社内金利を用いて計算することが望ましい。

2　物流コスト計算

（1）物流コストの明細

　物流コストは、財務会計では把握できず、管理会計で把握するものである。このため、企業によってその算出方法は異なる。コスト算出の標準的なモデルが、前出の『物流コスト算定活用マニュアル』に掲載された、通称、通産省方式といわれるものである。→前掲図表8-1-1・8-3-3

　通産省方式のコスト算出モデルでは、機能別・主体別・変固別（変動費固定費別）にコストを把握するようになっているため、この表を埋めることにより、機能別・主体別・変固別に物流コストが把握できる。また、調達物流・販売物流というように領域別に物流コストを把握すれば、領域別物流コストが算出される。

　前述のJILS「物流コスト調査」も、ほぼこのモデルに沿って調査している。JILS調査では、在庫評価損や在庫にかかる社内金利を保管費に含めて算出している。

430

第3節 ● 物流コストの計算方法

図表8-3-3 ● 物流コストの構成

機能	自支	費目	内容
輸送費	自家	変動人件費	ドライバー・助手・整備員の給与・賃金・賞与（除固定給部分）、走行・時間外手当 臨時雇員（アルバイト）の雑給、等
		変動車両費	燃料・油脂費、タイヤ・チューブ費、車両修理費、消耗品費、等
		固定輸送費	ドライバー・助手・整備員の給与・賃金・賞与（固定給部分）、退職金引当額・福利厚生費 車庫・施設修繕費・減価償却費・諸税・保険料 施設使用料、車両施設金利、固定事務所費、等
	支	支払輸送費	支払運賃、運賃値引・割戻、着払運賃、センターフィー、等
保管費	自家	変動人件費	物流拠点の従業員の給与・賃金・賞与（除固定給部分） 臨時雇員（アルバイト）の雑給、等
		変動荷役費	燃料・油脂費、動力費、タイヤ・部品費、バッテリー費、機械修繕費、消耗品費、等
		固定保管費	物流拠点の従業員の給与・賃金・賞与（固定給部分）、退職金引当額・福利厚生費 車両・施設修繕費・減価償却費・諸税・保険料 倉庫・施設リース料、施設使用料、社内金利、等
	支	支払保管費	支払保管・荷役料、等
包装費	自家	変動人件費	包装担当従業員の給与・賃金・賞与（除固定給部分） 臨時雇員（アルバイト）の雑給、等
		変動資材費	包装材料費、荷役材料費、梱包材料費、消耗品費、等
		固定包装費	包装担当従業員の給与・賃金・賞与（固定給部分）、退職金引当額・福利厚生費 車両・施設修繕費・減価償却費・諸税・保険料 施設使用料、社内金利、等
	支	支払包装費	支払委託料、支払包装料、等
その他		流通加工費	人件費、流通加工材料費、施設・機械使用料、支払加工料・賃、等
		情報処理費	情報処理担当者の人件費、物件費（コンピュータ本体・周辺装置、ソフトウェア） 通信費（回線使用料、ネットワーク課金） 消耗品費、外部委託料、等
		物流管理費	管理部門従業員の給与・賃金・賞与（固定給部分）、退職金引当額・福利厚生費 臨時雇員（アルバイト）の雑給 旅費交通費、水道光熱費、通信費、事務用消耗品費、等

431

第8章●物流コスト管理

　一方、中小企業庁では、簡便に物流コストを把握することを重視したモデルを提案している。このモデルでは、支払物流費は経理の仕訳データから正確に把握し、自家物流にかかるコストについてはリソース別に推計値を用いている。

　物流コストの算出方法（モデル）は、研究者によっても違いがある。しかしながら、いずれも機能別・領域別など複数の分類を用いている。自社の物流コストを把握する際には、これらのモデルのうち自社が管理したい観点に適したものを用いる。また、他社物流コストとの比較の際は、使用モデルにより物流コストの対象範囲が異なることを常に意識する。

（2）物流コストの算出

　物流コストの算出は、次の手順で行う。

① 経理データから、明らかに物流にかかっているものを抜き出し、それを該当する費目に配賦する。

　物流コストの算出の大もととなるのは経理データである。ここでいう経理データとは、会計システムにおける個別の会計伝票のデータや、これを勘定科目ごとに集計したデータ等である。

　物流コストに相当するデータの筆頭は、委託先の物流事業者から請求される費用である。具体的には、委託先のトラック運送事業者から請求された運賃などである。

　ただし、物流業務を外部委託した場合、委託業者からの請求金額をそのまま利用できるとは限らない。たとえば、倉庫事業者からの請求がすべて支払保管費に該当するのであれば、その請求額をそのまま支払保管費に計上する。しかし、物流事業者からの請求であっても、物流コストに相当しない費用が含まれている場合もある。たとえば、製造業における工程間搬送費（製造原価）等が含まれる場合である。また、請求された費用がすべて物流コストであっても、異なる費目（たとえば、保管費と荷役費）に分かれる場合もある。費目が2つに分かれていてそれが明細で区別できるなら、明細単位で仕訳し、それをそれぞれの費目に計上する。

432

第3節 ● 物流コストの計算方法

② 複数の費目にまたがってかかる費用については、いったんリソース
別に集計する。

前項で述べたように、費目が区分できる場合はよいが、実際には費目
をまたがった請求も多い。これは物流業務が実態上、さまざまな機能を
またがって発生していることによる。たとえば、倉庫内の作業担当者は、
保管・荷役・流通加工など複数の業務を行っていることが多い。倉庫ス
ペースもまた、保管・流通加工・情報処理・物流管理など複数の費目に
またがって使用されている。このようにして発生する費用は、請求書の
金額を費目ごとに区分することが難しい場合がある。

そのような費用については、いったんリソース別に費用を集計し（ステ
ップ１）、使用割合でそれぞれに配賦する（ステップ２）。→図表8-3-4

図表8-3-4 ● 複数費目にまたがる費用の配賦

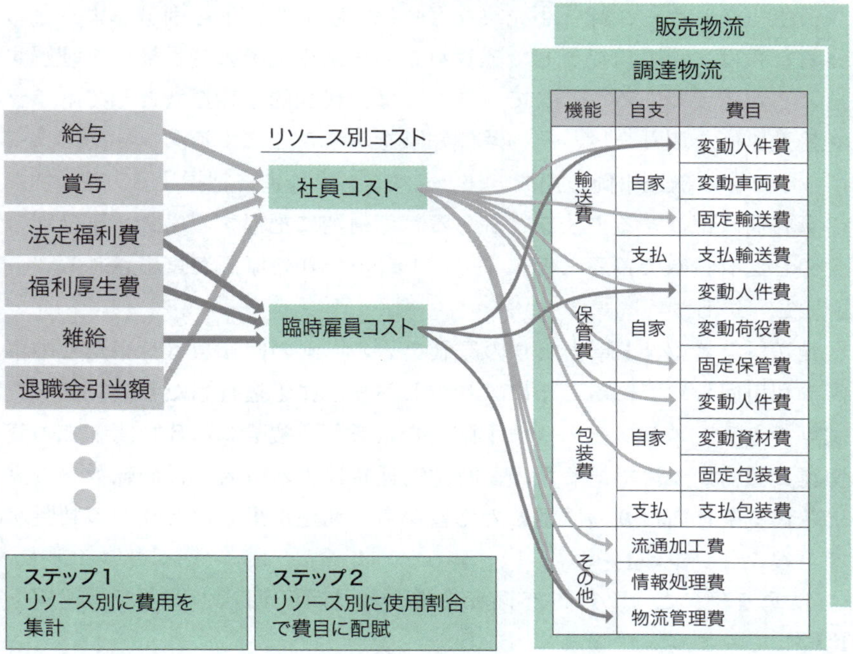

433

第8章 ● 物流コスト管理

　なお、ここでいうリソースとは、物流業務を実施する際に投入される「資源」であり、人員（正社員・臨時雇員）、スペース、設備などである。たとえば、倉庫のスペースを保管と荷役とで半分ずつ利用しているとする。その場合は、スペースにかかわるコスト（当該倉庫の賃借料や光熱費、保守点検費、清掃費等）を合計したうえで、50％ずつ保管費と荷役費に配賦すればよい。人件費の場合も同様であり、作業日報から把握された従事時間割合などを元に、費用を配賦することになる。

　以上のような作業を経て、物流コストを費目ごとに算定することができる。

3　輸送原価の内容と計算方法

（1）トラック輸送原価の構成

　荷主（メーカー、卸・小売業など）は、物流コストを削減しようと考えるならば、その前提として運賃料金の体系や実際の費目構成を理解することが重要である。そこで、ここでは、代表的な輸送費としてトラック輸送原価を取り上げ、その基礎知識を示すことにする。

　トラックの輸送原価の把握方法としては、車種別に把握する方法、個々の車両別に把握する方法などがある。車種別に把握する場合、車種別の金額を保有台数で割ることにより、1台当たりの原価が算出される。→図表8-3-5

　輸送事業者は、1車当たりの原価をその車両の回転数（月当たりの車両の利用回数）で割ることにより、おおまかに1運行当たりのコストを試算できる。エリア内のルート配送などを行う場合は、8時間制での貸切運賃契約が主流であるため、時間制運賃による収入と、回転数から算出される1日当たりの原価との比較から、利益が出るかどうかの判断ができることが多い。

　4t車を例にとり、月間25回転の場合と月間50回転の場合での運賃を比較してみよう。→図表8-3-6

第3節 ● 物流コストの計算方法

　図表中の数値はモデルであり、現実とは異なることに留意いただきたい。回転数を倍にすると、ドライバー人件費と運行費はほぼ倍になる。

図表8-3-5 ● トラック輸送原価の構成

<table>
<tr><th colspan="2">科　目</th><th>摘　要</th><th>自家用</th><th>営業用</th></tr>
<tr><td rowspan="5">変動費
注1</td><td>燃料費</td><td>走行距離（km）×燃料単価（円/㍑）÷燃費（km/㍑）</td><td></td><td></td></tr>
<tr><td>油脂費</td><td>油脂費、油脂交換費用</td><td></td><td></td></tr>
<tr><td>タチ費</td><td>タイヤ・チューブ費、タイヤ・チューブ交換費用</td><td></td><td></td></tr>
<tr><td>修繕費</td><td>車検費、定期点検費、修理費</td><td></td><td></td></tr>
<tr><td>その他</td><td>尿素水費、消耗品費等</td><td></td><td></td></tr>
<tr><td rowspan="5">固定費
注1</td><td>人件費</td><td>給与手当（超勤手当等を含む）、賞与、法定福利費、福利厚生費、退職給与引当金</td><td></td><td></td></tr>
<tr><td>車両費</td><td>車両および架装設備等の減価償却費。法定耐用年数または実耐用年数にて償却
注2</td><td>660cc 以下
　　　4年
その他
　　　5年</td><td>2 t 以下
　　　3年
その他
　　　4年</td></tr>
<tr><td>自動車保険</td><td>自賠責保険料、任意保険料等（任意保険は間接費とする場合もある）</td><td></td><td></td></tr>
<tr><td>自動車諸税</td><td>自動車取得税、自動車税、重量税</td><td></td><td></td></tr>
<tr><td>間接費</td><td>役員、運行管理者、整備管理者等の人件費、事務所維持費（減価償却費、光熱水道費等）、各種消耗品費、租税公課、金利等。売上げ等に応じて車種別に按分する</td><td></td><td></td></tr>
<tr><td colspan="2">諸経費　注1</td><td>有料道路、駐車場、フェリー使用料等</td><td></td><td></td></tr>
</table>

注1）ここでいう「変動費」とは走行距離に応じて変動する費用であり、「固定費」は走行にかかわらず発生する費用である。また、「諸経費」とは運行に伴って個別に発生する費用である。変動費／固定費等の分類方法はあくまで一例であり、ここでは（公社）全日本トラック協会「原価計算活用セミナー」テキストの記述を参考に整理した。

注2）実耐用年数とは実際にその設備機器を使用できる年数をいう。技術革新の速い設備機器の場合は陳腐化で法定耐用年数より実耐用年数のほうが短くなるが、一般的な設備機器は法定耐用年数より実耐用年数のほうが長い場合が多いので、現実的なコストを見たい場合に実耐用年数を用いる場合がある。税法上はあくまでも、法定耐用年数で計算される。

435

第8章 ● 物流コスト管理

図表8-3-6 ● 回転数の違いと1運行当たりコスト（例）

（単位：円）

	月間25回転		月間50回転	
	月間コスト	1運行当たり コスト	月間コスト	1運行当たり コスト
人件費	350,000	14,000	700,000	14,000
車両費	65,000	2,600	65,000	1,300
税金	5,000	200	5,000	100
保険料	50,000	2,000	50,000	1,000
運行費	100,000	4,000	200,000	4,000
施設費	15,000	600	15,000	300
一般管理費	70,000	2,800	70,000	1,400
計	655,000	26,200	1,105,000	22,100

（注）運行費は図表8-3-5の燃料費・油脂費・タチ費・修繕費・その他を指す。

だが、他の費用は回転数には影響されないため、1回転当たりのコスト
は2割弱低減することになる。

第4節●物流におけるさまざまなトレードオフ

第 4 節 物流におけるさまざまなトレードオフ

学習のポイント

◆物流では、「Aが良化すればBが悪化する」といったトレードオフがさまざまな場面で問題になる。輸送費と在庫保有コストといった、コストどうしのトレードオフ（コスト・トレードオフ）が代表的だが、サービスレベルとコストといった、他の要素との間で発生するトレードオフも重要である。

◆サービスレベルを高めると一般的にコストも増える。物流サービスに伴うサービスコストを把握する等によって、適正なサービスレベルの管理を行うことが必要である。

◆在庫問題がクローズアップされているいま、在庫にかかるコストを正しく認識することが、種々の在庫削減施策のコスト・トレードオフの検討に必要となる。

◆環境対策は物流コストを上昇させる可能性がある。どのコストが上昇するのかについて、正しい認識が求められている。

1 サービスレベルと物流コスト

（1）サービスレベルとコストの関係

　第4章第1節でも述べたとおり、サービスレベルを高めるとコストが増大してしまうというトレードオフがある。サービスレベルの設定にあたっては、過剰サービスにならないよう、利益を最大化するレベルに設定する必要がある。なぜなら、サービスが高度化するほど、さらにサー

437

図表8-4-1 ●サービスレベルによる利益の増減関係

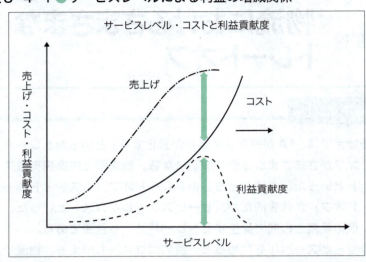

ビスを高めるために必要なコストが高額となるため、コストは右肩上がりに上昇していく。一方で、サービスの受け手にとっての効用は逓減していくため、サービスの高度化による売上げ向上の効果は一定水準に収束する曲線を描く。これにより、サービスを高めることで得られる利益は山形の曲線となるためである。→図表8-4-1

　物流のサービスレベルとしては、頻度（納品や配送の頻度）、ロット（受注や配送の最低ロット）、リードタイム（受注や出荷指示から納品までのリードタイム）、時間指定の有無といった物流の基礎条件となる事項のほかに、誤出荷、汚破損等の物流品質が代表的であるが、いずれもコストとのトレードオフが存在する。配送頻度を高めると輸送コストが増大することになり、物流品質を一定以上に高めるには、検品の回数を増やすなど追加的なコストが必要となる。→第4章第2節

（2）サービスコストの把握と負担者の見直し

　コスト・トレードオフを考慮したサービスレベルを設定するためには、

あるサービスを提供するのに必要なコスト（サービスコスト）を把握することが必要である。この具体的な手法は、「小ロット配送にはどの程度コストがかかるか」といったコスト算定が可能である。算定されたサービスコストを踏まえ、サービスを提供すべきか中止すべきかを決定する。

なお、サービスコストが把握された場合の対策として、サービスの中止以外の方法もある。サービスレベルのコスト・トレードオフが問題であるのは、物流サービスの高度化によるメリットを着荷主が享受しているのに対し、物流コストの負担者は一般的に発荷主であることである。サービスの負担者と受益者が異なるために、過剰サービスが提供される傾向が生じるのである。

この問題を解決する方法の1つは、サービスのコストを顧客に負担させることである。通販で送料を顧客に負担させるのはその一例である。企業間取引では、効率的な配送となる注文についてそのサービスレベルに応じて、割引料金（または割増料金）を設定する「メニュープライシング方式」を導入している企業があり、これも同様の意図で導入されている制度である。→図表8-4-2

図表8-4-2 ● メニュープライシング方式による物流サービス是正

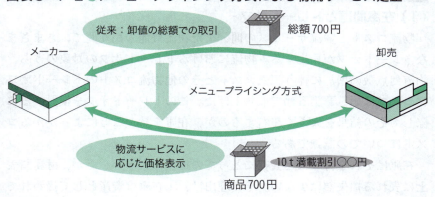

第8章 ● 物流コスト管理

（3）着荷主に起因するサービスの把握と管理（納品先での待機、付帯作業等のサービス等）

　納品先での待機、庫内荷役やラベル貼り、検収等の付帯作業といった着荷主の要望への対応力は、物流サービスの一環であり、コストとのトレードオフを生じる。これら着荷主に起因する作業のコストは、荷主が明示的に支払っていない場合が少なくないが*、その場合でも、運行効率の低下を通じて、荷主が負担するコストの増加の原因となっていると考えられる。

　納品先での待機や付帯作業の実施状況の実態は、荷主によって把握されていない場合が多く、契約条件にないサービスが提供されていることも少なくない。物流コストが増加する主要な要因の１つであるこれらサービスの実態把握を進め、契約外の不必要なサービスは抑制するなど、適正なサービスレベルの管理を行うことが必要である。

　　＊契約外の付帯作業を無償で実施させている場合には、下請法（→第３章第３節**1**（7））に抵触するおそれがあることにも留意が必要である。

2　在庫にかかるコスト

（1）在庫問題とトレードオフ

　物流コストと物流サービスの間、また物流機能の相互間で、さまざまなトレードオフが発生する。物流におけるトレードオフの対象のうち、物流拠点数の増加に伴う配送コストとその他物流コストのトレードオフについては第５章第５節で取り上げた。このトレードオフを検討するに際してその結果を大きく左右するのが、在庫を持つことによりかかるコストについての認識である。

　在庫はそれを持つほど会社にとっての損失は大きい。だが、財務諸表上に表れる損失額は少ない。その理由は、①在庫は資産として扱われていること、②不動在庫の評価損や廃棄損の財務諸表上の金額が少ないこと、が挙げられる。

440

（2）在庫保有コスト

在庫を持つことによりかかるコストを在庫保有コスト（Inventory Carrying Cost）といい、その内訳は通常、図表8-4-3のように表される。

図表8-4-3 ● 在庫保有コスト

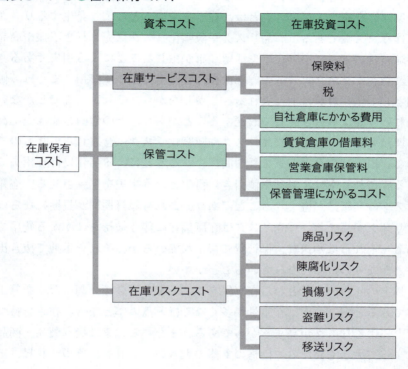

　第1の資本コストは、在庫投資コストで表すことができる。在庫投資コストは、在庫を持つことにより固定化された資金にかかる社内金利である。これは利率が小さければ少額となり、利率が大きければ高額となる。前述のように、企業が高資本回転率を志向するようになってきた現在、本来的な社内金利は高くなってきたといえる。
　第2の在庫サービスコストのうち保険料は在庫に掛けている保険料で

あり、通産省モデルでは保管費に含まれている。税は在庫にかかる税である。日本では課せられていないが、海外では棚卸資産税を設けているところがある。

第3の保管コストは、在庫保管にかかるコストであり、これも通産省モデルでは保管費に含まれている。

第4の在庫リスクコストとは、在庫を持つことにより発生するリスクに伴うコストである。廃品リスクや陳腐化リスクは売れ行き不振や商品の陳腐化によって不動在庫や滞留在庫が生じることによる損失である。これら在庫リスクコストの一部は棚卸資産処分損や廃棄損、または評価損として損益計算書上に表れる。しかしながら、それは一部でしかない。売れ残り品は値引きをして販売することがあり、その値引き額は売上高に埋没するが、本来は廃品リスクや陳腐化リスクに含まれるべきものである。損傷リスクは在庫を長期間保存することによる劣化に伴う損失である。これもやはり処分や値引き、再生という損失を発生させる。盗難リスクは在庫品が盗まれることであり、これも保管期間が長期になるほどリスクが高まる。移送リスクは在庫偏在に伴う横持ちにかかる費用である。それらは輸送費、保管費に含まれているが、それを単独で抜き出すとかなりの金額となっていることが多い。

以上の4つの合計となる在庫保有コストを在庫金額で割った率を算出してみると、この率は在庫量が多くなるほど高い率となる。在庫を持つことによるリスクが高まるからである。また、この率は扱う製品・商品によって大きく異なる。価格の下落の大きいパソコン、薄型テレビ、アパレルなどでは、この率は100％、つまり在庫が1年間分あると、在庫金額そのものとほぼ同額のコストがかかることになる場合もあるといわれている。なお、在庫金額に対する在庫保有コストの率のことを、在庫金利と呼ぶが、狭義には在庫保有コストのうち、資本コストの率を在庫金利と呼ぶ場合もある。

第4節●物流におけるさまざまなトレードオフ

（3）品切れによるコスト

（2）では、在庫が多いことで発生するコストについて述べたが、在庫が過少であることにより発生するコストも考慮すべきである。品切れに伴う機会損失や物流コストの増大などが、その代表的なものである。

品切れによるコストは、「①売り損じによって本来は得られたであろう利益（限界利益）」「②（顧客が発注先を切り替えることで）将来的に失われる売上げ（による利益）」「③（サプライチェーンの途絶による）信用の失墜によるコスト」「④受注自体は得られたとしても、品切れに伴う納入遅れによって、余分にかかる輸送コスト」などが挙げられる（マーチン・クリストファー、阿保栄司訳『ロジスティクス時代の物流戦略』1986年）。

ただし、これらのコストはいずれも推計が困難であるという問題がある。たとえば、①の売り損じによる機会損失について考えると、品切れの場合には受注を停止するしくみとなっている場合が多いため、品切れ商品の潜在的受注額を把握するのは困難である。

（4）在庫リスクによるトレードオフへの影響

在庫を保管する拠点の削減に取り組んでいる企業は多い。一般に在庫を分散して持つほど、在庫保有コストが著しく高まるからである。

物流拠点数によって生じるトレードオフを考えてみよう。ここでは、配送・輸送・入出庫・在庫保有の4つのコストを考える。そして、物流拠点数が多くなるにつれて、急激に在庫保有コストが上昇するとき、在庫リスクが高いと考える。逆にあまり増えないとき、在庫リスクが低いと考える。

在庫リスクが低い場合、在庫保有コストはあまり増えないので、物流拠点はある程度の数を持ったほうがよいということになる。しかしながら、在庫リスクが高まると、在庫保有コストが急激に増加するので、物流拠点数はなるべく持たないほうがよいということになる。→図表8-4-4

443

第8章 ● 物流コスト管理

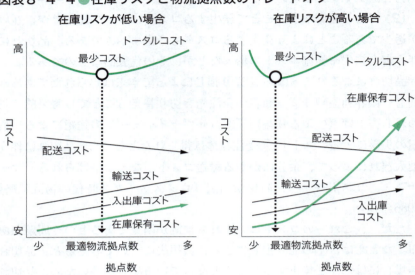

図表8-4-4 ● 在庫リスクと物流拠点数のトレードオフ

　第6章で取り上げた**在庫サービス率**もまた、在庫保有コストが大きく影響する。理論的には在庫を持つほど在庫サービス率は高まる。しかしながら、それにより在庫保有コストが上昇する。どの程度の在庫サービス率とするかは、それによる売上げ増とコストとの関係の中で判断すべきものである。

　なお、ここであえて理論的にといったのは、在庫が多い場合は得てして品切れも多いからである。なぜならば、在庫が多い企業は、在庫管理が弱いことが多いため、どれが品切れしそうかがわからないことや、あるいは生産や仕入れが大ロットであることが多い。その結果、売れ行きに合わせた在庫手配が間に合わず、品切れが多発する。

3　環境対策と物流コスト

　急速に関心が高まっている環境対策は、企業の社会的責任（CSR）と

図表8-4-5 ● 輸送原価と環境問題

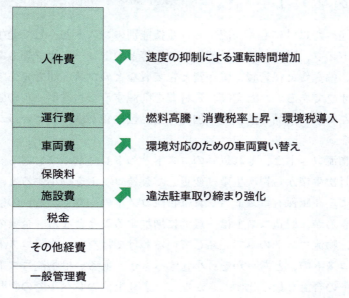

して取り組まれているが、それに加えて、コストとそれによる売上げという観点も検討すべきものである。特に輸送は環境対策に伴い、現状のままではコストアップとならざるを得ない場合もある。→図表8-4-5

環境対策は、企業のCSRに影響を与える。輸送原価の上昇によるマイナスがあったとしても、環境対策のために抜本的に物流システムを見直す必要がある。

その対策の1つとして取り組まれているトラックから鉄道・海運へのモーダルシフトは、製造業の社内輸送の分野等で行われているが、リードタイムが長くなることによる在庫量増加とのトレードオフを考慮して採用の判断がなされる。共同配送は柔軟な納品条件への対応が難しくなることがあり、その場合は物流サービスによる売上げの想定変化額と物流コストとの関係において判断される。

第8章 ● 物流コスト管理

4 その他のトレードオフ

　以上で述べた以外にも、物流における機能別のコストどうしで発生するトレードオフ、物流コストと製造コスト等とのトレードオフ等もある。

　前者は、輸送費と保管費、輸送費と包装費などのコスト間で発生するトレードオフである。たとえば、資材費を削減するため段ボールの強度を落とした結果、商品の破損が増加し、返品輸送費が増えるといったケースがある。

　また、物流コストと、それ以外のコストとのトレードオフもある。たとえば、月次生産から週次生産に変更して製造ロットを縮小すると、在庫削減による在庫保有コスト（これは物流コストの一部である）の削減が期待できるが、製造コストは一般的に増加することとなる。企業の管理会計は、物流コストのみで完結しているわけではない。物流コストまたは製造コストの、どちらかを最小化すべきか、あるいは物流コストと製造コストの合計を最小化すべきかなど、より上位のレベルでの判断が必要になる場合もある。

　いずれにせよ、物流にはさまざまなトレードオフ関係があること考慮して意思決定を行うこと望まれている。そのためには、物流コストの把握とその活用についての知識が不可欠なのである。

――――――――――――――| 参考文献 |――――――――――――――

交通日本社『貨物運賃と各種料金表（各年版）』交通日本社

通商産業省産業政策局流通産業課編『物流コスト算定活用マニュアル』通商
　産業調査会、1992年

西澤脩『ロジスティクス・コスト』白桃書房、1999年

（公社）日本ロジスティクスシステム協会『物流コスト調査報告書（各年別）』（毎
　年発行）

446

第8章 理解度チェック

次の設問に、○×で解答しなさい(解答・解説は後段参照)。

1. 倉庫を坪借りしている場合、一般的にその費用は財務諸表上の賃借料の費目に表れる。

2. トラック運賃や倉庫料金は、国土交通省が認可したものであり、同じ地域であればどの事業者でも同一である。

3. 車両の稼働時間を延長し1日3回転させると、1回転当たりの場合と比較し、1運行当たりの人件費は3分の1になる。

4. 在庫を削減するために生産ロットを小さくすると、製造原価もそれに伴い低減される。

第8章　理解度チェック

解答・解説

1 ○
倉庫業務を外部委託していても、坪借りしている場合は、その費用は賃借料の費目に計上される。

2 ×
規制緩和によって、現在ではトラック運賃や倉庫料金は事後届出制になっており、各事業者が独自に運賃料金を設定することとされている。複数の事業者の運賃料金が同じ場合は、たまたま同じ運賃料金を届け出ているだけのことである。

3 ×
1運行当たりの車両費は3分の1になるが、人件費は同様にはならない。

4 ×
生産ロットを小さくすると、段取り替えが増えるため、製造原価が増加する可能性がある。

第4部

業務管理システムと
情報システム

第9章

ロジスティクス
情報システムの基礎

この章のねらい

　第9章では、ロジスティクス情報システムを構築または利用する立場として、ロジスティクス情報システムの基礎知識について学習する。

　第1節では、ロジスティクス情報システムの定義と目的について学ぶ。ロジスティクス情報システムは、ロジスティクスの効率化とロジスティクスによる顧客サービス向上のために導入される。

　第2節では、基幹システムとロジスティクス情報システムの関連について学ぶ。ロジスティクス情報システムは企業活動全体のための企業情報システムであるとともに、企業組織や機能に関連している。

　第3節では、ロジスティクス情報システムの設計ステップおよびその設計上の留意点を理解し、ロジスティクス情報システムの構築方法について学ぶ。

　第4節では、ロジスティクスの現場作業での効率化に不可欠な自動認識技術のうち、バーコード（1次元シンボル）、2次元シンボル、RFIDについて学ぶ。

第9章●ロジスティクス情報システムの基礎

第 1 節　ロジスティクス情報システムの目的と特徴

学習のポイント

◆ロジスティクス情報システムは、コスト削減、時間短縮、品質向上、省力化、サプライチェーン効率化の観点で構築する。ただし、すべてを同時に実現することは難しい場合もあるので、その場合には優先順位を考慮する必要がある。

◆ロジスティクス情報システムの特徴は、拠点間通信、各種物流関連機器との接続、移動体通信、企業間通信の存在と、メンテナンス頻度が比較的多い、という点である。

1　ロジスティクス情報システムの定義

　ロジスティクス情報システムは、ロジスティクス業務（商取引業務と物流業務）に関する計画や管理を支援する情報システムである。

　このうち、物流情報システムは、JISの「物流用語」では、次のように定義されている（Z 0111：2006）。

「物流を対象とした情報システム。このシステムには、物流の各機能を効率化、高度化するための機能分野、受発注から配送、保管から在庫、更に調達及び回収の業務分野、これらに関連した計画・実施・評価の経営過程の分野、更に、運輸業、倉庫業などの物流事業者と荷主との関連を含めた分野がある」

　この定義における「物流」は、「受発注」から「配送」まで広い範囲の業務を対象としているため、物流を「ロジスティクス」と読み替えても

同義となる。この定義にあるように、ロジスティクス情報システムは、広範な業務をカバーするものであり、調達先、納入先、委託先物流事業者などの取引企業との情報連携をも担っている。

ロジスティクスは、モノ（商品や物資）、組織、業種や業態によって異なるので、その実態は多様である。したがって、ロジスティクス情報システムもさまざまな形式や規模や範囲があるが、いずれも各企業のロジスティクスを支援する役割があり、各企業のロジスティクスの実態に沿ったロジスティクス情報システムであることが重要である。

2 ロジスティクス情報システムの目的

ロジスティクス情報システムの目的は、ロジスティクスにかかわる多くの業務の円滑な運用を支援するものであり、顧客満足度向上と効率化に結びつくものでなくてはならない。

従来は、ロジスティクスの特徴を十分に反映できずに、ロジスティクス情報システムが構築されてきた面もあった。しかし、近年の著しいICT（Information and Communication Technology＝情報通信技術）の進展に伴い、情報システム化が可能な領域が広がることで、輸送や保管をはじめとする多様な物流サービスの提供と、それを実現するロジスティクスが考えられるようになっている。この結果、ICTを活用することにより、ロジスティクスをさらに高度化・効率化させることにより、環境問題や人手不足の問題などの解決に貢献しようとしている。

ロジスティクスにおけるICT活用の視点は次のように整理される。

（1）コスト削減

ロジスティクスにおいて、ICTは、物流活動の高速化・円滑化・正確化・省力化とともに、コスト削減のために行われてきた。たとえば、作業者の効率的な配置による作業工数の削減、保管効率の向上による必要スペースの削減、輸送ルートの効率化による所要時間の短縮などであり、

これらはすでに取り組まれており、さらに高度化が図られている。

　2000年ごろから在庫削減によるコスト低減が注目されてきた。このため、より精緻な需要予測、取り扱うモノの改廃などにより、必要在庫を削減して在庫回転率を向上させることで、資本効率の向上が図られている。一方で、2020年ごろから労働力不足が深刻化しており、輸配送業務の平準化や配送リードタイムの見直しが始まっている。さらに、在庫削減による高頻度な輸配送が難しくなっている面もあり、在庫削減から在庫積み増しに方針を変える企業も出ている。

（2）時間短縮による高速化

　ICTの活用により受注、出荷、配送など、ロジスティクスの各種の作業や業務処理の所要時間を短縮することができる。これにより、市場変化の早期把握と、変化への早期対応も可能となる。

　インターネット通販業界では、顧客には潜在的に時間短縮（注文したものがすぐ来る）というニーズがあり、そのニーズを実現するために、ICTを活用している。

（3）正確性向上による品質向上

　物流品質の向上においては、「情物一致」（情報システム上の情報と、実際のモノの数や位置が一致すること）がきわめて重要である。

　たとえば、「情物一致」しない例としては、「倉庫内にあるはずのモノがない」「輸送途中のどこにモノがあるのかわからない」などがある。また、作業ミスにより指示どおりにモノが動かないこともある。さらに、モノの動きに伴う正確な情報が、情報システム上に反映されない、あるいは記録されるしくみすらない場合もある。

　より正確な情報を得るために、本章第4節で述べる自動認識技術とともにOCRやOMRによる書き間違い・読み間違いを防ぐ情報伝達手段（EDIなど）が役立っている。近い将来はさらに、IoT Key Word により、認識技術の精度が高くなり、計測間隔も細かいタイミングとなって、よ

第1節●ロジスティクス情報システムの目的と特徴

り詳細な作業実態の把握が可能になり、ロジスティクス品質向上へ寄与することが期待される。

（4）省力化

ICT の利用拡大により作業の自動化が可能となると、作業にかかわる人員を削減できることになり、省力化につながる。

また、労働力人口の減少に伴い、ロジスティクス業務においても自動化機器の導入による省力化が求められている。自動化機器の活用は、物流拠点内での搬送や入出庫・保管作業において進められており、ロボットの活用も進んでいる。

さらに、輸配送においては、トラックの自動運転や、離島への配送、医薬品配送など、ドローンによる配送の実用化への実験も始まっている。これらの自動化には、実用に向けて解決すべき課題も多いが、適用できる場面から導入されていくものと考えられる。

（5）サプライチェーンの効率化

1980年代の通信回線の開放により、企業間での大量の情報交換が可能となった。それを契機に、各企業の情報システム間でのEDIによる必要情報の連携が可能となった。具体的には、調達先企業（川上企業）とは生産・在庫状況の情報を交換し、納入先企業（川下企業）とは需要動向の情報を交換することにより、調達先・自社・販売先を通じて、在庫最適化と発注から納入までの効率化が進められた。

> **Key Word**
>
> IoT──Internet of Things の略。世の中に存在するさまざまなモノに通信機能を持たせ、インターネットを利用して情報を発信したり、相互に通信することにより、自動認識や自動制御、遠隔計測など、さまざまな場面での応用が期待されている。ロジスティクスにおいてこの効果を最も得られるのは輸配送であるといわれている。

第9章 ● ロジスティクス情報システムの基礎

　さらに、インターネットを中心としたICTの進展に伴い、そのような情報交換を基礎とした業務の連携は拡大しており、大手企業だけでなく中小企業も含めた業務連携、調達先（川上）のさらに川上の調達先の企業との業務連携、納入先（川下）のさらに川下の企業との業務連携も、より容易に可能になっている。この結果、サプライチェーン全体において、在庫最適化と物流効率化が実現可能になっている。

3 ロジスティクス情報システムの特徴

　ロジスティクス情報システムの特徴には、①複数拠点間での通信、②物流拠点内の各種物流関連機器との接続、③輸配送状態の把握のための移動体通信の確保、④調達先、納入先、委託物流事業者など多数の企業間通信、⑤実行系システムにおいてメンテナンス頻度が比較的多い、ことなどが挙げられる。

（1）複数拠点間での通信

　物流拠点の大半は本社と離れた場所にある。また、受注拠点と出荷拠点も場所が離れていることが多い。そして、出荷に関連した処理では、短時間で大量のデータの送受信が発生する。

　このため、倉庫管理システムの構築にあたっては、十分な回線スピードと容量を確保する必要がある。

（2）各種機器との接続

　物流拠点内では、ハンディ端末など各種物流関連機器を用いるのが一般的となっている。さらにデジタル表示器、ソーター、自動搬送機器、自動倉庫など各種自動化機器やロボットを導入しているケースが多くなっている。

　このため、ロジスティクス情報システムは、それら物流関連機器との接続が必要になる。これら機器とのインターフェースは、API連携によ

り容易になっているが、機器のリース期間が長いために、古い機器との接続を要する場合もある。

（3）移動体通信

輸配送を行うとき、「情物一致」を図るためには、移動体通信による輸配送状況の把握が必要になる。具体的には、貨物の位置情報（GPS：Global Positioning System＝全地球測位システム）などを、移動体通信で入手し、GIS（Geographic Information System＝地理情報システム）を用いて、地図上で位置を把握するということが行われている。→第10章第4節

（4）企業間通信

ロジスティクスでは、主に荷主による商取引により物流が発生する。つまり、調達においては調達先への発注を起点として入荷が行われ、販売においては納入先からの受注を起点として出荷・納入が行われる。加えて近年では、受発注業務も物流事業者に委託していることが多いため、物流の委託先とも企業間通信が必要になる。このため、EDIなどの企業間データ送受信が不可欠である。

特に、注文、事前出荷案内の送付などのデータについては、情報システム内のどのサブシステムで、どのタイミングで送受信を行うかを、相手先の業務内容を考慮しながら決める必要がある。

（5）メンテナンス頻度

ロジスティクス業務は、頻繁に細かな変更が発生する。たとえば、取り扱うモノの変更、調達先の変更、納入先変更、物量変化に伴う物流拠点立地の見直しなどが発生する。このような変化に伴い各種マスタの更新やシステムの修正が必要となるため、ロジスティクス情報システムは、他の情報システムと比較して、メンテナンスの頻度が多いのが特徴である。

457

第9章●ロジスティクス情報システムの基礎

　このことから、ロジスティクス業務を支援する情報システムについては、メンテナンスの影響による業務の中断などが会社業務全体に影響しないように、基幹システムと切り離して構築することが一般的である。

第2節 ● 基幹システムとロジスティクス情報システムの関連

第 2 節 基幹システムとロジスティクス情報システムの関連

学習のポイント

◆情報システムは、大きく基幹系、情報系、業務系に分類される。このうち、業務系は、さらに計画系と実行系に分けることができる。

◆ロジスティクス情報システムは、基幹系、計画系、実行系に分類される。

1 基幹システムとERP

　企業の活動は、規模の大小を問わず数多くの情報システムによって支えられている。ロジスティクス情報システムもこの企業活動を支える情報システムの一部であり、この企業活動を支える情報システム全体を、基幹システムと呼ぶこととする。この基幹システムは、業種や業態、企業活動の内容や組織によって企業ごとにそれぞれ異なっている。

　基幹システムを機能で大別すると基幹系情報システム、情報系情報システム、業務系情報システムの3つに分類され、さらに業務系情報システムは計画系情報システムと実行系情報システムに分けられる。

（1）3つの情報システム（基幹系、情報系、業務系）

　基幹システムとは、企業が経営を続けていくうえで重要な、財務管理や業務管理などを行うためのシステムのことである。一般的に、企業の情報システムを、基幹系と情報系と業務系の3つの情報システムに分け

459

ることが多い。

第1の基幹系情報システムとは、企業経営に直接的に関係する情報、財務、会計、人事などを管理・処理するシステムである。このような基本的な情報管理に加え、業種によって重要な項目が管理対象となっている。流通・物販などの業種の基幹系情報システムは、仕入れや在庫の管理、顧客データベースの管理システムなど、製造業の基幹系情報システムでは、工場での生産管理システムである。金融業の基幹系情報システムは、勘定系システムなどである。

第2の情報系情報システムとは、社内外のコミュニケーションを目的とした電子メールやWebサイト（ホームページ）、社内で情報を共有するためのグループウェアなど主に情報の伝達・共有・管理を目的としたシステムである。

第3の業務系情報システムとは、基幹系や情報系の情報システムと連携して、日常業務の細かな制御を行うシステムである。この業務系の情報システムは、さらに計画系、実行系の情報システムに分けられる。計画系情報システムは、調達から販売までの計画を関係システムから必要情報を得て、短・中期の経営的な計画を管理するものである。実行系情報システムとは、企業活動の日常業務の指示や、実績管理を行うものであり、業種や業態で多様な実行系の情報システムが存在している。

（2）基幹系情報システムの内容

基幹系情報システムをパッケージ化したものを、ERP（Enterprise Resource Planning＝企業資源計画）という。ERPとは、そもそも、生産や販売、在庫、購買、物流、会計、人事／給与などの企業内のあらゆる経営資源（人員、物的資産、資金、情報）の有効活用を目的に、これら経営資源を企業全体で統合的に管理し、最適に配置・配分することで効率的な経営活動を行うための経営手法であった。現在では、そのコンセプトに基づいて構築されたERPパッケージが業態別に数多く存在している。

2 ロジスティクス情報システムの内容

ロジスティクス情報システムは、基幹系、計画系、実行系の情報システムに分類される。これを、前出の基幹システム（基幹系、情報系、業務系）に対応させると、図表9-2-1になる。

（1）基幹系ロジスティクス情報システム

基幹系情報システムの一部である基幹系ロジスティクス情報システムは、企業内の経営資源を統合的に管理し、経営の効率化を図るものである。そして、基幹系ロジスティクス情報システムは、購買管理、生産管理、在庫管理、販売管理などを通じて、受発注、生産、入出荷などの情報を管理するものである。

（2）計画系ロジスティクス情報システム

計画系ロジスティクス情報システムとは、日常的に行う計画業務であ

図表9-2-1●基幹システムとロジスティクス情報システムの対応

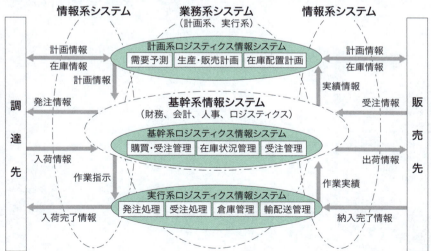

第9章 ●ロジスティクス情報システムの基礎

る需要予測、生産・購買計画、在庫配置計画などである。すなわち、過去の販売実績データなどに基づく需要の予測、それに基づく生産・購買計画、社内各拠点などへの在庫移動計画などを通じて、ロジスティクス全般の効率化とコスト削減を図るものである。計画系のパッケージソフトには、SCP（Supply Chain Planning）などがある。

（3）実行系ロジスティクス情報システム

　実行系ロジスティクス情報システム（SCE）とは、日常の作業の指示とその管理を行うものであり、第10章で述べる受注、発注、倉庫管理、輸配送管理のシステムである。すなわち、基幹系情報システムからの作業指示に基づき、現場レベルにおける業務の遂行、その効率化、日々の業務管理などを行うものである。この実行系ロジスティクス情報システムは、基幹系・計画系ロジスティクス情報システムと比較してメンテナンス頻度が多いという特徴がある。

　なお、実行系情報を構成するそれぞれのシステムについては、第10章で詳述する。

第3節●ロジスティクス情報システム設計の基本

| 第 **3** 節 | # ロジスティクス
情報システム設計の基本 |

学習のポイント

◆ロジスティクス情報システムの設計において、その第1ステップとなる戦略策定とシステム企画段階は、情報システム構築の、Q（品質）、C（コスト）、D（納期）を決定するので、重要である。

◆優れたロジスティクス情報システムを構築するためには、目的の明確化、構築体制の確立、的確なICTの利用、物流現場・利用者の参加、が重要である。

1　ロジスティクス情報システムの設計ステップ

　ロジスティクス情報システムは多くの場合、物流システムの構築・再構築に伴って構築される。情報システムの構築の方法には2通りあり、1つは手作りのオーダーメード、もう1つは出来合いのレディメード（パッケージ・システム）である。いずれにしろ、ロジスティクス情報システムはそれぞれ重要な設計ステップを経て構築される。

　一般的な情報システムの設計ステップは次のとおりである。→図表9-3-1

　第1が「戦略」である。戦略とは、企業全体の経営戦略であり、情報システム戦略も含まれる。そして、特にロジスティクス情報システムの場合は、図表9-3-1のようにロジスティクス戦略およびロジスティクス情報システム戦略が加わる。経営トップが策定した経営戦略とロジス

463

図表9-3-1 ● ロジスティクス情報システムの設計ステップ

ティクス戦略をもとに、システム構築部門によるロジスティクス情報システム戦略の立案が最初のステップである。

第2が「システム企画」である。システム企画では、ロジスティクス情報システム戦略を踏まえた、構築すべき情報システムの基本構想を企画する。設計対象の明確化、ニーズや現状分析、問題・課題整理を行い、新システムの目的、目標、範囲、機能などを基本構想としてとりまとめる。最終的には、これらに効果、費用、スケジュールなど実施計画を含めたシステム企画書を作成する。このシステム企画が情報システムのQ（品質）、C（費用）、D（納期・本番稼働日）の決め手となり、トラブルの有無を含め、情報システムの完成度を左右する。

第3が企画書承認後の、「システム設計」である。これ以降のステップはその全体または部分に対して、設計管理が必須である。ここでいうシステム設計は、以下の3つからなる狭義の定義である。すなわち、「概要設計（外部設計ともいう）」では、利用者サイドに立ち、情報システムが対応すべき要件の明確化を行う。「詳細設計（内部設計ともいう）」では、設計サイドに立ち、技術的内容の明確化がなされ「システム仕様書」が作られる。

第4が「システム開発」である。システム仕様書からシステムの開発が行われる。

第5が「テスト」である。プログラムはインプット情報を、決められたルールで処理し、アウトプット情報を得るために分割された処理システム（単体）として構築される。構築された処理システムは、単体テス

第3節 ● ロジスティクス情報システム設計の基本

トと単体の集合体ともいえる全体システムの総合（結合）テストが繰り返されて完成する。

第6が最終ステップの「運用」である。構築されたシステムを実際に稼働させ利用することであり、不都合があれば改修を行う。情報システムは完成したら終わりでなく、利用が始まってからの保守と改善がきわめて重要である。情報システムが十二分に活用され、効果を発揮してこそ成功したといえるのである。

2 ロジスティクス情報システム設計のポイントと留意点

ロジスティクス情報システムを、成功裏に設計し活用するための主な要点には以下のものがある。

① 目的の明確化

情報システムの欠陥や失敗は、往々にして、企業経営の目的や事業の目的と遊離して構築されたときに生じる。

情報システムの目的は、経営目的・戦略と関連して、何の事業を、何のために、何をどのように情報システム化するのかといった事業視点、および誰が、何の情報を、何のために必要なのかなど、情報システムの利用者視点から導かれる。このように、目的が明確化され設計されてこそ、役立つロジスティクス情報システムとなる。特に激しい企業競争のもとでは、経営目的から導かれ策定される前述の各種戦略（経営戦略、情報システム戦略、ロジスティクス戦略、ロジスティクス情報システム戦略）との整合性が不可欠である。

② 構築体制の確立

明確化された目的に沿って、情報システムが設計されるかどうかは、その構築体制が要点となる。この体制を統括する人をCIO（Chief Information Officer＝情報統括役員）といい、CIOが前述の情報戦略の策定から運用（利用者へのシステム・サービスの提供）までの指揮をとり、有効的な活用をもたらす責任者である。

465

第9章 ● ロジスティクス情報システムの基礎

したがって、CLO（Chief Logistics Officer＝物流統括役員）と同様、CIOの存在（中小企業などでは兼任が多い）、CIOの適格性がカギとなる。企業内の業務や組織の統合、情報の一元化などを実現させるのがCIOである。

③ 的確なICTの利用

ICTは手段であり、ICTを利用することが情報システムの目的ではない。ICTを道具として、ロジスティクス情報システムの特徴で例示した内容に適応したハードウェア、ソフトウェア、ネットワーク等を組み合わせることが優れた情報システムを設計するうえでの要点となる。特にロジスティクス情報システムの場合、情報とモノの一致を実現させるICTの利用が重要である。

外部の情報サービスを活用することも有効である。たとえば、パッケージ・システムの導入や、クラウドコンピューティング（コンピュータ、アプリケーション、データベース等がインターネット上のサービスとして提供される）の利用である。ただし、これらの選択に関しては、それぞれの得失（必要性、実現性、実効性、経済性、時間性等）を検討して対処すべきである。

④ 物流現場・情報システム利用者の参加

情報システムの設計は、徹底的に利用者に配慮したものでなければならない。利用者の必要とするニーズ・要件を取り込み、活用されるシステム内容を設計する。システム設計（概要設計）の早い段階で利用者の参加が要点となる。利用者の参加はシステム設計に常駐するのでなく（一時的でも常駐できれば万全）、利用者から業務中どんな情報で、どんな作業をし、何を管理し、何を評価するのかといった、詳しい業務過程を把握すること（システム開発部門は利用者のニーズを引き出すこと）が重要である。

現場に密着しないロジスティクス情報システムは、結果として活用されないのである。

第4節 ● 自動認識技術の種類と特徴

第 **4** 節 # 自動認識技術の 種類と特徴

学習のポイント

◆ロジスティクスで用いられるバーコードの代表的なもの、JAN
　コード（GTIN）、ITF（GTIN-14）、GS1-128について、コー
　ド体系を学習する。
◆2次元シンボルやRFIDなどについて、ロジスティクスにおけ
　る活用事例を理解する。

1 バーコード

　われわれが購入する商品のほとんどにバーコードが付いているように、
バーコードは広く普及している。近年ではQRコードのように2次元シ
ンボルも見られるようになった。

　文字情報を白黒のバーで表現するため、一般的にはバーコードと呼ば
れているが、2次元コードが誕生したため、正式には1次元のものを1
次元シンボル、2次元のものを2次元シンボルという。古くからバーコー
ドとして活用されている1次元シンボルは、2次元シンボルに比べ商
用活用という点では優位である。

　1次元シンボルは、流通工程上の複数企業でコンピュータや各種の情
報機器に自動入力するために、コード仕様とその上に表現されるコード
体系ともに標準化が行われている。

467

（1）バーコードの特徴と課題

バーコード（1次元シンボル）の特徴は以下のとおりである。

○読み取り速度が速い

○誤読率がきわめて低い

○印刷が容易であり、ラベルのコストも安価である

○ある程度離れたところからの遠隔読み取り、自動読み取りが可能である

○目視読み取り文字が付いていることから、読めない場合の手入力が容易である

○2次元シンボルと比較し、世界的に標準化され、広く普及している

一方、バーコード（1次元シンボル）については以下の課題がある。そのため、2次元シンボルの普及が待たれている。

○情報量が少ない

○かな、漢字など2バイトコードが使用できない

○情報化密度が低くサイズが大きい

（2）JANコード（GTIN）

JANコードとは、わが国固有の呼び方であり、国際的には、世界110カ国以上が加盟するGS1の定めるGTIN（Global Trade Item Number）と呼ぶ。

JANコードには13桁の標準タイプ（GTIN-13）と8桁の短縮タイプ（GTIN-8）がある。多くは標準タイプを用いているが、小箱や小瓶など標準タイプを表示するスペースがないものに短縮タイプを用いている。

→図表9-4-1

コード体系は以下のようになっている。

① GS1事業者コード（JAN企業コード）

標準タイプ13桁のGS1事業者コードは10桁、9桁または7桁である。短縮タイプは6桁である（短縮タイプ、ワンオフキーを除く）。

先頭2桁の「45」または「49」は日本の国コードである。

図表9-4-1 ● JANコード体系

標準タイプ（13桁）

(A) 10桁事業者コード

① GS1事業者コード
② 商品アイテムコード
③ チェックデジット

(B) 9桁事業者コード

① GS1事業者コード
② 商品アイテムコード
③ チェックデジット

(C) 7桁事業者コード

① GS1事業者コード
② 商品アイテムコード
③ チェックデジット

短縮タイプ（8桁）

(A) GTIN-8ワンオフキー

① GTIN-8ワンオフキー
（一度限りの製造品）

(B) 短縮タイプ6桁事業者コード

① GS1事業者コード
② 商品アイテムコード
③ チェックデジット

出所：（一財）流通システム開発センター

日本では（一財）流通システム開発センター（GS1 Japan）に登録申請を行い取得する。

② 商品アイテムコード

GS1事業者コードを取得した事業者が、定められたルールに基づいて独自で設定する。

廃番となったコードでも、他の商品アイテムコードとして再利用することはできない。

③ チェックデジット（CD）

バーコードの読み間違いを防ぐための数字である。前12桁の数字を

用いて計算され、計算方法は定められている。

(3) ITFコード（GTIN-14）

ITFとはInterleaved 2（Two）of 5（Five）のことで、本来は段ボール等表面の粗いものにも印刷できるバーコードの仕様を指す。それを商品の外装上の集合包装用商品コードに用いていることから、バーコード仕様（ITFシンボル）とコード体系を合わせて日本国内ではITFコードと呼ぶことが多いが、国際標準ではGTIN-14と呼ぶ。

集合包装用商品コード（GTIN-14）とは、企業間の取引単位である集合包装（ケース、ボール、パレットなど）に対し設定された商品識別コードで、主に受発注や納品、入出荷、仕分け、棚卸管理等において商品識別コードとして使われている。集合包装用商品コードは、消費者が小売業の店頭で購入する単位（JANコードにより識別される単位）ではなく、企業間の取引単位に設定される商品識別コードである。

図表9-4-2●集合包装用商品コードをITFシンボルで表示した例

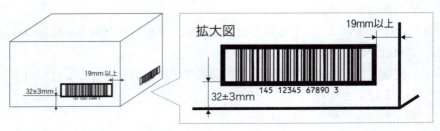

出所：（一財）流通システム開発センター

図表9-4-3 ● GS1-128バーコード体系

商品識別コード（GTIN）のAI　　有効期限日のAI　　ロット番号のAI

出所：（一財）流通システム開発センター

　集合包装用商品コードのコード体系は、先頭の1桁目はインジケータと呼ばれ、"1"～"8"の8通りある。このインジケータにより集合包装の入数や荷姿などの違いを分けることになる。このインジケータの後はGS1事業者コード（JAN企業コード）を含む12桁が表記される。最後の1桁がチェックデジットで、合計14桁となる。→図表9-4-2

（4）GS1-128

　GS1-128とは、流通・製造・物流・サービス分野における商品関連情報や企業間取引情報をコード番号で体系化し、その商品識別コード番号と商品関連情報、および企業間取引情報を「コード128」というバーコードシンボルで表現したものである。→図表9-4-3

　ここでいうAI（Application Identifier＝アプリケーション識別子）とは、GS1が標準化した、さまざまな情報の種類とフォーマットを管理する2桁から4桁の数字のコードである。これを活用することによって、商品識別コード（GTIN）、商品製造日、ロット番号などのデータをバーコード上に表現することができる。→図表9-4-4

　現在、AIは約120種類のデータ項目が規定されている。データ項目によって、使用できる文字の種類（数字、英数字、記号）と桁数（固定長・可変長）のフォーマットが決まっている。

第9章 ● ロジスティクス情報システムの基礎

図表9-4-4 ● 代表的なAI

データ項目	AI	データ内容の定義と記述方法	フォーマット
GTIN	01	商品識別コード。ある商品またはサービスを国際的に一意に識別するための番号。長さは8桁、12桁、13桁、14桁がある。14桁未満のGTINをAI（01）により実現する場合、GTINの先頭に、必要分だけ0を足して14桁とする。	n2+n14
ロット番号	10	ロット番号、バッチ番号または加工処理番号等	(n2+an...20)
シリアル番号	21	製品のライフタイムにわたりメーカーが設定した連続番号。シリアル番号、追跡可能番号等。	(n2+an...20)
GLN	410–415	グローバルロケーションナンバー。物理的な場所、企業やその部署などを識別する。請求先、配送先などを表すために使用される。	n3+n13
製造年月日	11	ISOのフォーマット YYMMDD	n2+n6
品質保持期限日	15	消費するのに最適な品質が保たれる期日。賞味・消費期限。ISOのフォーマット YYMMDD	n2+n6
有効期限日	17	有効期限、薬効期限等。期日を過ぎての使用に直接・間接のリスクがあることを示す。ISOのフォーマット YYMMDD	n2+n6
有効期限日時	7003	同一時間帯内でのみ移動する商品の有効期限を年月日に加えて時・分まで示す。フォーマットは YYMMDDHHMM	(n4+n10)
原材料参照番号	251	参照元となる商品などの番号（例：枝肉に対する固体識別番号など）	(n3+n...20)
原産国	422	原産国を表す。ISO3166で指定された国コード3桁の数字を使用	(n3+n3)
原産国の地域コード	427	都道府県などの原産地を表すコード。ISO3166-2を使用する	(n3+an...3)
リターナブル資産識別番号（GRAI）	8003	パレットやカゴ台車、折りたたみコンテナなどを物流で使用される搬送什器、容器の識別番号	(n4+n14+an...16)
資産管理識別番号（GIAI）	8004	資産を管理するための識別番号	(n4+an...30)
企業内使用	91〜99	企業が独自に決定し、その内部でのみに使用するデータ	(n2+an...30)

**フォーマットの"n"は数字であることを、"an"は英数記号を示す。また、nやanのあとの数字は桁数を示す。数字だけの場合、固定長。"..."が前につくと可変長（例：n...8は数字の可変データで、最大8桁まで）。

出所：（一財）流通システム開発センター

2　2次元シンボル

バーコード（1次元シンボル）は線でコードを読み取るのに対し、2次元シンボルは縦横でコードを読み取る。そのため、バーコード（1次元シンボル）に比べ格段に大きいデータを狭いスペースで表せるという特徴がある。

2次元シンボルはバーコード（1次元シンボル）と比較してまだ新しい情報技術であるが、すでに国際的に標準化され、情報量が多くスマートフォンの普及によっても広く一般に利用されるようになった。2次元シンボルには複数の仕様があり、日本ではスマートフォンで読むことができるQRコード（→図表9-4-5）を見かけることが多いが、ほかにも医薬品や医療機器に使用されているPDF417やDataMatrix、輸送分野で使われているMaxiCodeなどがある。

（1）2次元シンボルの特徴と課題

2次元シンボルの特徴は以下のとおりである。
○最大情報量が数キロバイトと大きい
○バイナリーデータ（漢字等）が使用できる
○データ密度が高いため、ラベルを小型化できる
○ラベルの一部に汚れや欠損があってもデータを復元できる
○印刷が容易であり、ラベルのコストも安価である

図表9-4-5　QRコード例

第9章 ● ロジスティクス情報システムの基礎

○ある程度離れたところからの遠隔読み取り、自動読み取りが可能である

一方、以下の課題が挙げられる。

○データが大きく欠損した場合の回避策がない（目視による読み取りリカバリーができない）

○データ密度を高めると、リーダーの価格が高価となる

○データ密度を高めると、処理時間が長くなる

（2）ロジスティクスにおける活用事例

ロジスティクスにおいても、2次元シンボルを活用する事例が増えてきている。

企業間取引では、EDI情報の2次元シンボル化を行っている企業がある。通信ネットワークによるEDIで対応しなくても、交換すべき必要情報を納品伝票上に2次元シンボルで記載し、荷受け側では、その2次元シンボルを読み取ることにより、必要情報をデータとして即時に受け取ることができる。

企業内の利用としては、トレーサビリティがある。食品メーカーでは原材料納入事業者に指定したQRコードを貼付して納品をしてもらうようにしている。工場内の工程でもQRコードを印刷してトレースを行っている。このことにより、どの製造ロットの製品に、原材料メーカーがいつ製造した原材料が使われ、それをどの納品先に納入したのか、という製造から販売までのトレースを可能としている。

宅配便では、不在連絡票にQRコードを印刷している例が見られる。受取人は、スマートフォンでそれを読み取ることにより、再配達依頼が容易にできる。

3 RFID

RFID（Radio Frequency Identifier）は、タグとリーダーからなり、タ

グはICチップと電波を送受信するアンテナで構成される。ロジスティクスとRFIDのかかわりは古い。RFIDの初期の商用利用の事例として、米国における鉄道車両の位置追跡がある。

すでに国際規格化されたRFIDではあるが、その普及は2次元シンボルよりも進んではいない。電波を使用することから各国の電波法の制約があり、使える周波数帯によって電波の届く距離や遮蔽物の影響が異なる。したがってその利用は、現時点では企業内、あるいは関連企業間などに限定されている。

モノの移動を伴うロジスティクスとRFIDの相性はよい。日本においても、利用事例が散見されるようになってきた。

（1）RFIDの特徴と課題

RFIDの特徴としては以下のとおりである。
○非接触で読み取れる
○データの書き換え／追加が可能
○複数のRFIDの一括読み取り／書き換え／追加が可能
○耐環境性に優れている
一方、以下の課題が挙げられる。
○1次元シンボル、2次元シンボルと比較して、タグ、リーダー／ライターともに高価である
○使用する電波帯によっては、タグとリーダーの間に液体や金属等が入ると読み取りができない
○データ読み取りエラー時の復元が困難である

（2）ロジスティクスにおけるRFID活用事例

日本においても、鉄道や海上コンテナの所在地管理にRFIDが使われている。コンテナにGPS機能付きアクティブ型RFIDを搭載し、ゲートの通過、ヤード内の所在地把握などを行っている。

かんばん生産方式の「かんばん」にもRFIDが使われている。電子か

図表9-4-6 ●電子かんばん例

出所：日本電気（株）（http://www.nec.co.jp/press/ja/0904/2801.html）
（2016年9月現在）

んばんといわれるこのシステムでは、書き換え可能なRFIDをかんばんに搭載し、かんばんに記載された情報をRFIDにも書き込んでいる。これにより、かんばんに記載された情報を即時にシステムに取り込むことが可能となる。→図表9-4-6

　アパレル関連では棚卸への活用事例が散見される。色・柄・サイズなどが豊富なこれら商品では、人手による棚卸の負荷が大きい。商品にRFIDを付け、ハンガーに吊った商品や箱詰めされた商品の周りにリーダーをかざすことにより、容易に棚卸ができるようになる。

参考文献

北澤博編著『物流情報システム　高度化の方向と可能性〔改訂版〕』白桃書房、1995年

「新物流実務事典」編集委員会編『新物流実務事典』産業調査会事典出版センター、2005年

久住正一郎『コンピュータで成功する物流情報システムの進め方』日本実業出版社、1998年

（一財）流通システム開発センター『流通情報システム化の動向』流通システム開発センター、隔年刊

第9章 理解度チェック

次の設問に、○×で解答しなさい（解答・解説は後段参照）。

1. ロジスティクス情報システムは、ICTの急速な進展に伴い、新たな技術を積極的に取り入れる方向に変わってきている。

2. ロジスティクス情報システムは、基幹系、情報系、業務系に大別される。

3. 情報システムのQCDのうち、D（納期・本番稼働日）は最も守らなければならないものである。

4. GS1-128では、商品のシリアル番号を表すことができる。

第9章　理解度チェック

解答・解説

1 ○
ロジスティクス情報システムは、ICTの新たな技術を積極的に取り入れる方向に変わってきている。ただし、費用対効果の裏づけは必要である。

2 ×
ロジスティクス情報システムは、基幹系、在庫量と配置などを計画する計画系、日常業務を制御する実行系に大別される。

3 ×
ロジスティクス情報システムは、処理量が多く、また取引に密接に関係するため、十分なQ（品質）を確保したうえで、D（納期・本番稼働日）を決定する必要がある。

4 ○
現在、GS1-128のAI（Application Identifier＝アプリケーション識別子）は約120種類のデータ項目が規定されている。データ項目によって、使用できる文字の種類（数字、英数字、記号）と桁数（固定長・可変長）のフォーマットが決まっており、商品のシリアル番号も表記できる。

第 **10** 章

実行系ロジスティクス
情報システム

この章のねらい

　第10章では、ロジスティクス情報システムの基幹系、計画系、実行系のうち、実行系の情報システムを学習する。実行系の４つの情報システム（受注処理、発注処理、倉庫管理、輸配送管理）であり、物流現場で多く使用されているシステムである。

　第１節では、納入先からの発注情報を受注する「受注処理システム」を理解する。

　第２節では、調達先に発注するための「発注処理システム」を理解する。

　第３節では、倉庫や物流拠点における多様な作業（入荷、ピッキング、仕分け、出荷）に関する「倉庫管理システム」を理解する。

　第４節では、出荷後の輸配送の車両の運行や貨物の追跡、に関する「輸配送管理システム」を理解する。

第10章 ● 実行系ロジスティクス情報システム

第 **1** 節　受注処理システムの
　　　　　基礎知識

学習のポイント

◆受注処理システムは、「オーダーエントリー処理」「出荷情報
　処理」「オーダー管理」の3つで構成されている。

◆オーダーエントリー処理は、ロジスティクス情報システムの
　入り口であり、その他の業務処理が連動するので、正確で迅
　速な処理が必要である。オーダーエントリーの入力方法には、
　画面・キーボードからの直接入力、OCRシート・CD等の媒
　体入力と、得意先と直結したオンライン入力がある。

◆出荷情報処理では、オーダーエントリーで在庫が引き当てら
　れ、出荷可能なオーダーとして処理される。

◆オーダー管理では、出荷完了オーダーに加え、出荷不可能や、
　納期未到来といったオーダーがオーダー管理へと引き継がれる。

1　オーダーエントリーの種類と処理

　受注処理システムとは、納入先から発注された注文内容を受注するシ
ステムである。受注処理システムはロジスティクス情報システムの始点
であり、商取引の開始を意味する。そして受注処理結果は、出荷業務へ
とつながる。受注処理システムは、第1に注文（オーダー）の受け付け
と登録の「オーダーエントリー処理（注文入力）」、第2にオーダー受け
付け後の「出荷情報処理」、第3に受け付けたオーダーの状況・事後管理
を行う「オーダー管理」、の3つから構成される。

480

第1節 ● 受注処理システムの基礎知識

オーダーは、注文を受ける側から見れば「受注」オーダーであり、注文を発する側から見れば「発注」オーダーである。

オーダーエントリーの処理方法には、①直接入力、②媒体入力、③オンライン入力、の3通りがある。

①直接入力は、受注オーダーを画面・キーボードなどからコンピュータに直接入力する方法である。訪問受注（口答発注）の受注伝票、電話受注の受注メモ、伝送されたファックスなどが入力データとなる。

②媒体入力は、受注オーダーの入った媒体ごとの読み取り機から入力する方法である。媒体には、OCR（Optical Character Recognition ＝光学的文字認識）シート、OMR（Optical Mark Recognition ＝光学的マーク認識）シート、CD（コンパクトディスク）、MT（磁気テープ）などがある。

③オンライン入力は、納入先からオンラインでオーダーが送信され、受注企業は新たなオーダー入力が不要な方法である。ファックス-OCRは、ファックスの文字がOCRで読み取りされ、コンピュータに自動入力される。納入先のコンピュータとの情報システム連携（オンラインデータ交換）による入力も行われている。そのようなオンラインシステムを、小売業では EOS Key Word と呼んでいる。EDIは業種別に標準化されたもの、標準化の利用進捗は業種によってばらつきがある。日本では各社独自の非標準が多い。チェーンストア業界からの受注伝票は、「チェーンストア統一伝票」が一般的である。→図表10-1-1

近年では、オーダー件数の少ない得意先との間でウェブ（Web）を用いた受注も使われている。→図表10-1-2

データ入力（受注オーダーのエントリー）では、入力されたデータに

Key Word

EOS──Electronic Ordering System の略。電子受発注システム。狭義には、小売業各社が独自に開発したオンライン発注システム、広義には小売業のオンライン発注システムを指す。

図表10-1-1 ● 受注伝票（例）

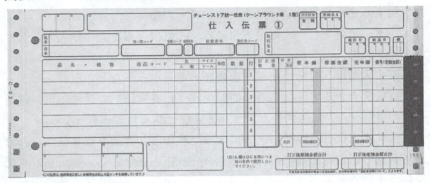

図表10-1-2 ● オーダーエントリーの種類と処理方法

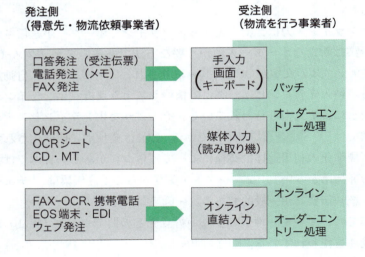

対して、受注オーダーの内容確認を行う。納入先情報と注文情報のチェック項目として、オーダーナンバー、日付、納入先名・コード、注文品名・コード、数量、単位（ケース、箱、ダース等）、単価、金額、納期、支払い条件、納入場所、納入時間、納入荷姿（段ボール、コンテナ等）などがあり、それぞれの正当性をチェックする。次に制限条件チェックと

第1節 ● 受注処理システムの基礎知識

して、与信限度、在庫割当限度などを調べる。

これらのチェックで問題がなければ、注文品に対する在庫照会を行い、引当可能在庫があれば引当し、引当可能在庫がない場合は数量変更や代替品の協議を行う。引当不能な注文はバックオーダー（受注残）として登録し、別途、オーダー管理システムで対処する。価格設定に価格が入力されていない場合は通常の価格であるが、納入先別に標準価格や割引価格が適用されたり、リベート等の料率が適用されたりすることもある。以上を経て、注文請書が作成された受注登録済みの有効な受注オーダーは、次の出荷情報処理へ進む。

2 出荷情報処理

出荷情報処理では、①ピッキング指示、②検品指示、③出荷指示、などの関連情報が作成される。

ピッキング指示にあたってはオーダー別（届け先別シングルピッキングの場合）、または品目別（トータルピッキングの場合）にピッキングリストが作成される。ピッキングリストの内容は、棚番順、作業者別棚番順、配送車両別配送順といったように、後続処理も含めて効率を高めるように工夫して作成する。

検品指示には、出荷検品リストが作成される。出荷検品リストは、ピッキングリストや納品書で代替する場合は省略される。

出荷指示としては、出荷案内書、積荷明細書、納品書（統一伝票あるいは納入先指定の専用伝票）などがある。

ICTの活用により、ピッキングリストや出荷検品リストなどはデータ化され、ハンディ端末やピッキングカート付随のデジタル画面に表示され、ペーパーレス化が進んでいる。

第10章●実行系ロジスティクス情報システム

3　オーダー管理

　オーダー管理とは、エントリーした受注オーダーの状況を管理し、照会や問い合わせへの対応および事後管理を行うものである。オーダー管理システムは、オーダーステータス管理システムあるいはオーダーフォローシステムともいう。

　オーダー管理の対象となるオーダーは、①在庫引当済みで出荷処理されたオーダー、②在庫引当済みだが納期未到来のオーダー、③在庫未引当のオーダー、である。

　①のオーダーは、出荷・納品後納品完了オーダーとなり、在庫引き落とし、売上げ計上、請求書発行、売掛金管理、代金回収と続く。②のオーダーは、納期が到来するまでは未出荷オーダーで、納期が到来すると、①の処理を行う。③のオーダーは、次期入荷を待つ**バックオーダー**とするか、オーダーのキャンセル、代替商品出荷など、納入先と協議を行う。

484

第2節 ● 発注処理システムの基礎知識

第 2 節 発注処理システムの基礎知識

学習のポイント

◆発注処理システムは、発注量を決定し、仕入れ先へ発注オーダーを送信するシステムである。発注内容がその後の売上高や在庫量などを左右する。

◆発注処理における情報システム化の1つとしてEOS（Electronic Ordering System）がある。発注処理の効率化と精度向上のため、EOS端末は発注量決定の支援機能や発注内容の多様化・高頻度化・即時化などに対応しながら高度化している。

1 発注におけるICT活用

発注処理については、小売業者が卸売業者やメーカーにEOS（Electronic Ordering System）を用いて発注するケースで説明する。

発注処理は、小売業にとって商品が納入され販売へつながるため、発注の的確さが売上げを左右する意味で最も重要な業務である。EOSで利用する発注用の機器をEOS端末（装置）という。これには、簡易な手のひらに乗る小型のもの（ハンディターミナル（HHT）、ポータブルターミナル（POT）、携帯端末など各種の呼称がある）と、首から下げるパソコンを発注用に専用化した画面操作端末（GOT：Graphic Ordering Terminal）の2種類が代表的である。→図表10-2-1

発注処理にEOSを活用することのメリットは、次のとおりである。

485

第10章 ● 実行系ロジスティクス情報システム

図表10-2-1 ● 業務用端末HHT・GOT（例）

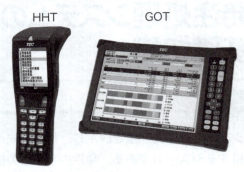

出所：東芝テック（株）

○発注用端末を使用して入力するので、発注作業の省力化・迅速化・正確化が図れる。受注側はそのデータがオンライン受信となり、再入力する必要がなくなるため、ミスが減少する。
○発注側と受注側の双方で情報が一元化されるので、受注側の物流業務も迅速化（受注後ただちに出荷指示と連動し、発注から納品までの全体時間が短縮）・正確化（品切れ、誤納の減少）が図れ、物流サービスが向上する。
○発注時に販売や在庫データを用いるので、それらのデータ精度が高まり、販売管理や在庫管理レベルが高度化する。また、入出荷データも精度が向上するため、そのまま債権債務データへの変換が可能となる。

発注処理を行う前提として、受注側と発注側の両者が、商品名や商品コードなどの情報を共有しておく必要がある。このため、卸売業者やメーカーは小売業者に対して、商品マスタ（商品名、商品コードなど）、またはオーダーブック（商品名、商品コードなどとともにそれらを表すバーコードや2次元シンボルも印刷）を送付することになる。ただし、小売業者が発注に自社専用の商品コードを用いる場合は、卸売業者やメーカーが自社用に商品コードを変換する必要がある。

2 発注の種類

発注の種類を発注内容の決定者から分けると、発注側、受注側、発注側と受注側が協働（コラボレーション）、の３通りがある。

「発注側」が発注内容を決定する場合、発注情報システムには、最終的に人が判断し、人手で入力がなされるEOSと、コンピュータによる自動発注（CAO：Computer Assisted Ordering）の２つの方法がある。

「受注側（調達先・納入事業者)」が発注内容を決定する場合、発注側が提供する販売・在庫・特売データと生産計画データ、および自社（受注側）の出荷データなどから、受注側が需要を予測する。この予測結果に基づき、受注側が倉庫または店舗にモノを納入する。このようなやり方をVMI（Vendor Managed Inventory＝ベンダー在庫管理方式）という。

「発注側と受注側の協働」で受注内容を決定する場合もある。特に小売業との間の取引では、小売業と納入事業者（卸売業またはメーカー）が協働して発注量を決定するというものがある。この場合、両者が事前に合意した同じロジック（計算方法）で需要予測を行い、CAOにより発注を行う。需要予測の結果をそのまま発注に使用できない場合、たとえば生産能力の不足や特売がある場合は、双方で合意して最終的な発注量を決定する。この取り組みを行うためには、前提条件として両者の販売・物流情報システムの高度な連携が必要となる。

3 発注処理の流れと発注先の種類

発注処理の流れは、発注量の決定、発注量の入力、伝送となる。

第１は、発注量の決定である。発注量は、発注用端末に表示される過去の販売量、現在の在庫量などのデータ（GOTの場合は、これら情報がグラフ・図形でも閲覧可能)、システムが計算・推奨する発注量などを参照して判断する。

第２は、発注量の入力である。このとき商品コードとその決定した発

注量を、発注用端末にデータ入力する。入力方法には、①キーボードからテンキー入力、②画面上の表示にタッチパネル入力、③バーコード（1次元シンボル）または2次元シンボルをスキャンして入力（棚札、オーダーブック）、がある。

第3は、伝送である。発注処理の最後の作業として、決定した発注量を発注データの入力完了後に、卸売業者やメーカーにオンライン伝送する。なお、自動発注の場合は、コンピュータが在庫量と販売傾向から、自動的に発注量を計算してそれをオンライン伝送する。

発注先の種類は、卸売業者やメーカーなど業種や業態によって多様である。

チェーンストアの場合、本部が店舗発注分をとりまとめ、卸売業者やメーカーに伝送することになる。この場合、発注方法は4通りあり、第1に小売業者（本部）から直接、第2に窓口卸売業者、あるいは3PL事業者経由、第3に共同受注センター経由、第4にVAN（Value Added Network＝付加価値通信網*）経由、がある。→図表10-2-2

図表10-2-2 ● 発注の伝送形態

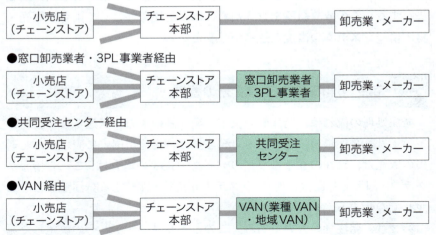

第2節 ● 発注処理システムの基礎知識

＊VAN事業者（卸売業・計算センター）が主宰する食品VAN、医薬品VAN
などの業種VANや北海道、関東などを単位とする地域VANなどがある。

第10章 ● 実行系ロジスティクス情報システム

第 **3** 節 **倉庫管理システムの基礎知識**

学習のポイント

◆倉庫管理システムは、「在庫受け払い処理」「ピッキング・仕分け処理」「作業管理（作業進捗、作業実績、作業生産性分析、作業計画支援）」、の３つで構成されている。
◆在庫受け払い処理では、在庫実態の正確・迅速な把握を行う。
◆物流品質の決め手となるのがピッキングであり、ICT活用によるさまざまな方法が開発されている。

1 在庫受け払い処理

　倉庫管理システムは、倉庫などの物流センターにおける情報システムであり、**WMS**（Warehouse Management System）と略称される。WMSには、輸送機能を除いたすべての物流機能（包装・荷役・保管・流通加工）を含むものがある。WMSは、大きく「在庫受け払い処理」「ピッキング・仕分け処理」「作業管理」の３つから構成される。→図表10-3-1

　ロジスティクス情報システムの最重要課題の１つは、「情報とモノの一致」である。「情報とモノの不一致」は、モノの受け払い（モノの受け取りと払い出し）によって生ずることが多い。そして、在庫受け払い処理システムとは、モノの受け払いに関する具体的な作業（入荷、出荷、保管、返品、棚卸など）を通じて在庫処理を的確に行い、情物一致を確実に実現するための情報システムである。

　倉庫・物流拠点における入荷と入庫、出庫と出荷は異なる状態を指す。

第3節 ●倉庫管理システムの基礎知識

図表10-3-1 ●倉庫管理システムの構成

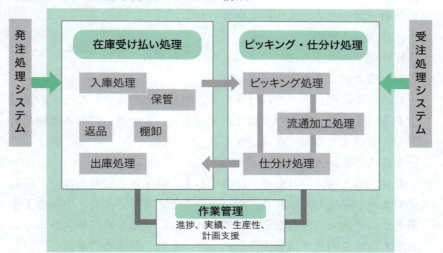

　入荷は倉庫・物流拠点に荷物が到着、梱包個数などで確認され輸送段階が終了し、保管責任が輸送段階から倉庫・物流拠点側の施設内に移ることを入荷という。その後、発注情報と入荷したモノとの明細ごとの入庫検品が行われ、WMSなどの管理下に移され、この時点で入庫となる。同様に出庫は在庫から受注情報によってピッキング、出庫検品、梱包などの作業を経て出荷待機スペースに置かれるまでを出庫、出荷待機スペースからトラック等に積載され、倉庫・物流拠点から搬出された時点で出荷となる。この出荷以降の管理は「輸配送管理システム」に移行する。入荷、出荷も倉庫・物流拠点として重要な業務であるが、一般的に入荷、出荷の段階でWMSでの管理は行われておらず、入庫から出庫までの範囲がWMSの対象となっている。

(1) 入庫処理

　倉庫・物流拠点への輸配送事業者による入荷の場合、運送責任上は、送り状とそれに記載されている品目・数量が合致していることの確認の

みとなり、一般的にこの段階で入荷完了となる。この後、発注情報とモノの情物一致のための入庫検品が行われる。

① 入庫検品の種類

入庫検品での確認方法には、以下の3つがある。

○納品書と納入されたモノの確認

倉庫・物流拠点内で次に行うのは、納品書と納入されたモノの確認である。後述の入庫処理ではこれを対象としている。この入庫検品結果で、取引先との売買が確定する。

○発注内容と納入物の確認

発注内容と納入されたモノは必ずしも一致するとは限らない。取引先で欠品が発生して出荷されていないことがある。また、中間加工事業者からの納入の場合など、分納されたり、逆に多めに納入されることもある。この処理は発注消し込みといわれ、発注者の購買部門が行うことが多い。

② 入庫処理

発注処理システムの発注に基づき仕入れ先からモノが納入されるとき、入荷受け入れ（荷受け）と、入庫検品および入庫データの登録を行う。入庫検品での品名と数量などの情報は、自社の発注情報またはオンライン発注したとき仕入れ先から入荷前に得られるASN（Advanced Shipping Notice＝事前出荷案内）などを用いる。

代表的な入庫検品の情報媒体別の方法には、以下の3つがある。

○リスト検品（入荷予定表、納品書などと照合）

○バーコード検品（携帯端末機で1件ずつ納入されたモノに仕入れ先が貼付した入荷ラベル（SCM（Shipping Carton Marking）ラベル、標準PD（Physical Distribution）ラベル、専用ラベル、JANコード、ITFコードなど）を読み取る）

○自動検品（段ボールに貼付されたSCMラベルや印刷されたITFコードをコンベア上で自動的に読み取る）

入庫検品が終了すると、入庫確定入力ないし修正入力を行う。発注デ

第3節 ● 倉庫管理システムの基礎知識

ータと照合し、入庫されて在庫として計上される。

　入庫検品済みとなったモノは仕分けされ、保管棚に格納される。**固定ロケーション管理**の場合は、モノの保管ロケーションは固定的に決められているため、入庫検品後に保管ロケーション番号が記載された入庫ラベルを出力し、カートンなどに貼付して、その指定の棚へ格納する。**フリーロケーション方式**の場合は、保管したロケーションに貼付されたバーコードをスキャンすることによって、保管ロケーションとモノの一致を実現している。

（2）出庫処理

　出庫処理は、後述のピッキングから仕分けを経て出荷直前の待機までを指す。しかし、ここでは、「在庫引き落としに関連する出庫検品」と「在庫量の変動」について述べる。

　出庫検品では、ピッキング後または仕分け後、納入の精度を徹底するため、ピッキングしたモノの品目や数量をチェックする。出庫検品の方法には、①リスト検品（納品書、出庫検品リスト等との目視でのチェック）、②バーコード検品（ハンディ端末などの機器でバーコードの読み取りチェック）、③質量検品（商品の質量をマスタ化し、入庫する総質量をあらかじめ計算し、それとピッキングした質量を比較）、などがある。さらにモノにRFIDタグが付いていれば、一括してRFIDの情報を読み込むことによる出庫検品や、画像解析とAIを組み合わせての出庫検品なども実用化されていくと期待される。

　この出庫検品の次に、車両等へ積み込むための積込みリストは、配送先が多い場合は、配送順序と逆に編集し積込みやすくする。

　在庫量の変動については、出庫確定後、確定した出庫数は在庫数から差し引かれる（在庫引き落とし）が、出荷の確定までは「出荷待ち」といった在庫区分（あるいはロケーション）で在庫管理下に置かれ、車両が出発した段階で完全に在庫から引き落とされる。出庫検品終了後、納入先によっては、ASNを送信する。

493

第10章 ● 実行系ロジスティクス情報システム

（3）返品処理と棚卸処理

　在庫量の変動は、前述の在庫受け払い処理における入出庫処理のほかに、返品処理や棚卸処理によっても生じる。

　返品処理には、出荷後の納入先からの返品処理と、調達後の仕入れ先への返品処理の2つがある。前者は良品として再販するモノ、不良品として廃棄処分するモノ、調達先へ戻すモノの3つに分類する。後者は調達先へ返品するモノを梱包し、送り出す。これらの返品処理数量をデータ登録し、在庫データが更新される。不良品、仕入れ先へ戻すモノ、いずれもそれぞれの保管場所（ロケーション）を設定し、実際に処分、あるいは戻されるまではWMSで在庫として管理される。

　棚卸処理では、棚卸表やハンディ端末を用いて在庫の実数（実在庫）を把握し、WMSに記録されている在庫数量（在庫情報）を修正する。もちろん、実在庫との数量の差異について、その原因を追究することが必要である。

2　ピッキング・仕分け処理

（1）ピッキング処理

　ピッキング処理とは、受注処理システムの出荷指示情報に基づくピッキング指示に従って、モノを保管棚から取り出すことである。ピッキング指示は、情報の出力形態によって3つの方式（リスト方式、シール方式、データ方式）に分けられる。→図表10-3-2

　また、納入先別にピッキングするシングルピッキング（摘み取り方式）と、全数ピッキング後に納入先別に分けるトータルピッキング（種まき方式）があり、それぞれに適したピッキング処理システムを設計する必要がある。

① リスト方式

　リスト方式とは、システムが出力するピッキングリストや受注伝票や納品書など、紙媒体を使用する方式である。なお、ピッキングリストと

第3節 ● 倉庫管理システムの基礎知識

図表10-3-2 ● ピッキング方式

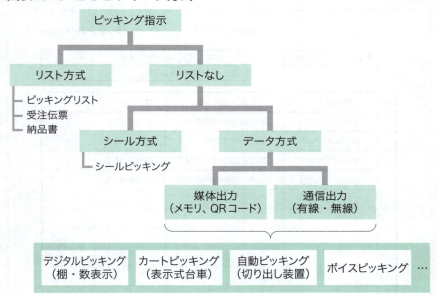

は、モノの保管場所を指示するロケーション（ゾーン、棚番、棚段など）、商品コード、商品名、ピッキング数量を併記し、ピッキング作業の効率化のためピッキング順を編集したものである。→図表10-3-3

② シール方式

　シール方式とは、ピッキングする１品ごとにその数量と同じ枚数のシールに印刷したラベルを、ピッキングしたモノに１枚ずつ貼っていくことにより、ピッキング数量の過不足を発見し防止するピッキング方式である。モノをケース単位として対応する場合もある。

③ データ方式

　データ方式とは、リストでもラベルでもなく、出庫指示のデータを媒体（メモリカード・QRコード等）、または通信（有線・無線）を用いて物流機器を制御する方式である。代表的なものに以下がある。

　○デジタルピッキング（DPS：Digital Picking System）…ピッキング

第10章 ● 実行系ロジスティクス情報システム

図表10-3-3 ● ピッキングリスト（例）

Picking LIST　　　　　発行日　2023/4/10

受注番号　235-487
1/1

得意先名	○○△△株式会社
住　所	東京都港区○○○○

No	商品コード	商　品　名	ロケーション	数　量
1	3454452005317	XXXXXXXXXXXXXXXXX	A0-15-03-5	2
2	3454452011235	YYYYYYYYYYYYYYYYY	A0-18-03-7	8
3	3454452056408	ZZZZZZZZZZZZZZZZZ	A0-25-04-2	1
4	3454452025174	WWWWWWWWWWWWWWW	B1-08-01-3	4
5				
6				
7				
8				
9				
10				
11				
12				
13				
14				
15				
16				
17				
18				
	合　計			15

ピッキング	検　品

すべきモノの保管棚にピッキング数量（デジタル）を表示する。→図表10-3-4
○**カートピッキング**…ピッキング指示情報をメモリカードやQRコードに記録し、それを表示式台車（カート）上の情報端末機器に設定、画面上の指示で作業する。近年では無線でリアルタイムに指示を行うものもある。→図表10-3-5
○**自動ピッキング**…自動ピッキング機器またはロボットが作業する。ロボットなどと作業者が協働してピッキングを行う方式もある。
○**ボイスピッキング**…作業指示、作業完了の確認などについて、音声によって指示・確認を行う。作業者はPDA（Personal Digital Assis-

図表10-3-4 ●デジタルピッキング（例）

出所：(株)ダイフク

図表10-3-5 ●カートピッキング（例）

tant＝携帯情報端末）を携帯し、WMSからPDA経由で音声による作業指示を流し、作業完了の音声を解読してWMSに伝送する。音声認識率が向上し両手が使えることもあり、生産性が高く、多言語に対応しているので、ピッキングや棚卸での利用価値は高い。

※WMSからの荷役・情報機器の制御は、多くの場合、倉庫制御システム（WCS：Warehouse Control System）または倉庫実行システム（WES：Warehouse Execution System）によって行われている。

（2）流通加工処理

　流通加工には、荷姿変更、セット組み、タグ付け、値札付けなど多様な作業がある。

　流通加工が必要な場合には、加工指示書がシステムから出力され、その指示内容に従って作業が行われる。当然、流通加工中のモノは保管されていたロケーションから出庫され、「流通加工ロケーション」（仮称）といったロケーションに入庫され全体在庫に影響はしない。しかし、流通加工の前後で商品コードが変更される場合には元の商品コードで出庫、流通加工後、新商品コードで入庫という処理を行う。

　また、タグ付け作業のように流通加工の前後で商品コードは変わらないが、区別する必要がある場合は、保管ロケーションを変える必要があり、良品・不良品の在庫区分に加え流通加工済みといった在庫区分を設定するなど、受注データの引当にも工夫が必要である。流通加工の実態に合わせた処理が求められる。

（3）仕分け処理

　仕分け処理とは、納入先ごとにピッキング・流通加工された商品を、配送単位に基づいて方面別・納入先別・車両別などに分類（ソート）することである。

　ケース出荷の場合は、ケース（段ボール箱）ごとに貼付されたラベルによって仕分けられる。ピース出荷（バラ出荷）の場合は、通い箱（折りたたみコンテナ）などに貼付または差し込まれたラベルによって仕分

第3節 ● 倉庫管理システムの基礎知識

けられる。自動仕分けとしては、貼付されたラベルをベルトコンベア上でリーダーによって読み取り、自動的に仕分けられる方法もある。

前記 **(1)** で述べた、全数ピッキング後に納入先別に分けるトータルピッキング（種まき方式）では、ピースソーターなどで納入先別に自動仕分けする例もある。

3 作業管理

作業管理システムは、「作業の進捗管理」「作業の実績管理」「作業生産性分析」「作業計画支援」の4つから構成されている。作業管理システムは **LMS**（Labor Management System ＝ **レイバー管理システム**）とも呼ばれ、導入による作業効率向上の効果が着目されている。

作業の進捗管理では、作業現場で携帯端末を用いて行う入出庫検品やピッキングなどの作業がどれだけ進捗しているかを総作業量と対比して管理する。データは携帯端末からオーダーの作業終了ごとに取られ、状況は管理システム、場合によっては現場に設置される大型ボードなどに表示される。管理者は進捗を勘案し、作業ごとの作業者数を調整することが可能となる。

作業の実績管理では、前述の携帯端末等からのデータの収集、あるいは倉庫内作業者に作業実績登録（各人にカード等を持たせ、作業場所ごとのカードリーダーで開始と終了時刻を読み取る）を行う。

作業生産性分析では、作業実績データをもとに、グループ別・作業種別（たとえば、ピッキングや入庫作業、出庫検品など）あるいはフロア（階）ごとに作業実績件数（オーダー行数）の時間当たりの処理行数や1行当たりの所要時間を算出・分析し、フロアレイアウトや棚の配置などを改善する。また、検品で検出されたミスを分析し、削減策を検討する。

作業計画支援には、当日の作業者の「配置計画（LSP：Labor Scheduling Program）」と、翌日以降の作業者の「確保計画」がある。配置計画（LSP）では、受注締め切り後、作業管理システムが作業別（アクテ

499

ィビティ）の作業量（オーダー行数）と時間（作業ごとに要する標準時間）から必要総時間を計算する。この必要総時間を標準人時作業量で除して、作業ごとの必要人数を割り出し、その配置指示により作業が始まる。翌日以降の作業者の「確保計画」では、作業量を予測し、上記同様の計算で必要人数を割り出し、作業者数確保の計画を行う。

> **Column** **ちょっとご注意**
>
> 物流分野に登場する英字の略称には、同じ綴りでも意味が異なる言葉がある。
> ① SCM
>   シッピング・カートン・マーキング（Shipping Carton Marking）
>   サプライチェーン・マネジメント（Supply Chain Management）
> ② QR
>   フルネームも同じQuick Responseだが、片や2次元シンボルの一種、もう1つはアパレル業界における製販同盟
> ③ VICS
>   QR（アパレル業界の製販同盟）を推進した団体名（米国）（Voluntary Interindustry Commerce Solutions）
>   わが国の道路交通情報通信システム（Vehicle Information and Communication System）
> ④ ABC
>   ABC分類・分析（パレート分析）という在庫や売上げの層別管理
>   活動基準原価計算（Activity Based Costing）
> ⑤ AI
>   人工知能（Artificial Intelligence）
>   アプリケーション識別子（Application Identifier）

第4節 ● 輸配送管理システムの基礎知識

第4節 輸配送管理システムの基礎知識

学習のポイント

◆輸配送管理システムは、「配送・配車計画」「運行管理」「貨物追跡管理」の３つで構成されている。
◆配送・配車計画と運行管理は、輸配送の効率化や輸配送実態の把握・分析等を目的としたシステムである。
◆貨物追跡管理は、荷物がどこにあるのか、いまどの場所を移動しているのかなどを把握する。

1　輸配送管理システムの構成

　輸配送管理システムとは、配送・配車（車両やドライバーの手配）、求車求貨（車両と貨物のマッチング）、運行管理（車両運行の時間や経路）、貨物追跡（貨物の場所や状態の確認）など、輸配送にかかわる情報処理を行うシステムである。輸配送管理システムはTMS（Transportation Management System）と略称されている。このTMSと輸送業務との関連は、図表10-4-1のようになる。
　輸配送は、倉庫や物流拠点内の作業と異なり道路を走行することから人々の目につくものであり、物流コストの半分以上を占めることも多く、重要である。また、貨物車の排出ガス削減ということは、地球環境対策の観点からも、情報システムの一層の活用が必要とされている。

501

図表10-4-1 ●輸配送管理システムの構成

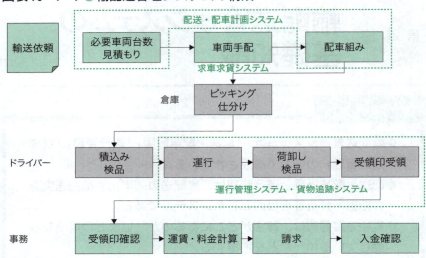

2　配送・配車計画

(1) 配送・配車計画システム

　配送・配車計画は、可能な範囲で、積載率を最大化し、走行時間や走行距離および車両台数などを最小化する目的で、出荷元から配送先までの計画を立てるものである。

　配送・配車計画システムでは、配送先とモノを与件（受注情報）として、これに配送条件（到着順位、到着時間、車種制限など）、積載能力、ドライバーの労働時間、荷卸し時間、検品時間、その他作業時間を考慮して所要時間を計算し、最適な配送ルートと配車を行う。

　配送・配車計画システムの主な手順は、以下のとおりである。

① 積載量計算
② ルート計算
③ 配送・配車計画作成
④ 配送指示

第4節●輸配送管理システムの基礎知識

積載量計算（①）は、容積計算と質量計算からなる。容積については、事前に、モノ・容器（通い箱、カゴ車、パレット）・車両などの大きさ（縦・横・高さ）のデータを登録する。容積計算では、さらに車種ごとに各種容器の最大積載数も算出しておく。質量については、オーダーに対し、出荷対象のモノの質量計算を行う。これらの結果から、モノおよび容器質量を加算し、実質量と容積換算質量を比べ、大きいほうの値をトラックの積載質量とする。

ルート計算（②）は、移動時間および納入作業時間を含めて行う。地図情報にある道路距離や道路の種別から、可能なルートすべてについて算出する。

配送・配車計画作成（③）では、車両ごとの積載可能量、質量計算で算出された結果と、可能な配送ルートを組み合わせ、納入作業時間も含めて最も適した配送スケジュールを算出する。そして、車両別に、配送順、納入先、積載内容、指定到着時間、納入作業時間など、配送業務に必要な情報が出力される。出力された配送計画案について配車担当者が確認・調整を行い、車両を手配する。

最後に、配送指示（④）を行う。上記の内容を記載した積込みリスト、運行計画表、必要であれば車載端末用のデータを作成し、ドライバーに渡す。

（2）求車求貨システム

求車求貨システムでは、貨物を運んでほしいという求車（貨物）情報と貨物を運ばせてほしいという求貨（空車）情報をマッチングさせ、成立すれば、運送事業者は集荷・配車指示処理を行う。求車求貨システムは、求貨側へは往復実車の実現による売上げ増、求車側へは手配業務の効率化が期待されている。さらに、環境負荷の軽減などの効果も期待されている。そのため、このシステムは、輸配送の効率化の有力な方法の1つと考えられている。

求車求貨システムの形態には、掲示板型、オークション型、オペレー

ト型などがある。掲示板型とは、インターネット上の掲示板に求車求貨情報を公開し、双方が直接商談を行うものである。オークション型では、求車情報に対して運送事業者が運賃・料金を提示して、最も安い価格で決まる方法（逆競り）が一般的である。オペレート型とは、システムが作成したマッチングの適否や調整に、オペレーターが介在するものである。

3 運行管理

運行管理システムは、納入先・荷主ニーズの高度化・多様化（サービス、品質）、規制緩和と安全性強化、地球環境保全の要請（排出ガス規制）などに対応するシステムである。このシステムは、トラック、鉄道、船舶など各種の輸送モードで導入されており、それぞれシステムに特徴がある。

ここでは、トラック輸送における運行管理システムを例にとり説明する。

運行管理システムは、以下を目的として導入される。

① 顧客サービスの向上…輸配送品質（定時・スケジュール運行、鮮度管理等）、運転品質（安全、トラブルなし）、照会サービス（運行状況、荷物所在）

② コスト削減…運行3費（燃料・油脂費、修理費（修繕費）、タイヤ・チューブ費）、車両事故により発生する費用（保険、事故処理費）、事務処理（運転日報、管理資料）

③ トラックドライバーの負担軽減…運転日報自動作成、異常発見自動化、安全運転支援

④ 労務管理の徹底…過労・事故防止、運行状況の常時管理

運行管理システムの概要を図表10-4-2に示す。システムはクラウドコンピューティングのSaaS（Software as a Service）にて提供されているものを使うのが一般的である。

運行管理システムの運用にあたっては、車両に車載端末（→図表10-4-3）、デジタコ（デジタル式運行記録計（速度・時間・距離））、各種セン

図表10-4-2 ●運行管理システムの概要

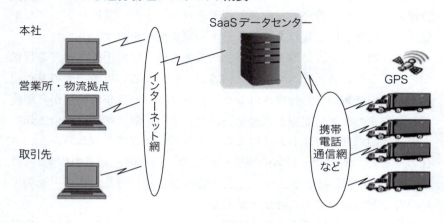

図表10-4-3 ●車載端末（例）

出所：クラリオン（株）ホームページ

サー（速度・温度など）、GPS受信機などを装備する。車載端末は、車両内で発生するデータと、SaaSサーバーを介して送られてくる拠点（営業所・物流拠点）や本社からのデータの送受信を行う。送受信されるデータは、車両位置（GPS）、運行状況やステータス（速度、温度、空車・実車、待機・休憩・荷卸し・荷積み）、運行指示（配送スケジュール変更、集荷指示）、運行完了（配達、集荷）、後述の荷物追跡・動態情報などである。

第10章 ● 実行系ロジスティクス情報システム

　物流拠点では、車両からの受信データに基づき、車両管理、運行実績
管理、ドライバー管理、安全運転管理を行う。また、遅延やトラブルが
発生した場合等は、運行スケジュールの変更指示を出す。

　運行管理システムの導入により、納入先へは、車両手配内容、運行状
況に対する問い合わせへの迅速な回答が可能になる。車載端末の運行記
録から運転日報が自動作成されるため、ドライバーは事務処理から解放
される。また、運行記録から輸配送回数、走行距離、燃費、安全運転な
どが自動的に分析できるようになる。さらに、運行スケジュールと突き
合わせると、顧客サービスの実態（遅延の有無や納入先での作業時間）、
積載率、実車率、稼働率といった運行効率などが判明し、評価・改善・
再教育などに役立てることが可能となる。

　全社として運行管理システムが導入されれば、全社的運行管理・分析
が可能となる。SaaSから得られる運行実績を、本社でデータを一元管理
すれば、荷物照会についても本社以外からも荷物追跡に対応することが
できることになる。

4　貨物追跡管理

　貨物追跡管理とは、トラックやコンテナに積まれた貨物が集荷から配
達までに、どのような経路を経て、現在どういう状態にあるかを管理・
追跡するものである。

　貨物追跡（cargo tracking/tracing）は、自社にとっては貨物管理の一
環だが、その目的は顧客サービスの充実と輸配送品質レベルの向上であ
る。顧客にとっては、貨物の状況が確認でき、安全と安心が保障される。
物流事業者にとっては、正確・安全・迅速な輸配送を実現することが必
須であり、その管理を容易にする。鮮度管理や緊急性・安全性を要する
貨物（生鮮品・医療品・危険品・貴重品など）については、トレーサビ
リティ（追跡性）の高まりとともに、輸配送中の各種輸送環境（温湿度
や振動など）の把握が可能な動態追跡管理の利用も増えている。

506

図表10-4-4 ● 貨物追跡用宅配便伝票（例）

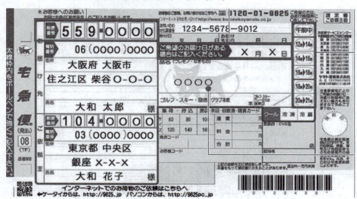

出所：ヤマト運輸(株) ホームページ

　貨物追跡の代表例には、宅配便がある。その方法は、貨物に貼付された荷札の伝票番号がコード化されたバーコードを、トラックターミナルやデポ等の通過ポイントごとに読み取る。この読み取りデータは、データベースにそのつど蓄積・更新される。利用者（荷送人、荷受人）が伝票番号で照会すると、回答されるというしくみであり、インターネットで照会可能なシステムとなっている。→図表10-4-4

　最近の宅配便送り状や特別積合せの送り状にはバーコード（1次元シンボル）に加え、2次元シンボル（QRコードなど）が導入されつつある。なお、国際標準ISOに準拠した荷札である「STAR（出荷・輸送・荷受け一貫）ラベル」（→図表10-4-5）や、特別積合せ貨物運送事業者と（公社）全日本トラック協会が特別積合せ貨物について制定した「共用送り状」では、バーコードや2次元シンボルの形式・内容が標準化されており、各社共通の貨物追跡システム（Fit）が稼働している。しかし、現在運用されている宅配便の貨物追跡システムでは、用いられている荷札、バーコードの記載形式や内容は各社で異なる。

　貨物追跡は、間欠的にポイントごと（荷送人（集荷時点）、集約センター（通過時点）、デポ（通過時点）、荷受人（配達時点）など）に行う追

図表10-4-5 ● STARラベル（例）

（特積みトラック輸送使用、流通センター納品）

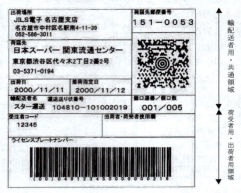

出所：(公社)日本ロジスティクスシステム協会

跡（tracking：トラッキング）と、連続的リアルタイムに走行中も移動体通信・GPSなどで行う追跡（tracing：トレーシング）の2つがある。当然、後者のほうがコストはかかる。後者の場合、貨物動態追跡管理ともいわれる。

　鉄道コンテナ輸送と内航コンテナ輸送のコンテナ追跡システムでは、RFIDが導入されている。鉄道コンテナ輸送の場合、コンテナ、集配トラック、貨車などにRFIDを付け、RFIDリーダー付きのフォークリフト、各貨物駅のゲートのアンテナやGPSなどを利用して、貨物駅からのコンテナ持ち出しから配達完了後のコンテナ回収までの管理などを行っている。

第4節 ● 輸配送管理システムの基礎知識

―――――――――――――――――――――――――――――――――――――

|||||||||||||||||||||||||||||||||||||||||||||||||||| **参考文献** ||||||||||||||||||||||||||||||||||||||||||||||||||||

北澤博編著『物流情報システム　高度化の方向と可能性〔改訂版〕』白桃書房、
　　1995年

「新物流実務事典」編集委員会編『新物流実務事典』産業調査会事典出版セン
　　ター、2005年

久住正一郎『コンピュータで成功する物流情報システムの進め方』日本実業出
　　版社、1998年

流通研究社編『物流IT ソリューションハンドブック〔改訂版〕』流通研究社、
　　2017年

第10章　理解度チェック

次の設問に、○×で解答しなさい（解答・解説は後段参照）。

1　オーダー件数の少ない取引先との間でオンライン直結入力を実現する方法として、近年ではWebを用いた受注システムが使われるようになってきている。

2　自動発注とは、発注する商品のバーコードをスキャンして入力する方法である。

3　システム在庫と現物（実棚）との差異を削減するためには、ピッキング・検品の精度を向上することが有効である。

4　運行管理システムの導入により、輸送実態の分析がより詳細に行えるようになる。

第10章　理解度チェック

解答・解説

1 ○
オーダー件数の少ない取引先からの注文をオンライン直結入力する方法として、取引先向けにWeb発注システムを構築する事例が増えている。取引先が直接、注文商品コードや数量を入力するため、受注ミスが削減される。

2 ×
自動発注では、人手を介することなく、コンピュータが残在庫数と販売傾向から発注を行う。

3 ○
在庫は入庫・出庫により変動する。品目ごとの量がまとまっている入庫はミスが起こりにくいが、納入先数が多く、かつ品目ごとの量が少ない出庫業務はミスが発生しやすいため、その精度を向上することは、システム在庫と実棚の差異を縮めることに結びつく。

4 ○
運行管理システムを導入すると、運転時間、速度、走行経路など、さまざまなデータを入手できるようになる。

索引

[あ]

後払い送金 …………………………… 316
安全運転管理者制度 ………………… 375
安全配慮義務 ………………………… 162
安全係数 ……………………………… 347
安全在庫 ………………………… 335、346

[い]

一括物流 ……………………………… 261
一斉棚卸 ……………………………… 360
インコタームズ（Incoterms）……… 323
インテグレーター …………………… 287
インフラ ………………………………… 46
インボイス制度 ……………………… 168

[う]

請負契約 ……………………………… 288
上屋・保管庫 ………………………… 182
運行３費 ……………………………… 504
運行管理 ……………………………… 374
運行管理システム …………………… 504
運行管理者 …………………………… 176
運送契約 ……………………………… 414
運輸安全マネジメント制度 ………… 179

[え]

営業倉庫 ……………………………… 182
エコシステム …………………………… 90

[お]

大型免許 ………………………………… 63

[か]

カートピッキング …………………… 497
回収物流 ………………………………… 17

海上運送状 …………………………… 321

海上コンテナ ………………………… 391
改善基準告示 ………………………… 154
外装 …………………………………… 382
過積載 ………………………………… 170
貨物海上保険 ………………………… 314
貨物事故 ……………………………… 216
貨物自動車運送事業法 ……………… 174
貨物追跡管理 …………………… 376、506
貨物特性 ……………………………… 305
貨物品質 ……………………………… 215
貨物利用運送事業法 ………………… 178
環境管理 ………………………………… 34
環境対応 ……………………………… 218
管理図 ………………………………… 224

[き]

基準緩和車両 ………………………… 172
偽装請負 ………………………… 156、288
寄託者 ………………………………… 421
寄託申込価額 ………………………… 423
求車求貨システム …………………… 503
級地制 ………………………………… 424
共同化 …………………………………… 44
共同配送 …………… 44、263、296、445
共同物流 ……………………………… 296
共同輸送 ……………………………… 296
強度率 ………………………………… 216
業務用包装 …………………………… 380
共用送り状 …………………………… 507
距離制運賃 …………………………… 415
均等・均衡待遇 ……………………… 158
金融商品取引法 ……………………… 144

[く]

クラウドコンピューティング ……… 466
クロスドッキング …………………… 238

[け]

経済的発注量 ························· 350
ゲインシェアリング ················ 286
欠品率 ···························· 336
原材料・部品在庫 ················· 333

[こ]

広域物流拠点 ······················ 240
公益通報者保護法 ··················· 145
工業包装 ·························· 379
航空運送状 ························ 321
航空コンテナ ······················ 397
交互列積み ························ 389
高度物流人材 ······················ 69
高年齢者雇用安定法 ················· 66
顧客サービス ······················ 204
顧客満足 ·························· 203
国際貨物コンテナ ··················· 391
国際複合一貫輸送 ··················· 324
国内貨物コンテナ ··················· 394
個装 ····························· 381
個建方式 ·························· 414
固定ロケーション管理 ··············· 493
固定ロケーション方式 ··············· 257
コンテナ ·························· 389
コンテナリゼーション ··············· 385
コンプライアンス ··················· 139

[さ]

サードパーティ・ロジスティクス
（3PL)) ························· 283
サービス ·························· 202
再寄託 ···························· 164
在庫回転率 ························ 352
在庫管理 ······················ 32、337
在庫管理システム ··················· 247
在庫金利 ·························· 442

在庫サービス率 ················ 333、444
在庫鮮度分析 ······················ 355
在庫保有期間 ······················ 351
債務不履行責任 ····················· 142
サステナブル・ロジスティクス ······· 6
サプライチェーン ··················· 6
サプライチェーン・マネジメント（SCM)
································ 36
散布図 ···························· 225

[し]

仕掛在庫 ·························· 333
自家倉庫 ·························· 182
自家物流 ·························· 407
時間制運賃 ························ 415
事業協同組合 ······················ 310
事業継続計画（BCP) ················ 124
事業用自動車総合安全プラン2025 ··· 108
事後届出制 ···················· 414、421
下請Gメン ························ 77
下請法 ···························· 164
実運送事業者 ······················ 178
実地棚卸 ······················ 358、360
自動車NOx・PM法 ················· 194
自動車リサイクル法 ················· 106
自動ピッキング ····················· 497
品切れ率 ······················ 333、336
支払物流 ·························· 407
社会貢献 ·························· 49
社会的責任 ························ 91
社会的責任と交通安全 ··············· 96
ジャスト・イン・タイム ············· 334
社内物流 ·························· 16
車両制限令 ························ 173
従価率 ···························· 423
従業員満足度 ······················ 82
重心法 ···························· 280
従量率 ···························· 423

513

受注プロセス …………………………… 246
出荷頻度分析 …………………………… 271
出荷プロセス …………………………… 249
出庫頻度 ………………………………… 352
出入国管理法 …………………………… 74
循環型社会形成推進基本法 ………… 195
循環棚卸 ………………………………… 360
準中型免許 ……………………………… 63
省エネルギー法 ………………………… 192
障害者雇用促進法 ……………………… 67
障害者雇用率 …………………………… 67
商業包装 ………………………………… 379
使用者責任 ………………………… 121、142
消費者包装 ……………………………… 380
情物一致 ………………………………… 336
商物分離 ………………………………… 25
静脈物流 …………………………… 17、39
商流ネットワーク ……………………… 9
職業能力評価基準 ……………………… 86
職能要件書 ……………………………… 85
人的資本 ………………………………… 115

[す]

ステークホルダー ……………………… 91
ストックロケーション・システム … 255
スプリット積み ………………………… 389

[せ]

正規分布 ………………………………… 342
生産性分析 ……………………………… 272
生産年齢 ………………………………… 52
センターフィー方式 ……………… 264、414

[そ]

倉庫寄託契約 …………………………… 425
総合物流施策大綱 ……………………… 134
倉庫業 …………………………………… 182
倉庫業法 ………………………………… 182

倉庫料金 ………………………………… 421
送料無料 ………………………………… 77
ソーシャル・ロジスティクス ………… 6
損害賠償責任 …………………………… 142

[た]

タイムチャート ………………………… 244
宅配便 …………………………………… 175
棚卸 ……………………………………… 357
種まき仕分け …………………………… 264

[ち]

地域貢献 ………………………………… 48
チェックシート ………………………… 223
中型免許 ………………………………… 63
調達物流 ………………………………… 16
帳簿棚卸 ………………………………… 359

[て]

定期定量補充方式 ……………………… 344
定期不定量補充方式 …………………… 345
デジタルピッキング …………………… 495
鉄道運賃料金 …………………………… 420

[と]

同一労働同一賃金 ………… 66、153、158
当残＝前残 ……………………………… 338
動脈物流 ………………………………… 16
道路運送車両法 ………………………… 171
道路交通法 ……………………………… 170
道路法 …………………………………… 172
特性要因図 ……………………………… 221
特定貨物輸送事業者 …………………… 193
特定事業者 ……………………………… 189
特定荷主 ………………………………… 193
特別積合せ貨物運送 …………… 175、265
特例子会社 ……………………………… 70
度数率 …………………………………… 216

トラガール ······························· 56
トレードオフ ··········· 11、205、298、312

［な］

内装 ···································· 381
内部通報制度 ·························· 145
内部統制 ······························ 144

［に］

荷主勧告制度 ·························· 121
荷主対策 ······························· 60
荷役災害防止通達 ······················ 119
荷役作業安全対策ガイドライン ······ 118
荷役料 ································· 424
入荷プロセス ·························· 248
入庫頻度 ······························ 352

［の］

納期遵守率 ···························· 214
納品率 ································· 215
ノード ································· 234

［は］

パートタイム・有期雇用労働法 ··· 65、157
廃棄物問題対策関連法規 ············· 195
廃棄物流 ································ 18
配車管理 ······························ 373
配送 ··································· 298
配送管理 ······························ 373
配送センター ·························· 238
配送・配車計画 ······················ 502
働き方改革 ···························· 152
働き方改革関連法 ··············· 152、415
バックオーダー ·················· 247、484
バックキャスティング方式 ··········· 113
発注点方式 ···························· 345
発注プロセス ·························· 247
ハブ＆スポーク・システム ··········· 236

パレート図 ···························· 220
パレート分析 ·························· 353
パレチゼーション ······················ 385
パレット ······························ 386
パレットの平面利用率 ················· 388
半製品在庫 ···························· 333
販売物流 ································ 17

［ひ］

ビジネス・ロジスティクス ·············· 6
ヒストグラム ·························· 226
ピッキングリスト ······················ 340
標準的な運賃 ···················· 61、176
標準偏差 ······························ 344
平パレット ···························· 386
ピンホイール積み ······················ 389

［ふ］

複合一貫輸送 ·························· 385
普通免許 ································ 63
物資流動 ································ 11
物的流通 ································ 11
物流3法 ······························ 174
物流DX ································ 138
物流アウトソーシング ················· 283
物流インフラ ·························· 13
物流革新に向けた政策パッケージ ··· 61
物流技術管理士 ························ 71
物流業務のフロー ······················ 244
物流業務のプロセス ···················· 246
物流拠点 ·························· 234、275
物流子会社 ···························· 290
物流コスト管理 ························ 33
物流コスト負担力 ·············· 260、412
物流サービス ···················· 31、204
物流システム ········· 32、232、258、292
物流政策パッケージ ···················· 189
物流センター ·························· 275

515

物流センターの設定 ·················· 277
物流データ分析 ······················· 267
物流特殊指定 ························· 165
物流ネットワーク ············ 9、233、235
物流の2024年問題 ········· 27、59、153
物流品質 ······························ 213
不定期定量補充方式 ·················· 345
不定期不定量補充方式 ················ 345
不動期間 ······························ 352
不動産賃貸借契約 ···················· 425
船荷証券 ······························ 316
フリーランス保護新法 ················ 163
フリーロケーション方式 ········ 257、493
フルタイム労働者 ···················· 158
ブレーンストーミング法 ·············· 223
ブロック積み ························· 389

[へ]

平均在庫 ······························ 348
平均値 ································· 344
返品物流 ······························· 17

[ほ]

保安基準 ······························ 171
ボイスピッキング ···················· 497
貿易 ·································· 314
包装 ·································· 377
保管料 ································· 422
補充点方式 ···························· 345
補充量 ································· 347

[ま]

前払い送金 ···························· 316

[む]

無期転換制度 ························· 161

[め]

メニュープライシング方式 ··········· 439

[も]

モーダルシフト ······················· 45

[や]

雇止め法理 ···························· 161

[ゆ]

優越的地位の濫用 ···················· 165
ユーロパレット ······················ 388
輸送 ·································· 296
輸送機関（モード）··········· 235、366
輸送経路 ······························ 235
輸送実態分析 ························· 273
輸送手段 ······························· 11
輸送条件 ······························ 307
輸送ネットワーク ····················· 10
ユニットロード ······················ 384
ユニットロードシステム ·············· 384
輸配送管理 ····························· 33
輸配送プロセス ······················ 250

[よ]

傭車 ······························ 178、250

[ら]

ラストワンマイル ····················· 23

[り]

離職率 ································· 82
リダンダンシー ······················ 127
リバース・ロジスティクス ············ 17
流市法 ································· 239
流通業務総合効率化法 ········· 186、313
流通業務団地 ························· 240

索引

流通経路 ································ 24
流通構造 ································ 23
流通在庫 ······························ 333
流動数曲線 ···························· 354
利用の利用 ···························· 179
両罰規定 ······························ 142
リンク ································ 235

[れ]

レイバー管理システム ················ 499
レジリエンス ························· 126
れんが積み ···························· 389

[ろ]

労働安全衛生法 ······················ 160
労働基準法 ···························· 153
労働契約法 ···························· 161
労働者派遣法 ···················· 154、288
労務管理 ······························ 34
ロケーション管理 ··············· 255、339
ロジスティクス ························· 5
ロジスティクス1級 ··················· 71
ロジスティクス・オペレーション2級
 ································ 71
ロジスティクス管理 ··················· 28
ロジスティクス管理2級 ··············· 71
ロジスティクス経営士 ················· 71

[わ]

ワーク・ライフ・バランス ············· 84

[A]

AI ································ 471
ASN ································ 492

[B]

B/L ································ 316

[C]

CAO ································ 487
CFR ································ 323
CIF ································ 323
CIO ································ 465
CLO ································ 466
CSR ·························· 216、444

[D]

D/A ································ 315
DC ································ 238
DFL ································ 40
D&I ································ 95
D/P ································ 315
DP ································ 239
DPS ································ 495

[E]

EC ································ 12
ECR ································ 36
EDI ································ 39
EOS ····················· 481、485、487
ERP ································ 460

[F]

FOB ································ 323

[G]

GIS ································ 457
GPS ································ 457
GS1-128 ···························· 471
Gマーク ···························· 181

[I]

ICT ································ 23
IoT ································ 454
ITF ································ 470

517

索引

[K]

KJ法 ························· 223

[L]

L/C（信用状）················· 315
LGBTQ ······················ 95
LMS ························· 499

[M]

M＆A ······················ 290

[O]

OD ························· 269
OD表 ······················ 269
OFF-JT ····················· 86
OJT ························· 86

[P]

PC ························· 239
PDCAサイクル ············· 28、212
PM ························· 193

[Q]

QC7つ道具 ················· 218
QC手法 ····················· 218

[R]

RFID ························ 474

[S]

SCE ························ 462
SCM ·························· 7
SCMラベル ················· 492
SCP ························ 462
SDGs ······················ 106
SDGコンパス ··············· 109
SP ························· 239

STARラベル ················· 507

[T]

T11型パレット ·············· 387
TC ························· 238
TMS ························ 501

[V]

VAN ························ 488
VMI ······················ 38、487

[W]

WMS ····················· 340、490
W/W比率 ···················· 24

[記号・数字]

1次元シンボル ·············· 467
2次元シンボル ············· 467、507
3R ···················· 18、104、195
5R ························· 28
36協定 ····················· 153

──ビジネス・キャリア検定試験のご案内──

（令和6年4月現在）

●等級区分・出題形式等

等級	等級のイメージ	出題形式等
1級	企業全体の戦略の実現のための課題を創造し、求める目的に向かって効果的・効率的に働くために、一定の専門分野の知識及びその応用力を活用して、資源を統合し、調整することができる。（例えば、部長、ディレクター相当職を目指す方）	①出題形式　論述式 ②出題数　2問 ③試験時間　150分 ④合否基準　試験全体として概ね60％以上、かつ問題毎に30％以上の得点 ⑤受験料　12,100円（税込）
2級	当該分野又は試験区分に関する幅広い専門知識を基に、グループやチームの中心メンバーとして創意工夫を凝らし、自主的な判断・改善・提案を行うことができる。（例えば、課長、マネージャー相当職を目指す方）	①出題形式　5肢択一 ②出題数　40問 ③試験時間　110分 ④合否基準　出題数の概ね60％以上の正答 ⑤受験料　8,800円（税込）
3級	当該分野又は試験区分に関する専門知識を基に、担当者として上司の指示・助言を踏まえ、自ら問題意識を持ち定例的業務を確実に行うことができる。（例えば、係長、リーダー相当職を目指す方）	①出題形式　4肢択一 ②出題数　40問 ③試験時間　110分 ④合否基準　出題数の概ね60％以上の正答 ⑤受験料　7,920円（税込）
BASIC級	仕事を行ううえで前提となる基本的知識を基に仕事の全体像が把握でき、職場での円滑なコミュニケーションを図ることができる。（例えば、学生、就職希望者、内定者、入社してまもない方）	①出題形式　真偽法 ②出題数　70問 ③試験時間　60分 ④合否基準　出題数の概ね70％以上の正答 ⑤受験料　4,950円（税込）

※受験資格は設けておりませんので、どの等級からでも受験いただけます。

●試験の種類

試験分野	試 験 区 分			
	1 級	2 級	3 級	BASIC級
人事・人材開発・労務管理	人事・人材開発・労務管理	人事・人材開発	人事・人材開発	
		労務管理	労務管理	
経理・財務管理	経理・財務管理	経理	経理（簿記・財務諸表）	
			経理（原価計算）	
		財務管理（財務管理・管理会計）	財務管理	
営業・マーケティング	営業・マーケティング	営業	営業	
		マーケティング	マーケティング	
生産管理	生産管理	生産管理プランニング	生産管理プランニング	生産管理
		生産管理オペレーション	生産管理オペレーション	
企業法務・総務	企業法務	企業法務（組織法務）	企業法務	
		企業法務（取引法務）		
		総務	総務	
ロジスティクス	ロジスティクス	ロジスティクス管理	ロジスティクス管理	ロジスティクス
		ロジスティクス・オペレーション	ロジスティクス・オペレーション	
経営情報システム	経営情報システム	経営情報システム（情報化企画）	経営情報システム	
		経営情報システム（情報化活用）		
経営戦略	経営戦略	経営戦略	経営戦略	

※試験は、前期（10月）・後期（2月）の2回となります。ただし、1級は前期のみ、BASIC級は後期のみの実施となります。

● 出題範囲・試験日・お申し込み方法等
　出題範囲・試験日・お申し込み方法等の詳細は、ホームページでご確認ください。

● 試験会場
　全国47都道府県で実施します。試験会場の詳細は、ホームページでお知らせします。

● 等級区分・出題形式等及び試験の種類は、令和6年4月現在の情報となっております。最新情報は、ホームページでご確認ください。

● ビジキャリの学習体系

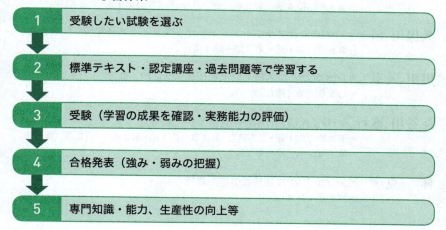

● 試験に関するお問い合わせ先

実施機関	中央職業能力開発協会
お問い合わせ先	中央職業能力開発協会　能力開発支援部 ビジネス・キャリア試験課 〒160-8327 東京都新宿区西新宿7-5-25　西新宿プライムスクエア11階 TEL：03-6758-2836　FAX：03-3365-2716 E-mail：BCsikengyoumuka@javada.or.jp URL：https://www.javada.or.jp/jigyou/gino/business/index.html

ロジスティクス管理 **3級**〔第4版〕
テキスト監修・執筆者一覧

監修者

苦瀬 博仁　東京海洋大学　名誉教授

長谷川 雅行　一般社団法人日本物流資格士会　顧問

矢野 裕児　流通経済大学 流通情報学部　教授

執筆者（五十音順）

苦瀬 博仁　東京海洋大学　名誉教授
…第1章、第4章、第5章（第7節）、第6章（第1節）

久保田 精一　合同会社サプライチェーン・ロジスティクス研究所　代表社員
…第8章（第1節・第3節・第4節）

黒川 久幸　東京海洋大学 学術研究院流通情報工学部門　教授
…第5章（第3節）、第6章

長谷川 雅行　一般社団法人日本物流資格士会　顧問
…第2章（第1節・第3節）、第3章（第2節・第3節）、第5章（第5節）、
第7章、第8章（第2節）

林　克彦　流通経済大学 流通情報学部　教授
…第5章（第8節）

藤田 光樹 （元）日通情報システム株式会社　社長
…第9章、第10章

北條　　英 公益社団法人日本ロジスティクスシステム協会　理事
JILS総合研究所　所長
…第2章（第2節）、第3章（第3節）

味水 佑毅 流通経済大学 流通情報学部　教授
…第4章

矢野 裕児 流通経済大学 流通情報学部　教授
…第2章（第3節）、第3章（第1節）

渡部　　幹 （元）株式会社建設技術研究所　技術顧問
…第5章（第1節～第3節・第5節）、第7章

（※1）所属は令和6年10月時点のもの
（※2）本書（第4版）は、初版、第2版及び第3版に発行後の時間の経過等により補訂を加えたものです。
　　　 初版、第2版、第3版及び第4版の監修者・執筆者の各氏のご尽力に厚く御礼申し上げます。

ロジスティクス管理 **3級**〔第3版〕
テキスト監修・執筆者一覧

監修者

苦瀬 博仁　流通経済大学 流通情報学部　教授

梶田 ひかる　元高崎商科大学 商学部　特任教授

執筆者（五十音順）

五十山田 俊　元株式会社チームTP 取締役　シニアコンサルタント

梶田 ひかる　元高崎商科大学 商学部　特任教授

久保田 精一　合同会社サプライチェーン・ロジスティクス研究所　代表社員

長谷川 雅行　株式会社日通総合研究所　顧問

原田 啓二　先端ロジスティクス研究所　代表

坂　直登　坂技術士事務所　代表

北條　英　公益社団法人日本ロジスティクスシステム協会
　　　　　　JILS総合研究所 ロジスティクス環境推進センター　センター長

（協力）
興村　徹　株式会社日通総合研究所　Senior Exective Officer

（※1）所属は平成29年4月時点のもの
（※2）本書（第3版）は、初版及び第2版に発行後の時間の経過等により補訂を加えたものです。
　　　初版、第2版及び第3版の監修者・執筆者の各氏のご尽力に厚く御礼申し上げます。

ロジスティクス管理 **3級**〔第2版〕
テキスト監修・執筆者一覧

監修者

苦瀬 博仁　東京海洋大学 理事　副学長

梶田 ひかる　高崎商科大学 商学部　特任教授

（協力）
味水 佑毅　高崎経済大学 地域政策学部　准教授

執筆者（五十音順）

五十山田 俊　株式会社チームTP 取締役　シニアコンサルタント

梶田 ひかる　高崎商科大学 商学部　特任教授

久保田 精一　公益社団法人日本ロジスティクスシステム協会
　　　　　　　　JILS総合研究所　副主任研究員

沼本 康明　情報戦略研究所　所長

長谷川 雅行　株式会社日通総合研究所　顧問

原田 啓二　先端ロジスティクス研究所　代表

（※1）所属は平成23年5月時点のもの
（※2）本書（第2版）は、初版に発行後の時間の経過等により補訂を加えたものです。
　　　初版及び第2版の監修者・執筆者の各氏のご尽力に厚く御礼申し上げます。

525

ロジスティクス管理 **3級** 〔初版〕
テキスト監修・執筆者一覧

監修者

苦瀬 博仁　東京海洋大学 海洋工学部 流通情報工学科長　教授

梶田 ひかる　アビーム・コンサルティング株式会社 製造／流通事業部
マネージャー

執筆者（五十音順）

五十山田 俊　東芝物流コンサルティング株式会社 取締役
物流エンジニアリング部　部長

梶田 ひかる　アビーム・コンサルティング株式会社 製造／流通事業部
マネージャー

菅田　勝　リコーロジスティクス株式会社 経営管理本部　副本部長
三愛ロジスティクス株式会社 取締役　業務（システム）改革担当

沼本 康明　情報戦略研究所　所長

長谷川 雅行　株式会社日通総合研究所　常務取締役

（※１）所属は平成19年９月時点のもの
（※２）初版の監修者・執筆者の各氏のご尽力に厚く御礼申し上げます。

MEMO

ビジネス・キャリア検定試験標準テキスト

ロジスティクス管理 3 級

平成19年11月 6 日	初 版	発行
平成23年 6 月 3 日	第 2 版	発行
平成29年 4 月27日	第 3 版	発行
令和 6 年10月29日	第 4 版	発行

編 著 **中央職業能力開発協会**

監 修 **苦瀬 博仁・長谷川 雅行・矢野 裕児**

発 行 所 **中央職業能力開発協会**
〒160-8327 東京都新宿区西新宿 7-5-25 西新宿プライムスクエア 11 階

発 売 元 **株式会社 社会保険研究所**
〒101-8522 東京都千代田区内神田 2-15-9 The Kanda 282
電話：03-3252-7901（代表）

- ●本書の全部または一部を中央能力開発協会の承諾を得ずに複写複製することは、著作権法上での例外を除き、禁じられています。
- ●本書の記述内容に関する不備等のお問い合わせにつきましては、書名と該当頁を明記の上、中央職業能力開発協会ビジネス・キャリア試験課に電子メール（text2@javada.or.jp）にてお問い合わせ下さい。
- ●本書籍に関する訂正情報は、発売元ホームページ（https://www.shaho.co.jp）に掲載いたします。ご質問の前にこちらをご確認下さい。
- ●落丁、乱丁本は、お取替えいたしますので、発売元にご連絡下さい。

ISBN978-4-7894-9403-8 C2036 ¥4100E
©2024 中央職業能力開発協会 Printed in Japan